Com Regal 2. VR., 2. ru
PH Aufkl., Idealism

Philosophische Clandestina der deutschen Aufklärung I,1

Philosophische Clandestina der deutschen Aufklärung

In Zusammenarbeit mit Ulrike Meyer
herausgegeben von Martin Pott

Abteilung I:
Texte und Dokumente

Band 1

frommann-holzboog

Theodor Ludwig Lau
(1670–1740)

Meditationes philosophicae
de Deo, Mundo, Homine (1717)

Meditationes, Theses, Dubia
philosophico-theologica (1719)

*

Dokumente

Mit einer Einleitung
herausgegeben von Martin Pott

Stuttgart-Bad Cannstatt 1992

Dem Neudruck liegen folgende Exemplare zugrunde:
Lau, Meditationes de Deo: Universitätsbibliothek Göttingen (Th. thet. I,622/41),
Lau, Meditationes, Theses: Universitätsbibliothek Göttingen (Th. thet. I,622/49)
sowie Landesbibliothek Stuttgart (Theol. oct. 11825),
Lau, Die Original-Rede: Bibliothek der Hansestadt Lübeck (Jur. II. 4° 3212),
Thomasius: Universitätsbibliothek Tübingen (Hn. 62.4°),
Arnold: Hofbibliothek Aschaffenburg (Ki 566 8°)

Die Deutsche Bibliothek – CIP-Einheitsaufnahme

Philosophische Clandestina der deutschen Aufklärung / in Zusammenarbeit mit
Ulrike Meyer hrsg. von Martin Pott. –
Stuttgart-Bad Cannstatt : frommann-holzboog.
Abt. 1, Texte und Dokumente.
ISBN 3-7728-1411-5
NE: Pott, Martin [Hrsg.]
Bd. 1. Theodor Ludwig Lau. – 1992

Theodor Ludwig Lau : (1670–1740) ; Dokumente / mit einer Einl.
hrsg. von Martin Pott. –
Stuttgart-Bad Cannstatt : frommann-holzboog, 1992
(Philosophische Clandestina der deutschen Aufklärung : Abt. 1,
Texte und Dokumente ; Bd. 1)
Enth. u. a.: Meditationes philosophicae de deo, mundo, homine / Theodor Ludwig
Lau. Meditationes, theses, dubia philosophico-theologica / Theodor Ludwig Lau
ISBN 3-7728-1414-X
NE: Lau, Theodor Ludwig; Pott, Martin [Hrsg.]; Lau, Theodor Ludwig: Meditationes
philosophicae de deo, mundo, homine; Lau, Theodor Ludwig: Meditationes, theses,
dubia philosophico-theologica

© Friedrich Frommann Verlag · Günther Holzboog
Stuttgart-Bad Cannstatt 1992
Reproduktion und Druck: Proff GmbH, Eurasburg
Einband: Ernst Riethmüller, Stuttgart
Gedruckt auf säurefreiem und alterungsbeständigem Papier

Inhalt

Zur Reihe 7

Einleitung 9

Bibliographie 51

Texte

Theodor Ludwig Lau:
Meditationes philosophicae de Deo, Mundo, Homine 55

Theodor Ludwig Lau:
Meditationes, Theses, Dubia philosophico-theologica 105

Dokumente

Theodor Ludwig Lau:
Die Original-Rede, welche Wilhelm Ludwig von der
Groeben...gehalten 155

Christian Thomasius:
Elender Zustand eines in die Atheisterey verfallenen Gelehrten .. 189

Johann Konrad Arnold:
Universalista in theologia naturali planeta... 317

Zur Reihe

Philosophische Innovation versteckt in der Manteltasche: das häufige livre-de-poche-Format clandestiner philosophischer Schriften der Aufklärung verweist auf ein charakteristisches Merkmal dieser bislang, zumal von der deutschen Forschung, vernachlässigten Quellengattung, das Merkmal des Verbotenen. Diese Literatur ist Untergrundliteratur sowohl im Hinblick auf ihre Verbreitung, denn die Text zirkulierten nicht-öffentlich, als auch im Hinblick auf ihre Inhalte, denn sie vertritt nicht-konforme Standpunkte und schert aus den Bahnen der „offiziellen" zeitgenössischen Philosophie aus. Indem sie deren Theoreme in eklektischer Weise verwendet und in gesellschafts- und religionskritischer Absicht neu interpretiert, entwickelt die clandestine philosophische Literatur der Aufklärung ein eigenes Profil und erhält eine nicht zu unterschätzende Sprengkraft. Die Autoren werden im Deutschland der Frühaufklärung als Freigeister, Atheisten oder Spinozisten angegriffen, sie riskieren die persönliche Verfolgung, zumindest jedoch das Verbot ihrer Schriften. Gleichwohl haben zu ihrer Zeit die Clandestina nicht nur vorübergehend für Skandale gesorgt, vielmehr nahm die gelehrte Öffentlichkeit sie in immer wieder neuen Abschriften und in begehrten Exemplaren, die der staatlichen oder kirchlich verfügten Verfolgung entgangen waren, zur Kenntnis. Dergestalt arbeiteten die Clandestina späteren radikalaufklärerischen Tendenzen vor. Heute sind sie nahezu vergessen – Ergebnis einer zweiten, nach dem Verbot wohl noch wirksameren und bis heute währenden Verdrängung durch die Geschichtsschreibung. Die Dokumentation dieser Schriften bringt somit eine verschüttete Traditionslinie zum Vorschein, die das Bild der Aufklärung um einen wesentlichen Aspekt, den ihrer frühen radikalen Strömungen, bereichert.

Mit der Reihe „Philosophische Clandestina der deutschen Aufklärung" wird erstmals eine repräsentative Sammlung ungekürzter clandestiner Schriften radikaler Aufklärer und Freidenker aus dem deutschen Sprachraum vorgelegt. Die in Bibliotheken kaum noch aufzufindenden, anonym erschienenen Schriften von Stosch, Lau, Wagner, Bucher, Wachter und anderen bieten einen Überblick über die Themenvielfalt des frühen deutschen Freidenkens, das erst jetzt ins Blickfeld einer sich formierenden europaweiten Clandestina-Forschung tritt. Die einzelnen Bände werden mit biobibliographischen Einleitungen und mit ausführlichen Dokumentenanhängen versehen; letztere bieten u. a. Akten der Verbotsprozesse und Repliken so prominenter Zeitgenossen wie Leibniz, Spener, Pufendorf oder Thomasius.

In einer gesonderten Abteilung „Supplementa" werden Texte zum weiteren Verständnis der Clandestina vorgestellt. Dabei kommen in erster Linie Schriften der Gegner, wie z. B. Reimmanns Universalgeschichte des Atheismus, zum Druck: kritische, oft auch polemische Antworten auf ein radikales Schrifttum, das sich der gemäßigten Haupttendenz aufklärerischen Denkens bereits in dessen Frühzeit widersetzt.

Einleitung

I.

Die vorliegende Reihe mit den Schriften Theodor Ludwig Laus zu eröffnen, geschieht nicht ohne Grund. Laus *Meditationes philosophicae* von 1717 und die *Meditationes, Theses, Dubia philosophico-theologica* von 1719 sind eindrucksvolle Beispiele einer radikalen, im Untergrund zirkulierenden Aufklärungsliteratur, die, obwohl nur einem kleinen interessierten Publikum zugänglich, dennoch von erstaunlicher Wirkung war. Ihr Autor selbst kann als der wohl bedeutendste Repräsentant jener Gruppe früher deutscher Freidenker zu Beginn des 18. Jahrhunderts gelten, deren Rezeptions- und Wirkungsgeschichte bis heute die Geschichte einer zweifachen Unterdrückung ist. Waren es einerseits staatliche und kirchliche Zensurbestimmungen, die diese Schriften in den ersten Dekaden der Aufklärungsepoche in den Bereich des Clandestinen abdrängten, so waren es andererseits die Strategien des Vergessens, d. h. vor allem die Mißachtung durch die offizielle Geschichtsschreibung, die bis heute in der Historiographie der deutschen Aufklärung die Geschichte ihrer radikalen Anfänge vermissen lassen.

So findet sich der Name Theodor Ludwig Laus in den philosophie- und ideengeschichtlichen Darstellungen des Zeitalters der Aufklärung nur selten; und wenn, dann häufig mit der Absicht, den „heimlichen Spinozisten und Materialisten" für weit andere Zwecke als den einer objektiven Beschreibung der philosophischen Entwicklung in Deutschland nutzbar zu machen. Das Bild des Freidenkers Lau erscheint mehrfach gebrochen; vielfältig sind die Spuren der Manipulation, der Verdrängung und bloßer Falschmeldungen, wie sie bereits die Freidenker- und Ketzerverzeichnisse des 18. Jahrhunderts dokumentieren. J. A. Trinius' *Freydenker-Lexicon* (1759), J. M. Mehligs *Historisches Kirchen- und Ketzer-Lexicon* (1758) und auch A. G. Maschs *Verzeichnis der erheblichsten freigeisterischen Schriften* (1748/53) waren sich mit vielen anderen darin einig, es sei das Beste, den radikalen Aufklärer Lau und seine „verdammlichen Lehrsätze" dem Vergessen anheim fallen zu lassen[1]; einem Vergessen, dem heute vielleicht mit der vorliegenden Neuedition seiner philosophischen Schriften begrenzt Einhalt geboten werden kann.

Beide Meditationen Laus, in ihrem Anspruch auf metaphysische Selbstvergewisserung des Philosophierenden unbeholfen und epigonal gegenüber den cartesischen *Meditationes de prima philosophia* (1641), waren unbequeme Texte. Sie verließen früh die sich langsam verbreiternde „Heeresstraße" des allgemeinen Aufklärungsprozesses (Kant)[2], um sich auf individuellen „Fußsteigen" zu bewegen. Auf diesem Weg war Theodor Ludwig Lau radikaler als die meisten seiner Zeit, propagierten seine Schriften doch offene Religionskritik, ein pantheistisches Gottesbild und eine materialistische Anthropologie, die u. a. die Immaterialität der Seele leugnete. Lau stritt gegen überkommene Traditionen und den Konsens der „offiziellen" Theologie und Philosophie, und ein entsprechendes Echo erhielten seine im Schutz der Anonymität geäußerten Überlegungen, die individuell verfaßter Hoffnung auf Vernunft in freiem Denken Ausdruck gaben.

Von Unbehagen bis Abscheu[3] reichten dann auch die Reaktionen der Zeitgenossen auf ihr Erscheinen. „Frech, gottlos und zugleich ungereimt", lautete das Pauschalurteil der *respublica litteraria* über die *Meditationes philosophicae*; und auch die zweite Schrift, so die weitere Kritik, sei „eine recht gottlose Schrifft" und „noch viel entsetzlicher zu lesen".[4] Die Etikettierung des rasch als Verfasser solcher „atheistischen Scartecgen" entlarvten Lau als Atheist, Pantheist, Deist oder Indifferentist tat ihr übriges, seine zwar öffentlich verdammten, im Verborge-

---

1 J. A. Trinius, *Freydenker-Lexicon, oder Einleitung in die Geschichte der neuern Freygeister...* (Leipzig-Bernburg 1759, S. 333–335); J. M. Mehlig, *Historisches Kirchen- und Ketzer-Lexicon* (Chemnitz 1758, Bd. II, S. 50–51); A. G. Masch, *Abhandlung von der Religion der Heiden und der Christen. Nebst einem Anhange eines Verzeichnisses der erheblichsten freigeisterischen Schriften* (Halle 1748–1753, Teil II, S. 95–97 im Anhang).
2 I. Kant, *Kritik der reinen Vernunft* (B 884).
3 B. G. Struve, *Bibliotheca philosophica*, Bd. I (Göttingen 1740, S. 475): „meditationes ... quas sine nausea non legere potuimus".
4 J. G. Walch, *Historische und Theologische Einleitung in die Religions-Streitigkeiten, welche sonderlich ausser der Evangelisch-Lutherischen Kirche entstanden*, Bd. V (Jena 1736, S. 79–80).

nen aber weiterhin zirkulierenden und als Abschriften oft teuer gehandelten Schriften zur interessanten und skandalumwitterten Lektüre zu machen. Vor allem war es aber der Verdacht der „Spinozisterey", die Vermutung, den epidemischen „Virus Spinozismi" (J. Lange)[5] auch hier antreffen zu können, die Lau einerseits am härtesten traf, andererseits seine zwei kleinen Texte zu begehrten *Rarissima* werden ließ.[6] Wer dabei die Originaldrucke der rasch eingezogenen und behördlich vernichteten Kleinauflagen der Lauschen *Meditationes* nicht mehr erstehen konnte, bemühte sich um Kopien, d. h. er ließ abschreiben oder schrieb selber aus Exemplaren guter Freunde und Kollegen ab. Auf diese Weise entstanden weit vernetzte, in sich aber relativ geschlossene Gruppen von Besitzern und Kopisten, die im Verborgenen jene Diskussionsprozesse in Gang setzten, aus denen die Bedeutung des clandestinen philosophischen Schrifttums Theodor Ludwig Laus resultierte.

Kataloge von Privatbibliotheken des 18. Jahrhunderts geben heute noch Auskunft über einige Mitglieder dieser elitären Zirkel, die sich aus dem Besitz von Clandestina und der Kenntnis ihrer Beschaffungsmöglichkeiten ergaben. Alexander Gottlieb und Siegmund Jakob Baumgarten, Michael Lilienthal, Jakob Friedrich Reimmann, Gottlieb Stolle, Burkhard Gotthelf Struve, Johann Peter Süßmilch, Johann Georg Hamann[7] und viele andere besaßen Originale und Abschriften beider Schriften Laus. Eine Liste klangvoller Namen, in die auch derje-

---

5 J. Lange, *Caussa dei et religionis naturalis adversus atheismum* (Halle ²1727, S. 138): „scriptis ... in quibus Spinozismi virus cum ipsa atheismi, et sic dicti pantheismi professione quam impudentissime evomuit".

6 Vgl. J. Vogt, *Catalogus historico-criticus librorum rariorum* (Hamburg 1753, S. 450), J. J. Bauer, *Bibliotheca librorum rariorum universalis*, Bd. I (Nürnberg 1770, S. 46), J. G. T. Graesse, *Trésor de livres rares et précieux...*, Bd. IV (Milano o. J., S. 463).

7 A. G. Baumgarten, *Catalogus librorum* (Frankfurt/O. 1762, S. 215); S. J. Baumgarten, *Bibliotheca Baumgarteniana* (Halle 1765, Appendix, S. 70); M. Lilienthal, *Theologische Bibliothec...* (Königsberg 1740, S. 261 ff.); J. F. Reimmann, *Catalogus bibliothecae theologicae...* (Hildesheim 1731, S. 1048); G. Stolle, *Kurtze Nachricht von den Büchern und deren Urhebern in der Stollischen Bibliothec*, Teil IV (Jena 1735, S. 366 ff.); B. G. Struve, *Bibliotheca philosophica*, Bd. I (Göttingen 1740, S. 475); J. P. Süßmilch, *Catalogus librorum...* (Berlin 1768, S. 487–489); J. G. Hamann, *Biga Bibliothecarum* (in: Sämtliche Werke, Bd. V, hrsg. von J. Nadler. Wien 1953, S. 120).

nige von Hermann Samuel Reimarus[8] aufzunehmen ist, der wie sein Sohn Johann Albert Hinrich[9] neben den Schriften Laus zahlreiche andere Clandestina in Druck und Kopie sammelte und diese gelegentlich auslieh: bekanntlich auch an Lessing, dessen Nähe zu philosophischen Geheimschriften erst kürzlich wieder hervorgehoben wurde.[10]

Auch im Ausland zirkulierten Abschriften vor allem der *Meditationes* von 1717[11]; in Frankreich, wo das Phänomen der clandestinen Literatur seine größte Blütezeit erlebte, wurden außer Kopien auch Übersetzungen angefertigt, die das große Interesse der französischen *philosophes* am mittlerweile berüchtigten Werk Laus dokumentierten.[12] Dort entstand auch die erste Neuedition der *Meditationes philosophicae* in einer lateinisch-französischen Parallelausgabe, die mit der fingierten Druckortangabe „Londres 1773" als achter Band der *Bibliothèque du bon sens portatif* erschien.[13] Der zum Teil erheblich gegen-

---

8 *Bibliotheca Reimariana* (red. J. A. G. Schetelig, Teil I, Hamburg 1769, No. 2030, S. 162).

9 In der ehemaligen Bibliothek der Grafen Stolberg-Wernigerode, die heute in der Universitäts- und Landesbibliothek Halle aufbewahrt ist, findet sich unter der Signatur Zd 56 eine Manuskriptsammlung, die neben einer Kopie des lateinischen Buches *De tribus impostoribus* auch Laus *Meditationes philosophicae* mit dem Namensvermerk des Kopisten J. A. H. Reimarus enthält. S. W. Gericke, *Über Handschriften des Buches „De Tribus Impostoribus"* (in: Marginalien. Zeitschrift für Buchkunst und Bibliophilie 24 ⟨1974⟩, S. 45–59, hier: S. 54).

10 S. M. Fontius, *Littérature clandestine et pensée allemande* (in: O. Bloch ⟨Hrsg.⟩, Le matérialisme du XVIIIe siècle et la littérature clandestine. Paris 1982, S. 251–262, bes. S. 258 ff.).

11 UB Kopenhagen (Add. 50 Oct.); Arch. Nat. Paris (L 5, n 25); BN Paris (R. 25708); BM Rouen (Ms. 1599, fonds Montbret 731); Cambridge/Mass., Andover-Harvard Theological Library (Ms. 609.2); Iowa City, University of Iowa (Ms. L 366), BL London (4380 a 3).

12 Exemplare der französischen Übersetzungen *Méditations philosophiques sur Dieu, le monde et l'homme. Réflexions d'un philosophe sur la divinité, sur le monde et sur la nature de l'homme*: Paris-Mazarine (Mss. 1190, 3563). Vgl. I. O. Wade, *The clandestine organization and diffusion of philosophical ideas in France from 1700 to 1750* (Princeton 1938, S. 240–241); M. Benítez, *Contribution à l'étude de la littérature matérialiste clandestine en France au XVIIIe siècle* (Thèse Nanterre 1977, S. 5, 11–13, 144, 165).

13 *Meditations philosophiques sur Dieu, le monde et l'homme. Par T. L. Lau ... A Königsberg, aux depens des parens de l'auteur*, 1770 (98 p.) = *Bibliotheque du bon sens portatif*, Vol. VIII (= Tom. IV/2), *Londres 1773* (Exemplar: Paris-Mazarine 2385 B-

über der Urausgabe veränderte Text wird von einem zwanzigseitigen Vorwort eingeleitet, das in Theodor Ludwig Laus Gedanken „le sommaire de la philosophie moderne, si bien accueillie au public depuis quelque temps" erblickt. Auch diese Ausgabe ist, wie bereits die Originalfassung der Schrift von 1717, von Legenden umwoben, soll doch Friedrich II. von Preußen als Amateur philosophischer Reflexion diese Edition zumindest initiiert, wenn nicht gar selbst durchgeführt und das Vorwort dazu verfaßt haben.[14]

In Deutschland erfuhr Laus philosophisches Schrifttum eine vergleichbare Würdigung nur gegen Ende des 18. Jahrhunderts.[15] Der Kant-Schüler Carl Christian Ehrhard Schmid publizierte 1792 ein schmales Bändchen, das in Buch- und Titelgestaltung einige äußerliche Charakteristika clandestiner Literatur zu wahren suchte. Mit der fingierten Druckortangabe „Berlin" und ohne Nennung des Verfassernamens gab Schmid *Zwey seltene antisupernaturalistische Manuscripte eines Genannten und eines Ungenannten* in Gießen heraus, die als *Pendants zu den Wolfenbüttelschen Fragmenten* (so der Untertitel) dem Lesepublikum vorgestellt werden sollten.[16] In zweifacher Weise erfuhren Laus *Meditationes philosophicae* in dieser Edition eine Aufwertung und Auszeichnung, die nicht hoch genug einzuschätzen ist: Zum einen war es die Gleichstellung des Lauschen „antisupernaturalistischen" Manuskripts mit jenen *Fragmenten eines Ungenannten*, in denen Lessing erstmals 1774 ausgewählte Stücke aus Hermann Samuel Reimarus' *Apologie oder Schutzschrift für die vernünftigen Verehrer Gottes* veröffentlichte und die eine der erbittertsten philosophisch-theologischen

---

E). Vgl. H. Coulet, *Réflexions sur les Meditationes de Lau* (in: O. Bloch ⟨Hrsg.⟩, Le matérialisme du XVIIIe siècle et la littérature clandestine. Paris 1982, S. 31-44).

14 Vgl. H. Coulet (a. a. O., S. 44), der dieser „hypothèse aventurée" einen gewissen Grad an Wahrscheinlichkeit zugesteht.

15 Übersetzungen ins Deutsche waren vermutlich selten. Eine deutsche Fassung *Vom Gott und der Welt* läßt sich als Handschrift in der Andover-Harvard Theological Library, Cambridge/Mass., nachweisen (Ms. 609. 2).

16 C. C. E. Schmid (Hrsg.), *Zwey seltene antisupernaturalistische Manuscripte eines Genannten und eines Ungenannten. Pendants zu den Wolfenbüttelschen Fragmenten.* Berlin (= Gießen) 1792. Enthält S. 1-34 das *De Tribus Mundi Impostoribus breve Compendium de Moyse, Christo et Mahumete*, S. 35-94 die *Meditationes philosophicae* Laus (Exemplare in der SB Berlin und der UB Marburg).

Kontroversen seit Martin Luther entzündeten.[17] Hier Parallelen zu Laus kleiner Schrift zu ziehen, ist sicherlich hoch gegriffen, doch unternahm Schmid als Herausgeber nicht zuviel, die *Meditationes philosophicae* zusammen mit dem zweiten Text seiner Edition zumindest als wichtiges Hintergrundmaterial zeitgenössischer Religionskritik zu veröffentlichen.

Zum anderen war es die gemeinsame Publikation der *Meditationes* Laus mit dem berüchtigten Skandalbuch *De Tribus Mundi Impostoribus*, das als *primum exemplum* clandestiner Literatur die These vom Betrug der drei Religionsstifter Jesus, Moses und Mohammed zur Legende neuzeitlicher Religionskritik werden ließ.[18] Zusammen mit dem Traktat von den drei Religionsbetrügern veröffentlicht zu werden, plazierte Laus Schrift unter die klassischen religionskritischen Texte, und nicht selten sind die Abschriften seiner *Meditationes* unter dessen Titel von geschäftstüchtigen Kopisten unter das gelehrte, aber skandalsüchtige Publikum gebracht worden.[19]

Heute lassen sich dagegen nur noch wenige Exemplare, ob als Druck oder Handschrift, der nach Schmids Edition von 1792 rasch vergessenen und später selten beachteten Schriften Laus in deutschen Bibliotheken wiederfinden. In Nürnberg, München, Göttingen, Berlin, Stuttgart, Dresden, Halle, Hamburg, Naumburg, Gotha und natürlich Wolfenbüttel verzeichnen die Kataloge erhaltene Drucke und Abschriften der *Meditationes philosophicae* bzw. der *Meditationes, Theses, Dubia*; ein trauriger Bestand angesichts der mutmaßlichen Zahl

---

17 Vgl. jetzt die Ausgabe von G. Alexander: H.S. Reimarus, *Apologie oder Schutzschrift für die vernünftigen Verehrer Gottes*, Bd. I-II (Frankfurt 1972).
18 Vgl. zum *Liber de tribus impostoribus* J. Presser, *Das Buch „De Tribus Impostoribus"* (Amsterdam 1926); W. Gericke, *Die Wahrheit über das Buch von den drei Betrügern (De tribus impostoribus) Moses, Jesus, Mohammed* (in: Theologische Versuche 4 ⟨1972⟩, S. 89–114); ders., *Wann entstand das Buch Von den drei Betrügern (De tribus impostoribus)* (in: Theologische Versuche 8 ⟨1977⟩, S. 129–155). Vorliegende Editionen des *Liber de tribus impostoribus* sind diejenige von G. Bartsch (Berlin 1960) und die neuere von W. Gericke (Berlin 1982).
19 Vgl. F. Mauthner, *Der Atheismus und seine Geschichte im Abendlande*, Bd. III (Stuttgart-Berlin 1922, S. 247): „Noch merkwürdiger: ich selbst besitze eine Abschrift der ersten *Meditationes* von Lau aus dem 18. Jahrhundert, die den irreführenden Titel trägt: *de tribus Impostoribus*".

zirkulierender Kopien des „Philosophischen Jahrhunderts".[20] Hier kann die vorliegende Neuausgabe entstandene Lücken schließen und dem Werk Theodor Ludwig Laus zu später Publizität verhelfen. Aber noch mehr: mit der nun zwei Jahrhunderte nach Schmids Edition erfolgenden Veröffentlichung der ursprünglichen Schriften des unbequemen Freidenkers kommt ein Stück philosophischer Reflexion wieder zum Vorschein, die als *clandestine*, d. h. auch im Verborgenen *wirkende* Literatur[21] den Prozeß der Aufklärung in Deutschland vorantrieb.

20 *Meditationes philosophicae de Deo, Mundo, Homine* (1717): HAB Wolfenbüttel (Te 719), SB Berlin (Ng 6506, Dd 5146, Ms. Diez C quart 37, Ms. Diez C oct 3, Ms. Lat. quart 283), LB Dresden (Ms. N 28, Ms. N 80, die Kopien N 106, N 127 und N 172 sind im letzten Weltkrieg zerstört worden), SB München (Rar. 4135), LUB Halle (Ms. Slg. Stolb.-Wernig. Zd 56), SUB Göttingen (Ms. Hist. Lit. 42, Th. thet. I, 622/41), FLB Gotha (Theol. 382 c/1), KHB Naumburg (IV, 323), PrK Berlin (Ms. Nq 6506 R). *Meditationes, Theses, Dubia* (1719): SB Berlin (Ng 6506, Ng 6370/2), SUB Göttingen (Th. thet. I, 622/49), Landeskirchl. Archiv Nürnberg (We 734/4), LB Stuttgart (Theol. oct. 11825), SUB Hamburg (A/301078/7), PrK Berlin (Nq 6506/2, Nq 6370).
21 Den derzeitigen Stand der sich mittlerweile europaweit formierenden Clandestina-Forschung dokumentiert M. Benítez, *Matériaux pour un Inventaire des manuscrits philosophiques clandestins des XVIIe et XVIIIe siècles* (in: Rivista di storia della filosofia 43 ⟨1988⟩, S. 501–531). Vgl. ferner T. Gregory u. a., *Ricerche su letteratura libertina e letteratura clandestina nel Seicento* (Firenze 1982); O. Bloch (Hrsg.), *Le matérialisme du XVIIIe siècle et la littérature clandestine* (Paris 1982).

II.

Theodor Ludwig Lau wurde am 15. Juni 1670 in Königsberg geboren.[22] Sein Vater, Philipp Lau (1622–1682)[23], war Jurist. Er hatte nach einem kurzen Theologiestudium 1645 in Leiden zum Dr.jur. promoviert, dann 1655 eine außerordentliche Rechtsprofessur in Königsberg erhalten, wo er außerdem als kurfürstlich-brandenburgischer Rat, Generaladvokat des preußischen Fiskus und Beisitzer des samländischen Konsistoriums wirkte – desselben Konsistoriums übrigens, vor dem sein Sohn später seine philosophischen Lehren widerrufen mußte. Auch Theodor Ludwig Lau wurde durch sein Erziehung darauf vorbereitet, ebenso wie sein älterer Bruder, Karl Friedrich Lau (1659–1724)[24], die juristische Laufbahn einzuschlagen. Nach dem Tode des Vaters war es dann zunächst der Bruder, der dieselben Stationen wie der Vater durchlief: 1683 promovierte er in Leiden, übernahm 1684 die vakante Professur des Vaters und rückte später ebenso in die Ämter des „Advocatus Fisci" und samländischen Konsistorialrats nach.

Theodor Ludwig Lau dagegen begann im Jahre 1685 mit dem Studium der Philosophie, Theologie und Jurisprudenz an der Albertus-Universität zu Königsberg[25], das er 1694 mit einem einjährigen Auf-

---

[22] Die ergiebigste zeitgenössische Quelle zur Biographie Laus ist die 8 ungezählte Seiten lange Nachschrift des Dekans der juristischen Fakultät der Universität Erfurt, Johann Heinrich Meier, zu Laus juristischer Dissertation *Theses miscellaneas ad universum jus spectantes, pro licentia summos in utroque jure honores et privilegia capessendi* (Erfurt 1725, Praeses: Christoph Ignatius Gudenus; Exemplar der SB München, 4° Diss. 2415/ 27–28). Ergänzende Angaben bei G. Stolle, *Kurtze Nachricht von den Büchern und deren Urhebern in der Stollischen Bibliothec*, Teil IV (Jena 1735, S. 366 ff.). Weitere Quellen sind in den Darstellungen seiner Biographie bei G. Stiehler (*Theodor Ludwig Lau*, in: Ders. ⟨Hrsg.⟩, Beiträge zur Geschichte des vormarxistischen Materialismus. Berlin 1961, S. 164–166, 180–186, 208–212) und W. Schröder (*Spinoza in der deutschen Frühaufklärung*. Würzburg 1987, S. 125–128) verzeichnet.

[23] Geboren am 10. November 1622 in Tilsit, gestorben am 3. April 1682 in Königsberg. Vgl. C. G. Jöcher, *Allgemeines Gelehrten-Lexicon*, Bd. II (Leipzig 1750, Sp. 2293).

[24] Geboren am 15. Oktober 1659 in Königsberg, gestorben am 21. Februar 1724 ebenda. Vgl. C. G. Jöcher, *Allgemeines Gelehrten-Lexicon*, Bd. II (Leipzig 1750, Sp. 2293).

[25] G. Erler (Hrsg.), *Die Matrikel der Albertus-Universität zu Königsberg i. Pr.*, Bd. II (Leipzig 1912, S. 146).

enthalt an der neugegründeten Friedrichs-Universität in Halle[26] abschloß. Seine akademischen Lehrer dort waren die Juristen Heinrich Bode, Samuel Stryk und dessen Sohn Johann Samuel, der Theologe und Philosoph Johann Franz Budde und vor allem Christian Thomasius, der ihn als Jurist und Philosoph nachhaltig beeinflußte.

Von Halle aus unternahm Lau ab 1695 ausgedehnte Studienreisen, die ihn über die Niederlande, über England bis nach Frankreich führten.[27] Die ersten drei Jahre hielt er sich zumeist in Den Haag, später auch in Leiden auf, vielleicht mit dem Vorsatz, der juristischen Promotion des Vaters und des Bruders dort nachzufolgen. Auffällig war Laus ausgeprägtes Interesse für die Medizin und vor allem für die Mathematik. So ging er dann auch nach einem längerem Englandaufenthalt im Jahre 1700 mit dem Vorsatz nach Frankreich, dort nicht nur seine Sprachkenntnisse, sondern ebenso seine Kenntnisse der Mathematik zu vervollständigen. Zurück in Deutschland, schloß Lau Besuche der bedeutendsten deutschen Höfe an, welche ihm Einblicke in die politischen und rechtlichen Verhältnisse des damaligen Reiches boten, die später Eingang in seine juristischen und kameralistischen Schriften fanden. Anschließend wollte er eine größere Italienreise antreten, die jedoch entfiel, nachdem er aus unbekannten Beweggründen als fürstlicher Rat in die Dienste des jungen Herzogs von Kurland, Friedrich Wilhelm (*1692), getreten war. Lau selbst nahm die Amtsbezeichnung Staatsrat und Kabinettsdirektor für sich in Anspruch.[28]

Als fürstlicher Rat wurde Lau zu verschiedenen Aufgaben herangezogen.[29] So nahm er an den Verhandlungen über die Vermählung des Herzogs mit der russischen Prinzessin Anna Ivanovna teil; die Hei-

---

26 Zur Bedeutung Halles als Zentrum der deutschen Aufklärung s. N. Hinske (Hrsg.), *Zentren der Aufklärung I: Halle. Aufklärung und Pietismus* (Heidelberg 1989).
27 Vgl. C.G. Jöcher, *Allgemeines Gelehrten-Lexicon*, Bd. II (Leipzig 1750, Sp. 2293 f.), und die Angaben bei G. Stiehler, *Theodor Ludwig Lau* (a.a.O. ⟨Anm. 22⟩, S. 164 ff.).
28 Vgl. hier F.K. Gadebusch, *Livländische Bibliothek*, Bd. II (Riga 1777, S. 163).
29 Vgl. J.F.v.d. Recke/K.E. Napiersky, *Allgemeines Schriftsteller- und Gelehrtenlexicon*, Bd. III (Mitau 1831, S. 21 f.); C.L. Tetsch, *Curländische Kirchen-Geschichte*, Bd. II (Königsberg-Leipzig 1768, S. 236 ff.). Zur kurländischen Geschichte s. K.W. Cruse, *Kurland unter den Herzögen*, Bd. I-II (Mitau 1833–1837).

ratsurkunde, ausgestellt zu St. Petersburg am 10. Juni 1710, wurde von Lau im Namen des Herzogs unterschrieben.[30] Sein Name findet sich auch unter der Urkunde über die Stiftung eines kurländischen Ordens *De la Reconnaissance*, den Friedrich Wilhelm am 13. Mai 1710 eingerichtet hatte.[31] Lau wurde zum zweiten Ordensrat, der zugleich das Ordenssekretariat verwaltete, ernannt. Zum Orden gehörten dreißig Mitglieder, unter ihnen war Lau der einzige Nichtadlige.

Im Januar 1711 starb Herzog Friedrich Wilhelm und Laus Dienste am kurländischen Hof fanden durch Betreiben des russischen Zarenhauses schlagartig ihr Ende. Stellungslos reiste er einige Jahre durch Deutschland und die Niederlande und schlug sich als politischer Glücksritter – *pseudopoliticus et planeta terrestris famosissimus* nannte ihn Joachim Lange[32] – durch. Erst 1717, als er sich einige Zeit in Frankfurt am Main aufhielt, um dort die Ankunft des neuen Kurfürsten von der Pfalz, Karl Philipp von Neuburg, zu erwarten, in dessen Dienste er als Verwalter der Staatskasse zu treten hoffte, machte er wieder auf sich aufmerksam, nachdem sich seine Spur fast verloren hatte. „Um mich von meinen Reise-Fatigues zu erhohlen", so Lau im Rückblick, widmete er sich dort „bey meinen müßigen Stunden" literarischer Arbeit, die offenkundig sehr fruchtbar war. Neben drei 1717 anonym veröffentlichten Traktaten, dem *Entwurff einer wohleingerichteten Policey*[33], den *Politischen Gedancken, welcher Gestalt Monarchen und Könige ... mächtig und reich seyn oder werden können*[34]

---

30 S. F. K. Gadebusch, *Livländische Bibliothek* (a.a.O., S. 163); C. G. v. Ziegenhorn, *Staatsrecht der Herzogthümer Curland und Semgallen* (Königsberg 1772, S. 163).
31 S. C. L. Tetsch, *Curländische Kirchengeschichte* (a.a.O.); J. F. v. d. Recke/K. E. Napiersky, *Allgemeines Schriftsteller- und Gelehrtenlexicon* (a.a.O., S. 22).
32 J. Lange, *Nova anatome, sive idea analytica systematis metaphysici Wolfiani... praemittitur Oratio de sapientia Sinarum Confuciana...* (Frankfurt-Leipzig 1726, S. 29 Anm. 59).
33 T. L. Lau, *Entwurff einer wohleingerichteten Policey* (Frankfurt/ Main 1717). Später aufgenommen in *Aufrichtiger Vorschlag von glücklicher, vorteilhafter, beständiger Einrichtung der Intraden und Einkünfte der Souverainen und ihrer Unterthanen*, Teil I-IV (Frankfurt/Main 1719, ²1729).
34 T. L. Lau, *Politische Gedancken, welcher Gestalt Monarchen und Könige, Republiquen und Fürsten, nebst ihren Reichen, Ländern und Unterthanen, durch eine leichte Methode mächtig und reich seyn oder werden können* (Frankfurt/Main 1717).

und der *Auffrichtigen Nachricht von dem jetzigen Etat des Finantz-Wesens der Respublica des Vereinigten Niederlandes*[35], gab Lau im Mai 1717 diejenige Schrift in Druck, die ihn über die Grenzen hinaus bekannt machen sollte. Kaum waren die anonym und ohne Angabe des Druckortes erschienenen *Meditationes philosophicae de Deo, mundo, homine*[36] im Frankfurter Buchhandel ausgelegt, ließ sie der Magistrat der Stadt auf Betreiben der Geistlichkeit bereits konfiszieren. Vor allem der „teutsch-frantzösische Prediger" Johann Michael Geiss (1681–1728) agitierte gegen die „gantz abscheulichen und holtzwürdigen Sätze" der als atheistisch denunzierten Schrift und wiegelte den Konvent der lutherischen Gemeinde zu Frankfurt gegen diese auf.[37] Zusammen mit Johann Georg Pritius (1662–1732), der sich nicht allein als Senior des Frankfurter Konvents und als Nachfolger auf die ehemalige Pfarrkanzel Philipp Jakob Speners einen Namen gemacht hatte, sondern bereits mehrfach als vehementer Kritiker vermeintlicher Atheisten aufgetreten war[38], ging Geiss in den Römer, um die *Meditationes* der Zensur anzuzeigen. Durch Drohungen erzwang der städtische Magistrat von Laus Verleger die Bekanntgabe des Verfassernamens, inhaftierte Lau[39] und ließ nach kurzer Verhandlung die konfiszierten Exemplare der von

---

35 T. L. Lau, *Auffrichtige Nachricht von dem jetzigen Etat des Finantz-Wesens der Respublica des Vereinigten Niederlandes* (Cölln 1717).
36 T. L. Lau, *Meditationes Philosophicae de Deo: Mundo: Homine. Anno MDCCXVII* ⟨Frankfurt/Main 1717⟩. Neben dieser im Oktavformat erschienenen Ausgabe soll eine weitere – ebenfalls 1717 – im Quartformat herausgekommen sein (vgl. u. a. J. F. v. d. Recke/K. E. Napiersky, *Allgemeines Schriftsteller- und Gelehrten-Lexicon*, a. a. O., S. 22). Diese häufig anzutreffende Angabe ist nicht zu bestätigen.
37 S. das „Extrait eines Schreibens von Hr. M. Geiss Teutsch-Frantzösischen Prediger in Franckfurt am Mayn an M. C. dato 21. October 1718", abgedruckt bei M. Grunwald, *Miscellen* (in: Archiv für Geschichte der Philosophie 10 ⟨1897⟩, S. 323–324).
38 Vgl. J. G. Pritius, *De atheismo et in se foedo, et humano generi noxio* (Leipzig 1695); ders., *De imperio Dei in atheos, contra Thomam Hobbesium* (Leipzig 1695).
39 Lau, dem die Zensurpraktiken der Stadt und die öffentliche Ächtung stark zugesetzt hatten, soll versucht haben, sich in der Haft durch Erhängen das Leben zu nehmen, woran ihn jedoch ein Wächter hinderte. S. G. J. Schwindel (= T. Sincerus), *Neue Nachrichten von lauter alten und raren Büchern* (Frankfurt 1748, S. 77–78); G. Stolle, *Kurtze Nachricht von den Büchern und deren Urhebern in der Stollischen Bibliothec* (a. a. O. ⟨Anm. 22⟩, S. 369).

allen Kirchenkanzeln geschmähten Schrift öffentlich verbrennen. Lau selbst wurde am 3. Juni 1717 das *Consilium abeundi* erteilt, danach vertrieb man ihn aus der Stadt.

Noch im selben Jahr begann Lau, das Urteil anzufechten: bereits am 5. Juli 1717 holte Lau, offenkundig in der Hoffnung, von seinem ehemaligen Lehrer Christian Thomasius Beistand zu erhalten, ein Gutachten der juristischen Fakultät der Universität Halle über die Rechtmäßigkeit der gegen ihn erfolgten Maßnahmen ein. Unter dem Pseudonym *Titius* wies Theodor Ludwig Lau die Hallenser Juristen darauf hin, daß er in seinen *Meditationes philosophicae* die Maske eines „philosophischen und freydenckenden Heyden" angenommen habe, um vom Standpunkt der Gegenseite umso besser die Wahrheit der christlichen Religion aufzeigen und beweisen zu können. Lau habe sich nur als „Copist, Ab- und Ausschreiber gefährlicher Lehren" betätigt, um eine Diskussionsgrundlage für die gründliche Erörterung der wichtigsten christlichen Lehren über Gott, die Welt und den Menschen zu gewinnen, und könne deshalb nicht verstehen, wie er in eine solche „Atheisterey-Fabrique" wie in Frankfurt geraten konnte. „Bey diesem Tractätchen", so Laus eigene Worte, ging „mein Finis eintzig und allein dahin: die *Veritatem Philosophiae Christianae*, (von welcher ich als ein Christianus völlig persuadiret wäre) von des Ethnicismi und deren alten als neuen *Libertiner* falschen Hypotheses, *per argumenta genuinae orthodoxiae validiora in contrarium*, völlig gesäubert und durch diese Mittel die wahre Religion ... gründlicher vertheidiget zu sehen".

Doch anders als erhofft, fiel das von Thomasius verfaßte und von der Fakultät gebilligte „Hällische Responsum" in allen Punkten ungünstig für Lau aus. Hatte dieser noch erwartet, der von ihm verehrte Lehrer werde seinen Fall zum Anlaß nehmen, die Strafbarkeit der „Atheisterey" ebenso in Frage zu stellen, wie er schon 1697 in einer aufsehenerregenden Disputation der Frage, „ob Ketzerey ein straffbares Verbrechen sey", die Strafbarkeit der Häresie bezweifelt hatte[40], so wurde Lau jetzt gründlich eines Besseren belehrt. Thomasius, der 1720 unter

---

40 C. Thomasius, *An haeresis sit crimen?* (1697); deutsch in *Außerlesene und in Deutsch noch nie gedruckte Schrifften*, Teil I (Halle 1705, S. 211 ff.).

der bezeichnenden Überschrift *Elender Zustand eines in die Atheisterey verfallenen Gelehrten* das gesamte Material der Kontroverse abdrucken ließ[41], bejahte in seinem dort nachzulesenden Gutachten vom 13. August 1717 ganz entschieden die Frage, ob sich in den *Meditationes philosophicae* gefährliche, den Regeln der gesunden Vernunft und der christlichen Lehre zuwiderlaufende Sätze finden lassen. Der „unpartheyische Leser", so Thomasius, könne das zu Recht verbotene Büchlein nicht ohne „hefftige Alteration und Ärgerniß", nicht ohne „Erstaunen und hertzliche Betrübniß über den unseeligen Zustand" des Verfassers lesen, zumal an jeder Stelle des Textes offenkundig sei, daß sich Lau durch sein „melancholisch-sanguinisches" Temperament, durch „vertraute Conversation" mit anderen Atheisten und durch Lektüre „des bekannten Spinosae Schrifften" dazu habe verführen lassen, seine Vernunft mutwillig fortzuwerfen und jegliches „natürliches iudicium" zu unterdrücken.[42] Die Argumentation, Lau hätte sich als *Philosophus Ethnicus* verstellt, um in dieser „philosophischen Masquerade" die Wahrheit der christlichen Religion besser gegen heidnische und atheistische Irrtümer schützen zu können, könne man nur als einen „elenden und unzulänglichen Praetext" bezeichnen, der die eigentlichen Ziele verberge: denn man vergifte nicht die Brunnen mit der Absicht, den Ärzten danach die Gelegenheit zu geben, mit ihren Medikamenten das Gift wieder zu vertreiben.[43] Das „seelenschädlichste Gifft" des Atheismus sei nur überzuckert worden, „und die reissende Wolffs-Art mit Schaafs-Kleidern bedeckt", - ja, so Thomasius weiter, es müsse sogar festgestellt werden, daß Lau noch frecher und tollkühner geschrieben habe als *Spinoza*, der „Vater dergleichen atheistischer Lehr-Sätze".[44]

Den Schluß des Thomasischen Gutachtens bildet eine gemeinsame Entschließung der Fakultät, wonach die *Meditationes* voll böser und

---

41 C.Thomasius, *Elender Zustand eines in die Atheisterey verfallenen Gelehrten* (in: Ernsthaffte, aber doch Muntere und Vernünfftige Thomasische Gedancken und Erinnerungen über allerhand auserlesene Juristische Händel, Teil I. Halle 1720, S. 233–358). Hier abgedruckt S. 189–316.
42 Ebd., S. 254–255.
43 Ebd., S. 260.
44 Ebd., S. 256.

gefährlicher atheistischer Prinzipien stecken und der Autor eine noch viel härtere Strafe als das *Consilium abeundi* verdient habe. Die Frankfurter Geistlichkeit habe völlig richtig darin gehandelt, das Buch auf den Kanzeln als Teufelsbuch und seinen Verfasser als Atheisten auszurufen und den städtischen Magistrat zum Einschreiten gegen Lau zu bewegen. Deswegen komme diesem auch „kein einziges Rechts-Mittel wider den Magistrat zu statten", vielmehr habe Lau Ursache, „dem Magistrat der Stadt so zu sagen auff den Knien zu dancken, daß man mit ihm so gelinde verfahren" sei und sich mit dem bloßen *Consilium abeundi* zufrieden gegeben habe.[45]

Ohne hier näher auf die Frage eingehen zu können, warum Thomasius offensichtlich nicht bereit war, dem vermeintlichen Atheisten und sogar in die Nähe zu Spinoza gebrachten Lau dieselbe Freiheit des Denkens und Publizierens zuzubilligen, die er häufig genug für sich selbst und andere gefordert hatte[46], bleibt doch festzuhalten, daß sein häufig als eklatantes Versagen des Aufklärers kritisiertes Verhalten die grundsätzliche Problematik der Freidenkertradition im Deutschland des 18. Jahrhunderts widerspiegelt: Thomasius' Auseinandersetzung mit Lau, die gleichsam als Wiederholung seiner Kontroverse mit dem „Spinozisten" Ehrenfried Walther von Tschirnhaus knapp dreißig Jahre zuvor (1688) erscheint[47], dokumentiert die tiefgehende Skepsis der bestimmenden Vertreter der deutschen Aufklärungsbewegung gegenüber Versuchen, allein im autonomen Vernunftgebrauch, ohne jede Rückbindung an theologische Grundvoraussetzungen von Offenbarung und Gnade, sichere Prinzipien natürlicher Religion und vor allem natürlicher Ethik zu begründen. Als „alzugroße Erhebung der menschlichen Kräfte", sowohl des Verstandes als auch des Willens, bezeichnete Johann Georg Walch – beeinflußt durch Thomasius und Budde – das für vergeblich gehaltene Bemühen der Atheisten, gleich-

---

45 Ebd., S. 256 und S. 264–265.
46 Vgl. dazu G. Gawlick, *Thomasius und die Denkfreiheit* (in: W. Schneiders ⟨Hrsg.⟩, Christian Thomasius 1655–1728. Interpretationen zu Werk und Wirkung. Hamburg 1989, S. 256–273).
47 S. J. P. Wurtz, *Tschirnhaus und die Spinozismus-Beschuldigung: die Polemik mit Christian Thomasius* (in: Studia Leibnitiana 13 ⟨1981⟩, S. 61–75); S. Wollgast, *Ehrenfried Walther von Tschirnhaus und die deutsche Frühaufklärung* (Berlin 1988).

sam von einem absoluten Standpunkt ihrer Vernunft Begründungsautonomie philosophischer Ethik zu gewährleisten. „Sie meinen", so Walch und darin Thomasius ähnlich, „der Mensch könne aus eigenen Kräften tugendhaft leben", – was für ihn und die meisten deutschen Frühaufklärer nichts anderes als eine Neuauflage des überwunden geglaubten Pelagianismus bedeutete.[48] Diese Neubelebung des uralten Irrtums einer „übermäßigen Erhebung der Vernunft" schien sich in aller Radikalität bei Spinoza und den ihm verbunden geglaubten frühen deutschen Freidenkern zu entfalten, – was Thomasius selbst immer wieder dazu brachte, die „unzeitige Weißheit" derer, die „ihre Vernunfft gar zu hoch spannen wollen", heftig zu attackieren.[49] *Ex solo rationis ductu vivere* – diese spinozistische und vom frühen Freidenken geteilte Hoffnung[50], durch bloßen Vernunftgebrauch zu einem tugendhaften und glücklichen Leben zu gelangen, wurde seitens der Kritik oft schon im Ansatz desavouiert, und das Mißverhältnis zwischen der „gemäßigten" Hauptströmung der deutschen Aufklärung und ihren radikalen Ausläufern konnte so beständig erhalten bleiben.

Dementsprechend hatte auch Theodor Ludwig Laus Versuch, Einspruch gegen das Gutachten der Hallenser Juristenfakultät einzulegen, keine Aussicht auf Erfolg. Sein *Antiscriptum* vom 20. Oktober 1717 bemühte sich vergebens, den Prozeß der „Ketzermacherey", dem sich nun auch Christian Thomasius angeschlossen hatte, aufzuhalten und den Verdacht des Spinozismus abzuwehren. Unter Anspielung auf das Schicksal des Philosophen Julius Caesar Vanini, dessen Verurteilung und Verbrennung (1619) Thomasius selbst häufig als das „größte Un-

---

48 J.G.Walch, *Historische und Theologische Einleitung in die Religions-Streitigkeiten ... ausser der Evangelisch-Lutherischen Kirche*, Bd.V (Jena 1736, S.196ff.; hier: S.197 und 206). Vgl. Walchs Lexikonartikel *Freyheit zu gedenken* in: J.G.Walch, *Philosophisches Lexicon*, Bd.I (Leipzig ⁴1775, Sp.1368–1394).
49 S. C.Thomasius, *Einleitung zur Sittenlehre* (Halle 1692, S.144–153; hier: S.145). Vgl. zur Charakterisierung des Freidenkens als „maßlose" Vernunft (*ratio immoderata*) die Ausführungen in M.Pott, *Radikale Aufklärung und Freidenker* (in: Deutsche Zeitschrift für Philosophie 38 ⟨1990⟩, S.639–650, bes. S.642ff.).
50 Vgl. B.Spinoza, *Ethica* II, 49 (in: *Opera*, hrsg. von C.Gebhardt, Bd.II. Heidelberg 1924, S.236).

recht auf der Welt" bezeichnet hatte[51], stellte Lau mit Nachdruck die Frage, ob man mit ihm „eine Vaninische Tragödie" spielen wolle und ihn letztlich dazu zwinge, „zum Scheiterhauffen eine Promenade zu machen".[52] Aus „bloßer Liebe zur Wahrheit" habe er die *Meditationes* verfaßt, die als Produkt redlicher „Arbeit der Vernunfft" Gewissenhaftigkeit und Umsicht ihres Autors in jeder Zeile deutlich machten.

Thomasius, der mehrfach direkt in Laus Erwiderungsschreiben angesprochen war, reagierte gereizt, wenn auch mit Mitleid auf die seiner Meinung nach „etwas hanebüchenen" Argumente des „Herrn Quaerenten": „Hat denn der arme elende Mensch keinen einigen wahren Freund, der ihn warne?", lautete der Stoßseufzer des Hallenser Juristen, bevor er Theodor Ludwig Lau endgültig als einen Atheisten brandmarkte, der spornstreichs in sein zeitliches und ewiges Verderben renne. Vor allem waren es zwei Beilagen, die Lau zusammen mit seiner Gegenschrift der Juristenfakultät übersandt hatte, die Thomasius so erzürnten, daß er die „grobe Atheisterey" Laus außerhalb jedes vernünftigen Urteils stellte, – dieses mit dem Hinweis, „daß der Herr Quaerente es viel plumper als Spinosa gemacht habe".[53] In der ersten der Beilagen zitierte Lau Sätze aus der Thomasischen *Vernunftlehre*[54], um nachzuweisen, daß der Gelehrte in der Beurteilung Laus gegen eigene Grundsätze verstoßen hatte. Forderte Thomasius andernorts größte Gewissenhaftigkeit und Vorsicht bei der Beurteilung fremder Meinungen, folgte er in der Verurteilung der *Meditationes* Laus offensichtlich ganz anderen Prinzipien. Diesen Vorwurf mußte Thomasius als eine Beleidigung empfinden, die ihn zusätzlich dafür blind machte, die Inhalte der zweiten Beilage als Zeugnisse ernsthaften und leidenschaftlichen Streites für Denk- und Gewissensfreiheit wahrzunehmen. In zwei mehrere Seiten umfassenden Gedichten[55] gab

---

51 Vgl. u.a. C.Thomasius, *Vollständige Erläuterung der Kirchenrechts-Gelahrtheit* (Frankfurt-Leipzig ²1740, S.59).
52 Laus *Antiscriptum* (in: C.Thomasius, *Elender Zustand* ..., a.a.O., S.265–293; hier: S.278).
53 C.Thomasius, *Elender Zustand*... (a.a.O., S.308f.).
54 Ebd., S.301–308. Vgl. C.Thomasius, *Ausübung der Vernunftlehre* (Halle 1691, S.231ff.).
55 *Verläumdung und Unschuld, Condolentz- und Consolations-Schreiben an das confis-*

Lau seiner Enttäuschung und Trauer mit besonderem Pathos Ausdruck:[56]

> Verfolgung wohnet stets, wo Wahrheit wird gehasset;
> Das Reich der Finsterniß ausübet seine Macht.
> Schreibt man da frey und neu, wird der Befehl verfasset:
> Die Schrifft soll seyn erklärt in die gelehrte Acht.
>
> (...)
>
> Ich lebe wie ich will: bin frey in meinem Dencken.
> Ich schreibe, was ich denck. Ich rede, was ich schreib.
> Von dieser Lebens-Weiß wird keine Furcht mich lencken.
> Ich weiß, daß ich ein Knecht der göldnen Freyheit bleib.

Seinen Vorsätzen treu bleibend, unternahm Lau bereits 1719 erneut den Versuch, anonym eine Schrift in Frankfurt zu publizieren, die aber wie die erste sofort nach ihrem dortigen Erscheinen konfisziert und geächtet wurde. Über die Vorgänge, die zum Verbot der *Meditationes, Theses, Dubia philosophico-theologica*[57] führten, liegen keine Berichte vor, doch auch hier urteilte Christian Thomasius, der das zweite „atheistische Scartecgen" ebenso in die Hände bekam, gleichlautend und notierte, daß „diese Schrift ... noch viel entsetzlicher zu lesen als die erste" sei.[58] Die allgemeine Reaktion auf seine zweiten *Meditationes*, die als scharfe Anklage gegen die Unterdrückung der Geistesfreiheit und der freien Meinungsäußerung formuliert waren, zwang Lau

---

cirte Tractätgen, betitelt: Meditationes philosophicae..., abgelassen von ihrem Verfasser (in: C.Thomasius, Elender Zustand..., a.a.O., S.312–320); Schreiben, welches von dem Verfasser des confiscirten Tractätgen, betitelt: Meditationes philosophicae..., abgelassen worden an einen guten Freund über das von dem Rath der freyen Reichs-Stadt N. erhaltene Consilium abeundi (ebd., S.332–340).
56 C.Thomasius, Elender Zustand... (a.a.O., S.315 und S.319).
57 T.L.Lau, Meditationes. Theses. Dubia. Philosophico-theologica; Placidae Eruditorum Disquisitioni, Religionis cujusvis et Nationis: in Magno Mundi Auditorio, submissa; a Veritatis Eclecticae Amico (Freystadt = Frankfurt/Main 1719). In Oktavformat.
58 C.Thomasius, Elender Zustand... (a.a.O., S.349). Vgl. die Rezension der *Meditationes, Theses, Dubia* in den *Unschuldigen Nachrichten von Alten und Neuen Theologischen Sachen* (1719, S.1095–1096).

endgültig, fortan jede Provokation zu meiden; dieses auch vor dem Hintergrund, daß er mittlerweile keine feste Anstellung mehr fand, die ihm den Lebensunterhalt hätte sichern können. Zwar trat er noch im Jahre 1718 auf dem Reichstag zu Grodno und 1719 auf dem kurländischen Landtag auf, um für den Markgrafen Friedrich Wilhelm von Schwedt die Wahl zum Herzog von Kurland zu betreiben, doch blieb diese Mission ohne Erfolg.[59] In den anschließenden Jahren war Lau, wie Joachim Christoph Nemeitz (1679–1753) aus persönlicher Bekanntschaft berichtete, „unstet und flüchtig auf Erden", fand keinen festen Wohnsitz und mied ängstlich jeden Konflikt mit geistlichen und weltlichen Behörden.[60] So verzichtete er u. a. auf die Veröffentlichung einiger umfangreicher Pamphlete, die sich alle gegen seine öffentliche Verurteilung durch Thomasius richteten und als „bittere Gesundheits-Pillen" die Polemik nur auf die Spitze getrieben hätten.[61] Stattdessen publizierte er eine beträchtliche Anzahl unterschiedlichster Arbeiten, darunter Übersetzungen literarischer Texte, eigene Dichtungen – z. B. eine *Menschwerdungs-Historie des Heylands der Heyden in gebundner Rede* – und einige nicht unbedeutende kameralistische Abhandlungen, die in Fachkreisen wohlwollend aufgenommen wurden.[62] Ohne Anstellung mußte sich Lau seinen Unterhalt als Schriftsteller

59 Vgl. J.F.v.d.Recke/K.E.Napiersky, *Allgemeines Schriftsteller- und Gelehrten-Lexicon* (a.a.O. ⟨Anm.29⟩, S.22); F.K.Gadebusch, *Livländische Bibliothek*, Bd.II (Riga 1777, S.163); C.G.v.Ziegenhorn, *Staatsrecht der Herzogthümer Curland und Semgallen* (a.a.O. ⟨Anm.30⟩, S.74).
60 J.C.Nemeitz, *Von einem Plagio, und zugleich einige Particularia von dem Herrn Lau* (in: ders., Vernünftige Gedancken über allerhand historische, critische und moralische Materien, Teil III. Frankfurt/M. 1740, S.72–80; hier: S.76).
61 *Glorieuser Zustand eines Atheistischen Gelehrten, entgegengesetzt dem elenden Zustand eines Atheistischen Gelehrten des Herrn Christian Thomasen...*; *Das vernünfftige Christenthum des ... T.L.Lau ... wider die Atheistische Auflagen des Königlich-Preußischen Geheimden Raths und Hällischen Juris Professoris ...*; *T.L.Lau J.V.D. defendit T.L.Lau J.V.D. contra falsissimas Atheismi Thomasiani Inculpationes* (als „zum Druck fertig liegende Bücher" angezeigt bei T.L.Lau, *Die Original-Rede...*, Altona 1736, S.28).
62 Ein Werkverzeichnis Laus findet sich bei J.C.Adelung/H.W.Rotermund, *Fortsetzungen und Ergänzungen zu C.G.Jöchers allgemeinen Gelehrten-Lexico*, Bd.III (Leipzig 1784ff., Sp.1340–1341), sowie in: T.L.Lau, *Die Original-Rede...* (Altona 1736, S.23ff.). Zu Laus kameralistischem Werk vgl. G.Stiehler, *Theodor Ludwig Lau* (a.a.O. ⟨Anm.22⟩, S.193–208).

sichern; verfängliche Schriften blieben in der Schublade und sind heute verloren: die *Religio Laici* „aus dem Englischen" (des Herbert of Cherbury), der *Vernünfftige Catechismus* als „erbauliche Unterweisung im vernünftigen Christenthum" oder die *Defensio physico-moralis-juridica: atheismum non esse crimen*.⁶³

Während dieser Zeit hielt sich Lau u. a. in Freiburg und Erfurt auf, wo er in Zeitungen Anzeigen einrückte, in denen er seine Dienste anbot, so als Bibliothekar, Archivar, Übersetzer und auch als Versemacher für traurige und lustige Gelegenheiten.⁶⁴ Trotz seiner katastrophalen wirtschaftlichen Verhältnisse, die solche Inserate nur zu gut verdeutlichen, gelang ihm im September 1725 an der juristischen Fakultät in Erfurt die Promotion⁶⁵, die ihm schließlich doch noch die Berufung zum Tribunalrat in Königsberg ermöglichte. In seine Heimat zurückgekehrt, hoffte er, endlich – wenn auch mit großer Verspätung – dieselbe bürgerliche Laufbahn einschlagen zu können wie vor ihm Vater und Bruder. Sein Versuch, ebenfalls an der Königsberger Universität zu lehren, mißlang jedoch völlig. Nachdem er 1727 einige *Theses ex universo jure depromptae* für die Aufnahme in den Lehrkörper der juristischen Fakultät drucken ließ, wurde ihm „wegen darinn enthaltenen paradoxen Meynungen" verboten, den Text auszuteilen und die Thesen öffentlich zu disputieren.⁶⁶

Im folgenden Jahr holte Lau seine Vergangenheit ein, als in Königs-

---

63 Vgl. T. L. Lau, *Die Original-Rede...* (a.a.O., S.27 und S.31).
64 *Der gelehrte Narr, oder gantz natürliche Abbildung solcher Gelehrten, die da vermeynen alle Gelehrsamkeit und Wissenschafften verschlucket zu haben...* (Freyburg 1729, S.46–47).
65 Laus Dissertation erschien im Druck und hat sich erhalten: C. I. Gudenus (Praeses)/ T. L. Lau (Resp.), *Dissertatio inauguralis: sistens theses miscellaneas ad universum jus spectantes, pro licentia summos in utroque jure honores et privilegia capessendi, d. 24.sept.* (Erfurt 1725). Die nur 8 Seiten lange Arbeit ist kaum von Interesse, da sie nur bruchstückhaft das Konzept einer „Jurisprudentia divino-mathematica" (S. 7) bzw. einer dadurch legitimierten Theorie der Religionsfreiheit (S. 7f.) entwirft.
66 Vgl. M. Lilienthal, *Theologische Bibliothec...* (a.a.O. ⟨Anm. 7⟩, S.263); C. G. Jöcher, *Allgemeines Gelehrten-Lexicon* (a.a.O., Sp. 2294); G. Erler (Hrsg.), *Die Matrikel der Albertus-Universität zu Königsberg i.Pr.* (a.a.O. ⟨Anm. 25⟩, S.331); D. H. Arnold, *Ausführliche und mit Urkunden versehene Historie der Königsbergischen Universität*, Bd. II (Königsberg 1769, S.523). Der Text der *Theses* war mir nicht zugänglich.

berg bekannt wurde, daß er der Verfasser der beiden *Meditationes* war.[67] 1728 sollte er in einer nicht näher zu bestimmenden Rechtssache als Zeuge auftreten, wobei die Gegenpartei seine Zeugenschaft mit der Erklärung hintertrieb, es handle sich bei ihm um einen des Atheismus beschuldigten Menschen. Daraufhin wurde Lau durch Tribunalbeschluß vom 17. Dezember 1728 auferlegt, beim Samländischen Konsistorium – dort, wo noch zuvor sein Vater und sein Bruder gewirkt hatten – die vor allem in den *Meditationes philosophicae* von 1717 geäußerten „Irrtümer" ausdrücklich zu widerrufen. Zwei von Lau am 3. Oktober 1727 und am 16. April 1728 gehaltene Glaubensbekenntnisse, die genauso beglaubigt wurden wie die Teilnahme am christlichen Abendmahl[68], erkannte das Konsistorium nicht an und zwang ihn zu erneutem, öffentlichem Widerruf. Dieser geschah tatsächlich, wenn auch erst am 6. Oktober 1729 auf einer Sitzung des Konsistoriums, wo Lau zugab, die *Meditationes* enthielten einen *Indifferentismus religionis*, und gelobte, sich künftig vor solch „verworrenen Meynungen" zu hüten.[69]

Das Verfahren gegen Lau vor dem Samländischen Konsistorium fand auch außerhalb Königsbergs große Beachtung; so wurde die Ermahnungsrede des Konsistorialpräsidenten Wilhelm Ludwig von der Gröben publiziert, um der Öffentlichkeit zu verdeutlichen, „wie gefährlich ein scharffsinniger Verstand ohne Gottesfurcht" wirke und wie unnachsichtig gegen diejenigen vorgegangen werden solle, die in „vermessener weltlicher Weißheit" ihre schädlichen Lehren verbreiten. Lau habe Gott den Krieg erklärt, und so sei ihm Gottes Gericht widerfahren, nur der Widerruf könne die letzte Rettung sein, um aus dem „schnaubenden Saulo einen frommen Paulum" zu machen.[70]

---

67 Zum folgenden vgl. M. Lilienthal, *Theologische Bibliothec...* (a.a.O. ⟨Anm. 7⟩, S. 263 ff.); F.K. Gadebusch, *Livländische Bibliothek* (a.a.O. ⟨Anm. 28⟩, S. 163 ff.); D.H. Arnoldt, *Kurzgefaßte Kirchengeschichte des Königreichs Preußen* (Königsberg 1769, S. 874 f.).
68 S. die Glaubensbekenntnisse in T.L. Lau, *Die Original-Rede...* (a.a.O., S. 19–23).
69 Die Widerrufsformel bei T.L. Lau, *Die Original-Rede...* (a.a.O., S. 19). Auch in M. Lilienthal, *Theologische Bibliothec...* (a.a.O. ⟨Anm. 7⟩, S. 263 f.).
70 W.L. v.d. Gröben, *Gehaltene Anrede an den Herrn Rath Theod. Frid. ⟨!⟩ Lau, als er den 6ten Oct. 1729 die Irrthümer seines verdammlichen Tractats de Deo et Homine*

Ein frommer Paulus im Sinne seiner Verfolger wurde Lau nie; auch nachdem er die Tribunalratsstelle in Königsberg aufgeben und die Stadt verlassen mußte, folgte ihm die Fama, ein Gottesverächter und Religionsspötter zu sein, dem jeder Aufenthalt zu verwehren sei. Nemeitz berichtete, ihn um 1730 „nicht weit von Franckfurt .. von ohngefehr aus einem Bauer-Hause ... heraus guckend" gesehen zu haben[71]; Gottlieb Stolle (1673–1744) waren 1735 „seine jetzigen Umstände unbekannt".[72] Erwähnenswert blieb der zeitgenössischen Literatur nur noch eine kurze Begegnung Laus mit Johann Christoph Gottsched in Leipzig, während der er sich als evangelischer Christ bekannt haben soll.[73] Die letzten Jahre verbrachte Lau in Hamburg und in Altona. Zu Beginn des Jahres 1736 zog er dorthin, körperlich und offenbar auch seelisch gebrochen[74], und nahm aus ständiger Furcht vor Entdeckung und erneuter Verfolgung vermutlich sogar den falschen Namen *Lenz* an, um endgültig in die Verborgenheit abzutauchen.[75] Auch das einzige Porträt Laus, das der Kunstmaler Johann Ferdinand Schor (1686–1767) in den 20er Jahren anfertigte, ist heute verloren.[76]

öffentlich im Consistorio Sambiensi wiederruffte (in: Fortgesetzte Sammlung von Alten und Neuen Theologischen Sachen, 1731, S. 242–251). Lau gab diese Rede 1736 in korrigierter und durch andere Dokumente ergänzter Fassung heraus (T. L. Lau, *Die Original-Rede...*, a.a.O., S. 6–14). Hier abgedruckt S. 162–170.
71 J.C.Nemeitz, *Von einem Plagio, und zugleich einige Particularia von dem Herrn Lau* (a.a.O. ⟨Anm. 60⟩, S. 76).
72 G. Stolle, *Kurtze Nachricht...* (a.a.O. ⟨Anm. 22⟩, S. 369).
73 So J.C.Gottsched in einer Anmerkung zu P.Bayles *Verschiedene Gedancken bey Gelegenheit des Cometen, der im Christmonate 1680 erschienen, an einen Doctor der Sorbonne gerichtet. Aus dem Frantzösischen übersetzt und mit Anmerkungen und einer Vorrede ans Licht gestellet von Joh.Christoph Gottscheden* (Hamburg 1741, S. 660, Anm. 44). Vgl. W. Rieck, *Johann Christoph Gottsched* (Berlin 1972, S. 117f.).
74 Nemeitz, der Lau persönlich kannte, meinte, „es spückte ihm im Gehirn" (s. *Von einem Plagio, und zugleich einige Particularia von dem Herrn Lau*, a.a.O. ⟨Anm. 60⟩, S. 78).
75 Zum Decknamen „Lenz" vgl. S. Winkle, *Die heimlichen Spinozisten in Altona und der Spinozastreit* (Hamburg 1988, S. 27). Winkles Belege für seine Vermutung waren nicht nachprüfbar.
76 Zuletzt war es im Besitz des Königsberger Juraprofessors und samländischen Konsistorialrats Reinhold Friedrich von Sahme (1682–1753). S. T.L. Lau, *Die Original-Rede* (a.a.O., S. 15).

Im Februar 1740 starb Theodor Ludwig Lau in Altona[77]; sein Lebensfazit war Ausdruck des Scheiterns und großer Enttäuschung: „Ich habe laut und harmonieus genug, zum öfftern gepfiffen, sie haben aber nicht tantzen wollen ..."[78]

III.

Folgt man dem allgemeinen Urteil der Philosophiehistoriker, sofern sie überhaupt ihr Augenmerk auf Lau richten, gilt dieser als *Spinozist*. Ausgehend von Jakob Bruckers *Historia critica philosophiae* (1744)[79], der ihn als „Spinozismi suspectus" etikettierte, ist diese Meinung ein immer wiederkehrendes Vorurteil, das nur von wenigen bestritten wird. Im Anschluß an erste Untersuchungen des 19. Jahrhunderts zur Wirkung Spinozas in Deutschland herrscht bis heute die Ansicht vor, Laus Anschauungen und mit ihm das frühe deutsche Freidenken in Gänze als bloße Spinozarezeption interpretieren zu können[80]; und auch die marxistisch orientierte Aufklärungsforschung hat zwar Wichtiges und Grundsätzliches für die Erforschung dieser Thematik geleistet, jedoch viel zu häufig die sogenannten „Materialisten der Leibniz-

---

77 Das genaue Todesdatum ist unbekannt. Laut M. Lilienthal (*Theologische Bibliothec* ..., a.a.O. ⟨Anm.7⟩, S.268) starb Lau in Hamburg; die meisten zeitgenössischen Quellen nennen jedoch Altona (u.a. F.K.Gadebusch, *Livländische Bibliothek*, a.a.O. ⟨Anm.28⟩, S.164; J.A.Trinius, *Freydencker-Lexicon*, a.a.O. ⟨Anm.1⟩, S.333; C.G.Jöcher, *Allgemeines Gelehrten-Lexicon*, a.a.O. ⟨Anm.27⟩, Sp.2293).
78 T.L.Lau, *Die Original-Rede* (a.a.O., S.32).
79 J.Brucker, *Historia critica philosophiae*, Bd. IV/2 (Leipzig 1744, S.702).
80 Vgl. L.Baeck, *Spinozas erste Einwirkungen auf Deutschland* (Berlin 1895, S.57ff.); D.Baumgardt, *Spinoza und der deutsche Spinozismus* (in: Kant-Studien 32 ⟨1927⟩, S.182–192, bes. S.183); S.v.Dunin-Borkowski, *Spinoza nach dreihundert Jahren* (Berlin-Bonn 1932, S.132); M.Grunwald, *Spinoza in Deutschland* (Berlin 1897, S.60ff.); T.C.v.Stockum, *Spinoza's beoerdeeling en invloed in Duitschland van 1677 tot 1750* (Groningen 1916, S.15f.). Unter den neueren Arbeiten, welche die These von Laus Spinozismus unhinterfragt übernehmen, finden sich D.Bell, *Spinoza in Germany from 1670 to the Age of Goethe* (London 1984, S.16); H.Coulet, *Réflexions sur les Meditationes de Lau* (a.a.O. ⟨Anm.13⟩); M.Gilli, *L'influence de Spinoza dans la formation du matérialisme allemand* (in: Archives de Philosophie 46 ⟨1983⟩, S.590–610; hier: S.595); R.Wild, *Freidenker in Deutschland* (in: Zeitschr. f. Hist. Forschung 6 ⟨1979⟩, S.253–285; hier: S.271).

Zeit"[81] mit einer heute kaum in der veranschlagten Bedeutung nachzuweisenden Bewegung des „frühen deutschen Spinozismus" identifiziert. Das Bild von Lau als einem der herausragendsten Vertreter des von Spinoza beeinflußten Materialismus der deutschen Frühaufklärung bedarf der Korrektur[82] und einer schärferen Konturierung dessen, was philosophiehistorisch die eigentliche Bedeutung Laus als Repräsentant radikalen philosophischen Denkens am Beginn der Aufklärung in Deutschland ausmacht.

Die überwiegende Zahl der zeitgenössischen Kritiker sah in Lau keinen Spinozisten, sondern einen nicht minder gefährlichen Atheisten[83], Pantheisten[84], Indifferentisten und Deisten.[85] Auch die Autoren der nach Verbot seiner *Meditationes philosophicae* (1717) eigens gegen diese gerichteten Polemiken und Analysen glaubten, weniger Spinoza als andere, jenseits der Grenzen zeitgenössischen philosophisch-theologischen Konsenses agierende Philosophen hinter den Äußerungen Laus vermuten zu können. So fand zwar Johann Konrad Arnold (1658–1735)[86] in Laus pantheistischer Position aus seiner Sicht typische Kennzeichen des Spinozismus[87], doch hielt der lutherische Theo-

---

81 S. G. Stiehler (Hrsg.), *Materialisten der Leibniz-Zeit* (Berlin 1966, S. 28–29, 81 ff.). Vgl. auch N. Merker, *Die Aufklärung in Deutschland* (München 1982, S. 222 f.) und A. W. Gulyga, *Der deutsche Materialismus im achtzehnten Jahrhundert* (Berlin 1966, S. 30 f.).
82 S. hier die verdienstvolle Arbeit von W. Schröder, *Spinoza in der deutschen Frühaufklärung* (Würzburg 1987, S. 124 ff.).
83 Vgl. J. G. Walch, *Historische und theologische Einleitung in die Religions-Streitigkeiten...* (a. a. O. ⟨Anm. 48⟩, S. 77 ff.); J. F. Reimmann, *Historia universalis atheismi et atheorum...* (Hildesheim 1725, S. 523 f.).
84 Vgl. J. M. Mehlig, *Historisches Kirchen- und Ketzer-Lexicon* (a. a. O. ⟨Anm. 1⟩, S. 50); G. Stolle, *Anleitung zur Historie der Gelahrtheit* (Jena ⁴1736, S. 521).
85 Vgl. J. C. Burgmann, *Diatribe historico-polemica de deismo naturalistarum generatim spectato* (Rostock 1754, S. 28); S. Wiest, *Institutiones theologicae dogmaticae in usum academicum*, Bd. II (Ingolstadt ²1790, S. 40).
86 J. K. Arnold, *Universalista in theologia naturali planeta, fide vanus, cultu profanus, cujus Meditationes, de Deo, Mundo, Homine, scrutinio logico-theologica expensas* (Gießen 1719, Resp. J. M. Caspar). Hier abgedruckt S. 317–378. Zu J. K. Arnold (auch: Arnoldi) s. C. G. Jöcher, *Allgemeines Gelehrten-Lexicon*, Bd. I (Leipzig 1750, Sp. 564–565).
87 J. K. Arnold, *Universalista in theologia naturali planeta...* (a. a. O., S. 4): „En Spinozismum! Deus et mundus, una substantia. En Pantheismum...!".

loge und Professor für Logik und Metaphysik zu Gießen neben *Naturalist* den Begriff *Universalist*[88] für wesentlich geeigneter, um den in allen Gebieten gleichermaßen schädlichen Wandelgang („instar stellae planetae") des philosophischen Libertiners zu kennzeichnen. Ähnlich wie Arnolds ausführliche und in ihrem Detailreichtum exemplarische Auseinandersetzung mit den *Meditationes philosophicae* sahen auch frühe Kritiker Laus wie Kornelius Dietrich Koch[89], Johann Konrad Schwarz[90] und Gottlieb Samuel Treuer[91] eine *formale* Nähe zum niederländischen Philosophen[92], sie nannten aber ganz andere Namen, um diejenigen Einflüße festzumachen, die Laus Denken in ihren Augen eindeutig bestimmten. Die Liste der Namen, die sie anführten, war deckungsgleich mit derjenigen, die Lau selbst vorgab: Neben Platon, Epikur, Lukrez, Machiavelli, Giordano Bruno, Descartes, Herbert of Cherbury, Spinoza, Pierre Bayle, Adrian Beverland, Balthasar Bekker und Gottfried Arnold waren es Thomas Hobbes und John Toland, die Lau als Quellen seiner Überzeugungen hervorhob.[93] Ihnen, den „ächten Vätern", verdankten seine Schriften ihre Grundthesen, habe er sie doch aus deren „Büchern als papiernen Tauff-Steinen gehoben, in die gedruckten Blätter gleich Windeln eingewickelt und ihnen den Nahmen *Meditationes philosophicae* gegeben"; er selbst sei ein „bloßer Gevatter", der die Geburt neuer Ideen nur befördere.[94]

Es war Christian Thomasius, der ihn gelehrt hatte, mit einer solchen Vielzahl „geistiger Väter" kritisch, souverän und produktiv umzugehen. Thomasius bezeichnete dieses kritische Denken mit einem später in Mißkredit geratenen Ausdruck als „auswählende", *eklektische* Phi-

---

88 Ebd., S.1: „Universalista dum est Philosophus iste, universas quoque humanas eruditionis disciplinas in nuce exhibere voluit, nucleo tamen vel nullo, vel saltim acerbo, et carie malignarum cupiditatum corrupto ...".
89 K.D.Koch, *Defensio Scripturae Sacrae ab injuriis scriptoris nuperi meditationum de deo, mundo et homine* (Helmstedt o.J., vermutlich 1720).
90 J.K.Schwarz, *Dissertatio de contemtione evangelicae veritatis aditu ad insanias atheorum*, Teil I-II (Coburg 1717–1718; Resp. K.P.Schard und J.C.Amling).
91 G.S.Treuer, *Oeconomia systematis moralis atheorum* (Helmstedt 1718; Resp. C.H.Schilling).
92 Vgl. Treuer (a.a.O., S.43), Koch (a.a.O., S.11) und Schwarz (a.a.O., S.6).
93 S. C.Thomasius, *Elender Zustand*... (a.a.O., S.273 und S.315).
94 Ebd., S.288.

losophie.⁹⁵ Eklektisch denken hieß für ihn nicht wahllos – synkretistisch – Meinungen zusammenzusuchen, sondern behutsam eine Auswahl zu treffen: mit Vernunft und aus freier Entscheidung zwischen unterschiedlichen Argumenten zu wählen. Der eklektische Philosoph – und darin wurde Thomasius' Modell kritischer Eklektik seinem später verstoßenen Schüler Lau zum Vorbild – ist derjenige, der *selbstdenkend* „aus allen philosophischen Secten die Wahrheiten auslieset, ihre Fehler bemercket und alle Lehren an den Probierstein der gesunden Vernunfft streichet".⁹⁶ Im eklektischen Denken kommen Vernunft und Freiheit zusammen, und Thomasius nannte sich daher „einen freyen Philosophen, der sich zu keiner Secte schlägt, sondern bloß nach der Erkäntniß seiner Vernunfft gehet".⁹⁷ Diese Emanzipation von Autoritäten („Secten"), genauer vom Vorurteil der Autorität, begründete eine Freiheit des Philosophierens (*libertas philosophandi*), die durch eigenständiges „Meditieren" zugleich eine neue Philosophie möglich werden ließ.⁹⁸ Das *vorurteilsfreie Selbstdenken* als eigentliches Freidenken schloß auch die politische Forderung nach freiheitsorientierter Praxis und geistiger Toleranz ein; entsprechend verlangte Thomasius vom seinem Landesherrn, dem Kurfürsten von Brandenburg und späteren ersten Preußenkönig Friedrich I., Denkfreiheit und Schutz des Andersdenkenden vor Verfolgung. Forderungen, die er – wie gezeigt – gegenüber Lau selbst nicht einlösen wollte. „Sol ich es

---

95 Vgl. W. Schneiders, *Vernünftiger Zweifel und wahre Eklektik. Zur Entstehung des modernen Kritikbegriffs* (in: Studia Leibnitiana 17 ⟨1985⟩, S. 143–161); W. Schmidt-Biggemann, *In nullius verba iurare magistri. Über die Reichweite des Eklektizismus* (in: ders., Theodizee und Tatsachen. Das philosophische Profil der deutschen Aufklärung. Frankfurt/M. 1988, S. 203–222).
96 C. Thomasius, *Höchstnöthige Cautelen, welche ein Studiosus Juris, der sich zu Erlernung der Rechts-Gelahrtheit ... vorbereiten will, zu beobachten hat* (Halle 1713, S. 135). Vgl. die Definition der eklektischen Philosophie in Thomasius' *Introductio ad philosophiam aulicam* (Halle ¹1688, ²1702, S. 44 f.).
97 C. Thomasius, *Ausübung der Vernunftlehre* (a. a. O. ⟨Anm. 54⟩, Widmung). Zur philosophischen Grundposition von Christian Thomasius vgl. W. Schneiders, *Vernunft und Freiheit. Christian Thomasius als Aufklärer* (in: Studia Leibnitiana 11 ⟨1979⟩, S. 3–21) sowie M. Pott, *Thomasius' philosophischer Glaube* (in: W. Schneiders ⟨Hrsg.⟩, Christian Thomasius 1655–1728, a. a. O. ⟨Anm. 46⟩, S. 223–247).
98 C. Thomasius, *Institutiones jurisprudentiae divinae* (Halle ¹1688, ⁷1720, Diss. prooem., S. 21).

mit einem Worte sagen", so Thomasius in einem vielzitierten Appell an den Kurfürsten, „es ist die ungebundne Freyheit, ja, die Freyheit ist es, die allem Geiste das rechte Leben giebet, und ohne welche der menschliche Verstand... gleichsam todt und entseelet zu seyn scheinet".[99]

„L'éclectique est un homme qui ne reconnoît point de maître", schrieb Denis Diderot in der *Encyclopédie* (1755)[100] und entwarf dabei im Artikel *Eclectisme* ein Porträt des eklektischen Philosophen und Freidenkers, dem vielleicht Theodor Ludwig Lau in vielen Punkten zum Vorbild hätte dienen können.[101] Der eklektische, freie Philosoph, so Diderot, läßt das Vorurteil, die Autorität, die Tradition und den allgemeinen Konsens hinter sich und hat den Mut, sich seines Verstandes zu bedienen („ose de penser de lui-même"), um selbst die scheinbar klarsten und allgemeinsten Prinzipien erneut zu überdenken, zu diskutieren und zu prüfen. Er geht dabei den Weg kritischer Sichtung diverser Theorien, die in tiefgehender Skepsis ihre Begleitung findet: „l'éclectique devroit toujours marcher à côté du sceptique pour recueillir tout ce que son compagnon ne réduiroit point en une poussière inutile, par la sévérité de ses essaies".

Lau folgte diesen Prinzipien eklektischer Philosophie, indem er seinen Lehrer Thomasius beim Worte nahm und dessen Maximen an den Anfang beider *Meditationes* stellte: vielleicht schon beeinflußt von der Diskussion um Anthony Collins' *Discourse of Free-Thinking* von 1713[102], unterstrich er den Zusammenhang von kritischer Eklektik und

---

99 C.Thomasius, *Die neue Erfindung einer wohlgegründeten und für das gemeine Wesen höchstnöthigen Wissenschafft, das Verborgene des Hertzens anderer Menschen ... zu erkennen* (1692; in: Kleine Deutsche Schrifften. Halle 1701, S. 450–490; hier: S. 458 f.).
100 D. Diderot, ⟨Art.⟩ *Eclectisme*, in: *Encyclopédie, ou dictionnaire raisonné des sciences, des arts et des métiers*, Bd. V (Paris 1755, S. 270–293; hier: S. 270). Vgl. den Artikel *Eclectische Philosophie* in J. G. Walch, *Philosophisches Lexicon* (a.a.O. ⟨Anm. 48⟩, Bd. I, Sp. 835–838).
101 Vgl. Inhalt und Aufbau der Darstellung der „Philosophie éclectique" durch Diderot mit Laus *Meditationes philosophicae* (Art. „Eclectisme", a.a.O., S. 284ff.). Es ist anzunehmen, daß Diderot die *Meditationes*, die in Abschriften in Frankreich zirkulierten, kannte. Vgl. I. O. Wade, *The clandestine organization and diffusion of philosophical ideas in France from 1700 to 1750* (a.a.O. ⟨Anm. 12⟩, S. 16, 240 f., 308).
102 Vgl. G. Gawlick, *Die ersten deutschen Reaktionen auf A. Collins' „Discourse of Freethinking" von 1713* (in: Aufklärung 1 ⟨1986⟩, S. 9–24). Lau kannte vermutlich

vernünftigem Zweifel und nannte sich schon auf dem Titelblatt der *Meditationes, Theses, Dubia* (1719) einen „Veritatis eclecticae amicus", der aus freier Vernunft geborene Reflexionen zur Diskussion stelle. Auch in der Vorrede der *Meditationes philosophicae* (1717) propagierte Lau die letztlich thomasianische Idee, den Königsweg zur Wahrheit unter Verzicht auf fremde Meinungen und Vorurteile gehen zu können, wobei das Motto seiner Schrift diese Absicht deutlich zum Ausdruck brachte: War doch die Zeile *Nullius addictus jurare in verba magistri*, die Lau seinem Lieblingsdichter Horaz entnahm, das Leitmotiv philosophischer Eklektik[103] mit freidenkerischer Pointe: keinem Meister verpflichtet, auf seine Worte zu schwören.[104]

Wißbegierde (*Scrutanismus*), Skeptizismus und „Cartesianismus" seien, so Lau, die drei besten „Führer zum Tempel der Wahrheit" (MTD 2)[105]; der letztere jedoch nicht im Sinne inhaltlicher, dogmatischer Vorgaben, sondern als Modell philosophischer Neuerung durch methodischen Zweifel. „Fange an und zweiffele!", lautete ja auch Thomasius' erste Maxime, Irrtümer und Vorurteile zu überwinden und in kritischem Selbstdenken die Wahrheitssuche zu beginnen.[106] Die hieraus resultierende skeptische Grundhaltung dominiert die metaphysischen Auffassungen Laus, soweit sie sich aus seinen Schriften erheben lassen, die dem Leser ihrer Schreibart nach einiges zumuten. Der ungeordnete Denkstil, eine uneinheitliche Metaphorik und ein fast durchgängig anakoluther Satzbau erschweren das Verständnis beider Versuche Laus, seine Ansichten „über Gott, die Welt und den Menschen" mitzuteilen. Während die Meditationen von 1717 noch den klassischen

die Diskussionsbeiträge von G.S.Treuer (*Dissertatio moralis de limitibus libertatis cogitandi*. Helmstedt 1714) und K.D.Koch (*Disquisitio philosophica de sententia media in dissertatione nupera de libertate cogitandi*. Helmstedt 1714), die beide J.Toland für den Verfasser des *Discourse* hielten.

103 Vgl. D.Diderot, ⟨Art.⟩ *Eclectisme* (a.a.O., S.270): „Les éclectiques auroient pû prendre pour devise commune, *nullius addictus jurare in verba magistri*".
104 Horaz, *Epistulae* I 1, 14 (in: Sämtliche Werke, ed. H.Färber/W.Schöne, Teil II. München [8]1979, S.134).
105 Laus *Meditationes philosophicae* (Abkürzung: M) bzw. *Meditationes, Theses, Dubia* (Abkürzung: MTD) werden im fortlaufenden Text durch Angabe von Abkürzung und Seitenzahl zitiert.
106 C.Thomasius, *Ausübung der Vernunftlehre* (a.a.O., S.16).

Bogen von der philosophischen Theologie über die Kosmologie (Physik) zur Anthropologie und Ethik bzw. Politik schlagen, verzichtet Lau im zweiten Text auf jedes Ordnungsschema. Gott, die Welt, der Mensch – dieser Abfolge der Themenbereiche soll im folgenden nachgegangen werden, um einem Denken nahezukommen, das als *freies* Denken auch die Freiheit der ungeordneten, der Schulphilosophie entgegengesetzten Darstellung für sich in Anspruch nahm.

„Deus est, Deus existit" – mit dieser Formel einsetzend (M 8, MTD 7) beginnt Lau seine theologisch-philosophischen Reflexionen: Daß Gott existiert, kann niemand bezweifeln, denn Vernunft und sinnliche Erfahrung bestätigen diese Tatsache in vielfältiger Weise (M 8, MTD 12). Folgerichtig gibt es weder Atheisten noch Gründe, atheistische Lehrsätze anzunehmen (M 8, MTD 4), auch wenn sich über Gottes Wesen und seine Eigenschaften keine weiteren Aussagen machen lassen. „Quidditas Dei, proprie et demonstrative determinari nequit", so Lau mit grundsätzlicher erkenntnistheoretischer Skepsis, die gleichzeitig die Möglichkeit eingeborener Ideen ausschließt (M 34, MTD 11), um jedem theologischen Dogma und jedweder rationalen Theologie den Boden zu entziehen. Wo Gottes Wesen unerkennbar bleibt, besteht keine Ursache, die Menschen auf ein bestimmtes Gottesbild festzulegen oder sie gar wegen ihrer Gottesvorstellungen zu verfolgen und zu bestrafen; ganz im Gegenteil sei aus der Unerkennbarkeit Gottes die Folgerung abzuleiten, eine Pluralität religiöser und philosophischer Überzeugungen zu tolerieren: „Quid Deus, solus Deus novit ... in rebus religionis, devotionis et intellectus, quivis sibi relictus esse, nec ab alio, regulam ullam vel mensuram accipere potest nec debet" (M 8–9).

Die Forderung nach Toleranz und Denkfreiheit, die Suche nach Möglichkeiten, freiem Denken erst die Basis seiner Entfaltung zu geben, bestimmen Laus argumentative Ausgestaltung seiner Überlegungen zur Gottesproblematik. Das oberste Ziel der Argumentation, die Befreiung des Selbstdenkenden von traditionellen Vorgaben und dogmatischen Zwängen, läßt als destruktives Moment dabei offensichtlich jeden Versuch konstruktiver und kohärenter theologischer Aussagen scheitern.[107] Die skeptische, religionskritisch motivierte Destruktion des Alten, nicht ausdrücklich mit der Absicht, Neues zu schaffen, sondern vorerst mit dem Ziel, Freiräume der Entscheidung zu Neuem zu eröffnen, bleibt stets vorrangig: so richten sich pantheistische Metaphern gegen den personalen Gottesbegriff, die den All-Einen gegen den trinitarischen Gott ausspielen. „Für mich", so schreibt Lau, „ist Gott schaffende Natur (*natura naturans*), ich bin geschaffene Natur (*natura naturata*), Gott denkende Vernunft, ich gedachte Vernunft, er bildende Form, ich gebildete Form, er einfache Materie, ich modifizierte Materie" (M 9). Gott ist die Gesamtheit der Einzeldinge („Oceanus", „Aqua", „Ignis", „Terra" usw.; M 9) und der Welt immanentes Prinzip: „Est totum universum, navis, Deus Nauclerus" (M 23–24). Unglaubwürdig ist jede These, so auch das Trinitätsdogma, die hier die Einigkeit Gottes leugnet; sie ist bloßer „Polytheismus Gentilium et Christianorum", der Gottes einiges Wesen vervielfältigt und es damit zerstört: „Multiplicare Deum, est Deitatem destruere" (M 12, MTD 11). Die Welt ist der Kreis, Gott der Mittelpunkt; jeder Kreis hat nur einen Mittelpunkt, also gibt es nur einen Gott (M 11, MTD 6).

Emanationstheoretische Metaphern richten sich dann gegen die traditionelle Lehre der Weltschöpfung aus dem Nichts: „Ex Deo ... non ex nihilo, sed ex infinito ente prae- et coexistente... Deus: nutrix. Mundus: Infans, providentiae ubera sugens" (M 19). Gott die Sonne, die Einzeldinge ihre Strahlen (M 9, MTD 12) – Gott, die Weltseele (*anima mundi*), deren beständiger Odem die Welt entströmen läßt (MTD 4). Eng damit verknüpft, jedoch im gleichzeitigen Widerspruch dazu finden sich schöpfungstheologische Aussagen, die Gott als „Opifex", „Creator" (M 16, MTD 12) und „Architectus" (M 19) kennzeichnen, der die Welt aus einem Willensakt hervorgebracht hat: „volebat Deus creare mundum" (MTD 5). Diese widersprüchliche Nähe zur christlichen Schöpfungslehre dient wieder nur dem Ziel, andere Theoreme zu untergraben: Gottes Offenbarung durch seine Werke (*manifestatio Dei universalis in creatione*) wird gegen die Bibel, die

---

107 S. die Analysen von W. Schröder (*Spinoza in der deutschen Frühaufklärung*, a.a.O. ⟨Anm. 82⟩, S. 129–131), die hier Eingang gefunden haben.

sich auf unsichere, weil geschichtliche Überlieferung stützt (M 11, MTD 8), ausgespielt: „Sunt ... creationis opera ... Biblia mea; sunt Prophetae, Apostoli et Sacerdotes mei" (M 10). Wer im Buch der Natur liest, so das alte epikureische Moment, erkennt Gott und lebt in Eintracht mit sich und der Welt (MTD 7).

Lau nutzt das Bild des Weltschöpfers und Baumeisters gegen den Primat der Offenbarung in der Heiligen Schrift und stellt deren partikularem Gottesbegriff den *universalen* und einzig vernünftigen Begriff des mit seiner Schöpfung eins werdenden und in ihr sich offenbarenden Gottes gegenüber (MTD 4): dies, so Lau, sei das „certissimum, mathematicum et infallibile principium" (M 10), Gottes Existenz und Realität zu bezeugen, denn „ratio prior est relevatione" (MTD 10). Das ganze Universum ist von Gott erfüllt, die Welt ist in, durch und aus Gott. In Gott vor der Schöpfung, aus Gott durch die Schöpfung und durch Gott in ihrer täglichen Erhaltung (M 18–19, MTD 12). Da Gott unendlich ist, so hat es unendlich viele Schöpfungen gegeben und wird es noch unendlich viele geben. „Jedes Wollen ist bei Gott eine Handlung, jeder Gedanke eine Schöpfung; es gibt so viele Welten als göttliche Denk- und Willensakte" (M 21–22).

Lau ringt offensichtlich mit den Worten, seinen pantheistischen Überzeugungen Ausdruck zu geben, die sich mehr und mehr zu einem bizarren Konglomerat unterschiedlichster und bisweilen widersprüchlicher Bilder und Aussagen verdichten. Die Zeitgenossen Laus kannten für diese Gebilde eklektischer Physikotheologie nur den Ausdruck *Spinozismus*, der historisch rückwärtsgewandt die verschiedensten Gestalten des Pantheismus seit den Eleaten als *Spinozismus ante Spinozam* (J.F. Budde)[108] klassifizierte und zeitgenössische pantheistische Systeme polemisch als Abkömmlinge des niederländischen „Ertz-Atheisten" diffamierte.[109] Anknüpfungspunkte, sowohl den klassifi-

---

108 J.F. Budde, *Dissertatio philosophica de Spinozismo ante Spinozam* (Halle 1701). Vgl. J.C. Burgmann, *Exercitatio philosophica de Stoa a Spinozismo et atheismo exculpanda* (Wittenberg 1721); J. Staalkopff, *De Spinozismo post Spinozam* (Greifswald 1708).
109 Vgl. hier W. Sparn, *Formalis Atheus? Die Krise der protestantischen Orthodoxie, gespiegelt in ihrer Auseinandersetzung mit Spinoza* (in: K. Gründer/W. Schmidt-

katorischen als auch den polemischen Begriff anzuwenden, fanden Laus Kritiker vor allem in dessen kosmologischen bzw. physikalischen Überlegungen, ohne daß Spinoza selbst jemals deren Quelle gewesen wäre. Der ebenso unscharfe wie polemische Charakter des Begriffs *Spinozismus* verwischte die eindeutigen Unterschiede zwischen dem System Spinozas und den pantheistischen, von antiken Weltseelelehren genauso wie von hylozoistischen Konzepten ionischer und stoischer Naturphilosophie geprägten Vorstellungen Laus, der Spinoza nur bruchstückhaft und aus zweiter Hand kannte.[110] Selbst die Formel der *natura naturans* bzw. *natura naturata* (M 8), der Lau insbesondere die Denunziation als Spinozist verdankte[111], wurzelt bei ihm in einem Begriffsgebrauch[112], der eher Giordano Brunos *Natura enim est Deus ipse*[113] oder den mystischen Pantheismus eines Meister Eckhardt und Sebastian Franck als inhaltliche Vorgaben des Lauschen Denkens wahrscheinlich werden läßt.[114] „Gott die Spinne, die Welt ihr Spinnennetz", dieses Bild (M 18)[115] verweist nachdrücklich auf solche Ein-

Biggemann ⟨Hrsgg.⟩, Spinoza in der Frühzeit seiner religiösen Wirkung. Heidelberg 1984, S. 27–63).

110 Lau übersetzte später den Spinoza-Artikel aus Bayles *Dictionnaire*, wie der Katalog seiner „würcklich zum Druck fertig liegender Bücher" innerhalb der Schrift *Die Original-Rede* (a.a.O., S.29) ausweist: „Benedicti Spinosae Lebens-Beschreibung aus des Bayle Dictionaire Historique-Critique, mit einer Vorrede". Zu einer Veröffentlichung ist es nicht gekommen.

111 Vgl. B. Spinoza, *Ethica* I, 29 (in: Opera, a.a.O., S.71). Entsprechendes gilt für die zweimalige Verwendung des Verbums *modificari* (M 9, M 30), dessen spezifische Prägung durch Spinoza sich bei Lau nicht wiederfinden läßt. Eher ist an den Begriff *modification of matter* bei Toland zu denken (s. *Letters to Serena*. London 1704, S. 201 u.ö.).

112 Vgl. H. Siebeck, *Über die Entstehung der Termini natura naturans und natura naturata* (in: Archiv für Geschichte der Philosophie 3 ⟨1890⟩, S. 370–378); O. Weijers, *Contribution à l'histoire des termes ‚natura naturans' et ‚natura naturata' jusqu'à Spinoza* (in: Vivarium 16 ⟨1978⟩, S. 70–80).

113 G. Bruno, *Summa terminorum metaphysicorum* (in: Opera latine conscripta, Bd. I/4, hrsg. von F. Tocco und H. Vitelli. Florenz 1889, S. 101).

114 Die Kenntnis des mystischen Pantheismus wurde Lau durch Gottfried Arnolds *Unpartheyische Kirchen- und Ketzer-Historie* (1699/1700) vermittelt. Vgl. S. Wollgast, *Der deutsche Pantheismus im 16. Jahrhundert. Sebastian Franck und seine Wirkungen auf die Entwicklung der pantheistischen Philosophie in Deutschland* (Berlin 1972).

115 Für dieses Bild sind außer Einflüssen des mystischen Pantheismus auch solche der

flüsse, die Lau aber leichterdings mit dem Ideengut desjenigen Philosophen verbinden kann, der seine pantheistischen Überzeugungen wohl am meisten prägte: John Toland.

Toland, der schon 1709 in seinen *Origines Judaicae* die Lehre der Pantheisten auf die Formel[116] gebracht hatte, „es gebe kein von der Materie unterschiedenes göttliches Wesen, und die Natur, d.i. die Gesamtheit der Dinge, sei der einzige und höchste Gott", wurde zum eigentlichen *spiritus rector* Theodor Ludwig Laus, womit dieser auf einzigartige Weise die frühe Rezeption des englischen Deismus in Deutschland dokumentiert. Ganze Partien aus Tolands *Letters to Serena* (1704), und hier vor allem der fünfte Brief *Motion essential to Matter*[117], finden Eingang in Laus Versuch, seine pantheistische Position mit Hilfe naturphilosophischer Theoreme, besonders der Newtonschen Bewegungslehre, abzusichern. „All the Phaenomena of Nature must be explain'd by Motion, by the Action of all things on one another, according to mechanick Principles", so Toland[118] unter Berufung auf Isaac Newtons *Principia mathematica* (1687), und Lau folgt ihm in der Ausgestaltung der physikotheologischen Idee, Gott als in der Natur tätiges Wesen (*ens semper agens*) begreifen zu können (M 20). Gott ist das Leben, schreibt er, also immer in Bewegung, immer in Tätigkeit. Wie Gott stets bewegt ist, so gründet sich auch die Erhaltung der Welt auf Bewegtsein: „Deus semper in motu ... per motum mundi sit conservatio et gubernatio" (M 20). In jeder einzelnen Kreatur, in der ganzen Schöpfung manifestiert sich die Gottheit, sie läßt sie unter einem bestimmten Modus der Bewegung an sich teilhaben[119], so daß jedes Wesen Gott gleichsam modal ausdrückt (M 10, MTD 8).

Stoa namhaft zu machen: s. die *Aranea*-Metapher bei Chrysipp (*Stoicorum Veterum Fragmenta*, hrsg. von H. v. Arnim, Bd. II. Leipzig 1903, S. 236 = No. 879), die auf ein Heraklitfragment zurückgeht (*DK* 23 B 67a, in: Heraklit, *Fragmente*, hsrg. von B. Snell. München-Zürich [8]1983, S. 22).

[116] J. Toland, *Adeisidaemon, sive Titus Livius a superstitione vindicatus. Annexae sunt ejusdem Origines Judaicae* (Den Haag 1709, S. 117): „nullum dari Numen a materia et compage mundi hujus distinctum, ipsamque naturam, sive rerum Universitatem, unicum esse et supremum Deum".

[117] J. Toland, *Letters to Serena* (London 1704, S. 163–239).

[118] Ebd., S. 200.

[119] Vgl. J. Toland, *Letters to Serena* (a. a. O., S. 195): „Modifications of Action".

Jedem Geschöpf hat Gott Bewegung als wesentliche Eigenschaft eingepflanzt, jedoch bleibt er der erste Beweger (*motor et director*); sollte er einen Augenblick ruhen, so Lau, könnte die Welt nicht bestehen (M 26). Die Summe der Bewegung bleibt in dieser Welt-*Maschine* (MTD 5), deren Motor Gott ist, stets die gleiche, nur im Akzidentiellen variiert sie durch die Wirkung gegensätzlicher Kräfte von Liebe und Haß, Sympathie und Antipathie, Eintracht und Zwietracht, Anziehung und Abstoßung (M 24). Metaphern, die Lau nicht nur Tolands[120] physikalischen Überlegungen entlehnt, sondern die weit bis zur antiken Kosmologie des Empedokles zurückreichen, deren kosmische Prinzipien φιλία und νεῖκος[121] nunmehr Kennzeichen der dialektischen Vorstellung Laus eines von gegensätzlichen Bewegungskräften betriebenen *automaton mundi* (M 23) werden.

Laus Kosmologie, die eine nach mechanischen, d.h. mathematisch beschreibbaren Gesetzen strukturierte Welt schildert, findet ihre prägnante Formulierung in einem Gleichnis, das seit der Erfindung des exakt funktionierenden Mechanismus der Pendeluhr durch Christian Huygens (1658) immer wieder bemüht wurde: Die Welt als Uhr, Gott ihr Pendel bzw. ihre Unruh („totum universum ... horologium, Deus aequilibrium inquies", M 24). Ein Bild, das der Überzeugung zahlreicher von der erfolgreichen Entwicklung der Naturwissenschaften beeindruckter Philosophen Ausdruck verlieh, daß nur die physikalisch gewisse und mathematisch schlüssige Naturerkenntnis philosophische, d.h. auch physikotheologische Wahrheit gewährleistet. „So ist eben deswegen in der Welt Wahrheit, weil sie eine Maschine ist", lautete dementsprechend die Glaubensformel der *Deutschen Metaphysik* (1720)[122] Christian Wolffs, dessen Rückgriff auf Prinzipien mechani-

---

120 Ebd., S. 188.
121 Vgl. F. Solmsen, *Love and Strife in Empedocles' Cosmology* (in: R.E. Allen/ D.J. Furley ⟨Hrsgg.⟩, Studies in Presocratic Philosophy, Bd. II. London 1975, S. 221 ff.).
122 C. Wolff, *Vernünftige Gedancken von Gott, der Welt und der Seele des Menschen, auch allen Dingen überhaupt* (Halle [11]1751, §559). Vgl. ders., *Cosmologia generalis, methodo scientifica pertractata, qua ad solidam, inprimis Dei atque naturae, cognitionem via sternitur* (Frankfurt-Leipzig [2]1737, §117): „Mundus propemodum se habet ut horologium automaton".

stischer Philosophie genauso den Vorwurf des Spinozismus provozierte wie derjenige Theodor Ludwig Laus.

So wie der Makrokosmos der Welt ist auch der menschliche Mikrokosmos nach mechanischen Prinzipien organisiert. Der Mensch ist für Lau aufgrund physikalisch-medizinischer Kriterien eine Maschine (M 28), bestehend aus zwei Materien, einer feinen dünnen, der *materia activa*, der Seele, und einer dickeren festen, der *materia passiva*, dem Körper (M 29). Dies entspricht den beiden stoischen Prinzipien des ποιοῦν und πάσχον, von denen auch das erste materiell als „feinteiliger Körper"[123] gedacht wurde. Stoisch ist ebenso Laus Hinweis, daß beide Materien wie das ganze Weltall aus denselben vier Elementen (den *Stoicheia*)[124], Wasser, Feuer, Luft und Erde zusammengesetzt sind und sich nur hinsichtlich ihrer Feinheit von denen anderer Kreaturen unterscheiden (M 29).[125] Die Seele ist nichts anderes als das Blut, ihre Aufgabe ist die Lenkung des Körpers. Diese Leistung erstreckt sich jedoch nur so weit wie der Körper es zuläßt, denn das Blut wird durch die Organverfassung des Menschen modifiziert (M 30). Die Tätigkeit des Blutes (der Seele) ist eine doppelte, im Gehirn als Vernunft und im Herzen als Wille (M 30–31). Alles, was das Gehirn denkt und das Herz erstrebt, so Lau in Variation des bekannten sensualistischen Grundsatzes, erfährt es zuvor durch die Sinne: „nihil est in intellectu et voluntate, quod non prius fuit in sensu" (M 34, vgl. MTD 12). Nach der unterschiedlichen Beschaffenheit von Gehirn, Herz und Blut variieren auch die Seelentätigkeiten; primär abhängig von der Zirkulation des Blutes und dessen Verlangsamung bzw. Beschleunigung durch die Körperorgane. Laus materialistische Lehre vom Menschen gipfelt in

---

123 Vgl. M. Pohlenz, *Die Stoa. Geschichte einer geistigen Bewegung* (Göttingen [5]1978, S. 85 ff.). Justus Lipsius, dem Lau sein Wissen der stoischen Philosophie verdankt, übersetzt *agens et patens*: s. J. Lipsius, *Physiologia Stoicorum libri tres* (Antwerpen 1604, S. 8). Vgl. auch ders., *Manuductio ad Stoicam philosophiam* (Antwerpen 1604).

124 Vgl. M. Pohlenz, *Die Stoa* (a. a. O., S. 71 ff.).

125 Vgl. J. Toland, *Letters to Serena* (a. a. O., S. 192): „it seems to be probable that there is no Particle of Matter on the face of the whole Earth, which has not bin a Part of Man ... nothing is more certain than that every material Thing is all Things, and that all Things are but one".

der Zuordnung und Ausrichtung aller Körper- und Seelenbewegungen auf das mechanistische Regelprinzip des Blutkreislaufs, das seit seiner Entdeckung durch William Harvey (1628) die medizinisch-philosophische Diskussion über die Grundprinzipien des Lebens beherrscht. Lau folgt den Erkenntnissen der mechanistischen Medizin (*Iatrophysik*) Herman Boerhaaves (1668–1738) in Leiden bzw. Friedrich Hoffmanns (1660–1742) in Halle, dessen Vorlesungen über die Idee einer universalen medizinischen Mechanik[126] er dort hörte, und begreift einzig in der Zirkulation des Blutes die Einheit von Bewegen und Bewegtwerden, kurz: das Leben selbst, wie es in jedem Organismus die kosmischen Bewegungsprinzipien universaler Mechanik reproduziert: „In hoc sanguinis motu et circulatione: vita consistit nostra et corporis actio" (M 34).[127] Gesundheit ist demzufolge ausgeglichene, Krankheit gestörte Bewegung; der Tod ist nichts anderes als das Aufhören der Bewegung von Seele und Körper (M 36). Jedoch ist er kein Untergang, der Mensch löst sich nur in seine elementaren Bestandteile auf, die durch „die magnetischen Bande der Liebe" (M 36) zu ihren Zentren der vier Grundelemente zurückkehren und in einem immerwährenden Kreislauf, dessen Mitte Gott ist, zu neuen Körpern und neuen Seelen umgebildet werden (M 36–37).

„Deshalb", schreibt Lau, „fürchte ich den Tod nicht, der für andere das schrecklichste ist, ... denn das Leben der Dinge ist ewig, die Natur der Kreaturen unsterblich, die Wanderung der Seelen und die Metamorphose der Körper beständig" (M 37). In einem groß angelegten Szenario (MTD 27–30, M 37–38), das in seinem Bilderreichtum Motive der pythagoreischen *Metempsychose*-Theorie[128], der kabbalisti-

---

126 Vgl. F. Hoffmann, *Medicinae mechanicae idea universalis* (Halle 1693), *Fundamenta medicinae ex principiis naturae mechanici et practicis* (Halle 1694), *Idea fundamentalis universae Medicinae ex sanguinis mechanismo methodo facile et demonstrativa* (Halle 1707). Über Hoffmann s. L. S. King, *The Road to Medical Enlightenment 1650–1695* (London-New York 1970, S. 181 ff.).
127 Vgl. F. Hoffmann, *Medicina rationalis systematica*, Bd. I: *Philosophia corporis humani vivi et sani ex solidis physico-mechanicis et anatomicis principiis* (Halle 1718, Vorrede): „Est vero Vita nihil aliud, quam motus sanguinis et humorum in circulum abiens ... Hic enim circus est ille vitalis motus".
128 S. K. Löscher, *De metempsychosi Pythagorica* (Leipzig 1666), und W. H. Schilling, *De metempsychosei* (Leipzig 1679).

schen *Gilgul*-Lehre[129], der Stoischen *Palingenese*-Vorstellungen[130] und selbst solche John Tolands[131] aufnimmt, skizziert Lau in bizarren Spekulationen die Vorstellung einer *migratio animarum perpetua*, die seiner Hoffnung auf endgültige Einheit und Verschmelzung des Menschen mit Gott, wie sie in der homolog strukturierten Weltschöpfung bereits angelegt sind, Ausdruck gibt: „Unio erit corporis et animae cum Deo et mundo. Non mystica, non sacramentalis, sed naturalis et physica" (M 37).

Lau preist sich glücklich um dieses Glaubens willen: in ihm will er leben, in ihm sterben (M 38). Diese Hoffnung, dieser Glaube an eine durch Gott ständig neu geschaffene Welt, die nach ewigen Gesetzen der Bewegung funktioniert und dem Menschen dabei auch die Zuversicht steter Wiedergeburt in immer neuer Vollkommenheit garantiert, ist für ihn das beste Fundament menschlichen Zusammenlebens nach den Regeln natürlicher Ethik und Religion. In einer Religion, die den Menschen als Teil der immerwährenden und von Gott durchdrungenen Schöpfung begreift, herrschen *einfache* und allen Menschen einsichtige Prinzipien, die jenseits aller theologischen Lehrgebäude und moralischen Fesseln der religiösen Tradition primär die *Freiheit* des Individuums zum Ziel haben. Lau nennt diese Religion *Deismus* (MTD 6, 9, 24), der alle vier Kriterien einer „religio maxime rationalis" (MTD 6) erfüllt: 1. Keine Glaubensformeln und Dogmen, die nur zu Zwangsmitteln des Klerus werden. 2. Gleichberechtigte Annahme einer Offenbarung Gottes in seiner Schöpfung und in der Schrift, wobei die Beurteilung dem einzelnen überlassen wird. 3. Freiheit der Religionsausübung und freie Wahl der Konfession, da in allen Religionen, ob im Judentum, Christentum oder im Islam alle gleichermaßen zu Gott berufen sind: „Vocatio universalis una, electio particularis altera" (MTD 26). 4. Toleranz und Gewaltverzicht gegenüber Andersdenkenden (MTD 20–21, 25–26). Die *Deisten*, so Lau, sind die wahren

---

129 S. den Artikel *Seelenwanderung* in: J.G.Walch, *Philosophisches Lexicon* (a.a.O. ⟨Anm.48⟩, Bd.II, Sp.868–874). Vgl. G.Scholem, *Die jüdische Mystik in ihren Hauptströmungen* (Frankfurt/M. 1980, S.264ff. und S.308ff.).
130 Vgl. J.M.Sonntag, *De palingenesia Stoica* (Jena 1700).
131 S. J.Toland, *Letters to Serena* (a.a.O. ⟨Anm.117⟩, S.188f. und S.192).

Verehrer Gottes und der Religion (MTD 9), da sie auf einfache Weise nur Gott und die Menschen lieben. Mit dem Grundsatz „Dei et proximi est amor" (MTD 22, vgl. M 13) ist auch die Brücke zwischen Deisten und den Christen geschlagen, denn entkleidet vom Ballast der Dogmen und der Tradition erscheint das Christentum als vollendete Form einer Religion der Tugend und der Liebe (MTD 21). Maßstab aller Beurteilung muß jedoch die Vernunft bleiben (MTD 10, 13), und so ist es kein Wunder, daß Lau gegenüber dem real existierenden Christentum Skepsis anmeldet und seiner Aussage „religio Christiana est religio rationalis" (MTD 15) eher postulativen Charakter verleiht, zumal ihm der Zustand der zeitgenössischen Christenheit als „status fere totaliter idololatricus" erscheint (MTD 22).

„Geordnete Liebe" (*amor ordinatus*) ist für Lau höchster Ausdruck der Vernünftigkeit einer Religion (M 39). Anknüpfend an die augustinische Idee der *Caritas ordinata* folgt er dabei in groben Zügen Christian Thomasius, dessen Konzept *vernünftiger Liebe* die ethische Hauptkategorie des Verhältnisses der Menschen untereinander und Gott gegenüber bildete. Für Thomasius erwies sich wahre Gottesliebe letztlich in der allgemeinen Menschenliebe, da der Mensch seine Gottesfurcht am besten beweise, „wenn er sein Leben nach dem *in der Natur* geoffenbahrten Willen Gottes in Ansehen der Liebe anderer Menschen anstellet".[132] Die Ethik als Lehre vom *natürlichen* Verhalten der Menschen untereinander wurde bei Thomasius zur Grundlage seines Verständnisses vom „vernünftigen" Gottesdienst, der sich in „inniglichem Vertrauen und demüthiger Ehrfurcht" gegenüber Gott und in praktischer Liebe gegenüber den Menschen zeige.[133] Lau, der von der Idee eines allgemeinen Gottesdienstes als Menschendienst beeindruckt ist und zudem die voluntaristischen Prämissen der thomasianischen Ethik teilt (M 39, MTD 32), wendet sich jedoch gegen den Begriff einer „demüthigen Ehrfurcht", da dieser *Furcht* als Grundbedin-

---

132 C.Thomasius, *Einleitung zur Sittenlehre* (Halle 1692, S.141). Zu Thomasius' Theorie der „vernünftigen Liebe" vgl. W.Schneiders, *Naturrecht und Liebesethik. Zur Geschichte der praktischen Philosophie im Hinblick auf Christian Thomasius* (Hildesheim-New York 1971).
133 C.Thomasius, *Einleitung zur Sittenlehre* (a.a.O., S.132).

gung von Religiosität einfordert. Gerade die Freiheit von Furcht soll die wahre Gottesliebe auszeichnen, nachdem sie aus bloßer *natürlicher Erkenntnis* resultiere: „Dum sic Deum amo: eum non timeo. Timor involvit odium. Amor et odium incompatibilia. Praesupponit timor factum comissionis et laesionem" (M 13). Laus Wendung gegen Religionsausübung aus Furcht erinnert dabei stark an die epikureische Tradition der Religionskritik (vgl. Lukrez, *De rerum natura* I, 146 ff.), aus deren Kenntnis heraus er auch alle Formen äußerlichen Gottesdienstes (*cultus externus*) ablehnt. In dieser Ablehnung trifft er sich wieder mit Thomasius, der weder in der Betrachtung der göttlichen noch der menschlichen *Natur* Gründe dafür finden konnte, „daraus wir schließen könnten, Gott wollte einen dergleichen äußerlichen Gottesdienst von dem Menschen erfordern".[134] Lau bemerkt ganz in der Diktion von Thomasius, der den innerlichen Gottesdienst sowohl als Verstandes- wie als Willenstätigkeit begreift: „Totus vero hic cultus internus est, non externus. Spiritualis non materialis. In intellectu subsistit, et corde" (M 16). Speziell der voluntative Aspekt des äußerlichen Gottesdienstes, seine Abhängigkeit von Leidenschaften und Affekten, läßt ihn häufig in *Aberglauben* umschlagen, was Thomasius besonders am katholischen Papsttum bzw. den „Resten papistischen Sauerteigs" im Luthertum, Lau aber an allen Religionen kritisiert. – Christian Thomasius' Anmerkung, daß die „Zeichen des äußerlichen Gottesdienstes *betrieglich* sind, und öffters von denen gebraucht werden, die in ihrem Hertzen" abergläubig sind[135], findet ihren Widerhall in den *Meditationes* Laus als allgemeine Priesterbetrugshypothese. Alle Religionen, und besonders die jüdische, christliche und moslemische, basieren in ihrer äußeren Form und in ihren dogmatischen Lehrinhalten auf Betrügereien der Priester und Kleriker (*piae fraudes*), die ein religiös-politisches System (*religio politica*) installiert haben, das menschliche Furcht ausnützt, um Herrschaft ausüben zu können (M 43). Dieses System religiöser und politischer Unterdrückung des einzelnen beschreibt Lau als *fictio politico-theologica* (MTD 14), die

---

134 Ebd., S.137.
135 Ebd., S.140.

hochkomplexe Herrschaftsmechanismen, die sogenannten *arcana dominationis*, hervorgebracht hat, mit deren Hilfe es politischen und klerikalen Kräften gelingt, durch Dogmen, äußeren Kult, Gesetze und die Ankündigung zeitlicher und ewiger Strafen bzw. Belohnungen Macht und Reichtum anzusammeln (M 42–45). Selbst die Gottesvorstellungen, so Lau, sind den Herrschaftsinteressen der Mächtigen unterworfen und werden entsprechend funktionalisiert. Daß sich dabei der *Deus fictus theologicus vel politicus* (M 17) als Instrument des Priesterbetrugs bewähren kann, gründet in der tiefen Verankerung alles Religiösen im Alltag des einzelnen und der Gemeinschaft; nichts ist enger mit allgemeiner Erziehung und Gewohnheit bzw. mit individuellen Vorurteilen, Leidenschaften und Wünschen verknüpft als die politisch mißbrauchbare Gottesverehrung (MTD 13).

Zur Begründung dieser religionskritischen Thesen, die einerseits auf Thomas Hobbes und von diesem beeinflußte Thomasiusschüler zurückgehen[136] und andererseits auf die Topik des Buches *De Tribus Impostoribus* zurückverweisen (vgl. MTD 3), zieht Lau eine Argumentation heran, die schon bei Thomasius in Grundzügen ausgebildet und innerhalb dessen Schule genauer ausformuliert wurde: Bereits in der *Einleitung zur Sittenlehre* (1692) behauptete Thomasius die Abhängigkeit der moralischen Verfassung des Menschen von seiner Seelen- und Körperkonstitution, die sich unter dem Oberbegriff des *Temperamentes* als natürlicher Prägung sittlichen und religiösen Handelns fassen läßt. Wie Thomasius[137] sieht auch Lau in der Temperamentenlehre dasjenige Mittel, ethische Qualitäten durch Rückführung auf materielle Eigenschaften erklären zu können, also die Grundlage einer *Ars*

---

136 Vgl. F.W.Bierling, *De superstitione adhibita tanquam arcano dominationis* (Rinteln 1701); C.H.Amthor, *Dissertatio politica de habitu superstitionis ad vitam civilem* (Kiel 1708); G.S. Treuer, *De imposturis sanctitatis titulo factis*, p.I-II (Helmstedt 1717).
137 Vgl. auch die Schriften der Thomasiusschüler G.P.Müller, *Physiologia moralis de temperamentorum propensionumque humanarum connexione* (Leipzig 1708); T.J. Seelmann, *Disputatio moralis de temperamentorum in actiones morales influxu* (Halle 1713); J.D.Longolius, *De differentia temperamentorum animi a passione dominante* (Halle 1705) bzw. *Warhafftiger Temperamentist, oder unbetrügliche Kunst, der Menschen Gemüther nach ihren Haupt-Eigenschafften zu unterscheiden* (Budissin 1716).

aliorum animos cognoscendi als Zentrum von Sitten- und Klugheitslehre.[138]

Thomasius stellte fest, daß in der Betrachtung der „Machine des Leibes" offenkundig sei, wie die Bewegungen des „Geblüths und der anderen innerlichen Säffte", als auch die durch Sinnesreize hervorgerufenen Bewegungen „in denen *nerven*", „allezeit die menschliche Vernunfft nach Art dieser beyderley Bewegung" formen.[139] Die augenscheinliche Abhängigkeit der Seelenverfassung von den körperlichen Vorgängen ließ Thomasius zu der Überlegung gelangen, medizinische Prinzipien könnten auch der Erklärung menschlicher Affekte als Haupttriebfedern moralischer und religiöser Handlungen dienen. – Eine These, die er 1696 bei Erscheinen des zweiten Teiles seiner Ethik, der *Ausübung der Sittenlehre*, jedoch soweit zurücknahm, daß neben den körperlichen auch autonome seelische Temperamententypen postuliert wurden, um der von Thomasius erkannten Gefahr eines mechanischen Determinismus zu entgehen.[140] Die Begriffe der alten Temperamentenlehre wie „Melancholiker", „Sanguiniker", „Phlegmatiker" und „Choleriker" wurden zwar beibehalten, begründeten nun aber eine Psychologie der Willenserscheinungen, der Thomasius 1699 endgültig im *Versuch vom Wesen des Geistes* eine mystisch anmutende Geistmetaphysik als Gegenentwurf zum mechanistisch-materialistischen Seelenverständnis zugrundelegte.

Lau hingegen hält am mechanistisch-materialistischen Erklärungsmodell seelischer Phänome, wie er sie durch die Iatrophysik der Mediziner Boerhaave und Hoffmann kennengelernt hatte[141], fest: Die materielle Beschaffenheit der Seele wie ihre intellektuellen und willentlichen Bewegungen hängen ganz von der Körperstruktur ab, so daß die psychischen Abläufe immer in Einklang zur Maschinenbewegung des Körpers stehen müssen (M 30). Speziell das Temperament der

---

138 Vgl. später J. G. Walch, *Commentatio de arte aliorum animos cognoscendi* (Jena 1723, ²1733).
139 C. Thomasius, *Einleitung zur Sittenlehre* (a. a. O., S. 67).
140 Vgl. C. Thomasius, *Ausübung der Sittenlehre* (Halle 1696, S. 160 ff.).
141 Vgl. H. Boerhaaves Temperamentenlehre in den *Institutiones medicae* (Nürnberg ¹1708, 1740, S. 429 ff.) und diejenige F. Hoffmanns in *De temperamento fundamento morum et morborum in gentibus* (Halle 1705).

„Schwarzgalligen", der Melancholiker, neigt in seinem voluntativen Erscheinungsbild zu Nachgiebigkeit und Schwäche, zu Traurigkeit und Furcht. Eine Furcht, die nicht selten in wirre Religiosität (Fanatismus) und Aberglauben umschlägt (M 40–41, MTD 13). Die These einer natürlichen Neigung des Melancholikers zum Aberglauben (*inclinatio melancholiae ad superstitionem*),[142] die zum wichtigen Topos der Aberglaubenskritik vor allem der Thomasiusschule geworden ist, erhält durch Lau zugleich ihre radikale *materialistische* Zuspitzung und ihre Einbindung in die *religionskritische* Priesterbetrugstheorie: Die Melancholie als Temperament der Schwachen und Furchtsamen dient einem anderen Temperamententyp, dem Choleriker, zur Machterhaltung und zum Betrug. Die „Gelbgalligen", zu denen vornehmlich Krieger, Fürsten und Priester gehören (M 41–42), nutzen die natürliche Neigung zum Aberglauben und übersteigerter Religiosität, um mit Hilfe äußerlicher Religions- und Kultformen oder unter Einsatz von abergläubischen Vorstellungen (Hexenaberglaube!) ihren politischen und gesellschaftlichen Einfluß auf- und auszubauen, wobei sie die Menschen über deren Affekte zu Sklaven ihres Systems machen: „Religionis vinculo homines ex liberis servi facti" (M 32)!

Theodor Ludwig Lau führt gesellschaftliche Herrschaftsverhältnisse, die Existenz der Religionen und des Aberglaubens auf materiale, natürliche Bedingungen zurück; – und die Einsicht in diese Bedingungen kann seiner Meinung nach zur Befreiung von Unterdrückung durch politische Herrschaft und religiösen Aberglauben führen. Die Vernunft, so Lau, kennt keine Gesetze, keine Befehle und keine Sklaverei (M 21); sie weiß den Menschen als freies Wesen und kann die Mittel bereitstellen, ihn wieder dorthin zu führen, wo er anfänglich war: im *Naturzustand* der Freiheit des Denkens und des Handelns (M 40, MTD 2). Diesen *status primus Libertinismi* wiederzugewinnen und all das, was diesem Zustand entgegenwirkt, als Zerstörung und

---

[142] Vgl. N.H.Gundling, *Via ad veritatem*, Bd.II (Halle 1714, S.108): „Ergo homo melancholicus Deum nimium timet, eoque ad superstitionem inclinatur". Zur Theorie der *Melancholia superstitionis* s. den entsprechenden Abschnitt in M.Pott, *Aufklärung und Aberglaube. Die deutsche Frühaufklärung im Spiegel ihrer Aberglaubenskritik* (Tübingen 1992, im Druck).

Unterdrückung der menschlichen Natur zu denunzieren (MTD 2), ist primäre Motivation Laus gewesen, die Grenzen zeitgenössischen Philosophierens, wie sie u. a. durch Christian Thomasius markiert wurden, zu überwinden. In der Radikalität seiner Suche nach Denk- und Gewissensfreiheit hält er denen, die vorschnell eine enge Grenzziehung des Vernünftigen betrieben haben, den Spiegel vor und entlarvt den Gestus philosophischer Mäßigung maßgeblicher Teile der deutschen Aufklärungsbewegung als zaghaftes oder gar opportunes Verhalten derer, die freies, d. h. auch selbständiges und vorurteilsfreies Denken nur „als eine der größten und elendsten Thorheiten" begreifen können.[143] *Vernunftgegründete Freiheit* bildet dann den Kerngehalt einer anarchistischen Utopie, die Theodor Ludwig Lau am Schluß seiner *Meditationes philosophicae* entwirft, nachdem er den Weg des konformen, dem zeitgenössischen religiösen und philosophischen Konsens verpflichteten Denkens verlassen hat: Der Mensch soll sich im Denken selbst befreien, d. h. sich *aufklären* und *emanzipieren*, um frei zu leben und zu handeln, ohne Herrscher, ohne Gesetz und äußere Bindung an religiöse Kulte und politische Zwänge. „In allen seinen Handlungen", so Lau, „dienen ihm die Gebote der voranleuchtenden Vernunft und des ihn lenkenden Willens als Leitstern seines Lebens. Auf diese Weise wird die Kreatur Gott gleich: Gott nämlich erfreut sich der Denk- und Willensfreiheit" (M 48). Womit Theodor Ludwig Lau seine Hoffnungen in einer Formel bündelt, deren Radikalität nur noch in „philosophischer Schwärmerey", wie die Kritiker des Freidenkens oft bemerkten[144], ihren Ausdruck findet.

---

143 C. Thomasius, *Einleitung zur Sittenlehre* (a. a. O. ⟨Anm. 132⟩, S. 145).
144 Vgl. J. F. Budde, *Lehr-Sätze von der Atheisterey und dem Aberglauben* (Jena ²1723, S. 194) und J. C. Adelung, *Geschichte der menschlichen Narrheit*, Bd. I (Leipzig 1785, S. 50).

Bibliographie

I. Literatur vor 1800

Adelung, Johann Christoph/Rotermund, Heinrich Wilhelm: Fortsetzungen und Ergänzungen zu Christian Gottlieb Jöchers allgemeinen Gelehrten-Lexico ..., Bd. III. Leipzig 1784 ff. (Sp. 1340–1341)

Anonym: Der gelehrte Narr, oder gantz natürliche Abbildung solcher Gelehrten, die da vermeynen alle Gelehrsamkeit und Wissenschafften verschlucket zu haben. Freyburg 1729 (S. 46–47)

Anonym: ⟨Rez.: Meditationes, Theses, Dubia, 1719⟩, in: Unschuldige Nachrichten von Alten und Neuen Theologischen Sachen (1719), S. 1095–1096

Anonym: ⟨Rez.: Original-Rede, 1736⟩, in: Fortgesetzte Sammlung von Alten und Neuen Theologischen Sachen (1738), S. 93–94

Arnold, Johann Konrad: Universalista in theologia naturali planeta, fide vanus, cultu profanus, cujus Meditationes, de Deo, Mundo, Homine, scrutinio logico-theologico expensas. Gießen 1719 (Resp.: Johann Michael Caspar)

Arnoldt, Daniel Heinrich: Kurzgefasste Kirchengeschichte des Königreichs Preußen. Königsberg 1769 (S. 874–876)

– Ausführliche und mit Urkunden versehene Historie der Königsbergischen Universität, Bd. II. Königsberg 1769 (S. 523)

Bauer, Johann Jakob: Bibliotheca librorum rariorum universalis. Oder vollständiges Verzeichniß rarer Bücher, Teil I. Nürnberg 1770 (S. 46)

Baumgarten, Alexander Gottlieb: Catalogus librorum ... Frankfurt/Oder 1762 (S. 215)

Baumgarten, Siegmund Jakob: Geschichte der Religionspartheyen. Hrsg. von Johann Salomo Semler. Halle 1766 (S. 40)

– Bibliotheca Baumgarteniana. Halle 1765 (Appendix, S. 70)

Brucker, Jakob: Historia critica philosophiae, Bd. IV/2. Leipzig 1744 (S. 702)

Burgmann, Johann Christian: Diatribe historico-polemica de deismo naturalistarum generatim spectato. Rostock 1754 (Resp.: C.J.G. Findeisen) (S. 28)

Gadebusch, Friedrich Konrad: Livländische Bibliothek, Teil II. Riga 1777 (S. 163–168)

Gröben, Wilhelm Ludwig von der: Gehaltene Anrede an den Herrn Rath Theod. Frid. Lau, als er den 6ten Oct. 1729 die Irrthümer seines verdammlichen Tractats de Deo et Homine öffentlich im Consistorio Sambienti wiederruffte, in: Fortgesetzte Sammlung von Alten und Neuen Theologischen Sachen (1731), S. 242–251

Jöcher, Christian Gottlieb: Allgemeines Gelehrten-Lexicon, Bd. II. Leipzig 1750 (Sp. 2293–2294)

Koch, Kornelius Dietrich: Defensio Scripturae Sacrae ab injuriis scriptoris nuperi meditationum de deo, mundo et homine. Helmstedt o.J. (auch als No.VI in: Fructus theologici, Teil I. Helmstedt 1724)

Lange, Joachim: Caussa dei et religionis naturalis adversus atheismum. Halle ²1727 (S. 138–141)

- Bescheidene und ausführliche Entdeckung der falschen und schädlichen Philosophie in dem Wolffianischen Systemate metaphysico. Halle 1724 (S. 401)
- Nova anatome, seu idea analytica systematis metaphysici Wolfiani. Frankfurt-Leipzig 1726 (S. 29)

Lilienthal, Michael: Theologische Bibliothec, d. i. Richtiges Verzeichniß, zulängliche Beschreibung und bescheidene Beurtheilung der dahin gehörigen vornehmsten Schrifften, St. III. Königsberg 1740 (S. 261–268)

Masch, Andreas Gottlieb: Abhandlung von der Religion der Heiden und der Christen, Teil I-II. Nebst einem Anhange eines Verzeichnisses der erheblichsten freigeisterischen Schriften. Halle 1748–1753 (S. 95–97 im Anhang)

Mehlig, Johann Michael: Historisches Kirchen- und Ketzer-Lexicon, Bd. II. Chemnitz 1758 (S. 50–51)

Nemeitz, Joachim Christoph: Von einem Plagio, und zugleich einige Particularia von dem Herrn Lau, in: J. C. Nemeitz, Vernünftige Gedanken über allerhand historische, kritische und moralische Materien, Teil III. Frankfurt/M. 1740, S. 72–80

Reimmann, Jakob Friedrich: Historia universalis atheismi et atheorum falso et merito suspectorum. Hildesheim 1725 (S. 523–524)
- Catalogus bibliothecae theologicae systematico-criticus, in quo libri theologici in bibliotheca Reimmanniana exstantes ... enumerantur. Hildesheim 1731 (S. 1048)

Schwarz, Johann Konrad: Dissertatio de contemtione evangelicae veritatis aditu ad insanias atheorum, Pars I-II. Coburg 1717–1718 (Resp.: Konrad Philipp Schard; Johann Christian Amling)

Schwindel, Georg Jakob (= Sincerus, Theophil): Neue Nachrichten von lauter alten und raren Büchern. Frankfurt 1748 (S. 77–78)

Stolle, Gottlieb: Anleitung zur Historie der Gelahrtheit. Jena 1724, ⁴1736 (S. 521)
- Kurtze Nachricht von den Büchern und deren Urhebern in der Stollischen Bibliothec, Teil IV. Jena 1735 (S. 366–369)

Struve, Burkard Gotthelf: Bibliotheca philosophica, Bd. I. Göttingen 1740 (S. 475)

Thomasius, Christian: Elender Zustand eines in die Atheisterey verfallenen Gelehrten, in: Ernsthaffte, aber doch Muntere und Vernünfftige Thomasische Gedancken und Erinnerungen über allerhand auserlesene Juristische Händel, Teil I. Halle 1720, S. 233–358

Treuer, Gottlieb Samuel: Oeconomia systematis moralis atheorum. Helmstedt 1718 (Autor-Resp.: Christian Heinrich Schilling)

Trinius, Johann Anton: Freydenker-Lexicon, oder Einleitung in die Geschichte der neuern Freygeister ihrer Schriften, und deren Widerlegungen. Leipzig-Bernburg 1759 (S. 333–335)

Vogt, Johannes: Catalogus historico-criticus librorum rariorum. Hamburg 1753 (S. 450)

Walch, Johann Georg: Historische und Theologische Einleitung in die Religions-Streitigkeiten, welche sonderlich ausser der Evangelisch-Lutherischen Kirche entstanden, Bd. V. Jena 1736 (S. 77–80, 151)

Wiest, Stephan: Institutiones theologicae dogmaticae in usum academicum, Bd. II. Ingolstadt ²1790 (S. 40)

Ziegenhorn, Christoph Georg von: Staatsrecht der Herzogthümer Curland und Semgallen. Königsberg 1772 (S. 74 und S. 163)

II. Neuere Literatur

Baeck, Leo: Spinozas erste Einwirkungen auf Deutschland. Berlin 1895 (S. 57–68)
Baumgardt, David: Spinoza und der deutsche Spinozismus, in: Kant-Studien 32 (1927), S. 182–192 (S. 183)
Bell, David: Spinoza in Germany from 1670 to the age of Goethe. London 1984 (S. 16)
Benítez, Miguel: Contribution à l'étude de la littérature materialiste clandestine en France au XVIIIe siècle. Thèse Nanterre 1977 (S. 5, 11–13, 144, 165)
– Matériaux pour un Inventaire des manuscrits philosophiques clandestins des XVIIe et XVIIIe siècles, in: Rivista di storia della filosofia 43 (1988), S. 501–531 (S. 513)
Coulet, Henri: Réflexions sur les Meditationes de Lau, in: O. Bloch (Hrsg.), Le matérialisme du XVIIIe siècle et la littérature clandestine. Paris 1982, S. 31–44
Dunin Borkowski, Stanislaus von: Spinoza nach dreihundert Jahren. Berlin-Bonn 1932 (S. 132)
Fontius, Martin: Littérature clandestine et pensée allemande, in: O. Bloch (Hrsg.), Le matérialisme du XVIIIe siècle et la littérature clandestine. Paris 1982, S. 251–262
Gawlick, Günter: Thomasius und die Denkfreiheit, in: W. Schneiders (Hrsg.), Christian Thomasius 1655–1728. Interpretationen zu Werk und Wirkung. Hamburg 1989, S. 256–273 (S. 266–269)
Gilli, Marita: L'influence de Spinoza dans la formation du matérialisme allemand, in: Archives de Philosophie 46 (1983), S. 590–610 (S. 595)
Grunwald, Max: Spinoza in Deutschland. Berlin 1897 (S. 60–63)
– Miscellen, in: Archiv für Geschichte der Philosophie 9 (1896), S. 323–324 und 10 (1897), S. 385–386
Gulyga, Arsenij Wladimirovic: Der deutsche Materialismus am Ausgang des 18. Jahrhunderts. Berlin 1966 (S. 30–31)
Hettner, Hermann: Geschichte der deutschen Literatur im achtzehnten Jahrhundert, Bd. I. Berlin-Weimar [2]1979 (S. 38–39)
Hirsch, Emanuel: Geschichte der neueren evangelischen Theologie im Zusammenhang mit den allgemeinen Bewegungen des europäischen Denkens, Bd. II. Gütersloh [2]1960 (S. 307–309)
Krug, Wilhelm Traugott: Allgemeines Handwörterbuch der philosophischen Wissenschaften nebst ihrer Literatur und Geschichte, Bd. II. Leipzig 1827 (S. 596)
Mauthner, Fritz: Der Atheismus und seine Geschichte im Abendlande, Bd. III. Stuttgart-Berlin 1922 (S. 234–249)
McKenna, Antony: De Pascal à Voltaire. Le rôle des Pensées de Pascal dans l'histoire des idées entre 1670 et 1734, Bd. II. Oxford 1990 (S. 634–635 und S. 727–728)
Merker, Nicolao: L'illuminismo tedesco. Età di Lessing. Rieti 1968 (S. 320–322)
– Die Aufklärung in Deutschland. München 1982 (S. 222–223)

Minary, Daniel: L'idée d'athéisme. Occurences historiques et conceptuelles pour une période de rupture en Allemagne (1670–1730). Thèse Strasbourg 1981 (S. 191–196)
- „Siècle de Lumières" et radicalisme philosophiques en Allemagne, in: R. Krebs (Hrsg.), Recherches nouvelles sur l'Aufklärung. Reims 1987, S. 23–41 (S. 28–30)

Pott, Martin: Radikale Aufklärung und Freidenker. Materialismus und Religionskritik in der deutschen Frühaufklärung, in: Deutsche Zeitschrift für Philosophie 38 (1990), S. 639–650 (S. 646–649)
- Radikale Aufklärung, in: Il cannocchiale. Rivista di studi filosofici 2 (1990), S. 35–59 (S. 50–57)
- Aufklärung und Aberglaube. Die deutsche Frühaufklärung im Spiegel ihrer Aberglaubenskritik. Tübingen 1992 (im Druck)

Recke, Johann Friedrich von/ Napiersky, Karl Eduard: Allgemeines Schriftsteller- und Gelehrtenlexicon der Provinzen Livland, Esthland und Kurland, Bd. III. Mitau 1831 (S. 21–24)

Rieck, Werner: Johann Christoph Gottsched. Eine kritische Würdigung seines Werks. Berlin 1972 (S. 117–118)

Schröder, Winfried: Spinoza in der deutschen Frühaufklärung. Würzburg 1987 (S. 124–132)

Stiehler, Gottfried: Theodor Ludwig Lau, in: G. Stiehler (Hrsg.), Beiträge zur Geschichte des vormarxistischen Materialismus. Berlin 1961, S. 164–212
- (Hrsg.), Materialisten der Leibniz-Zeit (Friedrich Wilhelm Stosch, Theodor Ludwig Lau, Gabriel Wagner, Urban Gottfried Bucher). Ausgewählte Texte. Berlin 1966 (S. 28–29, 81–114)

Stockum, Theodorus Cornelius van: Spinoza's beoerdeeling en invloed in Duitschland van 1677 tot 1750. Groningen 1916 (S. 15–16)

Wade, Ira O.: The clandestine organization and diffusion of philosophical ideas in France from 1700 to 1750. Princeton 1938, New York 1967 (S. 16, 240–241, 308)

Wild, Reiner: Freidenker in Deutschland, in: Zeitschrift für Historische Forschung 6 (1979), S. 253–285 (S. 271)

Winkle, Stefan: Die heimlichen Spinozisten in Altona und der Spinozastreit. Hamburg 1988 (S. 27–29)

Wollgast, Siegfried: Der deutsche Pantheismus im 16. Jahrhundert. Sebastian Franck und seine Wirkungen auf die Entwicklung der pantheistischen Philosophie in Deutschland. Berlin 1972 (S. 315–316)

Theodor Ludwig Lau
Meditationes philosophicae de Deo, Mundo, Homine
1717

Meditationes Philosophicæ

De

DEO:
MUNDO:
HOMINE

Anno M DCCXVII.

*Q*Uid verum, atque decens: curo, & rogo, & omnis in hoc sum.
Condo, & compono, quæ mox depromere possim.
Nullius addictus jurare in verba Magistri,
Quò mecunque rapit Tempestas, deferor hospes.
Nunc agilis fio, & mersor civilibus Undis,
Virtutis veræ Custos, rigidusque Satelles:
Nunc in Aristippi furtim præcepta relabor,
Et mihi res, non me rebus, submittere conor.

Horatius Libr. I. Epistolarum: Epist. 1. v. 11. seqq.
p. m. 213.

Has, quas Tibi Benevole Lector, Philosophicas communico Meditationes, benevolâ accipe Mente. Primæ sunt, majoris Operis Lineæ: quod cum Tempore, si mihi DEUS, Vitam concesserit & Otium, publicæ exponam Luci. Quæ enim in angusto præsentium Paginarum Quadrato legendas Tibi præbeo Theses: Punctationes saltem sunt & Medii Termini, qui ut multa in Recessu habent, ita uberiori Elucidatione & Demonstratione indigent. Probabo ergò eas Rationibus: Illustrabo Testimoniis & Exemplis. Quæ interim hic à
me

me scripta leges Benevole Lector, probè scias, quod ea non ut Theologus, nec ut Jure Consultus, vel Medicus, sed scripserim ut Philosophus, qui nullarum Sectarum addictus Societati, Res Divinas & Humanas, Deum, Mundum, Hominem, sibi pro Objecto, & Meditationum suarum elegit Termino: deque iis liberè philosophatur, liberè loquitur, liberè scribit. Prævideo equidem non paucos, quibus aliorum Elucubrationes, illas maximè, quæ à trita Opinionum & Præjudiciorum recedunt Orbitá, mordaci lacerare & rodere Dente, summa & unica Virtus manet: gladiatorias jam contrà me meumque hunc Libellum Philosophicum, acuere Calamos Verùm excandescant Magni illi Hectores,

ctores, Vindice, pro Gloria Dei, Irâ; Damnent, comburant, Confiscatione puniant, ac Librorum prohibitorum Catalogo, Philosophica hæc mea inserant Cogitata; Appellent me Hæreticum, Atheum, Spinosistam: imò durioribus adhuc Titulis & Cognominibus; Non tamen obindè ullus Horror vel Terror, meos occupabit Artus. Ignea eorum Tela Refutationum, flammantesque Objectionum Bombardas, ridenti fronte & Philosophico excipiam Phlegmate: sicque semper mei Juris & Passionum Dominus, Tyrannicum eorum, innocentes contrà has Pagellas, harumque Autorem, si quem intentaturi sunt Processum, indifferentibus aspiciam Oculis; gloriosó uti Silentio, de illorum triumphaturus Cla-

Clamoribus: ità generoso Contemtu vel iniquissimas vindicaturus Calumnias; cum publicas & clandestinas nigræ Invidiæ Denigrationes, quam ceu Virtutis Comitem, Misericordiæ præfero: nihil curare; Theologia Naturalis suadeat & Revelata: Ethica doceat & Politica. Abundent Illustres illi Reipublicæ Litterariæ Magnates Purpurati, superabundanti Scientiæ suæ & Sapientiæ Sensu. Sint Soles: Sint Luminaria Magna: Sint Missionarii Dei, quos super, duplo pondere Spiritus Dei quiescit; Spem tamen foveo; certissimam, quod & ipsi, ex singulari Gratiæ Exuberantia, haut gravim sint permissuri, ut meâ quoque gaudeam Ratione & Sensu: Liber ut sim Philosophus: & ceu minimæ

Ma-

❀ (7) ❀
Magnitudinis Stella paucissimâ Divinitatis Luce irradiata, si non splendeam saltem scintillem. Interim Lector Benevole, ut aliqualem de Fide & Vita mea habeas Cognitionem, cum Nomen meum Te adhuc latere volo: vivam utriusque hanc tene Ichnographiam. Universalista sum & Catholicus. Deum colo. Vice-Deos honoro. Honestè vivo. Neminem Lædo. Suum Cuique Tribuo.   Vale!

A 4   CA-

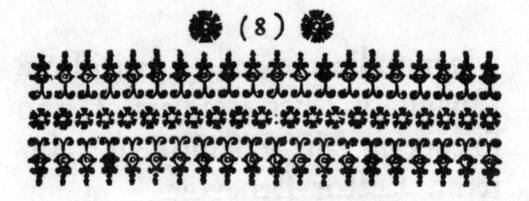

CAPUT PRIMUM.

Meditationes Theologico-Physicæ.

I.

Deus est: DEUS existit.

II.

Utrumque me & omnes, Sensus docent & Ratio. Atheismus hinc nullus. Atheæ Nationes nullæ. Athei Homines nulli.

III.

Quidditas Dei, propriè & demonstrativè determinari nequit. Quid Deus: solus Deus novit. Conceptus interim illi, quos de Deo & Essentia ejus, Homines & Nationes habuerunt: nec non multifariæ ejus Repræsentationes & Effigia iogiationes, quales quales etiam sint, nec irridendæ, nec vituperandæ, multò minus odiô, exiliô, igne, suppliciô sunt mulctandæ. Fundamentum habent Religionem, Devotionem, Intellectum; In Rebus verò Religionis, Devotionis & Intellectus, quivis sibi relictus esse, nec ab aliô, regulam ullam vel mensuram accipere potest nec debet.

IV.
Mihi: Deus Natura Naturans: ego Natura naturata. Ratio ratiocinans: ego Ratio ratiocinata. Forma formans: ego Forma formata. Materia simplex: ego materia modificata. Oceanus: ego Fluvius. Aqua: ego gutta. Ignis: ego Scintilla. Terra: ego gleba. Aër: ego effluvium. Sol: ego radius. Corpus: ego membrum. Mens: ego Mentis operatio. Æternus. Omnipotens. Omnipræsens. Omniscius.

V.
Existentia Dei: nullâ indiget probatione; Sensus enim omnium incurrit. Oculus eum videt. Auris audit. Nasus olfacit. Lingua gustat. Manus tangit.

A 5

git. En Testes infallibiles, & omni exceptione majores!

VI.

Mihi ea patet, ex mirabili, tot Mundorum, Globorum Terr-aqueorum & igneorum, ac ex Triplicis Regni, Animalis, Vegetabilis & Mineralis Creatione, Gubernatione & Conservatione: in quibus palpabili & visibili modo, Deus sese manifestavit ac revelavit.

VII.

Est hæc Dei, in Operibus & per Opera sua, facta Revelatio, certissimum, mathematicum & infallibile: lucidissimum quoque & sufficiens, Deum ejusque existentiæ Realitatem, cognoscendi & convincendi Principium.

VIII.

Sunt hinc mihi stupendæ hujus Creationis Opera, eorumdemque Consideratio & Investigatio, Biblia mea; Sunt Prophetæ, Apostoli & Sacerdotes mei fidelissimi: quæ lego, quæ scrutor: quos audio, quos sequor.

IX.

Datur quidem Revelatio etiam Dei ex

Scri-

(11)

Scriptura, quæ Sacra & Verbum ejus immediatum audit. Sed historica est: Hominum nixa Traditionibus: multis subjecta Nævis. Notitia est Dei alicujus particularis, Messiæ scilicet & Christi: Judæos principaliter afficiens & Christianos ; Non verò universalis, & de omnium Mundorum & PopulorumDeo, perfecta Scientia. Reperiuntur quidem, & in isto Verbo Revelato, generalia nonnulla de communi, Universi Totius, Conditore asserta: sed præmissa hæc sunt studio & Proœmii quasi loco; quò Historiarum in eôdem Systemate relatarum Connexio, cô meliori Filô cohæreret. Potior mihi arridet Dei summi Revelatio, per Opera propria, qua aliorum verba: Dei siquidem ipsius Digitô illa: hæc Hominum scripta & promulgata Manibus. Illa verè divina: Hæc humana. Certissima illa: Hæc incerta.

X.

Est verò Deus hic: Unus. Non enim esset Deus, nisi esset unus. Circulus est hoc universum: Punctum Deus. Punctô unô omnis gaudet Circulus. Perfectus

fectus est Deus; ergò Unus necessariò. Unitati verò, sicque Perfectioni, Multiplicatio derogat. Multiplicare Deum, est Deitatem destruere.

XI.

Est hinc Polytheismus Gentilium & Christianorum, res intricata, multis obscuritatibus, dubiis multis & contradictionibus involuta. Optima de Deo scientia, quæ plana. Plana illa, quæ Deum unum, sine multis Diis, eorumque Divisionibus, Subdivisionibus, Coordinationibus & Subordinationibus: quæ Deum, ab omnibus Terminis Scholasticorum, Theologorum & Metaphysicorum Speculationibus purum & liberum, agnoscit & docet.

XII.

Multiplicatio interim Deitatis seu Deorum, ubi à Theologis & Politicis, ex Status vel Regionis Ratione, ficto sub Religionis velo introducta & recepta: in suô est relinquenda valore; Et Gentilis Multiplicem: Christianus Unum & Trinum colat Deum.

XIII. De-

XIII.
Deum in Essentia mihi Unum, secundum Religionem meam, Amo & Colo. Pauca sanè & brevia Religionis Capita; quæ quò breviora & pauciora, eò meliora.

XIV.
Amo verò Deum purè & simpliciter ideò, quia Deus est & quidem meus. Nullum hic habeo respectum ad Bonum aliquod præsens vel futurum: Corporis vel Animæ: hujus vel alterius Vitæ. Qui Deum, propter aliud amat, se plus quam Deum amat. Est talis amor interessatus: non verus & sincerus Amor.

XV.
Dum sic Deum amo: Eum non Timeo. Timor involvit Odium. Amor & Odium incompatibilia. Præsupponit Timor factum commissionis & læsionem: ob quam alterius extimesco Iram, Vindictam, Pœnam. Deus talium passionum expers. Deus nullô modô potest lædi. Finito in Infinitum potentia nulla, vis nulla, actio nulla.

Si

Si non lædi: peccata nulla; Quid enim ea, quam læsiones & transgressiones? Si non peccata: nec pœnæ, nec Diabolus, nec Infernus; Ubi nulla mala actionis, nec mala passionis fingenda. Si non Peccata & Peccatores: nec Salvatore, nec Redemtore, nec Sanctificatore opus. Non-Entium affectiones nullæ. Conclusio præsupponit Præmissas. Placere tamen possunt, cui volunt & debent Ideæ: quas Gentiles & Christiani de Seculo aureo, de Statu Integritatis, de subsecuto Primi Hominis Lapsu, Redemtione, Redemtoris Nativitate, Passione & Resurrectione ejus Satisfactione, Missione Spiritus Sancti, & plura alia fovent & defendunt, docent & concionantur. Jucundæ sanè sunt & innoxiæ. Nec reprehendendæ, nec damnandæ. Qui interim Deum verè ex toto amat corde, & ex tota diligit animâ: omnibus hisce carere potest Notionibus & Dogmatibus. Fœtus enim tantummodò sunt Timoris & Odii.

XVI.

De Amore Dei: ad ejus Cultum. Consistit is mihi in Admiratione. Gratiarum actione. Obedientia. XVII.

XVII.

Admiratione cum colo: Ceu Universi hujus & insimul meæ Corporeo-Spiritualis Substantiæ, Architectum & Opificem.

XVIII.

Gratiarum actione: Ob innumera, quæ mihi præbuit, & quotidiè præbe: Beneficia. Conservator meus est: Qui uti primum mihi Esse dedit Constitutivum, ità & secundum seu benè Esse & Conservativum, adhuc largâ Benedictionis suæ largitur Manu.

XIX.

Obedientiâ: quia Rector & Gubernator meus: cujus divinæ Voluntati me & omnia mea resigno & committo. Nullas hinc sæpe effundo Preces. Non oro, ut hoc vel illud à Deo obtineam Bonum. Non supplico, quò Sanitate, Fortunâ, Vitâ longâ & æternâ mihi frui liceat. Talia petere, est Deo Leges præscribere: eóque sapientior esse velle. Optimè ipse novit, quid utile mihi & necessarium. Confido semper in eum: & ut hactenus ità porrò benè faciet.

faciet. Invoco tamen etiam sæpe Deum: sed ex moribus potius & Consuetudine, quàm intentione destinatâ. Et dum invoco, simul addo: Fiat Voluntas Tua, non mea. Rogo quidem Te: sed exaudi Me, pro Tuo Beneplacito. Da mihi, non quæ peto, sed quæ dare decrevisti. Fac mi Domine mecum, prout Tibi videbitur. Creator meus es, ego Creatura Tua. Tu Opifex, ego Opificium. Tu Rex, ego subditus: in quem liberum Jus vitæ & Necis, Salvationis & Damnationis habes.

XX.

Totus verò hic Cultus internus est, non externus. Spiritualis non materialis. In Intellectu subsistit & Corde: Hæc enim Dei, optima & unica sunt Templa, Sacella, Altaria. Religio Sensus, non Verbi. Rationis, non Regionis. Libera non coacta. Voluntatis non Imperii. Hominis non Principis. Nulla agnoscens præcepta alia: Formulas Concordiæ, Confessiones, Symbola, Catechismos, Articulos Fidei alios nullos, quam Deum unum, mei Creatorem, Gubernatorem & Conservatorem. XXI. Est

XXI.

Eſt tamen mihi, præter hanc Religionem Naturalem: Religio Politica quoque & Societatis. Civis enim ſum & Subditus; Hinc uti in reliquis Vitæ, ità & in Fidei actionibus extrinſecis & transeuntibus, non mei, ſed alieni Juris. Colo ergò Deum talem, qualem Princeps vel Reſpublica me jubet. Si Turca, Alcoranum: Si Judæus, V.T. Si Chriſtianus, N.T. veneror, pro Lege & Religionis meæ Norma. Papa ſi Imperans: Deum Credo Transſubſtantiatum. Si Luterus: Deus mihi, Particulis In, Cum & Sub, circumvallatur. Si Calvinus: Signum pro Deo ſumo. Sicque cujus Regio, in quâ vivo: ejus me regit Opinio; Et qualis, illius Regionis, Deus fictus Theologicus vel Politicus ſeu Statiſticus: talis & ille mihi placet & placere debet. Religio enim dominans: Corpori quoque & Conſcientiæ, in Senſus incurrenti, dominatur.

B   CA-

CAPUT SECUNDUM.
Meditationes Physicæ.

I.
Jam à Deô: ad Universum ab eo creatum.

II.
Est illud mihi: Complexus vel Systema omnium Creaturarum visibilium & invisibilium, quæ vivunt, sentiunt, ratiocinantur: & in suis Orbibus Igneis, Aqueis, Terreis & Aëreis: vel alibi & aliô nobis incognitô modô sunt & existunt. Uno Nomine: Mundus.

III.
Mundus hic: in Deo, ex Deo, & per Deum est. Deus Aranea: Textura Mundus.

IV.
In Deo: ante Creationem. Embryo in ejus Abysso. Semen in ejus Lumbis. Circulus in suo Puncto.

V. Ex

V.

Ex Deo: per Creationem. Non ex Nihilo: sed ex Infinito Ente præ & coexistente. Deus: Pater. Creatio: Puerpera. Mundus: Partus.

VI.

Per Deum: Quotidianâ ejus Conservatione. Deus: Nutrix. Mundus: Infans: Providentiæ Ubera sugens.

VII.

Est ergò Mundus ab æterno. Causatum cum suâ Causâ. Ædificium cum Architectô. Fructus cum arbore. Arista cum grano.

VIII.

Licet interim ab æterno: in Tempore tamen prodiit. Principium Originis ut haberet, rupta sunt Æternitatis Vincula. Vox æterni Dei FIAT: Generationis fuit actus. Puerperium unô momentô factum. Nulla hic Temporis distincta Intervalla. Deus & actio: Decretum & Executio: Voluntas & effectus: in Productione & Generatione Universi, simul conjunctim extiterunt; Volebat Deus creare Mundum: & eô ipsô erat creatus;

Voli-

Volitione solâ, in totali suâ perfectione.

IX.

Non impugno interim eos, qui certam, à conditô Mundô annorum numerant seriem: quamvis in eorum Determinatione, non consentiens omnium Gentium & Historiarum Opinio & Concordia. Faciunt iidem: Deum, Ens aliquod Otiosum, quod ante istos, quos ipsi præfigunt Existentiæ & Revelationis annos, in Cimmeriis quasi latitavit Tenebris, & in perpetua fuit Inactione; Cum tamen Deus, Ens sit semper agens: semper volens: semper creans.

X.

Nullam nec litem moveo illis. Qui sex Dierum Spatiô, Universum creatum asserunt Mundum. Loquuntur etenim ex Principiis scriptæ per Hominem Revelationis. Loquuntur pariter de Creatione particularis Mundi, quæ à particulari certarum Gentium Judæorum scilicet & Christianorum Deo, facta & peracta. Mihi autem de Universali, Totius Universi Deo, sermo: Liberam secundum Rationem,

nem, & ipsius Dei in Operibus suis, manifestatam Revelationem.

XI.

Modum tamen Creationis, quó totum hoc Universum formatum, miror potius quàm rimor. Opus est Dei, quod Hominis transcendit captum. Finiti etenim ad Infinitum, nulla datur Proportio.

XII.

Scio quidem quam-plurimas & subtiles, de Modô, quó Mundus creatus, publicatas Doctorum Virorum, Anglorum maximè, Speculationes. Sed eas ad Trutinam Veritatis non examino. Ut mihi, sic illis, eadem quicquid velint, pro Geniô & Ingeniô, Statuendi Libertas competit. Conceptus sunt, Ideæ, Intellectus Operationes. In harum Formatione plenâ quivis Libertate gaudet. Ratio nullum agnoscit Imperium: Servitutem nullam: Leges nullas; Nullius jurat in verba.

XIII.

Primam hanc Creationem, plurimæ jam insecutæ & subsecuturæ sunt Creationes; Imò infinitæ erunt: quia Deus infinitus. Omnis ejus volitio: operatio.

B   Omnis

Omnis Cogitatio: Creatio. Tot ergò Mundi, Orbes tot: ejus quot Volitiones & Cogitationes. Unam, quam Ratione nostrâ & Sensu percipimus, reverà factam scimus. Reliquæ omnes, eæque innumeræ nos latent. Sunt tamen & realiter existunt. Ignorantia nostra, earum nequit destruere Naturam. Non valet argumentatio: Nescio, Ignoro; Ergò non dantur, non sunt, non existunt.

XIV.

Sunt, qui Deum, à Labore suô, septimô quievisse Die, dicunt. Sabbathum hinc, & Dies Dominica. Nec displicet mihi hæc Thesis. Nam Contradictiones non amo. Amplector eam, Pacis causa: ne Hæreticus vel quid pejus audiam; Mihi: Deus; Quies ipsa. Obnoxius enim nullis est Passionibus. Quid verò Passiones? quàm Quietis Turbationes. Non tamen quiescit Deus, sed in perpetua est actione. Semper ratiocinatur, semper cogitat, semper vult. Vita est: hinc in Motu. Motum sequitur actio. Qui verò agit, non quiescit.

XV. Deum

XV.

Deum autem, vel tantùm ratione hujus Universi nostri, cujus Pars ego (de Orbibus etenim mihi incognitis, abstraho) non quiescere, sed uti ab æterno, ità nunc peræquè indefessà operari curâ: ejusdem me Conservatio & Gubernatio edocet. Sanè, Deus si quiesceret unicô vel momentô: si non conservaret quod creavit: si non gubernaret quod conservat; tota hæc Compages, extrà suum veniret Ordinem & Harmoniam. Conservare autem & gubernare: nonne Actiones sunt? Et quales? Perpetuum quæ requirunt Motum. Perpetuus verò Motus, nonne Quietem excludit?

XVI.

Uti ergò Deus semper in Motu, ità & per Motum, Mundi fit Conservatio & Gubernatio.

XVII.

Motum hunc, Creaturæ omni, ad Esse suum Conservativum & Gubernativum Deus quidem indidit; Ipse tamen, Motus hujus, primus manet Motus, Motor & Director. Est Totum Universum, Navis: Deus

(24)

Deus Nauclerus. Currus: Deus Auriga.
Horologium: Deus Æquilibrium inquies.
Machina: Deus Rota. Automaton: Deus
Loco-Motiva.

XVIII.

Motus hic duplex est: Amoris & Odii.
Concordiæ & Discordiæ. Sympatiæ &
Antipatiæ. Uniens & Resistens. Attrahens & Repellens. Contrariis hisce Motibus, Mundum conservare & regere:
Deo placet.

XIX.

Auget hunc Motum & minuit: alterat
& impedit pro lubitu Deus; Unde tot
diversæ in Mundo actiones occurrunt &
effectus.

XX.

Fuit interim hic Motus, in Mundo,
semper idem. Idem hinc etiam Mundus: cujus quæ olim Fabrica, Forma &
Connexio essentialis, eadem & nunc est;
In accidentalibus quamvis subinde mutatus & alteratus.

XXI.

Asserunt quidam, Mundum Primum
per Diluvium interiisse Generale: & hodier-

diernum, nová quasi prodiisse Creatione. Thesis eorum : qui Revelationem Dei, Operumque ejus, ex Sacro Codice quærunt. Præmissæ uti plures aliæ, ad Conclusiones, quæ in eô suppositæ & deductæ leguntur, validiori Probabilitate defendendas; maximè necessariæ. Meæ Ratiocinationi Diluvium tale universale vix arridęt, sed si unquam ejusmodi fatalis extitit Inundatio, particularis fuit. Non tamen difficilis sum, priori, ceu receptæ a Venerando Theologorum Choro Opinioni, meum quoque addere Symbolum. Pax siquidem melior Bellô. Quietista felicior Disputistâ.

XXII.

Pariter nec Mundum consenuisse, vel in pejus ruisse, mihi videtur. Idem enim est Motus: idem Motor: idem Deus. Mutationes & alterationes non nego: verum hæ nullam deteriorationem vel ruinam involvunt. Immutatum est saltem Organum Motus: imò & Motus ipse: quia sic Motori placuit. Mundus interim idem ille est, qui olim & ante infinita Secula, fuit Mundus. Theatrum semper

per idem: licet in eôdem, Scenarum Translocationes & Variationes, innumeris acciderint & quotidiè accidant modis.

XXIII.

Manebit verò iste Motus in æternum: pro primi tamen Motoris Beneplacito, & prout ipsi è re videbitur. Non interibit Mundus, sed æternus erit: licet non ab æterno, sed in Tempore incepit sensualiter esse. Interitus: Annihilatio est. Annihilatio autem, Redactio Entis in Non-Ens: ex esse in Nihil: ex Ente positivo, in Ens Negativum: Quod planè impossibile; Annihilaretur enim ipse sic Deus, ex quo Mundus. Mutare interim Mundum & Creaturas Mundi, Deus potest, si & prout vult: mutando in iisdem Motum vel Organa Motus; Adeò ut Mons Vallis, Fluvius Lapis, Stella Gleba, Piscis Avis, Arbor Aurum, Homo Animal & vice versâ fiant, sicque una res in aliam, perpetuô quasi Circulô & gyratione, transeat, migret & transformetur. Deus est Opifex: valet hinc cum Operibus suis, secundum Cordis sui desiderium agere; Cum quivis illimitatus Rerum suarum Arbiter sit & Moderator.

XXIV.

XXIV.

Qui ergò Univerſi hujus affirmant Interitum: ex Scripturæ S. argumentantur Poſitionibus; Et ſic argumentari neceſſariò debent: cum aliàs Sententiam quam defendunt, ægrè tueri poſſent. Placent interim & hæc mihi, uti eorum reliqua. Controverſias non amo. Optimum, omnibus ſe accommodare Sectis: Sectarum & Principiorum omnium eſſe Homo.

XXV.

Poterit tamen Deus, ceu Primus Motor: Motum quem Univerſo indidit, ſiſtere ſi velit & ad ſe revocare. Deſinet tunc Mundus quidem eſſe id, quod jam ſecundum Formam præſentem eſt: Non tamen peribit quoad ſuam Subſtantiam. Redibit, unde venit. Concentrabitur in Deo, ceu Matrice: Ac tanquam Partus & Semen ad Primos Lumbos & Cunas revertetur.

CA-

CAPUT TERTIUM.
Meditationes Physico-Medicæ.

I.

Jam à DEO & Mundo: ad Mundi Partem. II.
Pars potior ejus: Homo.

III.

Hóminem hunc confidero
1. Theologicè: ut Religiofum.
2. Phyficè: ut Creatum.
3. Medicè: ut Sanum.
4. Ethicè: ut Virtuofum.
5. Politicè: ut Civem & Subditum.
6. Juridicè: ut Juftum.

IV.

De Homine Religiofo: in Antecedentibus actum. De Phyfico-Medico in præfenti dicam.

V.

Eft verò Homo Phyfico-Medicus mihi Machina: ex duplici compofita Materiâ; quarum tenuis una: altera craffa.

VI.

Materia tenuis: Anima. Materia craffa: Corpus.

VII.

VII.

Corpus: ex Particulis aëreis, aqueis, igneis, & terrestribus constat. Constat iisdem totus Mundus: cujus pars Homo. Pars verò sequitur naturam Totius.

VIII.

Sunt tamen illæ, humani Corporis Particulæ, de Massâ longè meliori, particulis illis: ex quibus Animalium & coeterarum Creaturarum nobis Cognitarum Corpora, efformata. Imò ratione hujus Materiæ, ipsa Hominum inter se differunt Corpora. Hinc alia, aliis puriora, pulcriora, robustiora, saniora.

IX.

In Corpore hoc, ceu Materia Passiva: operatur Anima, Materia activa.

X.

Est hæc Anima, Sanguis: aëre, igne, Terrâ, aquâ, uti Corpus Habitaculum & Organum ejus, constans & conglobatus. Materialis tota, uti Corpus: Ex Materia tamen purissima & defæcata, Spiritus ad instar: cujus Esse, agere & regere; Sicuti Corpotis pati & regi.

XI. Licet

XI.
Licet interim Sanguis regat Corpus: Regimen tamen illud, per Corpus & Corporis iterum modificatur Organa. Non aliter Anima vel Sanguis agere, operari & regere potest: quàm Corpus & ejus Structura, illud admittere vult & potest.

XII.
Alia hinc Operatio Sanguinis est in Capite, & quidem Cerebro: alia in Pectore, & quidem Corde.

XIII.
Prior actio ubi fit: est Ratio.

XIV.
Hæc Ratio, pro duplici Rerum, quas considerat Differentia, duplex. Divina & Humana.

XV.
Illa versatur circà Deum: Hæc circà Mundum. Illa una, hæc multiplex: Hinc Theologica alia, quæ iterum infinita. Juridica alia, quæ pariter vel Academica, vel Judicialis, vel Consiliaris. Medica. Philosophica. Extra Socialis & Socialis. Politica, Statistica. Belli. Pacis. Imperantium. Parentium.

XVI. Ra-

XVI.
Rationis Consequens: Intellectus.
XVII.
Intellectus mensura: Ratio. Non enim aliter Homo intelligere potest & debet, quàm prout Ratio ipsi dictitat.
XVIII.
Intellectus Effectus: sunt Ratiocinationes.
XIX.
Operatio Sanguinis in Pectore & Corde: est Voluntas.
XX.
Voluntas peræque uti Ratio: Divina est & Humana.
XXI.
Humana Totuplex: quotuplex Hominis Conditio & Status.
XXII.
Consequens Voluntatis: Appetitus.
XXIII.
Appetitus effectus: Fruitiones.
XXIV.
Appetitus: est Desiderium aliquid habendi vel non habendi.

XXV. De-

XXV.
Desiderium habendi: est Amor. Non habendi: Odium. Prior consistit in Electione. Alterum in Fuga.

XXVI.
Desiderium eligens: appetit omne id, quod sibi quôcunque modô placet. Desiderium fugiens: appetit evitare, quod sibi quâvis ratione displicet.

XXVII.
Id quod jam Appetitui placet, est omne Jucundum. Quod verò displicet, Molestum. Illud Dulce: Hoc amarum. Prius Voluptas: Posterius Dolor.

XXVIII.
Cùm verò Voluptas & Dolor, alia in Homine ut Homine, intuitu Temperamentorum Corporis & Sanguinis: Alia in Homine qualificato, intuitu Status & Conditionis, in quâ vivit; Non mirum, uti varias Hominum Rationes & Intellectus: ità & Voluntates ac Appetitus: Actiones & Passiones diversas existere. Aliter ratiocinatur Colericus, quàm Melancolicus. Phlegmaticus aliter quàm Sanguineus. Eorum velle pariter & appetere:

petere: Agere & pati, toto inter se differunt Cœlô. Unô verbo: Principes & subditi. Clerici & Laici. Theologi. Juris-Consulti. Medici. Philosophi. Milites. Mercatores. Rustici. Artifices. Nobiles. Ignobiles. Viri. Fœminæ. Juvenes. Senes. Ipsæ quoque Gentes: uti diversimodas Corporis & Sanguinis, Capitis & Pectoris, Cerebri & Cordis Structuras habent & Organisationes; Ità quoque variante; habent Rationes & Voluntates, Intellectum & Appetitum, Amores & Odia.

XXIX.

Cum verò Anima seu Sanguis, uti dictum, alat Corpus & regat: utrumque hoc Officium, ut ipsa rectè peragere queat; sua pariter Alimenta, suum quoque habet Motum.

XXX.

Alimenta sunt Cibus & Potus. Ex diversitate in quali & quanto: Sanguinis distinctio & Varietas.

XXXI.

Motus Sanguinis est ejus Circulatio. Sanguis enim movet Corpus. Circulatio Sanguinem.

C   XXXII.

XXXII.

Uti autem Regimen Sanguinis in Corpore: per Corporis modificatur Organa; Ita per eadem Organa, Circulatio quoque, ad has & non alias reftringitur ac limitatur Operationes & Actiones.

XXXIII.

Agit hinc, Sanguis aliter ubi Circulatio in Pectore: aliter ubi Caput permeat: aliter ubi per Senfus vagatur. Ab eorum Structura, Leges accipit fuas in operando & agendo. Cor ideò appetit non Cerebrum. Cerebrum apprehendit non Cor. Apprehendit verò & appetit Cerebrum & Cor illud demum, quod ipfis, Senfus repræfentant. Rerum enim nullæ dantur Ideæ innatæ; Nihilque eft in Intellectu & Voluntate, quod non prius fuit in fenfu. In Sensibus tamen ipfis, Sanguinis quoque Motus, fecundum propria eorundem circumgyratur Inftrumenta. Hinc Oculus videt, non Auris. Auris audit, non Oculus. Nafus olfacit non Manus, & fic porrò.

XXXIV.

In hoc Sanguinis Motu & Circulatione: Vita confiftit noftra & Corporis actio.

Agere

Agere enim eſt vivere: Vivere autem eſt movere & moveri.

XXXV.

Motus hic, debitô ſuó ubi eſt in Ordine, juſtô in Pondere & Æquilibriô: quod à Cibo & Potu, Actionibus & Paſſionibus, Aëre, Aquâ, Terrâ & Igne accipit; Hominem ſanum, Corpore & Sanguine vegetum, Ratione valentem & Voluntate, ſuorumque compotem reddit ſenſuum, ut Mens ſit ſana in Corpore ſano. Qui amat ſanitatem: hunc conſervet Motum.

XXXVI.

Idem ille Motus, nimiô ſiquandò vel paucô Cibô & Potu, exceſſu vel defectu Actionum & Paſſionum, alteratur aut impeditur: Corpus ægrum efficitur & morbidum; Ut nec Manus, nec Oculus, nec Auris, nec Caput, nec Pectus, ritè ſuum perficere queant Officium. Qui ergò Morbum evitare cupit: ſollicitus quantum poſſibile curet, ut Motus, ſecundum ſuas ſemper fiat Leges.

XXXVII.

Ubi vero Motus ſe ſiſtit, quod fit, ſi vel Organa Corporis per Morbos ità dete-

rio-

riorata, debitum ut recipere nequeant Motum: vel Sanguis ità debilis, & Spiritibus suis Operantibus exhaustus, amplius ut agere, seu motum exercere non possit: Mors sequitur.

XXXVIII.

Est verò Mors nihil aliud quàm Finis Motus in Anima & Corpore: cujus Principium Vita fuerat.

XXXIX.

Licet interim Corpus & Sanguis, Materia activa & passiva, Movens & Motum moriantur: Phrasi meâ: Agere & pati, moveri & movere desinant; Non tamen intereunt, aut in nihilum rediguntur; Per istam sed saltem Mortem, uti Corpus à Sanguine, & Sanguis à Corpore: ità Corpus pariter & Sanguis, in eas porro se dissolvunt particulas, quales hanc antè Conjunctionem fuerunt & Copulationem: adeò ut per Vincula Amoris Magnetica, Particulæ illæ, ad Centra sua, aqueæ ad Aquam, igneæ ad Ignem &c. retrahantur; quibus Sphæris materialibus vel perpetuò adhærent connexæ, extrà omnem tamen activum vel passivum Motum, in Quiete

ma-

manentes; Vel potius à Creatore & Motore primo, ad novum Motum, ac novi Cœli & novæ Terræ, hoc est Corporis novi & Animæ novæ Compositionem denuò revocantur & adhibentur: perpetuô ut sic quasi Circulô, cujus Centrum Deus, unum Corpus in aliud, una Anima in alteram & vice versâ migret, peregrinetur, transformetur, transfundatur.

XL.

Nullam proptereà exhorresco Mortem: quæ aliis, rerum omnium terribilissima. Interitus est nullus. Annihilatio nulla. Conceptus sunt, Ideæ, Non-Entia, Somnia, Chimeræ. Vita rerum æterna. Natura Creaturarum immortalis. Migratio Animarum perpetua. Corporum Metamorphosis continua. Non Ovidiana: sed Divina. Non fabulosa: sed realis. Mors mea: Unio erit Corporis & Animæ cum Deo & Mundo. Non mystica, non Sacramentalis: sed Naturalis & Physica. Nunquam moriar: sed moriendo oriar. Occasus, novus erit Ortus. Phœnix ex Cinere. Vivere non desinam: licet Vita desinet. Nec desinet Vita, sed renovabitur aut immutamutabitur.: in Deo, cum Deo & per Deum. Ex Deliquio meo, quod Moriens pati videor, eó mox reviviscam Momento. In Universo: licet forsitan non amplius in hoc Mundô.   Stella, Angelus, Dæmon: cum anteà Homo.   Incola Solis, Lunæ, alteriusve Planetæ: Terræ cum hic fuerim Civis; Sicque semper Corpus vel Anima : Materia activa vel Passiva. Semper Ens Vivum. Semper Creatura Dei.   Gratulor mihi de hâc Fide.   Hâc vivam.   Hâc moriar.

CAPUT QUARTUM.
Meditationes Ethico-Politico-Juridicæ.

I.

Jam de Homine Ethico-Politico-Juridico: adhuc pauca.

II.

Homo ab eô momentô, quô natus, agit. Vivit enim. Vita autem in actione consistit.   III.

Actio hæc: ab initio debilis, crescentibus annis, majores sortitur Vires.

IV. Agit

IV.

Agit Homo, in' primô hoc Statu, qui verus Innocentiæ est, liberè: hoc est, secundum Cerebri & Cordis Dictata; Imperii & Legum expers: quæ ipsi Non-Entia, quorum Qualitates & Obligationes nescit.

V.

Actionum harum Finis: Utile est. Omne enim Utile: Jucundum. Jucundum autem Homo appetit.

VI.

Utile hoc: terminatur in Amore sui. Ordinata quippe Charitas incipit à seipsa.

VII.

Gradus hujus Amoris triplex:
Primus: Desiderium se alendi.
Secundus: Se multiplicandi & propagandi.
Tertius: Se defendendi.

VIII.

Actiones hæ: utut homini, ad Finem suum obtinendum, maximè necessariæ; Spectatæ tamen tam in se, quam relativè, sunt & manent indifferentes.

IX.

Istarum actionum Rex: Appetitus est;
Qui

Qui enim agit, semper agit ob Desiderium.

X.

Leges actionum: sunt Vires Temperamentorum Corporis & Sanguinis.

XI.

Secundum hoc Regimen & Mensuram: dum Homo se nutrit, se multiplicat, se tuetur; facit utiliter hoc est rectè & benè, quod facit.

XII.

Nescit hinc talis, appetitui suo relictus Homo, in hoc Libertatis, quem à Nativitate accepit statu : Leges vetantes & permittentes. Nescit differentias Cibos licitos inter & illicitos: Nescit Arborem Consanguinitatis & Affinitatis, Lineas, gradusque inde resultantes, earum Prohibitiones & Dispensationes. Nescit stupra, adulteria, aliosque illegitimos concumbendi modos. Nescit Duella, Homicidia, Vulnerationes, crimina esse; Ipsumque Moderamen Inculpatæ Tutelæ: verbum ipsi est incognitum. Edit enim & bibit liberè. Concubitus secundum Concupiscentiæ exercet stimulos. Tuetur & defendit se pro lubitu, etiam cum Nece alterius.

XIII. Cum

XIII.

Cum verò pro Temperamentorum Varietate: Appetitus varius, variæque sic actiones; Primos mox inter Homines, Jurgia, Lites, Oppositiones, Contradictiones, Resistentiæ, Tumultus, Cædes, Bella exorta.

XIV.

Bellorum horum & discordiarum Autores: Temperamentô Colericô prædominantes, principaliter fuerunt.

XV.

Fuerunt verò uti Bellorum, ità & Imperiorum Autores: quorum Fundamenta prima, posuerunt per Arma & Oppressiones.   Colerici enim sensim atque sensim, vi Complexionis, aliis imperitare volentes: Melancolicis, qui eorundem Ambitioni, maximè contrarii videbantur, vi, clàm, precariò devictis; Phlegmaticos & Sanguineos: plurimi quorum, se sua spontè, Metu suadente, tradentes; Servitutis Compedes lætò exosculabantur Ore: Dominationi suæ, facili subjecerunt Operà.

XVI. Mo-

(42)

XVI.

Monarchica ergò, prima Mundi fuerunt Imperia. Colerici enim, primi Monarchæ extiterunt. Uti verò Cœlum duos non patitur Soles, Tædæ Socium nesciunt: sic Colericus, nullum in Regno & Throno, Consortem admittit & Co-Imperantem.

XVII.

Imperio Monarchicô sic fundatô, ad illud conservandum: Religio. Leges. Præmia. Pœnæ: introducta. Subsidia Ambitionis. Dominatus Arcana. Omnia Colericorum Inventa.

XVIII.

Religionis Vinculô, Homines ex Liberis, Servi facti; fortius quò stringerentur; Dii novi, eorumque innumerus excogitatus Numerus. Excogitata Colloquia cum iis instituta: Prodigia: Omina: Oracula: Miracula: Mysteria: Martyria: Jura Divina Universalia & Particularia: Moralia: Ceremonialia: Forensia. Concilia: Synodi: Decalogus: Vetus & Novum Testamentum: Lex & Evangelium: Scriptura S. & Alcoranus: Moyses & Christus. Mahomet & Confucius. Papa: Lutherus: Calvinus. Breviarium: Augustana Confessio. Libri Symbolici: Catechismi. Magnus quoque Prophetarum, Apostolorum, Discipulorum, Sacerdotum & Monachorum stabilitus Exercitus. Fundata Templa:

pla: Sacella: Fana: Altaria: Aræ: Luci. Introducta Sabbatha: Dies Dominicæ: Festa solemnia: Juramenta: Peccata Theologica: Confessiones: Absolutiones: Clavis ligans & solvens: aliæque Piæ Fraudes infinitæ.

XIX.

Per Leges verò, quò Hominum Cerebrum & Cor, Ratio & Voluntas, Intellectus & Appetitus domarentur, ne quid, novos contrà Imperantes, primæ Libertatis Usurpatores, tentare auderent: nescio quot ipsis ab Imperantibus, earundem adinventæ Divisiones. Ex eorum ergò Mente, Jus Naturæ & Gent.um: Prohibens & Permittens: Negativum & Affirmativum: suas habuere Origines. Orta sunt inde multiplices Conscientiarum Species, Vitia & Virtutes: Actiones peræquè ac Passiones bonæ & malæ, honestæ & turpes, justæ & injustæ, rationales & irrationales. Pudor & Decor. Æquitas & Justitia. Imò Educatio Subditorum per Parentes & Præceptores: Professores & Ministros: in Domibus, Scholis, Gymnasiis, Academiis, Ecclesiis: Societatum Differentiæ: Fundationes Pagorum, Vicorum, Urbium, Civitatum, Fortalitiorum, Citadellarum: Nuptiæ legitimæ & illegitimæ, restrictiones earum & Dispensationes: Imperia Mariti, Patris, Domini: in Conjugem, Liberos, Famulos: Tot Magistratuum & Judiciorum Classes: Regalia

lia innumera: Infiniti Contributionum Modi: Origo Majeſtatis immediata à Deo, ejusque Inviolabilitas: Crimina Perduellionis, aliaque Delictorum genera: Obedientia Cœca & paſſiva &c. quid aliud ſunt? Quàm Temperamentorum Colericorum, ſicque Ambitioſorum (quali Geniô & Ingeniô, primi Imperiorum fuerunt Fundatores) Partus: Ideæ: Notiones: Entia: ab iisdem ob Intereſſe & Regiminis Utilitatem, conficta, promulgata & introductá.

XX.

Religioni & Legibus acceſſerunt Præmia. Finis: Homines ut iis allecti & inebriati, primi Status eò facilius obliviſcerentur, Imperiis & Imperantibus adſueſcerent, eorumque Rationi & Voluntati, omnem citrà Renitentiam, morem gererent. Sunt verò Præmia Temporalia alia, alia Spiritualia. Ad hæc: Campus Elyſius Ethnicorum: Paradiſus Chriſtianorum. Bona Animi, Corporis, Fortunæ. Reſurrectio. Vita beata. Vita nova. Vita æterna. Ad illa: Dignitates. Tituli. Honores. Privilegia. Immunitates. Gratiæ. Ludi. Spectacula. Dies Feſtivi. Annuli. Coronæ. Statuæ. Columnæ. Obeliſci. Monumenta &c. pertinent.

XXI.

Additæ Pœnæ: quartus Imperia ſtabiliendi
&

& Subditos in Obedientia continendi Modus. Spirituales pariter ac Temporales, ad Præmiorum Rationem. Utraque: Colericorum sapiunt Indolem. Ira hinc enata Dei: Fames: Pestis: aliaque Passionis Mala. Excogitata Tortura: Supplicia: Carceres: infinitæ Pœnarum species. Constituti Infernus & Avernus. Diabolus & Pluto. Cerberus & Acheron. Lictores & Carnifices; Hominum Terriculamenta. Pœnarum Executores. Dominatuum Fulcra. Dominantium Defensores.

XXII.

Quamvis verò Monarchia, à Colericis, dictâ Methodô, prîmitus fundata, conservata & amplificata fuerit: non tamen eadem, ejus semper permansit Forma, eadem Connexio, Consistentia eadem. Imperio siquidem nemo aptior Colericô, hoc est in quo Passio Dominans, Ambitio. Ubi ergò Voluptuosi, Sanguinei, Phlegmatici: Fasces tenuerunt Regiminis, exque hoc eorum, ad obediendum magis quàm imperandum aptiori Temperamento: Subditi & Populi iisdem subjecti, Utilitatem & Commodum, occasione datâ, capere sciverunt; Monarchiæ, non leves pedetentim perpessæ sunt Alterationes, & prima earum Figura Regia, admodum fuit deturpata. Non proindè mirum olim & hodiè tot Rebelliones, Defectiones, Regiminum Transformationes, Imperia limitata,

tata, Respublicas Liberas, irregulares, imò monstrosas accidisse & reperiri.

XXIII.

Licet interim Imperium omne, qualiscunque etiam Formæ hodie illud sit: Religione & Legibus: Præmiis & Pœnis: ab Imperantibus conservetur; Imperantes ipsi tamen, super Religionem & Leges: super Præmia & Pœnas existunt. Vincula siquidem hæc sunt tantum Subditorum. Compedes Populi. Parentium Retia. Longè augustior, Augustorum Imperantium Conditio. Regunt: regi ergò nequeunt. Servos regunt: ipsi Domini. Ligant alios: ipsi soluti. Imperant subjectis: Ipsis Nemo. Forent aliàs Obedientes. Obedire autem & Imperare, sunt Incompatibilia.

XXIV.

Imperant tamen & Imperantibus: Appetitus & Utilitas. Peræque, uti Subditi, duplicem hunc sequuntur Ductum. Iisdem interdicunt quidem subditis, Principes. Principes verò, ipsi, omnibus in actionibus: Desideriis satisfacere, & Interesse seu Utilitatem quærere, unico & primo pro Scopo habent.

XXV.

Sed nec Subditi: quamvis nunc, ex liberis postquam Creaturis, Imperantium Homines facti, Religionis & Legum secundum præscripta vivere teneantur; hanc duplicem Vitæ semper ob-

observant Normam. Non enim planè, in secundo hóc Vitæ Conditionatæ Statu, primi Status & pristinæ deposuerunt Libertatis Imaginem: sed multas utriusque retinuerunt Reliquias. Homines adhuc liberi potentiâ: licet non actu: & actu primô quidem, non autem, nisi rarò, actu secundô. Quoties ergò possunt, liberè iterum, hoc est secundum Temperamenta Corporis & Sanguinis: Cerebri & Cordis: secundum Dictata Rationis & Voluntatis: Intellectus & Appetitus agere incipiunt. Innumeræ hinc sunt Actiones, quæ Religionis & Legum in Fraudem, à Civibus & Subditis: in modis Nutritionis, Generationis & Defensionis, quotidiè sine horrore, pudore, conscientiâ, scelere, perpetrantur. Sanè non Virtuosi, non Justi, non Obedientes, nisi pro Forma. Spe Præmiorum: Formidine tamen magis Pœnarum. Exemplis illustrari & probari, Asserta hæc Politico-Philosophica possent; Sed odiosa sunt, licet non rara. Scatent iis Aula: Ecclesia: Castra: Mare: Bursæ: Officinæ: Agri. Brevi: Conversatio omnis, publica & privata.

XXVI.

Durus ergò Civium & Subditorum, in toto Orbe est Status: Hodiernos attamen secundum Mores apprimè necessarius. Approbo eundem, Civis ipse & subditus: cui sola Obedientiæ Gloria relicta; Insimul autem deploro. Bruta

si-

siquidem, imò Brutis sumus deteriores. Regum Servi. Mancipia Magistratuum. Machinæ sine Sensu, Ratione, Voluntate. Sentientes, Intelligentes & Appetentes non aliud, nec aliter: quàm prout Imperantes nostri volunt & nos jubent.

XXVII.

Status longè felicior, licet non amplius dabilis nec utilis: Hominis est: ceu Creaturæ. Liberum tunc Ens: Liberè agens & liberè cogitans. Sine Rege: Lege: Grege: Præmia non sperat: Pœnas non timet. Vitia ignorat: Peccata nescit; Omnibus in Actionibus Dictamina prælucentis Rationis & ducentis Voluntatis, pro Vitæ Cynosuris habens. Beata Vita talis: imo Divina! Assimilatur hôc modô Creatura Deo: Deus enim Libertate Intellectus & Appetitus gaudet. Tantum!

Theodor Ludwig Lau
Meditationes, Theses, Dubia philosophico-theologica
1719

MEDITATIONES. THESES. DUBIA. PHILOSOPHICO-THEOLOGICA;

Placidæ Eruditorum Disquisitioni,
Religionis cujusvis & Nationis:

in

Magno Mundi Auditorio,

submissa;

à

Veritatis Eclecticæ Amico.

***

Si quid hìc Pietati: si quid bonis Moribus: si quid Sacris Literis: si quid Ecclesiæ Christianæ Consensui: si quid ulli Veritati dissentaneum: à me dictum est; nec dictum esto. Magnus Grotius: in Prolegomenis ad Aureum Librum de Jure Belli & Pacis.

Freystadii 1719.

MONITUM
CHRISTIANUM:
ad
MALEVOLUM
ETHNICUM.

——— ——— ——— ——— *Liberius si*
Dixero quid: si fortè jocosius: hoc mihi Juris
Cum venia dabis. ——— ——— ———
Nam Vitiis nemo sine nascitur: Optimus ille est,
Qui minimis urgetur. *Amicus dulcis,*
    ut Æquum est,
Cum mea compenset Vitiis, Bona: pluribus hisce,
(Si modò plura Bona mihi sunt) inclinet: Amari
Si volet. Hâc Lege: in Trutina ponetur eadem.
Qui ne Tuberibus propriis offendat Amicum
Postulat: ignoscat Verrucis illius. Æquum est
Peccatis Veniam poscentem reddere rursus.

Horat. L. 1. Sermonum: Satyra III. & IV.

Non Cacoëthes hodiè ubique regnans scribendi : non Ambitio, in Parnasso Litterario, Augustos inter Apollinis Purpuratos inclarescendi; Amor sed Veritatis Orthodoxæ, quæ mihi sola placet Dea: Suasor fuit & Consiliarius, ut hæc Philosophico-Theologica Typis loquentia evulgarem, tuoque maturo, Lector Benevole! submitterem Judicio.

Continent ea Meditationes: Theses: Dubia. Scopus Omnium: ut à Te Gratiose Lector! quem

quem tamen Ens Rationale Liberum, non Præjudiciorum suppono Servum; Trutinam secundum Veritatis & Æquitatis: ad Amussim Rationis & Scripturæ : ex Dictamine Philosophiæ & Theologiæ; omnibus sine Passionibus examinentur : illustrentur : vera, defendantur : falsa, rejiciantur.

Imbecillitatis siquidem meæ, probè conscius : & quod in subtilibus hisce Philosophiæ & Theologiæ Articulis Fidei; Scientia qualis-qualis mea, mera adhuc sit Ignorantia : cum in iisdem Oculi vel Aquilini, Noctuarum cœcutiant more; Uti proinde à Doctioribus : qui Jura Dei & Theologiam in Scrinio Cordis, custodiunt Revelatam; meliora discere:

scere : & ab iis , in quibus non recté, non verè, non orthodoxè sentio, erudiri pervaldè cupio; Ità palmarium Votorum meorum Desiderium manet : Dubiorum Nodis, Artificiô Rationis & Autoritate Revelationis,exsolutis; Ex Errorum , si fortè in eâ peregrinor Semitâ : in Regiam Veritatis Viam, me reductum videre.

Vos interim , Viri Plurimum Reverendi, Excellentissimi & Doctissimi : Vos inquam ! per Sacras Divi Nostri Lutheri, religiosô asservatas Cultu Reliquias:beatosque illorum, quos à felicissimo Reformationis Tempore, Lipsia, Wittebetga, Rostochium , aliaque foecunda Invariatæ Religionis Seminaria, progenuerunt Orthodoxorum Manes : devotissima conjuro

juro Mente ; Præsentes Ubi Paginas, curiosô legetis & relegetis Oculô: ne Pectora Vestra Veneranda, Mansuetudinis quippe, electa quæ debent esse Sacraria & Spiritus Sancti h. e. Amoris Divini Templa; Zelus vel Livor ullus, plus quam' Vesuvianô excandescens Igne, tam vehementi occupet & eousque inflammet Furore: ut eas quidem caninis conterere Dentibus, eorum ad morem, iracunda quos tetigit Diana; Philosophico-Theologica verò Cogitata, ex Intentione, in iisdem, publicata innoxiâ, sinistrâ notare Interpretatione : Me tandem innocentem, horrendô Hæresium coronatum Nomine: ad nigricantia Orci Subsellia condemnare ; Actione habeatis pro Heroica : ad quam, ex Opinione vestra imaginaria, Vocatio

catio immediata & Inſtinctus Dei, Vos legitimaverit & ſtimulaverit Extraordinarius.

Nolite Sancti Eccleſiæ Patres Palliati: & Angelici Voluntatis Divinæ uti Nuncii, ità reales in Fide & Vita Executores; Apoſtolica quos, ceu Membra Cœli Nobiliora, Impoſitio Manuum, à communi Laicorum diſtinxit Cœtu: quibusque eapropter ſolum', Sanctum ingredi licet Sanctorum, & Arcana cum Domino Dominantium inſtituere Colloquia; Nolite: Obteſtor Vos & Obſecro eâ quâ par eſt Reverentiâ! lethifera Excommunicationum veſtrarum vibrare Tonitrua, & turbulenti Sacheverellii ad Methodum Prædicatoriam, Pulpita ſacra Templorumque Fornices: Majeſtaticas & quietas Omnipræſentis & Clementiſſimi DEI, quæ re præ-

præsentant Residentias ; Biliosō, exorbitantium Concionum concutere Terræ Motu!

Quem enim' in Finem vultis Primi à Latere Christi Consiliarii: funestos tales, in Pomœriis Vineæ Dei, excitare Tumultus? Cur dira intonare Classica Ecclesiastica? Quare ad tartarea Convitiorum provolare Arma? Cur tristia Seditionum pulsare Æra Incendiaria?

Si forsitan Machinationes hæ hostiles ; Mihi Cædem minantur & Interitum : dum meas oppugnare intendunt Positiones ; Vanæ : injustæ : impiæ : irrationales sunt sanè & erunt Omnes ; Imò Fulmina bruta & muta : ac Fulgura ex Pelvi!

Sum ego namque Caro de Carne Vestra : & Os de Ossibus vestris

vestris. Ovis: ex Ecclesiæ vestræ Ovili. Lutheranismi: ad ultimum Vitæ meæ, si Deo ità visum fuerit, halitum; strenuus uti Sectator, ita Propugnator.

Scripta verò quod attinet hæc Philosophico-Theologica: absit, ut credatis Viri Illuminati; genuina mea esse Dogmata & Religionis quam profiteor Criteria. Polus profectò Arcticus: non tam longè Polo distat ab Antarctico, quam ego ab his, in quibusdam Punctis, alienum me dico Opinionibus; Quarum nonnullæ, jocosi tantum' Ingenii Lusus, & liberioris Rationis Meditationes: plurimæ, Sole Meridianô clariores Veritates: coeteræ, dubiæ & in utramque Partem, Theses manent disputabiles; A me licet pro hâc Vice, Disputationis ergò & ad Munera

nera mox Respondentis, mox Opponentis cordati, Artis Ratiocinandi secundum Leges, explenda: vel affirmentur & defendantur: Vel negentur & rejiciantur. Fides interim' mea: est uti Vestra, Orthodoxa. Vera: non falsa. Virtuosa: non vitiosa. Laudabilis: non culpabilis. Christiana: non Gentilis. Apostolica: non Pharisaica. Ingenua: non Hypocritica. Fundamenta ejus Solidissima: Scriptura sunt Sacra: Catechismus Lutheri: Confessio Augustana: Formula Concordiæ: omnesque illi Articuli, quos Chemnitius, Calovius, Scherzerus, Cronmayer, Quenstædt & innumerabiles Fidei Lutheranæ Defensores Seraphici; Achilleis demonstrarunt, & Adversariorum contrà Objectiones, defenderunt Argumentis. Sin-

Sincerâ hâc, & ex profundis Cordis mei Penetralibus: cujus Scrutator imperscrutabilis Deus! haustâ Confessione; vivite jam' Saxonicæ Religionis Atlantes & Simsones, Domini mei Gratiosissimi, pacati: placati: tranquilli. Vestras, si fortè aliquas: Cimmeriis quia adhuc Præjudiciorum & Affectuum dominantium occœcati Tenebris; innocentes has contra Lineas, & Me concepistis Indignationes: Persecutiones: Odia Vatiniana; pacifica prout id Vos, Evangelii Præcepta jubent: Deponite, Exvite; Ac Generosorum ad instar Animorum: humillimis flexi Precibus; Meditationes meas, Amicâ Lectione, Examine, Discussione: Me, Evangelicâ dignemini Charitate ac Pastorali Informatione; quam cœlestes veluti Inspirationes, cœcâ exosculabor Obedientiâ &

inde-

indelebili servabo Memoriâ : quoad usque Spiritus hos reget Artus.

Tu verò Lector Benevole & Amice candide! Seriam hanc, Venerando cum Ministerio, æqui bonique consule Collocutionem. Præbe Te Mihi, & Cogitationibus his meis, solius Exercitii Disputatorii & Veritatis investigandæ gratiâ, prælô evulgatis; Gratiosum: Faventem : Benignum. Æquâ, ubi easdem, si Tibi per Otia id licuerit, ponderare volueris Censurâ : Amoris exinde Tui, quem Mihi geris, metiar Magnitudinem; Hocque Nobile Benevolentiæ Genus : reciprocô Obsequiorum Cultu, compensare; indefessô Studiô allaborabo. Vale!

— — — Non lædimur : hacce
Si quis Amicorum, est ausus reprehendere Scripta.
Horat. Epistol. L. 2. Ep. 1.

I. Con-

I.

Confiscatio & Combustio Librorum : ex Ratione Status perneceffaria fæpè est & utilis. Aft ubi folô ex Odio Theologicô, Politicô, Philofophicô, profecta ; Tyrannidem fapit Litterariam. Ignorantiam promovet & Errores. Solidam impedit Eruditionem. Rationi adverfatur & Veritati. Autoribus interim : tales qui patiuntur quafi-Poenas : nullam Ignominiæ vel Infamiæ inurunt Notam. Libri : gloriofum fuftinent Martyrium. Autores : illuftres pro Veritate & Ratione, Martyres fiunt.

II.

Verborum & Cogitationum unicus, optimus & infallibilis Interpres : non Auditor vel Lector, fed Orator & Scriptor. Summa ergò Impietas : innoxiis ex Principiis, Præmiffis & Intentionibus; falfas, erroneas & fictitias, pro lubitu elicere Conclufiones. Compofitionis & Divifionis committere Fallacias. Diverfos Refpectus & Perfonas Morales : Confequenter Meditationes earundem: Philofophicas, cum Theologicis

A con-

confundere Notionibus: & Ethnicum, cum Chriſtiano: Philoſophum, cum Theologo: Philoſophum Eclecticum, cum Philoſopho Sectario: Theologum Naturalem cum Theologo Revelato: pro uno eodemque habere Subjecto. Studium & Profeſſio Doctorum: qui Opiniones, à vulgari Præjudiciorum Orbita recedentes, Serpentino proſequuntur Odio: & urſica quibus Gloria: Hæreticorum compilare Indices: Hæreſiarcharum & Atheiſtarum adaugere Numerum.

III.

Primus & verus Hominis Status: eſt Libertiniſmus. Exerit is ſe in Vita: Ratione: Sermone: Scriptione. Ens quia Liberum: liberè vivit, cogitat, loquitur, ſcribit. Quale Ens: tales Entis Affectiones. Sunt verò illæ: ab Homine inſeparabiles; Has ipſi demere velle: foret deſtruere Eſſentiam Hominis.

IV.

Impedimenta Veritatis: ſunt Præjudicia Rationis, Religionis, Educationis, Autoritatis, Regionis, Nationis, Paſſionum, aliaque. Abiicienda ab eo: qui eam ſectatur & quærit.

V.

Scrutaniſmus: Carteſianiſmus: Scepticiſmus: genuini ad Templum Veritatis ſunt Ductores; quos tamen, Auſteri Tenebrarum Regni Doctores: qui Divinæ & Humanæ Eruditionis, ſibi vindicant

Mono-

Monopolium, summâ cum Infamiâ, è Republica Litteraria, relegant.

VI.

Ad Veritatem Philosophicam & Theologicam cognoscendam : Tolerantia cujusvis generis Librorum, utilis & necessaria. Contraria enim juxta se posita: magis elucescunt. Optandum hinc: ut ille, de Tribus Mundi Impostoribus, Liber: veram cujus Existentiam, Eruditus tuetur Orbis; in Lucem denuò prodeat. Occasionem sic accipiet Orthodoxia : impium Tenebrionis hujus refellere Dogma, solidisque, è limpidis Scripturæ Sacræ Fontibus, haustis Argumentis ; Moysis defendere Pentateuchum : Christi Missionem & Nunciaturam legitimare. Objectio Venerandi Ministerii : Libri sunt periculosi : Ergò prohibendi ; non valet. Pugnant enim cum expresso Christi Mandato: quod vult, ut Zizania cum Tritico ; ad Diem usquè Messis, simul crescant.

VII.

Libri Hæretici, Impii, Athei : in se, sua natura, abstractivè, ex Thesi ac Scriptorum Intentione considerati; nulli dantur. Concretivè verò, subjectivè, relativè & ex Hypothesi aliorum, contrariæ maximè Partis : ingens eorum, in Bibliothecarum Infernis, Indicibus Expurgatoriis, Elenchis Hæresium, reperitur Catalogus. Pro Diversitate enim Hominum : Opinionum : Sectarum: Factionum: Passionum: Rationis Status Politici & Ecclesiastici : Libri quidam approbantur, alii damnantur. In illis, Lux: in his, Tenebræ.

A 2 Ibi,

Ibi Veritas : hic, Error. Ibi, Religio : hic, Hæresis. Ibi, Christus : hic, Belial. Ibi, Vita: hic, Mors. Alcoranus, Christianis quia non arridet : Fabula audit Mahometis; Et est. Turcæ & Gentiles : Scripturæ Sacræ dum nequeunt capere Dogmata ; -Miracula, Mysteria ; ea pro Imposturis habent. Judæi Messiam exspectantes : Vetus Testamentum, pro solo & genuino Dei colunt Verbo ; Evangelium contrà & Christum : ceu Christianorum Fictiones detestantur ; Sed impiè!

VIII.

Atheismus nullus datur. Asserti hujus *Primum Criterium* est : Agnitio Entis alicujus Supremi & Primi : à quo, ex quo & per quem, Omnia sunt quæ sunt; quod tamen a Nemine, nisi à se & per se, subsistit & existit : sive jam Ens illud Simplex vel Multiplex : separatum a Mundo, vel cum Mundo, certo sub respectu unum : Spiritus vel Materia esse statuatur ; Ejusmodi enim Notiones Mentis & Prædicata humana : veram propterea istius Entis & Divinitatis Primæ nec alterabunt nec destruent Naturam. Manebit Ens Simplex : etiamsi ab Hominibus duplicetur, triplicetur, multiplicetur. Non cohærebit Mundo, nec Res creatæ, diversæ unius Rei Modificationes ac Partes: adeoquè Mundus & Deus, unum & idem Ens erunt; Si Deus & Mundus: in effectu a se invicem substantialiter differunt; Uti reverà differunt. Imo Creator ille Universalis : Deus ille Deorum : Jehovah : Ens illud Entium : est & erit Spiritus ; Termino quamvis Philosophico, Materia ; Anima Mundi ; Corpus infinitè extensum

sum appelletur & condecoretur; Cum nullum, in Rerum Natura sit vel concipi possit Attributum reale: quod non, cùm a Deo, suam habeat Originem: ad Eum iterum, sed in Gradu eminentissimo, sublimiter non vulgariter referri debeat.

Secundum Criterium est: Universalis Regiminis Agnitio. Sive illud Fato: Providentiæ: Astris: vel aliis adscribatur Regentibus & Moventibus. Quicunquè Universi profitetur Gubernationem: licet nec Gubernatorem, nec Gubernationis Modum: Arcana quæ manent imperscrutabilia; propriè & distinctè determinare queat: eo ipso, certissimam Dei alicujus affirmat Existentiam; qui mirandam hanc Orbis Machinam, vel Ipse, ceu Causa prima: vel per alias Causas secundas & auxiliares-ministrantes conservat. Conservare autem: quid aliud? quam Mundum & Creaturas Mundi, gubernare & regere.

Tertium Criterium est: Cultus Dei vel Deorum Internus & Externus: qualis qualis ille: & secundum Populi aut Hominis particularis Genium & Ingenium; vel ex Revelatione: vel ex Ratione Status Ecclesiastici aut Politici introductus fuerit & receptus. In omni siquidem Religione: quæ nihil aliud quàm Cultus Dei; Intentio Colentium Prima & Principalis: probè ab Intentione secunda & minus-principali, est separanda. Illa enim una est: Hæc varia, multiplex, imò innumera. Illa, Dei Venerationem & Honorem tantùm: Hæc, simul Salutem Status, vel Interesse particulare intendit. Quicunque ergò Populus vel Homo: unum aut duo, ex tribus his observant Criteriis: quamvis, qui tria conjunctim possident, in Majori Perfectionis

ctionis Gradu, quoad Rationalem, sicque Veram Religionem sint constituti; immerito Atheismi inculpantur & damnantur. Sufficit enim, quod pleno Ore & toto Corde: Summi alicujus Entis confiteantur Existentiam; Licet in Essentiæ ejus Determinatione, peregrinas nescio quas, habeant & foveant Opiniones. Veræ omnes & rationales: gradualiter saltem inter se discrepantes; Quia ad Entis Veri & Rationalis Agnitionem tendunt & Adorationem.

IX.

Veritas & Religio una est: quia Ratio una: quia Deus unus. Innumeræ Sententiæ Philosophicæ & Theologicæ: Veritatis & Religionis sunt Modificationes. Veræ omnes, licet non Veritates. Gradu inter se differunt, non Essentiâ. Non erroneæ: non falsæ; Sed plus vel minus veriores: quatenus Deo & Rationi, Centris Religionis & Veritatis; vel proprius accedunt: vel ab iisdem, magis magisque recedunt.

X.

Prima, antiquissima, generalissima & Religio maxime rationalis: est Deismus. Judaismus: Gentilismus: Christianismus: Mahometismus: & infinitæ aliæ de Deo Cogitationes ac Religionum Sectæ: ex eô, ceu Matre, sensim ac sensim, variis Temporibus, diversasque ob Causas; in Politiis & Ecclesiis, progerminarunt: & nostrum Globum Terr-Aqueum, Dogmatibus suis & Ritibus impleverunt. Omnes tamen, post plurimas Doctrinarum Ambages, Subtilitatum Cir-

Circulos, & Ceremoniarum Anfractus: in Puncto hoc Universali, unanimi concordantes Exclamatione: Deus est! Deus existit! Existentiam enim hanc Dei: evincit Creatio. Est verò Creatio: Manifestatio Deitatis, in Creaturis. Communicat se iisdem Deitas: certô sub Modo; Ut sic Deus: Majesticè sit & habitet in Creaturis; Quia Causa earum ab æterno. Creatura autem: ceu Causatum ejus, in Tempore existens; Deum quasi-& certo sub respectu Modalem, h.e. Imaginem Dei repræsentet. Differentia tamen manente inter Dei hanc Imaginem & ipsum Deum: inter Creatorem & Creaturam.

XI.

Deus fuit: nec fuit Religio. Deus enim, ab æterno. Religio, in Tempore demum introducta. Accidens est Deitatis: Religio. Adesse ergò & abesse potest, salvâ manente ejus Substantiâ. Maneret Deus: Deus; quamvis non coleretur, nullaque ejus in Honorem Altaria: Templa: Sacerdotes: existerent.

XII.

Religio duplex: Rationis & Revelationis. Ratio: docet Deum esse,& quidem Essentiâ unum. Notitia hæc Dei simplex: Rationi sufficit. Vinculô hoc Rationali: omnes Deo uniuntur Nationes. Colit verò Ratio: Deum, ceu Universi totius Creatorem: Conservatorem: Gubernatorem; Cultu maximè Interno. Universum hoc, ejus est Liber: quem quotidiè legit, evolvit, scrutatur. Dum sic Deum colit, & in Mundo legit: quietè cogitat & quietè vivit. Quietè: quia rectè. Rectè: quia semper de Deo: in Deo: & cum Deo.

Deo. Nulla hinc Turbatio Mentis ob Peccata & Ignem Æternum; Ratio sibi relicta: Legem nescit Paradisiacam: Nescit Protoplastorum Lapsum: Opus Salvationis: Diabolum: Gehennam ignorat. Mutationem interim Rerum & Metamorphosin fatetur: non Mortem, non Interitum; Sunt enim Res omnes, a Deo: Deus autem est Æternus: Opera ergò ejus æterna. Causata sequuntur Naturam Causæ. Abitus interim Creaturarum ex Visibili hoc Orbe: Appropinquatio & Reditus est ad Creatorem. Migratio Animarum ex Corporibus: Conglutinatio cum Anima Mundi. Concentratio Radiorum, in Sole. Revelationis Dogmata sunt: Testamentum Utrumque Scripturæ Veteris & Novæ; Librum esse Dei. Deum hunc: existere Triunum. Adamum & Evam primos Homines: lapsos, & ob Pomi vetiti Esum, Paradiso ejectos. Peccatum hinc intrasse Mundum. Ad illum salvandum, Dei Filium ex Fœmina Virgine sine Viro Natum, & Crucifixum. Hunc, cum Discipulis & Apostolis: omnibus prædicasse Gentibus Evangelium. Recipientibus illud, Cœlum: Spernentibus, Infernum: Præmii & Pœnæ loco, in extremo Die obventura; annunciasse. Compendium en! Benevole Lector, breve Religionis: Ratio quam concionatur & Revelatio. Plana illa & perspicua. Difficilior hæc & mysteriosa. Utraque vera: Hæc licet in Gradu perfectiori & excellentiori; Imò excellentissimo: Religio quia Dei, & Christi.

XIII.

Manifestatio Dei: Universalis alia, alia particularis. Universalis, in Creatione; Fundamentum

tum Religionis Rationalis, & omnium Gentium. Particularis: per Colloquia, Angelos, Apparitiones, Visiones, Inspirationes, Somnia, Oracula, Vaticinia, Prophetias, Miracula, Scripturam Sacram; Fundamenta Religionis Revelatæ, certarum & Nationum: Judæorum præcipuè & Christianorum.

XIV.

Omnes Homines: Dei sunt Populus. Deus Creator: Populus Creaturæ. Populus hic, duplex: Cognitus & Incognitus. Hic, inhabitat Orbes & Sphæras visibiles & invisibiles: quarum nos ignoramus Fabricas. Ille: Globum nostrum, pro Domo habet Interimistica & Palatio. Cognitus Populus: Electus alius; alius Communis, seu Stylo Theologico: Reprobus. Electus: Judæus est & Christianus; Nationes reliquæ: non quidem Gens ità electa; Gens tamen Dei. Hæc: agnoscit & colit Deum ex Creatione. Illa: ex Revelatione. Prior, ex Libro Naturæ. Posterior, ex Libro Scripturæ: quæ duplex, Vetus & Novum Testamentum. Sunt interim omnes, in Complexu Generali & Sensu abstracto: Deistæ. Sunt Cultores & Adoratores Dei. Sunt Amatores Religionum!

XV.

Ratio: data est à Deo, omnibus Hominibus. Lex: certis tantum Populis. Vetus: Judæis. Nova: Christianis & eorum Sectatoribus. Ratio: Consilium dat & suadet. Lex: jubet &

A 5   obli-

obligat. Utraque : intendit Felicitatem Vitæ præsentis & futuræ. Beatitudinem terrestrem & cœlestem. Sanitatem & Quietem Corporis & Animæ.

XVI.

Ratio : prior est Revelatione. Verbum Dei, Operibus Dei inscriptum : antecedit Verbo Dei, per Viros Sanctos tradito. Religio ideò Rationalis seu Naturalis : antiquior Revelatâ. Illâ : nemo caret; qui Ratione præditus & Sensu. Hâc : plurimi, Sensu & Ratione quamvis dotati, destituuntur. Illâ : utuntur Homines, ceu Creaturæ Dei. Hâc : Populi tantùm certi & electi, ceu Subditi Dei.

XVII.

Est verò Religio : quò rationalior, eò verior. Appropinquat enim magis Veritatis Centro : cujus Mensura, Ratio.

XVIII.

Cum jam in omni Religione Nationum & Hominum : Rationale & Verum reperiatur; Omnes Nationes & Homines agnoscunt Deum : quia agnoscunt Rationale & Verum ; quamvis secundum certos Perfectionis Gradus. Rationale enim & Verum, à Deo & ex Deo : ceu Veritatis & Rationis Fonte promanant. Dum sic omnes agnoscunt Deum : Atheismus nullus. Atheæ Nationes nullæ. Athei Homines nulli. Vid. Th. 8. suprà.

XIX.

XIX.

Idea tamen Dei in-vel connata: non datur. Si daretur: Deum perfectè cognosceremus. Quid enim Idea? quam viva & genuina Objecti alicujus Imago. Speculum: quod Rem, in totali sua Structura, Oculis Animæ & Corporis, repræsentat. Deum à priori cognoscere: est Incunabula Deitatis perlustrare. Originem ejus, qui sine Origine, & tamen Origo Universi est: Mente concipere. Quod Impossibile! Si talis Idea Dei in-vel connata, in Homine existeret: Uniformis quoque de Deo Cognitio: in omnibus foret Hominibus & omnes apud Populos; Idea siquidem Dei in-vel connata: non nisi una & eadem esse potest. Deus enim Unus & semper Idem. Qui fuit Heri: est Hodie; Et cras Idem ille erit Deus. Idem & Unus in Cœlis & in Terris. Qualis Ergo Deus: talis Idea Dei necessariò. Et consequenter talis etiam Cognitio Dei: h.e. una & ubique Locorum eadem. Prædicata sequuntur Naturam Subjecti. Cum verò Notitia Dei una, con-& uniformis: in Orbe nostro habitabili, non reperiatur; Quis enim innumeros, quos de Deo Conceptus, Opiniones & Notiones: cum Homines particulares, tum integræ sibi formarunt & formant Nationes, ignorat? Idea talis in-vel connata: nullum in re habet Fundamentum; Aut si ea admittatur: tot insimul Ideæ Dei in-vel connatæ asserendæ, quot Homines existunt & Gentes. Qui verò Ideas de Deo in-vel connatas multiplicat: Multiplicat ipsum Deum. Multiplicare Deum: est Deitatem destruere. Licet interim Notitia Dei: à Priori non detur; datur tamen certa & infallibilis à

Poste-

Posteriori. Principia hujus Cognitionis sunt Opera Creationis: Sensus: Ratio. Per hanc Scalam: hos per Gradus: per hanc Climacem: Homo ascendit in Coelum ante Thronum Majestatis Divinæ; qui Totum hoc Universum. Non enim Ratio cogitaret de Deo: nisi Eum perciperet. Non perciperet: nisi Eum sentiret. Non sentiret: Organa nisi haberet Sensuum. Organa autem forent inutilia, nisi adessent Objecta: quæ moverent Sensus. Sunt verò Objecta illa: innumera & stupenda Creationis Opera. Hæc impellunt & incitant Sensus: ut Operum istorum Imagines & Ideas, Rationi insinuent & repræsentent, ut Illa deindè de iis, suas formet & concipiat Cogitationes. Frustrà enim foret, de Re, velle cogitare: cujus Idea, Hominum Sensus fugit. Cogitatio hæc Rationis, de Deo: Reflexione fit & Ratiocinatione. Reflexione: Operum Divinorum Ideas, Sensione perceptas, dum considerat & examinat; conferendo eadem inter se invicem, conjungendo & separando: ut sic eò melius, quantum possibile; Omnium eorum Natura: Structura: Virtutes: Qualitates: Actiones: Passiones: elucescant & patescant. Ratiocinatione: ubi sequentes, hisce ex Reflexionibus ceu Præmissis; infert Conclusiones uti veras, ità certas. Opera adsunt: Ergò Opifex. Effectus: Ergò Causa. Fructus: Ergò Semen. Radii: Ergo Sol. Fluvii: Ergo Oceanus. Creaturæ: Ergo Creator, Creatio, Deus. Creare enim: Dei solius Reservatum! Differunt interim Reflexiones hæ & Ratiocinationes diversimodè: Pro Hominum Reflectentium & Ratiocinantium

tium multiplici Diverſitate; Quæ tamen quò planiores & clariores : eò planiorem quoque & clariorem Dei Ipſius, reddunt Cognitionem.

XX.

Licet interim Ratio : Veritatis & Religionis unica ſit & debeat eſſe Norma ; maxima tamen Hominum Pars, Notiones & Ideas, quas in Rebus humanis & divinis : à Parentibus, Profeſſoribus & Sacerdotibus : in Domibus, Scholis, Academiis, Eccleſiis, audiverunt & in Succum ac Sanguinem converterunt; Ulteriori absque Examine, pro veris adorant & rationales æſtimant : ut ſic ſæpè Educatio & Conſuetudo : unà cum Præjudiciis, Paſſionibus & Temperamentis, prævaleant & dominentur Rationi. Judæus hinc : Vetus exoſculatur Teſtamentum. Chriſtianus : Novum Fœdus. Alcoranum, Turcæ : Chinenſes, Doctrinam venerantur Confucii. Catholicus : Romanæ Eccleſiæ Effata, pro Norma habet Veritatis. Lutherani : Auguſtanam ſequuntur Confeſſionem & Concordiæ Formulam. Reformati : pro genuinis Religionis ſuæ Principiis, Catechiſmum adorant Heydelbergenſem & Synodum Dordracenam. Omnes interim ferè, Oculis uti videntes alienis : ità aliorum Ratione, ratiocinantes. Ipſi Cœci : Ratione & Mente capti; Cum ponderibus modulisque ſuis : earum Ratio non utatur. Quadrant huc apprimè ex Juvenali verſus :

Quidam ſortiti metuentem Sabbata Patrem,
Nil præter Nubes & Cæli Numen adorant :

Nec

Nec distare putant humana carne suillam,
Quâ Pater abstinuit, mox & præputia ponunt.
Romanas autem soliti contemnere Leges,
Judaicum ediscunt & servant ac metuunt Jus,
Tradidit arcano quodcunque Volumine Moses:
Non monstrare vias, eadem nisi Sacra colenti:
Quæsitum ad Fontem solos deducere verpos.
Sed PATER in causa, cui septima quæque fuit Lux
Ignava, & partem vitæ non attigit ullam.

XXI.

Religionem tamen illam: cui, quis per Circumcisionem: Baptismum: vel aliud Signum Ecclesiæ externum, est initiatus; pro optimâ, rationaliori, sicque veriori reliquorum Opinionibus: unusquisque tamdiu habere, colere & profiteri debet, quoad Speciem ad minimum externam; Quamdiu in istius Ecclesiæ Sinu, vivit & manet. Membrum enim est: quod Corporis induit Naturam. Pars: quæ, sequitur Indolem Totius.

XXII.

Simulatio interim Religionis externa: justa est, quia utilis: ob varios Necessitatis, Exigentiæ & Expedientiæ Casus. Fictio est Interimistica Politico-Theologica: quæ Veritatem occultat, non immutat. Christianus reverâ manens & Orthodoxus: Turcico quamvis, alioque indutus Habitu, Ritus exerceam Mahometismi: Judaismi: Gentilismi. Non enim is, qui in manifestô Judæus sit; Judæus est; Nec ea, quæ manifestô sit Carnis Circumcisio; Circumcisio est; Sed qui in occul-

occultò Judæus fuerit : is Judæus eſt ; Et Circumciſio Cordis : Circumciſio eſt ; quæ Spiritu conſtat non Litera. Paulus ipſe , Vas illud electum Dei, de ſe ſcribit : Factus ſum Judæis, quaſi Judæus : ut Judæos lucrifacerem. Iis, qui ſub Lege ſunt , quaſi ſub Lege : ut eos , qui ſub Lege ſunt, lucrifacerem. Iis, qui ex-leges, ex-lex : ut lucrifacerem eos , qui extra Legem. Factus ſum infirmis , quaſi infirmus : ut infirmos lucrifacerem. Omnibus factus ſum Omnia : ut omninò aliquos ſalvos facerem. Quod jam licuit Paulo : Mihi licet & Omnibus. Si Polypô fuit mutabilior , in Converſatione ſua Externa : ob Salutem aliorum Spiritualem : quare aliis Crimina forent & Peccata : multiplices, ob Intereſſe Temporale, Neceſſitate vel Utilitate id ſuadente ; Religionum induere Larvas & Perſonas. Par ubi Ratio : par ibidem Jus, Locum habet!

XXIII.

Religio Chriſtiana : eſt Religio Rationalis ; Nam aliàs , Religio non foret. Fundamentum ejus : Scriptura Sacra. Eſt illa , Liber Rationalis : profectus enim à Deo. Quid autem eſt Deus? Ens niſi Rationale. Quæ ergò , Liber iſte : divino Spiritus Sancti afflatu, qui Rationis Divihæ Effluvium ; conſcripta continet Dogmata : rationalia ſunt & ad Ingenii humani Captum commenſurata. Si enim Deus , Transcendentia imperaſſet : juſſiſſet Impoſſibilia ; Impoſſibilium verò nulla Obligatio. Eſt ergò Chriſtianismus : Lex poſſibilis & rationalis. Poſſibilis : ratione
Obſer-

Obſervantiæ & Executionis. Rationalis : quia Poſitiones vel maximè difficiles, Myſteria ideò dictæ ; ritè modò, non quidem craſſum ſecundum Senſuum Conceptum, ſed ſubtilem Ratiocinationis Modum, ſi explicentur ; Facillimè comprehendi : & ex Rationalitate Dei, earum Rationalitates dijudicari poſſunt.

XXIV.

Dum verò Scriptura Sacra : Verbum eſt Dei ; Cur Hominum ſequimur Verba ? Cur Prædicationes, Explicationes, Doctrinas Sacerdotum & Theologorum audimus Collegia ? Vocem audiamus Dei ! Sufficiat hæc. Aſt forſitan : Objectio in Promtu ; Non Omnes capiunt Verbum hoc. Sic eſt Excellentiſſime Domine Præſes ! Ergò Doctores & Profeſſores Theologiæ neceſſarii : neceſſarii pariter Concionatores & Verbi Divini Miniſtri : qui Laicos inſtruant rudes : ex Tenebris Ignorantiæ, ad Lucem ducant Veritatis : illisque genuinum Voluntatis Divinæ manifeſtent Senſum. Aſt inſto : Verbum illud Dei, Inſtinctu Spiritus Sancti ſcriptum, dicitur. Cum jam' is, Spiritus ſit Uniformis : Spiritus Pacis & Concordiæ ; Unde tot, primis mox Chriſtianiſmi Temporibus : ipſos inter Prophetas, Apoſtolos & Diſcipulos, qui ab unò tamen & eòdem afflati fuerunt Spiritu ; exortæ ſunt Diſſenſiones : Diſputationes : Contradictiones : Sectæ ? quæ hodiernò Seculò, innumerum Stellarum excedunt Numerum. A Diabolo reſpondebis : à Spiritu Tenebrarum. Rem tetigiſti Acu. Acquieſco ! Sed cum porrò Scriptura Sacra :

Sacra : clara & perspicua, ex Cathedra doceatur : ex Suggestu concionetur ; Cui usui Bibliothecæ : Codicibus Veteribus & Manuscriptis: quæ, sæpissimè tamen sibi invicem contrariantur ; ad Fastidium & Nauseam repletæ ? Quem in Finem: infinitæ Bibliorum Translationes : Emendationes: Interpretationes : Commentaria ? Quare tot Concordantiæ : Harmoniæ : Lectionum Variantium Collectiones : necessariæ ? Quibus elucubrandis, Exercitus Theologorum infatigabilis, tam' anxiô Cordis insudat & impallescit Desiderio. Regeritur quidem rugosâ & Doctorali Fronte : Adminicula sunt & Instrumenta : quibuscum Scriptura Sacra illustratur magis & corroboratur ; Et Responsio est sanè bellissima, quæ Hecatomben meretur ! Sed Deus, est Lux : Scriptura, Verbum Dei : Ergò necessariò, Verbum Lucis. Deus, est Veritas : Scriptura Sacra, Verbum Dei: Ergò Verbum Veritatis. Si jam' est lucida : est etiam' clara. Si clara : est perspicua. Si perspicua : est vera. Si vera : ulteriori Auxiliô, Illustratione, Verificatione & Probatione non indiget. Tenebræ obfuscant Lucem : quid verò doctissimorum Theologorum Doctrina ? Quam' tenebricosum Opinionum Chaos ! Scriptura Sacra, Radius è Deitatis Sole : obnubilatur per Opaca eorum Dogmata ; Imò Deus Ipse, Sol Veritatis: totalem quasi patitur Ecclipsin : maculosis & mendosis Cathedralis Eruditionis, Obscuritatibus.

XXV.

Verbum hoc Dei Revelatum: videtur materialibus illud Oculis inspicientibus ; Deum docere Triunum Materialem. Deus Pater: frequentia cum Adamo,
B   Noacho,

Noacho, Abrahamo, Moyse & plurimis aliis Credentium, inftituit Colloquia. Ubi Colloquia: ibi Sermocinatio, Vox, Lingua; Quid autem hæc? quam' Corporis Affectiones. Deus Ipfe: Protoplaftorum confecit Veftes Pelliceas: Lapideas Moyfi, in Monte Sinai, tradidit Tabulas: quibus, proprio infculpta erant Dei Digitô, Decem Præcepta; Artem verò exercere Sartoriam & Sculptoriam: corporea præfupponunt Organa, defiderant Manus. Quid autem Manus? quam' Corporis Partes. Imò, plura ut jam' taceam Argumenta: Faciem habet Vifibilem & fub Formis afpectabilibus, fæpè fe Hominibus confpiciendum dedit. Ens ergò materiale necefsariò: Materiales dum admittit Qualitates. Prædicantur Paffiones quoque & Affectus de Deo: Quæ tamen Animi funt Commotiones, & Corpus præfupponunt cum Sanguine. Deus Filius: ex Homine natus; Humanam circumgeffit Naturam. Vixit ut Homo. Mortuus ut Homo. Nafci autem: vivere: mori: Proprietates funt, quæ concomitantur Materiam. Deus quoque Spiritus Sanctus: in Baptifmate Chrifti, Specie vifibili & corporali apparuit Columbæ. Videri autem & Corpus affumere, vel corporeô includi aut circumcludi poffe Involucrô: Nota eft Materiæ Caracteriftica. Materialitatem tamen Dei Triuni feu Chriftianæ Trinitatis, Scripturifticam: Theologia negat. Sehfum Verborum litteralem: figuratè explicat. Deum, hôc loquendi & agendi Modô, Captui & Hominum Intellectui fesè accommodaffe: ferio & verè defendit. Eft enim Spiritus increatus & infinitus. E.

XXVI.

XXVI.

Est verò porrò Religio Christiana, etiam' vera: quia est rationalis; Imò Religionum reliquarum rationalissima. Profecta enim est immediatè: ex Oceano ationis & Veritatis. Mirum proindè, plures quam quadringentos Doctores: doctas prò Religionis Christianæ Veritate, scripsisse Defensiones. Labores maximè inutiles & supervacanei! Quod enim' Rationale & Verum: in dubium à Nemine vocari potest. Defensio superflua & non necessaria: malæ sæpè certissimum est Indicium Causæ. Oppugnent licet istas, Christianæ Religionis Fortificationes, Adversarii; Sufficienter tamen propriis se tuebuntur Linguis: & invincibilibus, è Sacri Codicis Armamentariô, desumtis Argumentorum Bombardis: hostiles, contrariæ Partis & Christiani Nominis Hostium: Machinas Impugnationum; facillimâ destruent Operâ. Sol enim' manet Sol: rabiosi eum etsi adlatrent Canes. Innocentia & Veritas: vel in Mari submersa Nigrò; Candorem suum Niveum sine Nebulis & Maculis: intemeratum servat.

XXVII.

Innumeræ licet interim', in Ecclesia Christiana, reperiantur Opiniones Universales & Particulares; sunt tamen Omnes, Religiones Christianæ: sunt veræ & rationales; sunt salvificæ; Qualia qualia etiam foveant Dogmata. Pro Scopo siquidem habent Rationem & Revelationem: Deum

Deum & Christum. Fundamentum enim aliud nemo potest ponere, præter positum: quod est JESUS CHRISTUS. Si vero quis super-ædificat super Fundamentum hoc, Aurum: Argentum; Lapides pretiosos: Lignum: Fœnum: Stipulam uniuscujusque Opus, cujusmodi sit; Ignis probabit. Si cujus Opus manserit, quod super-ædificavit: Mercedem accipiet. Si cujus Opus comburetur: Damnum habebit; *Ipse tamen salvabitur*: ità vero tanquam per Ignem. Comparativè intereà, in tanta Christianarum Religionum Multitudine: Religio videtur mihi optima (salvo intereà melius Sentientium Judicio); Quæ

(1.) In Formulas nullas: Articulos Fidei nullos: nec Symbola jurat & Confessiones; Quid enim hæ? Munimenta nisi Clericalia: Elementa Mundi: Mandata & Doctrinæ Hominum. Quæ

(2.) Librum Creationis & Revelationis: Rationem & Verbum Dei: Philosophiam & Theologiam connectit & scrutatur. Combinanda hæc Media sunt: non sejungenda. Coordinanda: non subordinanda; Sed cum Judicio Discretionis. Quæ

(3.) Liberæ est Rationis & Voluntatis; Electionis non Coactionis. Propriæ Convictionis: non alienæ Persuasionis. Beatus enim': qui non judicat seipsum, in eo, quod probat. Hic quidem judicat Diem præ Die: alter vero judicat omnem Diem. Unusquisque in proprio Sensu, plenè persuasus sit. Qui curat Diem, Domino curat: & qui non curat Diem, Domino non curat. Qui edit: Domino edit; Gratias enim' agit DEO. Et qui non edit: Domino non edit; Et Gratias agit Deo. Ne igitur Vos quis judicato in Cibo:

aut Potu : aut in Parte Festi : aut Novilunii : aut Sabbathorum. Quæ

(4.) Reliquas Diſſentientium Opiniones : examinat, non accuſat. Ponderat, non damnat. Tolerat, non Exilio, Igne, Carceribus, Mulctis: punit, prohibet, circumſcribit. Sunt enim' omnes Unius Patris : Partus. Stellæ : ejusdem Cœli. Fluvii : unius Maris. Falſas eas appellare & erroneas : idem foret, ac falſam & erroneam dicere Scripturam ; ex qua, Religionis ſuæ hauſerunt Principia. Temerarium quoque & Chriſtianismi Legibus : contrarium, tale eſt Judicium Inquiſitionale & Sententia Condemnatoria. Infirmum Fide accipite : manſuetum Pauli eſt Monitum : non ad Dubitationes Cogitationum. Hic quidem credit : comedere poſſe omnia ; Infirmus verò Olera comedit. Qui non comedit : comedentem ne judicato; Deus enim illum ſuſcepit. Quare Tu ergò judicas Fratrem tuum ? Aut etiam' vilipendis Fratrem tuum ? Omnes enim' ſiſtemur Tribunali Chriſti. Scriptum eſt : Vivo ego, dicit Dominus : quia mihi flectetur omne Genu & omnis Lingua confitebitur Deo. Quare quilibet noſtrûm, de ſe ipſo Rationem reddet Deo. Non amplius itaque invicem' Nos judicemus : ſed hoc judicate potius, ſcilicet ut non ponamus Offendiculum Fratri aut Scandalum : NB. Per Opera Carnalia, Non-Chriſtiana & Diabolica. Hæc qui poteſt capere capiat !

XXVIII.

Perfectum ad Chriſtianismum : qui Virtutis & Amoris Religio ; Licet Chriſti Doctrina & Chriſti Vita requirantur ; Verior tamen & certior Chriſtianus ille : qui Chriſtianè vivit, quam' qui Chriſtianè credit. Poſitio tamen unius : non eſt Excluſio alterius.   B 3   XXIX.

XXIX.

Christianismi genuini, Testimonium infallibile: Dei & Proximi est Amor. Is, ubi regnat: Christi ibi floret Imperium. Fac hoc: & Vives; Christi Lex. Christi Promissio.

XXX.

Hodiernus interim' Christianismus, Status est ferè totaliter Idololatricus: & vivis, Novô in Testamentô, Coloribus; descriptus Gentilismus. Idola: sunt Honor: Divitiæ: Voluptas. Imò! Nil erit ulterius, quod Christianis nostris Moribus, addat Posteritas: eadem cupient, facientque Minores. Omne in præcipiti Vitium stetit: stat: & stabit: ad felicissima usque Tempora Restitutionis Omnium Rerum, per Christum.

XXXI.

Intrabunt verò (liceat, mihi quæso! probabiliter ita argumentari) cum Christianis: Judæi, Mahometani, Gentiles; Cœlorum Regnum. Est illud commune Omnium Patrimonium: Ovile Universale. Judæis: Viam, Abrahæ ad Sinum, Vetus Testamentum monstrat & Spes in Messiam Adventurum. Mahometani: Paradisi fient Hæredes, per Alcoranum & quia in Christum, ceu Magnum Prophetam credunt. Gentiles: per Religionem Naturalem & Fidem in Christum seu Deum Incognitum implicitam; Æternæ Beatitudinis occupabunt Sedem. Sunt enim' Judæi: Mahometani, Gentiles, Creaturæ Dei: peræquè ipsi uti Christiani; Imò, unius & ejusdem Ecclesiæ Membra. Mahometani & Gentiles: Generalis quidem Ecclesiæ. Judæi & Christiani: Ecclesiæ

clesiæ Specialis. Illi Parochiani Ecclesiæ Dei. Hi, Vasalli Spirituales Messiæ & Christi : sub Deo Patre. Gaudebunt ergò iisdem, cum iis, divinæ Gratiæ Privilegiis : si non in tam Excellenti, tamen Sufficienti Gradu : ex Beneplacito Creatoris ; Et uti hic Terram, cum Christianis habuerunt communem : ità, post præsentis Vitæ Mutationem, Sphæras illas cœlestes & terrestres, hoc est: Novas Terras & Novos Cœlos ; In Societate eorum & Conversatione inhabitabunt & frequentabunt. Accedit: Judæorum, Mahometanorum & Gentilium quod Religiones, veræ sint & rationales, eorum saltem ex Opinione, Persuasione, Fide ; Deo ergò gratæ & acceptæ. Si gratæ & acceptæ : Cultores earum, Deus necessariò in futura quoque amabit Vita. Nunquam enim eos : in præsenti Mundi Statu, Odiò est prosecutus ; sed uti felicissimas & beatissimas illis, Globi hujus tradidit Possesones: ità multa adhuc alia Animæ & Corporis contulit Beneficia, de Cœlo dans ipsis Pluvias ac Tempora fructifera, Cibò implens & Lætitiâ Corda eorum. Militat prò iisdem porrò : quod hæ, Ecclesiæ Universalis Partes : Deum, Universi hujus credant Creatorem : Conservatorem : Gubernatorem. Credere talia : est affirmare Rationis & Revelationis Principia ; Quorum Præmia & Consectaria : Vita æterna, Resurrectio & Migratio de Paradiso in Paradisos, ex Campis Elysiis in novos & meliores, felicioris Status, Campos & Hortos. Imò, dum sic Deum explicitè colunt: tacitè simul Christum venerantur. Christus enim, secunda Trinitatis Persona & Sapientia Dei : à Deo Patre, qui Potentia Dei & prima Trinitatis

B 4   Persona;

Persona, est inseparabilis. Patrem ergò qui adorat: eô ipsô quoque Filium, ejus licet Essentiam & Existentiam ignoret; Divinô confitetur & agnoscit Cultu. Quia ergò Nationes dictæ: sub Deismo, Christianismum simul exercuerunt & exercent, tacita hæc Religio Christiana: imputabitur iis, in Meritum: Adeò, ut quemadmodum Christiani Manifesti seu Expliciti à Dei Dextris: ità hi Christiani Impliciti seu Semi-Christiani, à Sinistris ejus, in Loco forsitan remotiori: secundum Rationalitatis Gradus, quas professi sunt Religionum; Assignatæ sibi habebunt Gloriæ & cœlestis Beatitudinis Choros: Subsellia: Tribunalia. Sed concedamus ex superfluô, nostris Opponentibus: Rationes allegatas insufficientes esse, quam' ut eapropter supradicti Semi-Christiani, Possessionem Capitolii cœlestis & Terras Imperfectè-Beatorum prætendere possent; Occupabunt tamen illud, ringentibus quamvis Invidis, summâ cum Quiete: partim ob Universalissimam Dei Vocem: Omnes sunt Vocati; partim' ex Divinæ Gratiæ, Misericordiæ & Compassionis Exuberantiâ, liberrimam secundum ipsius Voluntatem; Nec non, ob generalem, pro Omnibus Hominibus, Satisfactionem CHRISTI: idque hunc solum ob Finem; Ut Jus illimitatum & absolutum: Dominium Eminens Divinum: quod in totum Genus sibi reservavit Humanum; eò majori Vigore & clariori Luce, omnium Creaturarum Oculis manifestaret. Deus enim', ut Pauli verbis loquar: cum vult demonstrare Iram & notam facere Potentiam suam, tulit cum multa longanimitate Vasa Iræ, apparata ad Interitum:

Et

Et ut notas faceret Divitias Gloriæ suæ, super Vasa Misericordiæ, quæ præparavit ad Gloriam, Quos etiam' vocavit Nos, non solum ex Judæis sed etiam' ex Gentibus; Sicut etiam in Osea dixit: Vocabo eum, qui non est Populus meus, Populum meum: & eam, quæ non dilecta erat, Dilectam. Et erit, in locos, ubi dictum est illis : Non Populus meus Vos, ibi vocabuntur Filii Dei viventis. Nullum siquidem est Discrimen vel Judæi vel Græci : Nam' idem Dominus Omnium : Dives in Omnes, qui invocant Ipsum; Omnis enim', qui invocaverit Nomen Domini: salvabitur. Judæos autem, Mahometanos & Gentiles : Deum verè & realiter, aliô licet, quam' nobis Christianis consuetô Modô, semper & adhuc invocasse, adorasse & coluisse : nemo inficias ibit ; Qui Regionum & Religionum Historias; curiosâ Mentis perlegit Industriâ. Regeret equidem, sine dubio, Ministerium Venerandum: Quomodo autem invocabunt: in quem non crediderunt? Quomodo verò credent : quem non audiverunt ? Quomodo verò audient: sine Prædicante ? Sed respondet ad eorum Dubia, Deus ipse: inquiens emphaticè ; Inventus sum iis : qui Me non quæsiverunt. Manifestus factus sum iis : qui me non interrogant. Ecce Me! Ecce Me! Ecce Me! dixi ad Gentem: quæ non vocata est, de Nomine Meo. Quibus ergò non est annunciatum de Ipso : videbunt. Et qui non audiverunt; intelligent. Conclusit enim' Deus Omnes sub Incredulitatem : ut Omnium miseretur. O Profunfunditatem Divitiarum, & Sapientiæ, & Cognitionis Dei ! quam' inscrutabilia sunt Judicia ejus

B 5 &

& impervestigabiles Viæ ejus! quis enim' cognovit Mentem Domini? Aut quis illi fuit à Consiliis? Aut quis prior dedit ei: & reddetur ei? Quoniam ex Illo: & per Illum: & in Illo: sunt Omnia. Tu interim': Severâ qui Dictatoris Oratione, Credentibus Non-Christianis, Cœlorum occludis Portas: ad Tartara & nigrâ Pice flammantes eos relegans Fluvios, Stridor ubi & Tremor Dentium; Quis Tu es, qui sic judicas alienum Servum, h. e. Gentes illas: extrà Ecclesiæ Christianæ Porticus;Divinitatem in Synagogis suis, Templis, Fanis, Lucis & Delubris, peculiari Ritu & Ceremoniarum devotè adorantes Pompâ? Proprio Domino stat, aut cadit. Stabit autem: potens enim' est Dominus, ut eum'stabiliat. Nimium sanè tribuis Tibi, Perdilecte Christiane! solô si Christianismô, Mundum beatificari posse: crudè credis. Salvabitur omnis Gens: Christiana & Barbara. Sectator Veteris & Novi Testamenti: Mahometh & Gentilis. Duplex, à Deo & Scriptura: monstrata est Via, ad Æternitatem. Vocatio Universalis una: Electio particularis altera. Omnes siquidem sunt Vocati: Pauci autem Electi; Uti ergò Judæus & Christianus cum multis ex Gentibus, vi specialis Optionis divinæ, promissas perennaturæ Beatitudinis, videbunt Terras: Electus quia Dei Populus; Nationes ita reliquæ: ex Titulo Vocationis Generalis: suas,in futura Resurrectione, pariter habebunt æternæ Felicitatis Hæreditates & Possessiones; Rationales cum sint Creaturæ, à Deo ideo creatæ; ut Vitam cum Ipso vivant Æternam: Rationalem: Divinam.

XXXII.

XXXII.

Migrant verò Homines & Nationes Omnēs: five Judaicæ aut Chriftianæ, Mahometanæ aut Gentilis five fuerint Religionis; præfenti ex hac Vita, in Vitam aliam. Vehiculum & Currus: Mors. Migratio: Translocatio. Translocatio: Refurrectio Mortuorum. Translocantur autem Novum in Cœlum: & Novam in Terram. Cœlum: Sedes Perfect-Beatorum. Terra: Receptaculum Imperfectè-Beatorum, feu ex Senfu Theologicò, Reproborum. Perfectè-Beati: qui Cognitionem de Deo habuerunt Rationalem. Imperfectè-Beati: qui minus-Rationalem. Erunt verò in Cœlo hoc Novo & Terra Nova: variæ Claffificationes, majores: mediæ: infimæ; Prout in utrâque: Rationali fcilicet & minus Rationali Religione, triplices hæ extiterunt Gradationes & Perfectiones de Cognitione Dei. Sicut enim' Stella differt à Stella: ita & erit Refurrectio Mortuorum. Occupabunt autem Perfectè-Beatorum alii; Cœli hujus Novi, Orientem vel Meridiem: alii Occidentem ejus vel Septentrionem. Quidam, inhabitabunt Zodiacum & differentia ejusdem Signa: Nonnulli, Viam Lacteam: pro Gloriæ accipient Tabernaculô. Fulgebunt quidam, ficut Sol: alii, ficut Splendor Firmamenti: reliqui, ficuti Stellæ. Par, Imperfectè-Beatorum, Conditio futura. Habebunt illorum Aliqui, pro Nova Sede, in Novâ hâc Terrâ: Zonas Temperatas. Torridam, Alii. Cœteri, Frigidas. Imo, prout in Religione, quamdiu Globum hunc inhabitarunt Terr-Aqueum, à Centrô

Veri-

Veritatis, Deô: suis in Notionibus & Cultu, diversimodè deviarunt; Ita & in subsequenti Vita: pro Domibus suis, Planetas seu Stellas errantes accipient diversimodas. Mutabiles qui fuere &. desultorii, Mammelucci, Renegadi & Apostatæ; in Lunam: Veloces, ferventes & ignei, Apostoli & Missionarii; in Solem: Rituum, & Sacrorum libidinosorum ludicrorumque Inventores; in Venerem: Martiales, Propugnatores & Ecclesiæ Persecutores, Defensores Fidei; in Martem: Pacifici, Conscientiarum Libertatem permittentes, Legislatores Ecclesiastici, Irenici, Religionum Combinatores; in Jovem: Impostores, Seductores, falsi Prophetæ, piarum Fraudum Inventores & Mercatores; in Mercurium: Superstitiosi tandem, tenaces, Zelotæ & Martyres; in Saturnum: migrabunt; Sicque quivis in Globum & Sphæram, Genio & Ingenio suo convenientem, proficiscetur: ibique sua, figet de novo, Tentoria. Gaudebunt quidem, hâc in Translocatione: Perfectè-Beati, meliori, præ Imperfectè-Beatis, Conditione: Semper enim erunt cum Domino, quem videbunt à Facie ad Faciem, sicuti est: & Angelis similes, cum iis ac universo Sanctorum Choro, perpetuâ Alacritate, Deum collaudabunt; Non tamen ideò in totali jam' erunt & existent Perfectione. Dicuntur Perfectè-Beati, comparativè: habitô scilicet respectu ad reliquos, qui imperfectiorem de Deo habuere Cognitionem; Ratione siquidem Dei: Corpora adhuc sunt maculosa & Opaca. Migrabunt hinc, plurium post Seculorum Decursus: ex Novo hoc Cœlo, in alios denuò Orbes Cœlestes; Ut per multiplices ejusmodi Translocationes & Migrationes, purior

&

& clarior semper eorum, de Deo adhuc fiat Notitia. Istaque Perfectè-Beatorum Peregrinatio: eousque de Cœlo in Cœlum, fortè continuabit; donec tandem, ceu Obryzum, ab omnibus Scoriis purificatum : Cœlum illud Empyreum| & Sanctum Sanctorum ingrediantur : loco Religionis Rationalis, Religionem possideant Divinam: Deum non amplius ab Extrà de Facié ad Faciem, sed ab Intrà quoad Substantiam & Essentiam Ipsius, intimè cognoscant & intueantur : Angeli realiter ipsi sint, non Angelis tantum' similes. Breviter : quoadusque ceu Universi hujus Circuli, in Magno suo Puncto Primo & Originali: ex quo exiverunt, concentrentur & reuniantur. Imperfectè-Beati : in Novis suis Orbibus, rationaliores quidem de Deo, pariter fovebunt Cogitationes; Appropinquantes, per novas has, ex præsenti Terræ Globó, Translocationes : magis & magis Veritatis Throno, ac Oceano Lucis; Nondum tamen tam' rationales : quales Perfectè-Beatorum sunt Conceptus; Ad quos utpotè, prius non pervenient : plurimas quam' post Mortes : Resurrectiones : Colonias :' Translocationes & Migrationes ex Orbibus in Orbes, ex Terris in Terras, Novo Perfectè-Beatorum Cœlo, propiores : ut sic sensim' ac sensim' à terrestribus h. e. minus rationalibus de Deo Notionibus liberati & purificati; ad Religionem verè Rationalem præparentur : ad Novi Cœli Possessionem qualificentur : & in Numerum Perfectè-Beatorum h. e. Credentium Rationalium adoptentur. Hi interim' Cœlites inter, Noviter-Adepti, & Novi, Cœli Novi, Homines : peræquè uti

Præde-

Prædecessores, Divinitatis jam' Socii, obligati erunt & manebunt: per easdem Sphæras & Orbitas migrare Cœlestes; Usque quoad, Revolutionibus multiplicis Vitæ & Transmutationibus absolutis: habiles redditi fuerint Cœlum intrare Cœlorum, ibique Divinam de Deo Notitiam, cum Rationali commutare Cognitione: in Deo, cum Deo, & per Deum viventes & in sempiternum existentes. Fuit ergò, est & erit Resurrectio Mortuorum continua & universalis. Migratio Animarum perpetua: ex uno Globo, in alium: ex alia Terra, in aliam: ex uno Cœlo, in aliud. Mors hinc Nulla: Vita sed æterna. Vita Nova: in Novo Cœlo & Terra Nova. Vocatio & Salvatio Omnium: Electio Multorum: Damnatio Nullius. Infernus ideò nullus. Pœnæ nullæ. Cœlum enim' est Totum Universum: quod Deo repletum. Ubi verò Deus: ibi Gloria, Salus, Beatitudo, Lux, Quies. Novas, nisi quis Terras illas, Infernum: Incolas earum, Damnatos & Reprobos: Distantias verò Graduales à Præsentia & Divinitatis Facie, Pœnas Peccatorum h. e. eorum, qui imperfectas & minus rationales de Deo & ejus Cultu habuerunt Notiones; In Sensu planè abusivo: quod per me liberè, ullâ sine Contradictione licet; appellitare & honorificis hisce Titulis insignire velit. Sunt interim' Meditationes hæ liberæ Rationis, uti reliquæ Reflexiones Philosophico-Theologicæ: innoxiæ; Orthodoxiæ Fidei meæ non præjudicantes: quæ Biblicam Mortem, Resurrectionem & Vitam æternam, credit & defendit cum toto Christianorum Choro.

XXXIII.

XXXIII.

Hiftoriam Ecclefiafticam & Politicam Novorum Temporum; notabili Dictorum, Actorum & Factorum fcatere Falfitate, certum. Si jam' Hiftoria Nova, dubiæ & incertæ Fidei: quam' ambiguum ferendum erit Judicium de Antiqua & priorum à Mundo Condito, Seculorum Hiftoria?

XXXIV.

Lapfus Protoplaftorum: Chriftianis Sacra eft Hiftoria; Profana aliis & Amatoria. Illis: Fundamentum Magnæ, per Chriftum Reftaurationis Generis Humani. His: titillans, Explicationis lafcivæ Thema. Status Integritatis: caftum Adami & Evæ Conjugium. Status Lapfus: Evæ Adulterium. Arbor vetita cum fuis Fructibus: videns fiquidem Mulier, quod bona effet Arbor in Cibum & quod appetibilis Oculis, imprimis autem defiderabilis ad dandum Intellectum; Concubitus actualis luxuriofus & Herculea Rei Venereæ, in Rem Veneream Immiffo. Serpens: Amafius-Adulter. Imaginationes Beverlandi, aliorumquè* Extravagantes & Irreligiofæ: quas tamen ex Hiftoria Litteraria, cum mille aliis Opinionibus profanis & exorbitantibus fcire & referre; Nec Crimen involvit nec Peccatum. Caftitas: non læditur lafcivis Ofculis. Religio vera: de Impietate, Atheifmo & Superftitione; fummâ cum Gloria triumphat!

XXXV.

---

* Conferantur: Etat de l'Homme dans le Pechè Originel, imprimè dans le Monde, en 1714. Et la Lettre 9me des Oeuvres melées du Sr. G. D. B. à Paris (Hanoveræ) 1715. 8vo.

XXXV.

Origo Mali: Peccati: Vitiorum: Lex. Non scivissem, Concupiscentiam esse Peccatum: Lex nisi dixisset: Ne Concupiscemini. Nunquam Protoplasti lapsi: & edendo de Malô, Malum commisissent, si Lex prohibitiva: Non Comedetis de Fructu Arboris, quæ in medio Horti est; non adfuisset. Prohibitio hæc: Causa uti Transgressionis, ità Origo Peccati. Nitimur enim in Vetitum semper: cupimusque Negata! Non tamen obinde Autor Legis: est Autor Peccati.

XXXVI.

In Statu Naturali: Actiones sunt Indifferentes: Nec enim Natura potest Justo secernere iniquum. In Statu Politico: fiunt Morales.

XXXVII.

Principium Moralitatis: Superioris est Voluntas. Voluntatis hujus Norma: Utilitas Status: Imperantium: Parentium.

XXXVIII.

Actio hinc justa, honesta, licita, rationalis: quam, Utilitas Politica jubet, suadet; Utilitas quippe Justi propè Mater & Æqui: Hæc cœpit condere Leges, Ne quis Fur esset, neu Latro, neu quis Adulter. Actio injusta, turpis, illicita, irrationalis; quam, Utilitas Politica dissuadet:

pro-

prohibet. Et ad hanc ultimam, de Utilitate Politica Thesin Politicam, ceu Metam præsentium Meditationum; Gradum jam siste tuum!, velox Rationis meæ Penna! Brevitati stude: Ut sic citò, Scripta hæc; Percipiant Animi Dociles: teneantque Fideles. Omne supervacuum, pleno de Pectore manat. Tu verò Lector Benevole & Amice Candide! Secunda Vice Vale: & ne titubes, Mandataque justa, honesta, licita, rationalia Dei & Principum frangas; Ob Utilitatem tuam propriam Animæ & Corporis, pervald Cave! Vive tamen & mei, Entis liberè Ratiocinantis & liberè Scribentis: semper memor; In hâc, quas Tibi communicavi Paginarum Trigâ: Meditatiotiones, Theses, Dubia; Accuratò sæpius perlustrando & examinando Judicio. Alia: Vanitatis absque Gloria; quæ pariter digna legi sint: linenda Cedro: & levi servanda Cupresso: mox forsitan, editurus iterum Opera, & in iis præcipuè scripturus; Undè parentur Opes: quid alat, formetque Potentem Principem: Quid deceat, quid non: quò Virtus: quò ferat Error: in Arte Regnandi & Thesaurizandi. Non interim', an vel ut Turba, Labores meos miretur; Curo. Vix quidam ex eâdem: talia rectè mirantur, amantque; Cum ea non intelligant: communem ultra non sapiant Crepidam: Nec Divinorum capaces: neque exercendis capiendisque Artibus Sublimioribus apti; Paucis contentus sum Lectoribus: Rationales modò sint Homines, & Judices æqui. Imò satis est, Equitem mihi plaudere, ut audax, Contemptis aliis, explosa Arbuscula dixit. Hæc unicè Opto: Hæc Voveo: Hæc Precor: Elucubrationibus ut meis,

C ob-

obveniat Felicitas. Precor tamen quoque Corde cum Christianô, Oratione licet Ethnicâ:

Sit mihi, quod nunc est, etiam minus; Ut mihi vivam

Quod superest Ævi, si quid superesse volunt Dî.

Sit bona Librorum: & provisæ frugis in Annum

Copia: ne fluitem dubiæ spe pendulus horæ.

Sed satis est orare Jovem: qui donat & aufert!

Det Vitam: det Opes.. Æquum mî Animum: ipse parabo.

Horat. Epist. L. I. Epist. XVIII.

FINIS.

*
* *

Theodor Ludwig Lau
Die Original-Rede welche Wilhelm Ludwig von der Groeben gehalten
1736

Die ORIGINAL-Rede:

Welche
Der Hochwohlgebohrne Herr Tribunals=
und Hof=Gerichts=Rath

Wilhelm Ludwig von der Groeben,

als des Königlichen Preußischen Ehrwürdigen Sambländi=
schen Consistorii Præsident und Officialis;
Bey einem gewissen

ACTU SOLEMNI RETRACTATIONIS

im Jahr 1729. den 6. Octobr.
An den Hoch=Fürstlich=Churländischen Staats=Rath und
Cabinets=Directorem

Theodor Ludwig Lau, J. V. D.

gehalten;
Wird hiemit endlich,
wie zur respectivè Beschämung und Verwerffung des unterge=
schobenen Ungeheurs oder der so mangelhaften Rede:
Die, in dem zweytem Beytrage §. 27. p. 242. u.s.w.
Der fortgesetzten Samlung von alten und neuen
Theologischen Sachen in 8vo.
aufs Jahr 1731. befindlich;
Also der Wahrheit zur Steur: an das klare Sonnen=Licht gestellet
von
Theodor Ludwig Lau, J. V. D.
Hoch=Fürstlich=Churländischen Staats=Rath und Cabinets=Directore.

ALTONA im Jahr 1736.

Ich dancke dir Herr König und lobe dich GOtt meinen Heyland:
Ich dancke deinem Nahmen, daß du mein Schutz und Hülffe bist: und meinen Leib aus dem Verderben, vom Strick der falschen Zungen und Lügenmäulern erlöset hast:

Und hast mir geholffen wieder die Feinde, und hast mich errettet nach deiner grossen und hochberühmten Barmhertzigkeit von dem Brüllen derer die mich fressen wolten:

Aus der Hand derer, die mir nach dem Leben stunden: aus vielen Trübsalen, darinnen ich lag:

Aus dem Brande, der mich umgeben hatte, mitten aus dem Feuer, daß ich nicht darin verbrante, aus den tieffen Rachen der Höllen.

Von den falschen Kläffern und Lügnern für dem Könige, und von ungerechtem Urtheil!

Diese Passagen, gehen per Exellentiam, den Hochgebietenden und Hochweisen Magistrat und die Clerisey in Franckfurth am Mayn an: die, wie Weltkündig, mich ohne richtige und rechtmäßige Proceß=Methode und vollkomme Defensions-Führung: welche gleichwohl, laut dem einmüthigem Ausspruch aller Rechten und Rechtsgelehrten, dem schwartzen Lucifer selbst, nicht kan versaget werden: nam Accusare & Condemnare non sufficit. D. i. Einen verklagen und so gleich verdammen, sind Thaten der Tyrannen! für einen thörichten Atheisten, nach der eigenmächtigen und verrücktesten Caprice ihrer menstruirten und Pharisäischen de Facto Themis erkläret: und alwo zwomahl auch, mit einem Neronischem Arrest, wegen irrelevanter Ursachen, die dergleichen Unbarmhertzigkeits=Gattungen nicht verdienten! bin beleget worden; denen aber, durch GOttes Beystand, mit besonderer Gloire und dem Beyfall aller vernünftig-christlich- und edelmüthigen Welt, mich entwältiget habe: da Fluch und Schande hingegen ein ewiger Lohn ihrer Ungerechtigkeit bleibet; wie mehrere Schriften, vieleicht gar bald, ihre Scheußligkeit, in ihrer nackten Blöße vorstellen möchten.

Hochgeneigteste Leser!

Weil bey Durchlesung des in Leipzig gedruckten Buchs, betitelt: Fortgesetzte Samlung von alten und neuen Theologischen Sachen in 8vo aufs Jahr 1731. in ihrem zweyten Beytrage §. 27. p. 242-257. befunden, daß die alda inserirte Rede, welche bey einer gewissen feyerlichen Abhandlung, in dem Königlich-Preußischem Ehrwürdigem Sambländischem Consistorio, dessen Präsident und Officialis, Herr Tribunals- und Hof-Gerichts-Rath Wilhelm Ludwig von der Groeben, an mich gehalten, einer sehr mangelhafter und unvollkommner Geburth ähnlich aussahe: Finge mir, das davon vom Herrn Präsidenten selbst eingehändigte Original, hefsig ins Gewissen zu reden und aufs nachdrücklichste zu vermahnen: theils wegen der besondern Hochachtung, die vor den galant-gelehrten politisch-geistlichen fürtreflichen Redner lebenslang zu haben verpflichtet wäre, theils in regard meiner aufrichtigen Liebe zur Warheit, die unmöglich würde leyden können, daß der, von ihr so theuer geschätzten Geschicht-Beschreibung der Gelehrsamkeit, ein respective falsches und unterschobenes Avanturier-Kind solte angesiedert werden! es je ehe je lieber, der curieusen Welt zu communiciren, und durch den Druck, mit den selbst eigenen Worten und Redens-Arthen, die ihm die Zung und Feder des Herrn Consistorial-Präsidenten unmittelbahr eingeflösset und in den Mund gelegt, reden zu lassen.

Durch die erhebliche Ursachen nun, bin bewogen worden, solches nach seiner Authenticität, zur Beschamröthung, der evulgirten Apocryphischen Schrift, hiemit an das Licht zu stellen, und nicht allein unter dem Canonischen Text, die von den Herrn Verfassern quoad Rubrum & Nigrum begangene Irrthümer, wie Randglossen, zu setzen: sondern ihm noch fünf Stück, weil sie mit ihm, in einer untrenbahrer Connexion stehen, beyzufügen; davon, das erste, der Original-Brief von der Hand des Herrn Consistorial-Präsidenten, der mir seine Rede überliefert: das andere, ein Extract aus dem Decreto Tribunalitio des Königreichs Preussen: das dritte, das Protocollum Venerabili Consistorii Sambiensis, welches von dem Actu Solemni und seiner Vollziehung, Nachricht ertheilet: das vierdte, mein öffentliches Glaubens-Bekäntnis, worauf sich gleich erwehntes Decretum und Protocollum, unter dem Titel: Beylagen! respective mit beziehet: das fünfte endlich, der Catalogus ist meiner herausgegebener und noch in MStis liegender Bücher: welchen, die Meditationes Philosophicæ de Deo-Mundo-Homine, hier und zwar mit der Rubric: Beth und Arbeit! beyzuschliessen, mir dergestalt scharf eingeredet haben; daß ihrem Wil-

A 2   len:

❀ (o) ❀

len: weil ihn in der Vernunft und dem Christenthum gegründet gesehen! zu wie-
derstreben wollen, für eine ungescheide und lächerliche Negative gehalten; und
glaube, meine Gern-Tadler selbst werden die Complaisance gut heissen, um
nicht für Cerveaux maltimbrez d. i. für Hirnlose Menschen zu paßiren.

Ich will hoffen, daß durch diese neue, zur Ehre der Warheit und Gelehrsamkeit gereichende Arbeit, ich alle derselben Favoriten, mir ungemein verbinden:
die Herren Verfasser aber der fortgesetzten Samlung von alten und neuen Theologischen Sachen, gar nicht zum gallen-reichen Mißvergnügen, sondern vielmehr
zur obligeantesten Danck-Erkäntniß, vor diese mir von ihnen abgezwungene of-
fenhertzige Erinnerungen mit aller Forza anreitzen werde; Und da ich also von meiner Seite: der, von der vernünftigen und christlichen Liebe mir eingebundener Obliegenheit, die Irrenden, in die Heer-Strassen, aus ihren Holtz-Wegen zu be-
gleiten, bin Winckelrecht nachgekommen; bleibet es vorjetzo wiederum ohne allen
Zweiffel, ihre unabwältzliche Incumbentz, wie das Errare humanum esse, d. i.
auch der Gerechteste kan zum öftern auf schlüpffrigen Erdschollen und Glätteyß fallen, wie solches an dem Mann nach dem Hertzen GOttes, Sonnen-klar zu ersehen! öffentlich zu gestehen und künftig durch nöthige und allermöglichste Vorsichtigkeit, weiter dergleichen, andern fürnemlich sehr præjudicirenden Strauchlungen * vorzubeugen: So das in Errare perseverare Diabolicum d. i. die, der
Palladi nicht zugewephte Nacht-Eulen allein, ziehen die dickste Nächte und ihre
Finsternüssen, dem heitern Sonnen-Licht vor! durch eine derselben gantz wiedrige
und lobwürdige Aufführung, de Fond en comble zu vereitlen. Ich bin der
Hochgeneigtesten Leser verpflichtester Diener Theodor Ludwig Lau, Altona den
15. Junii 1736. Zu-

* Ihre Strauchlungen haben schon verursacht daß wie andere sonder Zweiffel, so der gelehrte Stolle, eine eben dergleiche Culbutade gemachet, u. dadurch den etwelchen Fehlern seines sonst wohlgeschriebenen Buchs: Einleitung zur Historie der Gelartheit;
ein nicht geringes Rehausement gegeben; denn, man schlage nur nach, die A. 1736.
neu beygekommene Zusätze und Erläuterungen zur Einleitung der Philosophischen
Wissenschaften: wird man finden, angemerckte Ausgleissung aus dem Weg der Rich-
tigkeit, sey kein Erdichtsel der lügenhaftigen Phantasie, sondern eine offenbahre
Warheit, indem er die, von den Samlern der alten und neuen Theologischen Sachen, circa Rubrum begangene Fauten, mit eben den Worten gantz fleißig wiederhohlet und hindrucken lassen; Und also gehet es, wenn man ohne weitere vernünftige Scepticismos, alle in einer Kram-Boutique pele-mêle, zum Debit ausgelegte
Waaren vor ächte Meßgüter annimmt! Wiewohl dabey freymüthigst zu gestehen gezwungen werde: daß ihre Authentique Mäcklereyen und Sortissementen, auch in gewisser Maassen
von einer respective peniblen Possibilität und impracticabler zu Standbringung zum öftern begleitet
werden. Caute E. in Oceano Charybdibus & Syrtibus repleto navigandum, d. i. in Sachen von Wichtigkeit, wo sonderlich ein Dritter impliciret, muß man vorsichtig gehen, u. das Interesse eorum quorum
interest oder die Wohlfarth anderer, die nahe angehet; nach dem Ausschlage der Wage des rechten Rechts, accuratissime beaugen; um nicht durch grosse Mißschläge befftig reprimendiret zu werden.

Zuschrift.

Hochwohlgebohrner Herr
Hochzuehrender Herr Tribunals-und Hof-Gerichts-Rath,
auch Consistorial-Präsident und Officialis!

Weil ich gezwungen werde diejenige Rede, welche von Eurer Hochwohlgebohrnen an mich, in dem Königlich-Preußischem Ehrwürdigem Sambländischem Consistorio gehalten: wegen einer sehr falsch-gedruckten Pieçe, welcher dero Nahmen vorgesetzet und der gelehrten Welt, für ein Original will aufgedrungen werden; durch den Druck gemein zu machen: So habe ich die Arbeit an niemand besser, als Eure Hochwohlgebohrnen dediciren können, indem durch den Gegenhalt des Lichts und Schattens, des Wahren und Falschen, Sie! eben am fähigsten den unfehlbahren Ausschlag zu geben, welcher von den beyden, für ihr ächtes Canonisches Kind: Das andere hingegen, für ein Verwürfling und veritabler Wechselbalg zu halten. Eure Hochwohlgebohren sind ein Liebhaber der Gerechtigkeit, par consequence der Warheit: Denn, beyde Wesenheiten sind in einander so fest verknüpffet, daß sie untrenlich; Dahero wer wahr redet, auch gerecht redet, und wer gerecht redet, sich auch der Zunge der Wahrheit bedienet! Werden also gar kein Bedencken tragen, meinen unternommenen Vorsatz mit dero gültigstem Beyfall zu authorisiren: Denn, da der Actus solemnis aller Orten bereits innotesciret und von der publiquen Fama kundbahr gemachet, warum sollen die curieusen Liebhaber gelehrter Zeitungen, mit respective unwahren und irrigen Nouvellen amusiret werden? Die gleichsahm per Refractionem & Reflexionem in Tertii Præjudicium redundiren wollen und können. Ich bin, mit erdencklichster Ergebenheit,

Euer Hochwohlgebohrnen

gehorsahmer Diener,
THEODOR LUDWIG LAU.

ORI-

ORIGINAL-Rede: *

Welche, der Herr Tribunals- und Hoff-Gerichts-Rath Wilhelm Ludwig von der Groeben, (a) als des Königlich-Preussischen Ehrwürdigen Sambländischen Consistorii Præsident (b) und Officialis, bey einem gewissen Actu solemni a. 1729. den 6. Octobr. an mich, den Hochfürstlich-Churländischen Staats-Rath und Cabinets-Directorem Theodor Ludwig (c) Lau J. V. D. gehalten.

Mein Herr Rath! *

Seine wieder GOtt, (1) den Nechsten, und insonderheit wieder sich selbsten begangene Sünden offenhertzig gestehen, seine zur Höllen führende Jrrthümer verdammen, und sie, in wahrer Busse und Umkehrung zu GOtt, öffentlich wiederruffen: ist eine Gnade, die GOtt dem wiederfahren läßt, an dessen Todt, er keinen Gefallen hat, sondern will, daß er sich bekehre und lebe.

Wie leicht wäre es Jhm sonst, den Sünder in seinem irrigen Sinn dahin gehen zu lassen, bis er auf der Schwelle der Höllen, nach dem, von vielen angezogenem Beyspiel Juliani Apostatæ, einen verzweiffelten Wiederruf zu thun gezwungen werde? Mir schauret die Haut und bebet das Hertz (2), wenn ich nur daran gedencke, daß ein Mensch aus blossem Muthwillen, zu der Noth kommen könne, dermahleins (3) in die erbärmliche Klage auszubrechen:

Jch

---

* Jrrthümer der Herren Verfasser quoad Rubrum.
(a) Der veritable Nahme heißt Groeben: Sie haben Gruben gesetzt.
(b) Nach dem heutigem Ceremoniel, wird Officialis nicht allein gebraucht, sondern das Wort Präsident steht vor, welches aber von ihnen weggelassen.
(c) Die Umtauffung des Ludwigs in einen Friedrich, wird von mir nicht placidirt.
* Jrrthümer der Herren Verfasser im Nigro.
(1) Die Obrigkeit: ist eingerückt.
(2) Jst weggelassen.
(3) Jst weggelassen.

Ich erkenne anjetzo wiewohl viel zu spät und ohne Hofnung zum ewigen Leben, daß es dieses sey: daß du allein wahrer GOtt bist und den du gesandt hast, JEsum Christum erkennen. O wie seelig, die solches glauben und nicht wie leyder! viele damit ein Gespötte treiben: (4) Den wahren Gottesdienst einem falschem gleich achten: und den Bau ihrer Seeligkeit, auf die thörichte Vernunft, nicht aber den rechten Eckstein JEsum Christum gründen. Jedoch ist freylich auch der seelig zu preisen, so zur Bereuung und Erkäntniß seines Unglaubens, den äussersten Zwang nicht abwarten (5), sondern in der Gnaden-Zeit noch ruffen darf: HErr ich habe gesündigt für dir, zeige mir den Weg, den ich wandlen soll.

Mein Herr Rath! vor beydes hat GOtt zu seiner Seeligkeit aus Gnaden gesorgt, es liegt nur an ihm, in hertzlicher Reue, den Wieder-Ruff zu thun (6), und dem im gottseeligem Vorsatz zu folgen, was auf allergnädigstem Königlichem Befehl und aus hertzlicher Christlicher Liebe, statt einer ernsten Vermahnung vorstellen werde.

Zwar solte billig ein anderer, so die Seelen-Gefahr, worinnen er gerahten, mit grösserm Nachdruck aus dem Worte GOttes erhärten, und ihn dessen lebendiger überzeugen könte als ich, diese Vermahnung gehalten haben: Da es aber der allweisen Vorsehung gefallen, mich schwaches Werckzeug zu des Herrn Rahts (7) Führer, unvermuthet zu wählen: So lasse er sich auch dieses zu einer grösseren Erweckung dienen, da eben eine Persohn ihm von Amts wegen zureden muß, von welcher er nicht gedencken kan, es sey ihr verdunanes Werck, von GOtt und seinem Worte reden, und was sie thäte, geschähe vielleicht aus unseeliger Gewohnheit, da das Hertz beständig verneine, was der Mund dem Scheine nach, aus gottseeligem Eyffer hervorbringe.

Indessen stelle ich auch keinen Civil-Redner vor, welcher jemand bereden wolte, einen zeitlichen Vortheil zu ergreiffen, der sonsten aus den Augen gesetzet werden würde, wo alle Oratorische Künste hervor zu suchen, man sich nicht bestrebte: Denn, diese Bemühung, würde meinen guten Endzweck nicht erhalten, und gleich wie der Herr Rath, ein Mann von nicht geringer Einsicht,

---

(4) Gespött treiben und den wahren Gottesdienst einem falschem gleich achten: Das übrige ist weggelassen.
(5) Sie setzen: Freylich aber ist der auch seelig, so diesen äusersten Zwang der Bekänntniß nich abwarten.
(6) Zu bewerckstelligen.
(7) Zu seinem Führer.

ſicht, welchen man billig mit dergleichen Blendwerck verſchonen muß: alſo iſt die Sache der Wichtigkeit, weilen ſie der Seelen ewiges Wohl betrift, daß man ſolche Künſteleyen gerne denen überläßt, ſo mit Sachen umgehen, da ſie nach ihrer Erkäntniß dafür halten, daß man GOtt und Gewiſſen leicht aus den Augen ſetzen kan, wenn man nur jemand durch dem ſo genannten piam Fraudem dahin brächte, wohin die Warheit ihn zu leiten nicht vermögend. Dieſer kluge Staats-Griff (8) verdienet in geiſtlichen Sachen, den Nahmen der Boßheit, oder wenigſtens der Thorheit. In der Ordnung des Heyls, wiſſen wir von keinem pia Fraude; Denn derjenige, ſo vor GOtt, aus deſſen heiligem Worte handelt, der muß wiſſen, daß er einen allwiſſenden und alles ſehenden Richter habe, in deſſen Mund nie kein Betrug kommen und (9) dem ohne einige Ausnahme gottlos Weſen weder gefallen hat, noch jemahlen gefallen wird.

Wenn demnach mein Hertz von inniglicher Begierde brennet, meinen Herrn Rath, wahrhaftig zu überzeugen, wie der nur glückſeelig, deſſen Verſtand eine ungeheuchelte Gottesfurcht unterſtützet (10): ſo betheure (11) vor dem Angeſicht GOttes, mit meinem Gewiſſen, daß dasjenige, ſo ich allhie rede, von Hertzen meyne und glaube, auch ehe alles Unglück angehen, als von dieſer klaren Warheit abgehen wolle. (12)

Was hülfe es, daß durch Heucheley und geſchminckte Worte (13) mir einiges Anſehen der Frömmigkeit erwürbe und Schade nehme an meiner Seele? Wie lange könte dieſer Wahn-Ruhm dauren? Kaum einige Augenblick. Denn wer weiß, wie viel Körner, in meiner Lebens-Uhr noch übrig, ſo ſtehe vor der Pforte der Ewigkeit und empfange den Lohn der Gleißnerey, (14) welchen der Allerhöchſte denen drohet, die weder kalt noch warm, ſondern laulicht erfunden werden.

In dieſer reinen Abſicht bejammere, daß der Herr Rath, da nach ſeiner ihm von GOtt verliehenen Fähigkeit, er auch aus dem bloſſen Licht der Natur, leicht einſehen und wahrnehmen können, GOtt ſey im Geiſt (15) und

Ware

---

(8) Dieſe Staats-Klugheit.
(9) Die Worte ſind weggelaſſen.
(10) Wie der nur glückſeelig, der Gottsfürchtig iſt.
(11) So betheure ich.
(12) Abweichen.
(13) Geſchmückte.
(14) Meiner Gleisnerey. (15) Ein Geiſt.

Warheit anzubethen, sein wahrer Dienst aber in Heiligkeit und Gerechtigkeit anzuordnen; Er dennoch die ihm vor vielen tausenden anvertraute Pfunde, bißhero nicht vorsichtiger als eines Schwerdts sich gebrauchet habe, das man wieder sich-selbst und die man schützen solle, zücket, und dadurch sich nicht allein ins ewige, sondern auch zeitliche Verderben stürtzet.

Denn, der in seinem Unsin und vermessener weltlichen Weißheit, (16) GOtt den Krieg ankündiget, dem eilet das Verderben auf dem Fusse nach, und hat nicht wie Salomon zwey oder drey Wiedersacher, sondern derer so viel als er Creaturen, sich-selbst nicht ausgeschlossen, ansiehet. Was meynet der Herr Rath von dieser Warheit? Ich glaube GOtt habe es ihm empfinden lassen und ihm derer mehr erwecket, als er ertragen können. Ich beruffe mich auf sein (17) eigen Wissen und Gewissen, das wird zeugen, wie viel Wiedersacher auf ihn loßgedrungen, nachdem GOtt sein Wiedersacher worden. Bedencke er sich nur recht, doch auch ohne dasselbe wird er gestehen müssen, daß von der Zeit her, da er mit GOtt und seinem Worte den Krieg angefangen, nachdem er demselben durch seinen verdammlichen Tractat: de Deo-Mundo-& Homine, gleichsahm durch ein öffentliches Cartell unglücklicher Weise angekündiget und der Welt kund gemacht; Er weder Stern noch Glück darinnen (18) mehr gehabt. Zwar muste der, dem Tractat gleich verwegener Schluß: Hac Fide vivam, hac Fide moriar! Ihm zum hertzhaften Feld-Geschrey wieder GOtt und alles Gute dienen: Allein ich bin versichert, so angenehm es sich von GOtt mehr und mehr zu entfernen, und ihn starck gemacht sich von GOtt mehr und mehr zu entfernen, hat sich dasselbe dennoch auch als ein erschrecklicher und steter Donner in seinem Hertzen auch wieder seinen Willen (19) hören lassen, der ihm zu geruffen: Es soll dir schwer werden wieder den Stachel zu lecken! O wie mehr als all (20) zu schwer ists ihm mein Herr Rath (21) geworden! Sind nicht seine beste und klug ausgesonnene Anschläge, wo nicht zur gefährlichen Fallbrücke doch zu Wasser geworden. (22) Daß er mit

Recht,

---

(16) Die Passage ist ausgelassen.
(17) Ein vor allemahl zu notiren, daß die Herren Verfasser, an statt der Wörter: Sein, Ihn, Er u. s. w. Sie: Ihren, Ihnen u. s. w. oft gebrauchen.
(18) Mehr in der Welt.
(19) Hat ihr verwegenes wieder GOtt und alles Gute erwählte Feld-Geschrey.
(20) Ist weggelassen.
(21) Ists ihnen. (22) Die gantze Passage fehlt.

Recht, auch hieraus GOttes Finger erkennen mögen (23), von seinem aus-
kommentlichem Reichthum, hat er fast so wenig genossen (24), als der
Samarische Ritter der Syrischen Beute: wiewohl er mit dem Tode auch die
Begierde sich zu sättigen ablegte, der Herr Rath aber (25), wie der reiche
Mann nach einem Tropffen Wasser, bis jetzo vergeblich seufzet.

Alle seine eingebildte Vortheile, sind wie der Kinder Wasser-Blasen,
wenn sie am höchsten steigen und schönsten spielen vom Winde zerstäubet, ihm
dagegen ein vergebliches und fruchtloses Nachsehen übrig geblieben, und seine
Ehre so zu Schanden geworden, daß ich erschrecke über die Gerichte GOttes,
so er sich so unbedachtsahm über den Hals gezogen.

Je mehr ich seinen elenden Zustand im hertzlichem Kummer betrachte: je
mehr werde ich gewahr, der Allerhöchste habe die Straffen (26) über ihn
kommen lassen, mit welchen er den Kindern Israel gedrohet und sie heimgesu-
chet, wenn sie Ihn und seine Gebothe verlassen.

Die Gottesfurcht ist die einige Handhabe zu unserm zeitlichem Glücke,
wer jene nicht besitzet, giebt sich nach diesem, vergebliche Mühe. Der Mann
nach dem Hertzen GOttes, ehret sie mehr als den der Königreiche besitzet; und
nach der Schrift kan der nur weislich handlen, welcher von ihr gelehret wird.
O wie unweise und thöricht muß derjenige denn, allen seinen Unternehmungen
rathen und vorstehen, der über die Furcht GOttes lachet und sein Gespött zum
Aergerniß so vieler tausend Seelen damit treibet! Mein Herr Rath! nach
seinen vormahligen Lehrsätzen, konte: da aller Gottesdienst indifferent, die
Furcht GOttes ihm wenig fruchten und GOttes Feindschaft wenig (27)
schaden; Wenn er sich nur Könige, Fürsten und Herren zu seinen Freunden
machte, und vor den verachteten JESU sein Angesicht und Hertz verbergen konte; Damit dieses ihm so gar nicht fehl schlüge (28), wolte
er die Regierungs-Kunst, so hoch treiben, daß die öffentliche Einkünfte ohne
Beschwerde der Unterthanen aller Hofnung (29) übersteigen solten. * Gewiß
eine

---

(23) Mässen.
(24) Sind sie fast so wenig gewesen.
(25) Sie aber darnach.
(26) Das Wort alle: ist ein Flick-Wort.
(27) Gar nicht.
(28) Zu seinen Freunden und Beförderen machte und damit dieses so gar nicht
fehl schlüge: Die Zwischen-Expressiones manquiren.
(29) Ihrer aller Hofnung.
* Vermöge der vernünftigen und christlichen Regierungs-Kunst meines Favo-
rit-

eine dem Fürsten und Lande höchst=angenehme Anerbiethung, die nur dem Nahmen nach, von der güldenen Zeit unterschieden. Ohngeachtet nun seine Vorschläge von andern, so sich in dieser Kunst einer Erfahrung und Wissenschaft rühmen können, vor sattsahm in der Vernunft gegründet angesehen worden, hat er wohl jemahlen damit seine Absicht erhalten? Sind sie nicht vielmehr, als der gute Rath Ahitophels zu allen Zeiten verworffen und ihrem selbst eigenem Aufnehmen höchst=nachtheilig gewesen? *

B 2   Was

---

rit-Studii Finantialis: welche, so hoch treiben wollen! gienge meine respective Absicht dahin, die regierende Ober=Machten zwar mit einer Einnahms=Cassa oder Beutel zu Bestreitung der Winckel=Recht, proportionirter erforderlicher Friedens= und Krieges=Spesen zu versorgen: den gehorchenden Ständen und unterworffenen Gliedern aber, zwo Cassen oder Beutels vorzubehalten: um aus dem einem die schuldige und laudirte Abgaben zu erwehnten Krieges= und Friedens=Erfordernissen, eben nach wohl=proportionirten Ertrags= und Ausschlags=Gewichten, mit freudigem Hertzen und willigsten Händen: Wie der Ober=Häupter Hülfs=Beystände! abtragen und vergütten zu können; Aus und mit dem andern hingegen, sich und ihre Familien gut, ehrlich, auskömmlich, auch propre, staatlich und kostbahr, kurtz: Stand= und Professions=mäßig nicht allein zu erhalten, sondern auch nach ihrem Tode in gnüglichem und gesegneten Verfassungen zu hinterlassen, dadurch aber, mittelst solchen Erbnehmen und Enckelschaften, ihre Nahmen, einem beständig=florisantem Andencken einzupropfen und fest zu wurtzeln. Es ist aber dieses mein reiches Ophirisches Schif, durch die auf mich erboßte Orcanen und Strudel=Winde hauptwunderlicher und grausahm eigennütziger Schwindel-Köpffe, in die unmeßbahre Tieffen der Vernichtung in so weit versuncken. Gnug Ehre und ewige Ehre vor mich im Angesicht aller Welt! daß meine Vorschläge von andern, so sich in dieser Kunst, einer Erfahrung und Wissenschaft rühmen können, vor sattsahm in der Vernunft gegründet angesehen worden.

* Daß eine solche göldne Zeit: welcher zu Ehren eine curieuse Medaille erfunden, die aber nach ihrer Wesenheit, zur Zeit noch in der geheimtesten Naritäten=Cammer meiner Erfindungen und Desseins, ein sichtbahr=unsichtbahr=physisch=moralisches Gepräge bleibet! von mir positis ponendis, durch die Hülffe und Seegen GOTTES, mir hätte können piano a piano nach meinen Lehren von Gradualitäten u. s. w. eingeführet werden, sind im Stande so wohl meine im Druck seyende Finantzial-Schriften in 8vo und 4to als die verschiedene Projecten von wichtiger Consequence, die

an

12

Was hat ihm sein scharffsinniger Verstand ohne den Beystand GOttes und seine Furcht geholffen? Ist er nicht in den meisten und vornehmsten Sachen sein Feind und Wiedersacher, ja gar zum gebrechlichen Rohr-Stab Egypti worden, dessen Splittere des Herren Raths (30) Wohlfarth durchdrungen und sein Verderben befordert hat?

Der verwegene Nebucadnezar, trotzete auf seine Babel und wolte als ein GOtt geehret seyn, da er GOtt anzubethen und zu fürchten selbst nöthig hatte. Allein durch diesen Troz büßte er sein menschliches Hertz ein, und muste mit einem viehischen bis zu seiner Bekehrung sich ängstigen und qvälen. Wie mein

---

an verschiedenen Höfen übergeben; Zu verificiren! diejenige nicht zu berühren, die ob Ingratitudinem Seculi bereits verbrennet und in meinen Asch-Töpffen eingewölbet: wie davon mein Vale respective ultimum, quod famigeratissimæ Academiæ Lugdunensi Batavorum, ex Obligatione triplici, anno 1736. obtuli, *in der Marginal Note n. 1. p. 6.* ein unverwerfliches Zeugniß ableget; wiewohl diese wahrhaftige geschehene Einäscherung, auch ohne dieses Certificat: von allen vier Ruachs oder den in den vier Elementen wohnenden Feuer- und Luft- Wasser- und Erd-Geistern, gar zu gerne wird bejahet und betheuret werden: qui tamen pretiosi Cineres, æternatura Gloriæ meæ Mausolea permanebunt! Meine auf mich en Assassins laurende Zoili mögen die Verdeutschung machen. Wer von dieser Verhinderung indessen die Haupt-Machinen und Neben-Ressorts, ist dem Allerhöchsten am umständlichsten bekand: wiewohl nebst meinen heimlichen und öffentlichen Mißgönnern meiner prædominanten Talenten, auch viel galant-gelehrte Männer, redliche Patrioten und thätig-biblische Christen von des bußfertigen und untartuffirten Zölners Gattung! aus dem Lehr- Nähr- und Wehr-Stand gefunden werden, den die wieder mich angezettelte Verfolgungs-Cabalen und à la sourdine musicirende Zischel-Spiele, entdeckte Geheimniß seyn, die sie aber vor mich zu verbergen, vor à propos vieleicht noch halten. Ich bin indessen des Herren Consistorial-Präsidenten Hochwohlgebohrnen, für diesen fürtrefflichen Lobspruch: der würdig meinem Leichenstein mit göldnen Buchstaben eingedrücket zu werden, zu ewigen Zeiten verbunden; indem er darinnen meiner Capacität und Unschuld heroischer Sachhalter geworden! Und da meine Ehre niemahls zu Schanden geworden, denn keine infamante Lacheteten begangen! bekommet sie dadurch ein so neues staatliches Lustre, das von keinem wolckigten Morasthauch des schwärzesten Neides sie kan umnebelt werden!

(30) Ihre Wohlfarth.

mein Herr Rath! hat er von GOtt nicht eben solche, auch wohl härtere (31) Straffen verdienet? da er alle seine Kräfte und Vermögen angestrenget durch seinen schädlichen (32) Indifferentismum, den von GOtt selbst gelehrten Lehrer, unser einiges (33) und wahres Heyl JEsum Christum, den die Pforten der Höllen nicht überwältigen sollen, dahin zu bringen: daß man nach seiner Meynung, ohne Gewissens-Verletzung von JESU zum Verführer Mahometh gehen, von diesem zu jenem zurück treten und also nach Belieben heute in der Christenheit ein Christ, morgen in der Türckey ein Türcke und den andern Tag (34), ich weiß nicht bey wem, ich weiß nicht was seyn könte. Heißt das nicht Christum verwerffen oder ihn mit Belial stimmen wollen, ich will nicht sagen sich an seine Stelle setzen und ein neues aber nur den bösen Geistern angenehmes Evangelium predigen? O wie ein leichtes wäre es (35) dem langmüthigen GOtt gewesen, seine Wunder-Kraft, auch an des Herrn Raths Hertz (36) und Scheitel zu beweisen und ihn des menschlichen Verstandes zu berauben! Doch es brauchte nicht solcher ausserordentlicher Wege, nachdem der Allerhöchste aus gerechtem Gerichte denselben, ihm zu seinem und andern ihren Schaden, als eine wohlverdiente Strafe gelassen, daß man es fast vor eine besondere Wohlthat rechnen solte, wenn er an demselben gar einen Mangel, dabey aber die seelige Versicherung gehabt hätte: Seelig sind die Armen am Geist, denn das Reich GOttes ist ihr (37).

Siehet der Herr Rath (38), wie gefährlich ein scharfsinniger Verstand ohne GOttesfurcht? Er bildet alles verkehrt und läßt die Sache fahren (39). Der Allerhöchste gebe nur, daß der Herr Rath, nachdem er seinen verdammlichen Irrthümern bereits schriftlich wiedersprochen, und anjetzt dieselbe mündlich wiederruffen wird, mehr und mehr mit Nebucadnezar in sich schlage, sein in Sünde gegebenes Aergerniß rechtschaffen bereuen und die wahre

---

(31) Die Wort sind weggelassen.
(32) Schändlichen.
(33) Eigenes.
(34) Und dann.
(35) Wie ein leichtes wäre.
(36) Auch an ihrem verwegenem Hertzen.
(37) Wenn sie an demselben gar einen Mangel gehabt hätten: das übrige fehlet.
(38) Sehen sie mein Herr Rath.
(39) Läßt die Sache selbst fahren.

Erkäntniß durch Bekehrung zu GOtt und durch ein hertzliches Gebeth erlange, damit seine Buße keine Heucheley sey und nicht GOtt mit falschem Hertzen diene, sondern künftig hin ein heiliges, frommes und gerechtes Leben führe und durch des heiligen Geistes Beystand mehr und mehr dahin dringe, daß er aus der Fülle JESU Christi nehmen möge Gnade um Gnade, Kraft um Kraft, auf daß die Herrligkeit seines Heylandes JESU, sich ihm offenbahre und er schmecke wie freundlich der HErr denen, die ihn in unabläßiger Andacht suchen (40); Alsdenn wird der allergütige GOtt, das steinerne Hertz völlig von ihm nehmen, aus einem schnaubendem Saulo, einem frommen Paulum machen, seine Feinde in lauter gewogene Freunde verkehren, alle seine, von nun an in GOtt vorgenommene Handlungen und Anschläge mit Seegen krönen, und ihn zu einem Kinde der ewigen Seeligkeit annehmen. Es wird nicht allein ein jedes Christlichgesinntes Gemüth, sich über einen solchen verlohrnen und durch GOttes Gnade wiedergefundenen Groschen hertzlich erfreuen, sondern es werden alle und jede Membra dieses Collegii ins besondere ihn in ihr andächtiges Gebeth nehmen. Wie ich auch (41) für meine Persohn, mich zu allen angenehmen und GOtt gefälligen Diensten aufrichtig erbiethe und von Hertzen wünsche, daß der barmhertzige GOtt, meine ohnmächtige Vorstellung bey ihm, wie das Hahnen-Geschrey bey Petro wolle mächtig seyn laßen, und in ihm eine Buße würcken, die niemahls gereue, im Gegentheil ihn dadurch vor alle fernere Irrthümer gnädigst behüte und in alle Warheit kräftig leite, damit wir mit Freuden erkennen und bekennen mögen: Die Gnade JESU Christi sey in ihm mächtiger als die Gewalt des Teuffels und der Sünden, von der, Sie ihn entledigen und mit der Krone des ewigen Lebens beschencken wolle (42); Das wolle GOtt vollenden und thun um sein selbst und seines Sohnes JEsu Christi unsers Fürsprechers und Mittlers Willen, Amen!

Das

---

(40) Der estropiirte Satz lautet also nur: Und durch des heiligen Geistes Beystand empfinde und schmecke wie freundlich der HErr denen, die ihn in unabläßlicher Andacht suchen.
(41) Wie ich denn auch.
(42) Die Herren Verfasser setzen bloß: das gute Werck in ihnen vollenden, sie vor alle fernere Irrthümer in Gnaden behüten und dermahleins die Crone des ewigen Lebens schencken wolle; Das wolle er thun um sein selbst u. s. w. Wo indessen einige, so wohl an der Authenticität gegenwärtiger von mir in den Druck gegebener Original-Rede, als den am Rand untengesetzten wichtigen Schandmahlen des untergeschobenen Findlings, einen

traum-

Das erste Stück.
Königsberg den 13. Januarii
1733.

Hochedelgebohrner,
 Hochgeneigter Herr Rath!

Nach Eurer Hochedelgebohrnen oft wiederhohltem Verlangen, überliefere ihnen die an sie gehaltne Anrede. GOtt weiß, wie unangenehm es mir, daß durch einiger Leute Vorwitz, dieselbe in der Stadt herum gehet, ohn daß ich wissen kan, wie solches zugehet. Von mir haben sie sie nicht. Die Rechte hätte auch nimmer an Tageslicht kommen sollen, wenn Ew. Hochedelg. obligeante Anmahnungen meine feste Entschliessung nicht überwältiget hätten. Indessen überschicke selbe nicht in der Absicht, ob wolle ihnen eine Richtschnur ihres Lebens (wie Sie solche zu nennen belieben) geben, sondern zu bezeugen, wie hertzlich ich wünsche, daß ein jeder die wahre Lehre von GOtt und seinem Sohn recht fasse und daraus sein zeitliches und ewiges Heyl abnehme. Der einige Richtschnur dazu, ist das heilige Bibelbuch, wo manns lieset sich zu besseren, nicht aber daraus nach der Heyden Weise gelehrte und tiefsinnige Dispute zu machen. Ew. Hochedelgeb. lesen es demnach zu Erhaltung ihrer selbst fleißig. Sie werden in ihrer Seelen bald erfahren, was bishero ihrer Gelehrsamkeit vieleicht als eine unbegreifliche Thorheit vorgekommen auch vorkommen wird, so lange Ew. Hochedelgeb: das, so zur Lehre und Besserung geschrieben, zur Abmessung unendlicher Göttlicher Dinge brauchen und ihre irrige Vernunft-Schlüsse damit bestärcken wollen. Christus und sein Wesen kommt zuvor ins Hertz und von da ins Gehirn und nimmer umgekehrt; Wo jenes die Furcht GOttes nicht vorerst lebendig macht, bleibt dieses ewig todt. GOtt lasse ihnen solche Warheit empfinden. Ich verharre indessen Ew. Hochedelgeb. meines Hochgeneigten Herrn Raths

ergebner Diener
Wilhelm Ludwig von der Groeben.

Das

---

traumsüchtigen Scrupulismum, in ihrem demontirten Cerebello empfinden möchten: gebe ihnen die Freyheit, sich bey dem galant-gelehrtem Königl. Preußischen Tribunal- und Consistorial-Rath, berühmten J. V. D. und Professore Ordinario auf der Königsbergaischen Universität Herrn Sahm sich anzugeben: weil seiner wohl-choisirten Bibliothec, erwehnte Original-Harangue zur beständigen Bewahrung, mit meinen, zu erst von dem sehr estimirten Kunst-Mahler Schor verfertigten Portrait überlassen; um durch eine Confrontationem ocularem, von ihren gegründeten Zweiflungen und dahero lächerlichen Einfällen, vollkommen debarasticet zu werden.

Das andere Stück.

Friedrich Wilhelm König in Preussen u. s. w.

Erkennen auf eingekommene Acta Appellationis vom Hof-Gericht in Sachen N. N. u. s. w. daß weil der angegebene Zeuge und Intervenient Theodor Ludwig Lau, Churländischer Rath, Cabinets-Director, seine in den Actis benannte, einen offenbahren *Indifferentismum Religionum* in sich haltende Schriften, zum Theil in denen sub En & Ecce auch Vide, dem Statui Causæ annectirten Beylagen und dem gehaltenem Disputat, selbst improbiret, als Irrthümer erkandt und wiederruffen: er dieserhalb annoch, bey unserm Sambländischem Consistorio sich angeben, daselbst nach vorhergehender ihme zu ertheilenden ernstlichen Vermahnung auch desfals zu gebender besondern Vorschrift, seine vorige verdammliche Irrthümer detestiren und revociren, auch daß er durch Publicirung dergleichen schädlichen Schriften sich gröblich vergangen, erkennen, nicht minder daß er vor solche verworrene Meynungen * sich bestmöglichst hüten wolle, angeloben ꝛc. ꝛc. Publicatum Königsberg den 17. December 1728.

Das

---

* Daß nun zwischen den, einen offenbahren Indifferentismum Religionum in sich haltenden schädlichen Schriften, verdamlichen Irrthümern, verworrenen Meynnungen: und einem Atheismo fatuo Effective-reali d. i. einer würcklich-thörigt-wahrhaftiger Atheisterey: im Fall sie eine thätliche seyende Wesenheit, welches aber verneine! Der Unterscheid anzutreffen, der zwischen einer Sonnen- oder Mondfinsterniß und der gantz dicken dunckelen Nacht sich eräugnet; wird niemand verlengnen; als der Belieben träget, wegen einer solchen groben Phantasterey von allen vernünftigen und galant-gelehrten Juden, Heyden, Christen und Türcken für aller Ertznarren Capo Dictatorio gehalten zu werden; E. Cœtera Textus habet d. i. Wem diese Priese vom stärcksten Knaster-Toback nicht die Nares obstipatas oder die verstopfte Nasenlöcher eröfnet: ist ein incurabler Petit-Grand Maisonista, d. i. Er ist ein vollkommener Thor und stirbt wie ein vollkommner Thor! Ich freue mich indessen, daß mittelst diesem gerechtem vernünftigem und christlichen Decret des hocherlauchten Königlich-Preußischen Tribunals: nicht allein allen thörichten Atheisten-Machern, die den haubt-dwadschen Thoren, welche in ihrem Hertzen sagen, es ist kein GOtt!

mich

Das dritte Stück.

Ex Protocollo Vener. Consistorii Sambiensis
den 6. Octobr. 1729.

Der Churländische Raht und Cabinet-Director Herr Doctor Lau, giebet sich, so wie er sich schon schriftlich gemeldet hat und auf heute bey jüngster Session anhero ist beschieden worden; alhier an, und stellet zuforderst beweglich

---

mich beyzuzählen, die ridicule Effronterie, zu ihrer selbst eigener immerwährender Prostitution gehabt; ein staatlicher Kapzaum, in ihre tobende Nasen, Zungen und Federn geleget: sondern auch in specie, dem artigen Concipienten, des zur Gnüge bekandt gewordenen ungemein-gelehrt-und recht mathematisch nach dem rechten Recht (scilicet) abgefaßten Responsi Hallensis in mea Causa; ein derbes und hochverdientes Dementio summa cum Emphasi ist gegeben worden: wieder welchen, laut angeschlossenem Catalogo, vor etzlichen Jahren schon, drey Verthädigungs-und Unschulds-Deductiones (die vorigen und mir de Facto, tyrannico Brachio, von einem gewissen hochlöblichen oben genannten Stadt-Magistrat und Clerisey entwältigte, nicht zu berühren: Die aber, vor dieses ungerechteste Attentatum, mit einer scharffen Lauge, die aus besondern mercurialischen Savonetten oder Waschkugeln zugerichtet, um ihr verrostetes Gehirn-Uhrwerck auszusäubern; sind durchgebeitzet worden, und noch weiter vielleicht ihre beissende Schärffe, empfinden möchten!) verfertiget: deren eines in Lateinischer Sprache, die andere beyde, mit deutschen Zungen, ihm eine nachdrückliche Gewissens-Predigt, wegen der an mich seinem Nechsten, recht bößlich, will nicht sagen, aus interessirten Absichten vieleicht gar begangener Beleydigung; gehalten haben: Die zwar ob atalia Temporum Fata, nicht zur Druck-Presse bringen können, wiewohl sie ihrer Dinte und Buchstaben nicht gantz unwerth: indem sie hin und wieder vernünftig und christlich zeigen, dieser grosse Autos-Epha und quasi Satyricus habe zum öftern aus keinen Delphischen Dreyfüssen die Entscheidung Juristischer Händeln und seine Lehr-Sätze hergenommen; Auch einer rauch-manufacturirter Hechelkunst sich bedienet! Doch schicket es dem unerachtet, die allwaltende Vorsehung des Einigen Dreyeinigen GOttes nach dem alten und neuen Testament noch wohl: als dem, nicht unverborgen, mein vernünftiger biblischer Offenbahrungs-Glaube, sey nie mit einem närrischem Atheismo speculativo, bey meinen extravagantesten

Sün-

lich vor, wie er sich glücklich schätze diesem Collegio, worinnen sein seeliger Vater und zwo Brüder viele Jahr mit Ruhm gesessen, seine Aufwartung zu machen und seinen Gehorsahm in Satisfacirung Decreti Tribunalitii und Revisorii zu contestiren: Ist auch erböthig in Conformität hochgemeldten Decreti Tribunalitii und Revisorii nicht allein die gesundene Revocation der von ihm schriftlich an den Tag gelegten Irrthümer zu thun, sondern auch die Admonition gebührender maassen anzuhören.

Des Herren Consistorial-Präsidenten Hochwohlgebohren verrichten hierauf in einer sehr wohlgesetzten Rede die Admonition und stellen beregtem Rath, theils sein Unglück, theils auch sein Glück weitläuftig vor: Jenes zwar, daß er sich auf seine Penetration freventlich verlassen, damit seinem GOtt gleichsahm den Krieg angekündigt und so gefährliche Irrthümer wieder sein

---

Sünden, besudelt gewesen! Daß sie bey meinem Leben, oder zum gewissesten nach meinem Tode, sichtbahre Geschöpffe werden: um mein gesundunverfälscht-thätiges Christenthum a la barbe nigrorum Hœdorum d. i. im Angesicht der schwartzen wieder mich ergrimten und von vielen Atheistisch-practischen Selbst-Sünden ungemein heßlich-stinckenden Verfolgungs-Böcken: kürtzer: eingefleischter Teuffeln und unruhiger Gespenster! hautement & pie ferme zu verfechten; Denn da von dem souverainen Gerechtigkeits-Thron meines allergnädigsten Königs und Herrn, von erwehnter chimerischer Auflage bin frey, loß und ledig gesprochen: hat seine Majestätische Astræa, mir ihrem alleruntertänigstem Vasallen, zugleich dadurch die ungebundene Licenza einer heroischen und Ritterlichen Defension zugestanden, und ihre Waffen selbst gleichsahm in meine Hände gegeben, mich wieder alle und jede, welche mittelst, dem anstößlichem Vorwurf ofterwehnten Verbrechens, entweder bereits meinen unbefleckten Leumuth zu begeifern gesucht, oder noch künftig intentioniret seyn möchten, durch Auflagen von dergleichen apocryphischer Fabrique, an mich zu Hectorischen Sand-Reutern zu werden! nach dem Befehl des rechten Rechts und unter dem Palladio und Ægis-Schild des allegirten hocherlauchten Decreti Tribunalitii & Revisorii auf das tapfermüthigste zu rechtfertigen; Denn, was würde mir solches sonsten helffen, wenn mir die Macht benommen wäre und bliebe, mit selbigen, den Rachen und die Zähne der auf mich fallenden rasenden und tollen Hunden: Ich meyne die unverschämte Lügner, bösen Leumuthmacher, Afterredner und Atheisten-Ausbrüter! in tausend Stücken zu zerschmettern, und durch die massacrante zugelassene Rachausübung, sie in gescheidere, sittsahmere und kirrere Thiere zu verwandlen.

sein heiliges Wesen, absonderlich in seinem Tractat de Deo, Mundo & Homine offenbahr gemachet, mithin hiedurch sich in sein jetziges zeitliches und ewiges Verderben gebracht habe; dieses aber, daß ihm diesen ohngeachtet, der gütige GOtt, noch die Gnade wiederfahren lassen, diesen seinen so enormen Fehltritt alhier erkennen und bereuen zu können, mit dem ernstlichen Ermahnen, daß er solche mit danckbahrem Hertzen erkennen, seine Irrthümer richtig und ohne Heucheley bereuen und den festen Vorsatz ergreiffen möge, solche sein lebenlang zu detestiren und sich davor zu hüten. Worauf Rath und Doctor Lau wünschet, mit gleicher Eloquence hierauf antworten zu können: Weil er sich aber dazu nicht præpariret hat, so wendet er sich gleich zur Revocation und thut solche prævia facta Prælectione vom Consistorial-Secretario, nach der von E. E Consistorio ihm vorgeschriebener Formul öffentlich an feyerlicher Consistorial-Stelle dergestalt:

Ich Theodorus Ludovicus Lau, Doctor erkenne, daß ich in meinen in den Druck herausgegebenen Schriften, besonders in dem Tractat de Deo, Mundo & Homine **Irrthümer begangen**, die einen *Indifferentismum Religionis* **in sich halten**. Solche wiederruffe, detestire und revocire ich nochmahls, so wie ich sie bey dem Tribunal, in denen sub En & Ecce auch Vide, dem Statui Causæ annectirten Beylagen und dem gehaltenem Disputat als Irrthümer bereits erkandt und improbiret: Gelobe auch, daß vor solche verworrene Meynung, mich best-möglichst hüten wolle!

Womit er noch, mit sehr demütigen Geberden und Wercken, nicht allein E. E. Consistorio verpflichtesten Danck abstattet, sondern auch diese Versicherung giebet, daß er sein Lebenlang sich mit allen möglichen Kräften dahin bestreben wolle, damit er durch GOttes Gnade dermahleins von dem algemeinem Richter an der Seiten der Lämmer, nicht aber der schwartzen stinckenden Böcke möge gefunden werden.
Extradit G. C. Patzker.

Das vierdte Stück.

Ich Theodor Ludwig Lau bekenne

1. Daß niemahlen, ein innerlicher noch äusserlicher thörichter **Atheist** gewesen, seyn werde, noch seyn kan: auch meine bißhero herausgegebene Schriften, **nicht die geringste Atheisterey**, sondern wohl gar **Irrthümer**, **Falschheiten und Lügen**, denen wir nach Adams Fall, alle und jede unterworffen, in sich halten können

nen und mögen, darinn ich aus Schwachheit, und nicht vorsetzlicher Weise verfallen bin: daß also die mich einer Atheisterey beschuldigt, bereits aber von mir, in etwas wiederleget und respective verklaget, vor die unchristlichsten Calumnianten halte und sie samt und sonders vor den Richter-Stuhl Christi vorgeladen habe: welcher rechtmäßig-christlicher Appellation, ohne Absicht einer Rache, hiemit auf das neue, auf das feyerlichste inhærire.

Ich bekenne

2. Gar gerne, daß ein gar grosser Sünder bin, und die heilige Gesetze der Liebe gegen GOtt meinen Schöpffer, meinen Seelig-und Heyligmacher, gegen mich selbst, meinen Nechsten, und alle übrige Creaturen auf unnenbahre Weise übertreten und gebrochen.

Ich bekenne

3. Daß diese vierfache Ubertretung der allgemeinen Liebe, mir, ohne Heucheley, recht von Hertzen leid seyn und mich zu ihrer Bereuung inniglich anreitzen.

Ich bekenne und glaube

4. Daß denen bußfertigen Sündern, ihre Sünde, nach Verheissung der heiligen Schrift vergeben werden durch GOtt selbst und seine Mundbothen.

Ich bekenne und glaube

5. Daß ihr, mein lieber Herr Beicht-Vater, eben dieselbe Macht von GOtt habet, durch seine Macht den bußfertigen Sündern die Sünde zu vergeben.

Ich bekenne

6. Daß ich grosser und bußfertiger Sünder zu dem Ende zu euch komme, mir, laut dieser meiner offenhertzigen Bekäntniß, meine vierfache Ubertretung, durch eine vollkommne Absolution zu vergeben, die also annehmen werde, als wenn der einige dreyeinige GOtt, mit dem ohne dem unabtrennlich bin und ewig bleibe, wie eine in den Weinstock eingepflantze Rebe! Sie mir unmittelbahrer Weise, vom Himmel seinem ewigen GOttes-Hauß verkündigt hätte.

Ich bekenne

7. Daß mir fest vorgenommen, mein Leben an der Vernunft und dem Willen auszubessern, und mich Mensch-möglich für die fernere Ubertretung der vierfachen Liebe zu hütten, um nicht auf das neue, Sünden wider den heiligen Liebes-Geist zu begehen.

Ich

Ich bekenne

8. Daß weil nunmehro aus einem redlichen Vertrauen, Eure Wohlehrwürden zu meinem Beicht-Vater gewählet, ich die Vorsorge meiner Seelen hiemit so lang noch leben werde und hie verbleiben möchte, ihro gantz: vor sie, ihren geistlichen Pflichten gemäß, zu wachen; anvertraue um mit mir, vor ihr geistlich-gegenwärtiges und künftiges Wohl redlich zu sorgen.

Ich bekenne endlich und glaube

9. Daß weil kein Atheist, sondern ein rechtgläubiger Christ nach dem alten und neuen Testament, obwohl ein grosser Sünder! die heilige Dreyfaltigkeit in einer Einheit, die bey uns und diesem heiligem Werck allgegenwärtig: mit ihrer vollen Gnade, mir also in diesem Augenblick insonderheit beywohnen werde, daß ihre unmittelbahre-mittelbahre Vergebung mit solchen Freuden werde anhören und durch ihren Mund, wie mit jenem bußfertigen Zölner ausruffen können: Ich bin vor meiner Feinde Pharisäischer Gerechtigkeit, gerechtfertiger wieder nach Hause gegangen.

Auf diese meine redliche und unverfälschte Bekänntniß, welche E. W. hiemit originaliter geschrieben und untersiegelt, zu Rechtfertigung meines wahren Glaubens vor aller Welt: die in Juden, Heyden, Christen und Türcken von Anfang der Welt bestanden und noch zur Zeit nach dem allgewaltigem Willen dessen, der ein Hirt und eine Heerde zu seyn und zu machen versprochen, bestehet; übergebe: Bitte in Kraft und Pflicht ihres hochehrwürdigen Amts, nunmehro mich von allen und jeden Sünden, sie mögen Nahmen haben wie sie wollen, frey, loß und ledig zu sprechen; Solches bittet nochmahls Theodor Ludwig Lau, Magnus Peccator. (L. S.)

Inwendiges Bekäntniß, hat Tit. Herr Hof-Rath Theodor Ludwig Lau, vor Geniessung des heiligen Abendmahls, auch mit seinem Munde abgeleget, die Absolution empfangen, und das heilige Abendmahl genossen. Neu Roß-Garten: Königsberg den 3. October 1727.

M. Theodor Fr. Werdermann.

Denn glaube und bekenne noch ferner

10. Daß durch die Gnugthuung und das Verdienst JEsu Christi, als meines gewissen Erlösers und Seeligmachers,! mir jeder Zeit in der Beicht und bey Geniessung des heiligen Abendmahls, meine vierfach begangene Ubertretung und Sünden wider die heilige Gesetze der Liebe, zwar gäntzlich vergeben, getilget und vernichtigt werden: Doch unter den unabtrennlichen Bedingungen mein Leben, der gethanen Zusage zu folge, auch würcklich zu bessern, mich Mensch-möglichst für die weitere Ubertretungen und Brechungen der vierfachen

fachen Liebes-Obliegenheiten und Pflichtschuldigkeiten zu hüten und insonderheit durch eine thätliche Nachfolge in der Lebens- und Lehr-Arth Christi und Ausübung des mir anbefohlenen Evangelischen Glaubens, Wandels, und vierfachen Liebes- und Licht-Wercken gegen GOtt meinen Schöpffer, Seelig- und Heiligmacher, gegen mich selbst, meinen Nechsten und alle übrige Creaturen; mich der Gnugthuung und des Verdienstes JEsu Christi würcklich und wahrhaftig, wie zur Vergebung aller meiner Sünden, also zur Erlangung der Herrlichkeit des künftigen ewigen Lebens theilhaftig zu machen.

In Kraft dieses Puncts bekenne ich

11. Kein Sadducäer oder von den Esprits forts * zu seyn, welche die Aufferstehung gantz und gar verleugnen: sondern ich weiß vor mein Theil gar zu gewiß, daß mein Erlöser lebt, der mich hernach aus der Erden wird auferwecken, daß ich hernach mit dieser meiner Haut werde umgeben werden, werde in meinem Fleisch GOtt sehen, denselben werde ich mir sehen, meine Augen werden ihm schauen und kein Frembder.

Ich glaube und bekenne endlich

12. Daß die so genannte zwölf Articul, welche in dem Symbolo Apostolico abgefaßt, nach der Augspurgischen Confeßion von mir bekennet und geglaubet werden: daß ich also durch diese weitere Erklärung meines Glaubens-Bekäntnisses und ihre neue Erklärung, allen vernünftigen und christlichen Welt-Gemeinen, werde alle vergnügliche Satisfaction gegeben und sie in ihren eigenwilligen wider mich gefaßten irrigen Meynungen, sie mögen bestehen worin sie wollen; völlig desabusiret haben. Königsberg den 16. April 1728. Theodor Ludwig Lau, Magnus Peccator.   (L. S.)

Zu

---

* In meiner zu Königsberg 1730. in 8vo, gedruckter Poetischer Menschwerdungs-Historie habe sie gar Esprits forts fort Fous, d. i. die starcke Thorheits-Geister benennet. Fraget man mich warum? Ist die Antwordt: um sie durch den notablen Beysatz, von den Esprits aussi forts, mais raisonables & mathematiques en même Tems, d. i. Den starcken, klugen und mathematischen Gemüthern abzusondern: Die zwar auch von allen Dingen zweiflen und nicht jede angegebene Müntze vor wahrhaftig ächt so fort annehmen; Indessen wieder mathematische und sie gnugsahme überzeugende Gründe der Weißheit, Vernunft und Offenbahrung, lächerliche Wiedersprechungen, mit einer belachungs-würdiger Halsstarrigkeit dennoch einzuwenden, sich keine Mühe, nach der erstern Gewohnheit machen und geben. Meine ungedruckte Probe einer vernünftigen und christlicher Socratischer Critique über den Leipziger Socrates, ist wegen des Unterscheids, weiter nachzulesen.

Zu dem vorigem Bekäntniß: hat Tit. Herr Hof-Rath D. Lau, dieses da er zum andern mahl den 16. April 1728. communiciret; beygefüget, welches hiemit bescheinige. Neu-Roß-Garten, Königsberg den 29. April 1728.

M. Theodor Fr. Werdermann, Pf.

Das fünfte Stück.
Rubriciret:
Beth und Arbeit! (*)
Num. 1.
Würcklich gedruckte Bücher, u. s. w.

1. Politische Gedancken, wie Souveraines mit den Einwohnern ihrer Reiche, mächtig und reich seyn können und werden. Frf. am Mayn 1717. 8.

2. Me-

---

* Wenn ich gestehe, die Beylage, habe zum ewigen Gedencken des Grossen Rußischen Kaysers PETRI I. unsterblichen Gedächtniß also betittelt: werde hoffentlich deswegen keine Reprimende verdienen. Denn wie mit meines Gottseeligen Hertzogs in Liefland, zu Churland und Semegallen würcklich-regierender Hochfürstlicher Durchlauchtigkeit Friedrich Wilhelm glorwürdigen Andenckens in St. Petersburg war: davon die Historien von 1709. und 1710. nachzuschlagen: habe zum öfteren, mit meinen eigenen Ohren gehöret, wie gleich erwehnter mächtiger Monarch, hochgedachten Hertzog, mit den fürtreflichen Instructions-Worten: Mein Sohn! Mein Sohn! Beth und Arbeit, so wird es ihnen wohl gehn! auf Holländisch angeredet und durch sie, zu hohen und recht Königlichen Gedancken angemuthiget: Obschon selbige ohne dem, ein beständiger Vorwurf von der Vernunft und dem Willen des Durchlauchtigsten Hertzogs, meines gnädigsten Fürsten und Herrn waren. Es kommet hiezu, theils die weise Erinnerung selbst der Heyden, die mit dem Befehl der heiligen Schrift, darinnen eine Meynnung führen: quod Dii Orantibus & Laborantibus omnia vendant d. i. Wer Beth und Arbeit, den werden die Götter nicht durch Hunger noch Durst sterben lassen; theils die serieuse Reflexion quod summa mihi Voluptas sit, posse meminisse, cui Rei, meum Tempus impenderim, welche dem Petro Firmiano ablehne und so viel sagen will: Ich freue mich hertzlich, durch das, Nulla Dies sine Linea d. i. Ich habe keinen Tag ohne Gebeth und Arbeit vorbeylauffen lassen! meine neidische Feinde, die mit thönenden Ertzten und klingenden

2. Meditationes de Deo - Mundo - Homine, in 8. 1717. so auch da gedruckt.

3. Entwurf einer wohl-regulirten Policey, Frf. am Mayn 1716. 8.

4. Aufrichtige Nachricht vom Finantz-Wesen der Provintz von Holland: Cölln, bey den Erben des Peter Marteau 1717. in 4. die ich in deutscher als ihrer Original-Sprache geschrieben, obwohl die Wörter: übersetzet nach dem Holländischen Original, aus gewissen Ursachen beyfügen lassen. Der rechte Druck-Ort, ist Herborn.

5. Meditationes, Theses, Dubia, ab Eclecticæ Veritatis Amatore, edita in 8vo. Freystadii b. i. Francofurtum ad Mœnum 1719.

6. Aufrichtiger Vorschlag von Vermehrung der Intraden der Ober-Herren und Unterthanen, durch bessere Regulierung der Policey-Cammer-Commercien, und Steuer-Wesen, in 4. 1719. Franckfurt am Mayn: welchem Tractat, der sub No. 3. allegirte Entwurf einer wohl-regulirten Policey, eingerücket. *

7. Der,

geuden Schellen sich divertirende, müßig gehende- und von meinen Honig und Wachs-Stöcken sich ernährende Hummeln! auf das sanglanteste zu mortificiren; Noch mehr aber, hat mich letzlich, andere Raisons von raisonabler Ehrbegierde und Eyffersucht, nicht weniger denn andrer Helden Söhne zu seyn u. s. w. nicht zu touchiren! der Gewissens-Trieb, zu dieser mich ungemein belehrenden und erquickenden Beth- und Arbeits-Profeßion aufgemuntert: daß nicht von der Gerechtigkeit des rechten Rechts, mit dem Syrachschen Ausputzer: Ein weiser Mann der sich nicht brauchen lässet und ein vergrabner Schatz, wozu sind sie beyde nütz? Es ist besser, daß der Unweise sich verkrieche, denn der Weise! vor aller galant-gelehrten Welt hautement möchte und würde prostituiret und ridiculisiret werden; Daß indessen brauchbahr bin und mich habe wollen brauchen lassen, zeigen meine Schriften und verschiedene desfals publicirte Notificationen Manifesten und deswegen gethane kostbahre Reisen!

* Von diesem Werck, kan ich mit gutem Fuge, ohne Vorwurf eines Trasonismi oder einer haupt-lächerlicher Einbildungs-Schwachheit, mit dem Ovidio schreiben;

Jamque Opus peregi: quod nec Jovis Ira, nec Ignes
Nec poterit Ferrum. nec edax abolere Vetustas:
Cum volet illa Dies; quæ nil nisi Corporis hujus
Jus habet, incerti Spatium mihi finiat Ævi:
Parte tamen meliore mei super alta perennis
Astra ferar, *Nomenque erit indelebile nostrum;*
Quaque patet domitis Romana Potentia, Terris
Ore legar Populi; perque *omnia Secula* Fama
(Si quid habent veri Vatum Præsagia) Vivam.

b. i.

7. Der, in Poetischen Lehr-Sätzen von mir abgeschilderte vollkommne Regent des sinnreichen Spanischen Statisten Savedræ, in 4. Freystadt 1724. Ist aber in Elbing gedruckt.

8. Dissertatio inauguralis, sistens Theses miscellaneas ad universum Jus spectantes. Erfordiæ habita 1725. 4to.

9. Cogitationes Politico-Juridicæ, Mundo Juridico-Politico, ceu plurium subsequentium Laborum, hi si grati fuerint certissima in Pignora communicata. Berolini 1726. 4to.

10. Dissertatio pro Receptione in Facultatem Juridicam Regiomontanam, Theses ex universo Jure depromtas sistens, 1727. 4to.

11. Probe einer deutschen Ubersetzung der 5. und. 8. Satyre aus dem Boileau. Königsb. 1730. 8.

12. Die Menschwerdungs-Historie des Heylands der Heyden in gebundner Rede, nach Anleitung des andern Capitels des Evangelisten Matthäi, Königsberg, 1736. 8. D 13. Sche-

---

d. i. nach der Verdeutschung des Buchs der Weißheit c. 8. v. 13. Ich werde durch solches einen unsterblichen Nahmen bekommen und ein ewiges Gedächtniß, bey meinen Nachkommen lassen: Oder nach meiner Tyro-Poetischen Verdolmetschung will es andeuten:

Mein Werck ist nun vollendt! Des Götter-GOttes Blitz,
Und seine Donner-Keil: Des Feuers Schwefel-Flammen:
Das fräßge Alterthum: Der Schwerdtern Dolchen-Spitz:
Nichts schaden seinem Seyn; Es ruht auf Lorbeer-Stammen!
Wenn der Verhängniß-Tag: Der seine Herrschaft übt
An Leib und Cörpern nur; Wird mir die Uhr zu senden,
So soll die Zahl der Jahr, von meinem Leben enden,
Und meiner Rechen-Kunst, die rechte Summe giebt!
Mein bester Lebens-Theil: Ich meyne Seel und Geist!
Mich doch vom Erden-Kreiß hin nach den Wolcken reißt,
Um mich dem Strahlen-Kreiß der Sternen einzuschreiber:
Daß meines Nahmens-Ruhm verhimmelt möge bleiben;
Und ich, nebst meinem Buch: in beyder Polen Erd
Wohin der Römer Macht ist siegreich durchgedrungen,
Und hat derselben Volck mit Lieb und Furcht bezwungen;
Wie ich und es verdient; geliebt, gelobet werd:
Wir beyde, bey Gesolg, im Fall ja die Poeten:
So derer Götter Söhn! Canonische Propheten;
Unsterblich mögen seyn bey der zukünftgen Zeit,
So lange dauren wird die Zeit der Ewigkeit!

13. Scheda, qua curiosis Rei Litterariæ Amatoribus peræque uti Bibliopolis, Hagæ Comitum inhabitantibus, Latino meo Stylo Philosophico-Politico-Juridico reali, iis inserviendi Inclinationem offero & manifesto, 4to 1735.

14. Vale meum respectivè ultimum famigeratissimæ Academiæ Lugdunensi Batavorum, Gratitudinis ex Obligatione triplici an. 1736. in 4. oblatum.

15. Palingenesia perdilectissimorum meorum Parentum! seu Epitaphium Latino-Germanicum in eorum Honorem, Stylo Lapidari exaratum in 4to Altonaviæ 1736.

Num. 2.
Würcklich zum Druck fertig liegende Bücher:
Die theils meine eigene, theils übersetzte Ausarbeitungen seyn.

1. Virgilii Æneas in zwölf Büchern mit einer doppelten Vorrede, aus dem Lateinischen *

2. Guarini Pastor Fido oder der getreue Schäfer, mit einem Avertissement, aus dem Italiänischen. *

3. Probe gewisser Ubersetzungen auch aus gleich-erwehntem *Guarini* mit einer Vorrede: Ihr ist der Original-Text, mit des Hofmanswaldauen und Abschatz Verdollmetschungen, zum Unterscheid meiner Finsterniß von jener Licht, beygefüget.

4. Horatii Buch de Arte Poëtica: oder von der Dicht-Kunst mit einer Vorrede aus dem Lateinischen: nebst des Boileau l' Art Poetique, aus dem Französischen wegen des Gleichinnhalts.

5. Verbesserte Probe einer Boileauschen Ubersetzung: welche, von der 5. Satyre, 4. und von der 8. Satyre, zwo unterschiedene Verdeutschungen, mit zwo Vorreden, aus dem Französischen überliefert.

6. Noch gewisse Verdeutschungen aus dem Boileau: als der Anrede an den König und der 1. 2. 3. 4. 6. 7. 9. 10. 11. und 12. Satyre. †   7. Eine

---

* Beyde Wercke sind indessen noch ungemein ähnlich, einem unförmlichen Chaos: verdienen dahero die Digestions- und Purifications-Feuer der Schöpffungs-Chymie, wiewohl sie sonst in gut rein und verständlich Deutsch übersetzt und übrigens dem seltenem und seltsahmen Werck, jetzt nur gantz kurtz verfaßte mythologische Noten sind beygefüget und alle übrige moralisch-politische Reflexiones weggelassen. NB. Wegen der zwo Epithetonum seltsahm und selten, ist der Vte Artickel des 11. Stücks der so betittelten Beyträge zur critischen Historie der deutschen Sprach, Poesie und Beredsamkeit, die A. 1732. in 8vo. zu Leipzig ediret, nachzusehen.

† Die Uberresten möchten mit der Zeit folgen, wenn nur die erste, das goldne Glück hätten, artige und dergleichen Verleger anzutreffen, so geneigt, Sachen, die von beliebigem Geschmack und wie Lehrreich, so zugleich Ergetzend seyn, cum Emphasi zu lieben.

7. Eine Uberſetzung der 10. Satyre aus dem Juvenal, ſamt einer Vorrede aus dem Lateiniſchen.

8. Verdeutſchung der Pybrackſchen Quatrains mit einer Vorrede und Beylagen, aus dem Frantzöſiſchen.

8. Die Aufferſtehungs-Hiſtorie: nebſt dem raſenden, vertzweiflenden und ſich ſelbſt erhenckenden Judas: und dem ſeinen HErrn JEſum verleugnenden, ſich bekehrenden und bußfertigen Petrus: Noch die Erſcheinung des heiligen Geiſtes, oder Andacht über das heilige Pfingſt-Feſt, und das Evangelium von den Arbeitern im Weinberg, aus dem 20. Cap. Matth. mit angeführten Lehr- und Lebens-Regeln. * Alle Piecen ſind nach der Poeſie-Gattung meiner Menſchwerdungs-Hiſtorie des Heylands der Heyden entworffen. **

10. Die 150. Pſalmen Davids, eben auf die Arth im Reimgebände, unter dem Titul: Des Zions Palmen-Wald, von Davids Pſalmen ſchalt.

11. Religio Clerici d. i. der Glaube eines Geiſtlichen, aus dem Engliſchen, mit einer Vorrede.

12. Religio Laici d. i. der Glaube eines Layen oder Weltlichen aus dem Engliſchen, mit einer Vorrede.

13. Vernünftiger Catechiſmus: oder Gottsgelehrte und erbauliche Unterweiſung im vernünftigem Chriſtenthum eines Vatern an ſeinen Sohn, aus dem Engliſchen, mit einer Vorrede.

14. Die zweiflende Muſe: ein kurtzes Engliſches Gedicht.

15. Vernünftig-chriſtliche, rechtlich und billige Defenſions-Puncten eines chriſtlich-gläubenden und chriſtlich-lebenden Politici und Juriſten, mit einer Vorrede.

16. Probe einer vernünftigen und Chriſtlichen Socratiſchen Critique über den Leipziger Socrates.

17. Pro-

---

* Die übrige Evangelia ſind zwar auch in ſo weit fertig, aber ohne Reflexionen: lambente indigentia præterea Urſa! Was heißt das auf gut Deutſch: Ihr meine Herren Hyper-Critici?

** Die Gattung iſt das neue Genus Madrigalicum, ſo aus zerſtückten kurtzen und langen Jambiſchen Verſen, ohne eine genaue Abſicht auf die Ordnung der Reime zu haben, zuſammen gelöthet: welche Freyheit denn, der man ſich in dieſem genere bedienen kan, den Poeten Gelegenheit giebet, mancherley Gedancken wohl auszudrücken, welches ein anderes ſtrengeres nicht würde vergönnet haben und von der ſo genannten Quodlibetiſchen Dichter-Gattung unterſchieden. Daß eine gewiſſe galant-gelehrte Magiſtrats-Perſohn in Hamburg, ſich dieſes Generis ſehr bedienet, zeigen beyde Theile ſeines irrdiſchen Vergnügens in GOtt, Hamburg 1727. 8.

17. Probe einer vernünftigen-altehrlichen, Franco-Tedesco-Francesco Critique über den Biedermann des Hochgelahrten Ernst Wahrlieb Biedermanns.

18. Das vernünftige Christenthum des Hochfürstl. Churländischen Staats Raths und Cabinet-Directoris Theodor Ludwig Lau, J. V. D. wird wieder die Atheistische Auflagen des Königlich-Preußischen Geheimden Raths und Hällischen Juris Professoris, aus Thomasianischen Rechts-Sprüchen: von der Vernunft und Warheit, dem Mathematischen Recht und der christlichen GOttes-Lehre, Sonnen-klar erörtert und gehandhabet; Noch ein ander Tractat, rubriciret: Glorieuser Zustand eines Atheistischen Gelehrten, entgegen gesetzet dem elenden Zustand eines Atheistischen Gelehrten des Herrn Christian Thomasen, Königl Preußischen Geheimten Raths u. s. w. in dem XXIV. Casu seiner Juristischen Händel erstem Theil 4. mit Beylagen Nosce Te ipsum oder Christian Thomasen Oster-Gedancken in 8. Halle. Und Bene Credere, Vivare & Agere discas. Item eine Lateinische Arbeit, dessen Titul: Theodor Ludwig Lau J. V. D. defendit Theodorum Ludovicum Lau J. V. D. contra falsissimas Atheismi Thomasiani Inculpationes; Und sind alle drey, wie oben in etwas schon unter einem NB. erwehnet, von diesem Vortrag: Darinnen der bescheidenen und freymüthigen Warheit theils bittre Gesundheits-Pillen, an denen aber das Gold und Silber nicht gesparet, um ihre leichte Verschluckung zu besorgen! theils süß-angenehme und erquickende, Perlen-und Mandel-Milche à la rasade aufgetischet werden; Alle drey Tractate würden einen starcken Quartanten ausmachen: der sich wohl so gut wie die Thomasianische Juristische Händel verkauffen und den Verleger in Renommeé bringen würde! Doch können sie auch a part gedrucket werden.

19. Vernünftiges und Christliches Antwordt-und Erinnerungs-Schreiben an des geringen und lustigen Tractats den Gelehrten Narren rc. unbekannten und unbenannten Herren Verfasser. rc. NB. Weilen es nach dem Beprüfungs-Gusto verschiedner gelehrter Mäckler, lehrreich und divertissant, divertissant und lehrreich seyn soll: würde ein curieuser Verleger, durch seine Herausgebung nicht zu kurtz kommen, vielmehr mittelst dem Expediens, die noch übrig habende gute Quantität vom gelehrten Narren, zu Debit-Waaren verwandlen, damit er nicht länger eine pauvre Hang-Figure in den offen stehenden und verschlossenen Buchladen mache.

20. Probe gewisser Erläuterungen über das zu Franckfurt am Mayn in 4. gedruckte Buch: Vorschlag von glücklicher Einrichtung der Intraden u. s. w. S. N. 1. n. 6.

21. Notification von vier versprochenen Staats-und Reichs-Wercken, betitelt: Das Amsterdamsche Welt-Magazin: Finantzien-Dictionaire: Corpus Juris Architecturalis Civilis, oder Rechts-Lehre vom Civil-Bauwesen u. s. w. und das Jus publicum Veteris Status Romani, oder das alte Römische Staats-Recht.

22. Sche-

22. Schematismus Reformationis necessariæ, utilis, practicatu facilis Studiorum Juridicorum, Orbi communicatus litterario.

23. Schediasma Juris Publici de S. R. J. ita dictarum liberarum Civitatum Statu Historico-Politico-Juridico, quoad illarum Jus & Exercitium Jurium Territorialium & Jurisdictionalium.

24. Benedicti Spinosæ, Lebens-Beschreibung aus des Bayle *Dictionaire Historique-Critique*, mit einer Vorrede.

25. Erstes Probstück der galant-gelehrten, erbauenden und ergetzenden Gelehrsamkeit, welche aus erwehntem Dictionaire, durch abgekürtzte Auszüge und dabey geschlossenen eigenen Remarquen, ich den galant-gelehrten par Pieces detachées d. i. Stückweiß nach und nach mitzutheilen und damit fortzufahren gesonnen, wenn ein behülflicher Verlag mich secundiren will.

26. Des berühmten Comödianten Joh. Poquelins oder Molliere Lebens-Beschreibung, aus erwehntem *Dictionario* Bæliano, mit einer Vorrede. NB. Ihr könte etwa eine Specification, von den bey den Griechen und Römern bekannt-und en Vogue gewesenen Schauspielern und Schau-Spiel-Schreibern angehänget werden.

27. Eröfnete Gedancken von der Satyre, darinn erwogen worden, wie man seinen Nechsten bestraffen soll, und wie weit die Satyre, zu dem Ende könne gebraucht werden, aus dem Frantzösischen, mit einer Vorrede.

28. Historische Zeit-Beschreibung, oder Nachricht von dem Königreich der Buhlerey. aus dem Frantzösischen, mit einer Vorrede.

29. Beyeinander-Sammlung artiger Erzählungen und sinnreicher Klugheits-Worte, worinnen von ihrem Gebrauch, der Hechel-Kunst der Alten, auch den stachlichten und spitzfündigen Schertz-Rednern jetziger Zeit gehandelt wird, aus dem Frantzösischen, mit einer Vorrede.

30. Der, mit den Sitten und Lebens-Weisen der heutigen Welt, fürtreflich übereinkommende und ihr gantz ähnlich seyende weisse Teuffel: welchen Thomas Adams in einer Englischen Rede abgeschildert und die von Wilhelm Christiaens in das Holländische übersetzet, von mir aber wegen des artigen und lehrreichen Inhalts, aus der letztern Sprache verdeutschet worden, mit einer Vorrede.

31. Antwordt des Entwurfs einer wohl-regulirten Policey gedruckt Frf. am Mayn 1717. in 8. auf des Hällischen Professoris und G. R. Christian Thomasens, wieder ihn gemachte und in den über des Cantzlers von Ossa Testament editrten Auslegungen, eingerückten Noten. NB. Sie könte zum Anhang oder Inserto des Voluminis gemachet werden: welches die contra Thomasium ausgefertigte respectivé Defensions- und Refutations-Schriften, in puncto des mir fälschlich
impu-

imputirten Atheismi fatui, in sich beschliessen; Und guarantiere, das Werck wird nicht zu Maculatur gebrauchet werden von galant-gelehrten, einen vernünftigen christlichen guten Wohlgeschmack habenden und curieusen desinteressirten Lesern. Absit interea Verbo gloria Trasonismi!

32. Der Savedraische Regent, unter dem vermehrten Titel vollkommner Landes-Vater und Regent, mit Politisch-Historischen Noten: zur neuen Auflage.

33. Deutscher Commentarius über die zwo ersten Bücher des Telemachs: denn von weiterer Fortsetzung abstrahire; Warum? Ist nicht nöthig zu erinnern! Undanck, Verfolgungen u. s. w. würckliche Recompencen meiner Patriotischen Arbeiten, haben mir ein Edictum prohibitorium, sub Poena rigorosissima in Contraventionis Casum, insinuiren lassen: Wie sie gleichfals Uhrstifter der Feuerwercken zu Rödelheim-Solms und im Grafenhaag gewesen, die verschiedene meiner vorgehabter und in etwas auch schon entworffen gewesener Arbeiten: Z. E. Amsterdamsches Welt-Magazin, der Kauf-Handel von Amsterdam, Entwurf eines wohl-regulirten Kriges-Etats u.s.w. nebst allen dazu gehörigen vielen Collectaneis u. s. w. in die Wesenheit der Asche verwandelt haben.

34. Probe des Historischen Galanterie-Dictionarii: darinn Lesenswürdige Lebens-Beschreibungen des durch Verstand, Schönheit und andere eclatante Avanturen, so lobwürdiger als betadelter Conduite, in der Liebe, Ehe, Ehre, Buhlerey, dahingehöriger Thaten, Reputation und Tode glücklich oder unglücklich gewordenen Frauenzimmers, von hohen, mitlern und geringerm Stande; nach ihren merckwürdigsten Umständen, aus der alten und neuen Historie sollen abgefasset werden.

35. Probe freymüthiger und treugemeinter Reflexionen über das Titul-Blat und die Vorrede des Dippelischen A. 1729. in 4. gedruckten und rubricirten Tractätchens: Analysis Cramatis Harmonici hyper-physico-logico-Mathematica u. s. w.

36. General Grundsätze und Gedancken von dem Standt der Freyheit, der Herrschaft und dem so genanntem Recht der Natur, Lateinisch und Deutsch.

37. Politische Gedancken, wie Könige und Fürsten mit ihren Reichen und Ländern, auf vernünftige und christliche Weise können mächtig und reich werden, liegen zur andern Auflage fertig, und sind die darinn vorkommende Allegata aus fremden Sprachen, zugleich verdeutscht.

38. Eine Sammlung verschiedener Ubersetzungen aus gewissen Frantzösischen Operen, die gerne zum Besten der Dichterey, und Vocal-Music-Liebhaber, wolte mit dem Original-Texten, drucken lassen.

39. Etzliche übersetzte Fabeln des de la Motte u.s.w. mit gegen übergesetzten Verdeutschungen des Brocks, u. einer Vorrede: habe ihnen auch verschiedene Politische

Remar-

Remarquen, die eben nicht verwerflich oder mißfällig seyn möchten, hin und wieder beygeschlossen.

40. Unmaaßgebliche Gedancken von der Harmonia præstabilita Dei omnium Rerum d. i. GOttes vorhergesetzte wohlübereinstimmende Verordnung und Zusammenhang aller Sachen mit einer Lateinischen Beylage, rubriciret: Oratio Cathedratica intentionalis!

41. Respective Erläuterungs-und Verthädigungs-Schrift meiner Probe von einer Verdeutschung des Virgilianischen Æneas: die, in dem bereits in der Note sub lit. b. allegirtem V. Artickel des 11. Stücks u. s. w. ist critisiret worden; und sich, wie principaliter an ihren Durchgrübler, der Mr. Lotter heissen soll: so secundario an die gantze Leipziger Gesellschaft addressiret: Sie ist von mir selbst persöhnlich des Herrn Prof. Gottscheds Hochedelgebohren, als ihren Chef, nebst einem an ihn selbst desfals abgelassenem Schreiben, in Leipzig den 24. August. 1735. insinuiret worden. Ob sie solche, entweder gantz oder per Extractum, wie sie mir versprochen, der Warheit zur Liebe und dem Verthädigungs-Recht zur Satisfaction, ihren Beyträgen einschalten werden, ut Contraria juxta se posita magis elucescant d. i. der Gegenhalt von reichhaltigem und geringem Metallen, eröfnet den Augen des Leibes und der Vernunft, derselben differential-Wesenheiten! werde erwarten.

42. Der Fall Adams und Eva: wird als die Uhrquelle der Politisch-Geistlicher Fehltritte und Strauchelungen oder Solœcismorum & Pudiasmorum Politico-Ecclesiasticorum, die in Friedens-und Krieges-Vorfällen, publiquen und privat Angelegenheiten von Hohen und Niedern u. s. w. begangen worden und werden; in einer Echantillons-Arbeit vorgestellet.

43. Poetisches Gedicht mit Anmerckungen: welches die Welt, wie eine Schaubühne der Narren und Diebe vorbildet.

44. Ubersetzung der ersten Trauer-Schrift aus dem andern Buch der Klagschriften des Ovidius: mit verschiedenen kurtzen Anmerckungen u. einer curieusen Beylage.

45. Specimen Bibliothecæ Librorum deperditorum.

46. Defensio physico-moralis-Juridica: Atheismum, posito quod tale Ens Theoretico-physico-morale verè dari possit; quod tamen negatur! non esse Crimen, consequenter nullis Pœnis subjectum: sed potius Corporis Statum, imò Mentis valdè ægræ Morbum miserrimum, Commiseratione fraterna, Amore Proximi, Tolerantia, Medicinaque Mentis & Corporis dignissimum.

47. Specimina nonnulla notatu dignissimarum Recensionum ex Hebdomadalibus quæ eruta Novellis: Orbi curioso, Christianè & Rationaliter Critico, cum Stricturis Criticis Philosophicis inprimis & Juridicis, communicata a Cognito Incognito Libertino Rationaliter Judicante & Christianè.

48. Joh. Dantisci Vaticinia de Polonia & Dantisco ruituris Poema Latinum breve, a me Poeticè Teutonisatum. d. i. Poetische Verdeutschung des kurtzen Lateinischen

teinischen Gedichts Joh. Dantiscani, von den über Pohlen und Dantzig verhengten Fatalitæts-Perioden.

49. Poetischer Schauplatz unglückseeliger Gelehrten. Die Erläuterungs-Anmerckungen dazu, fehlen aber annoch.

Locus est & plurimis Umbris. Horat. L. 1. Epist. V. v. 28.

Num. 3.

Versprochener als in etwas entworffener Arbeiten.

1. Synopsis Jurisprudentiæ Juridico-Christiano-Mathematicæ, vi Th. XII. supra allegatæ Disputationis Erfordiensis.
2. Ziegleri Ars Rabulistica illustrata: ib. Th. XVII.
3. Ichnographia Juris Criminalis & Processus ejus æquioris & magis Christiani.
4. Trutina Philosophico-Politico-Statistico-Juridica variarum Legum, Edictorum, Morum & Rituum curiosorum, suaque Singularitate notabilium vi Th. XI. p. 12. prædictæ Disputat: Regiomontanae pro Receptione in Facultatem Juridicam.
5. Notae Politico-Historico-Juridico-Criticae in Joh. Becheri Librum in 8vo von den eigentlichen Ursachen der Auf- und Abnahmung der Städte, Länder und Republiquen u. s. w. ib. l. c.
6. Ubersetzung meines Entwurfs einer wohl-regulirten Policey in das Lateinische, unter dem Titel: Pars prima, seu Sciagraphia Politiae bene regulatae, Autore Translatore Theodoro Ludovico Lau. †

† NB. Die übrigen drey Theile, oder Entwürffe wohl-regulirter Commercien-Negocien und Steuer-Sachen, sollen von mir in wenig Monathen aufs höchste, wo immer möglich, im Lateinischen Prunckhabit erscheinen, wenn nur ein so complaisanter Verleger sich bey mir anzumelden die Güte haben wolte, der von galant-gelehrten und hochästimirten Wercken ein Liebhaber, dabey von der vernünftig-christlichen Religion derer die dem Mammon ins Angesicht segnen! sein Facit und Glaubens-Bekäntniß machet. Vieleicht wäre es gut diese Lateinische Translation in 4to oder 8vo mit grossen Marginalien zu drucken, daß Collegia darüber könten gelesen werden. Hat Förster, der zum wenigsten tausend Exemplaria, vom gantzen Tractat, drucken lassen, keinen Schaden gehabt: Denn seinen Profit den ihm von Hertzen gönne: Und ohn dem kein Handel und Wandel kan geführet werden! verlange nicht auszurechnen; Wird der Buchführer, so den Lateinischen Verlag unternimmt: um so weniger risico lauffen, da sein Debit und Verschleiß sich gar nicht in Deutschland nur confiniret, sondern so zusagen durch die gantze Welt, indem die Lateinische Sprache eine algemeine Sprache! ansdehnet; Wozu kommt, daß die deutsche Edition fast nicht mehr zu haben. E. Wer die übrigen Titulaturen meiner versprochener Bücher, die aber nur bloß, in den Druckereyen, Buchladen und auf den Messen der Platonischen, Verulamischen und dergleichen Regiments-Verfassungen, werden anzutreffen seyn! zu lesen verlanget: Beliebe meine zu Freystadt 1723. und zu Berlin 1726. in 4. u. s. w. gedruckte Verlautbahrungen der lobwürdigen Absichten: mit meinen entwelchen gnugsahm wichtigen Philosophisch-Juristischen und Staatistisch-Finanzial-Wissenschaften, wie den respective Oberhäuptern der Erd-Wasser-Kugel, so den darauf befindlichem Lehr-Nähr- und Wehr-Stand, auf Patriotische und desinteressirte Arth zu dienen; darüber zu Befragen: So werden sie zu sichtbahren Vorwürffen, seiner Neubegierde; in dem Augenblick werden. Ich schlüsse indessen mit diesen merckwürdigen Worten, Dixi & liberavi Animam; Habeant sibi! d. i. Ich habe laut und Harmonieus genug, zum öftern genifsen, sie haben aber nicht tantzen wollen: Ich bin ausser Schuld; Mögen sie dahero die nie zu justificiren seyende vorsätzliche Nachläßigkeit, und die daraus abgesammte und abstammende Inconvenientien und üble Nachfolgen, sich selbsten mit den grösten Capital-Buchstaben und Ziffern zu schreiben. Basta!

Christian Thomasius
Elender Zustand eines in die Atheisterey verfallenen Gelehrten
1720

XXIV. Handel.
Elender Zustand eines in die Atheisterey verfallenen Gelehrten.

§. I.

Mich düncke/ ich kan nicht besser thun / als wenn ich ohne vie- Anfrage les præambuliren gleich anfange/ diesen ohne dem an sich an die Fa- weitläufftigen Handel / wie er bey unserer Facultät vorge- cultät, gangen/ zu erzehlen. Anno 1717. in Monat Julio wurde nebst Vor- folgende species facti an unsere Facultät geschickt / die ich stellung ohne die geringste Veränderung also, wie sie uns zugeschickt worden/ her- der Ge- setze. schicht.

Nachdem ich unterschriebener Titius, vormahlen gewesener G. R. und Cab. Dir. des hochseeligen Fürsten von N. N. um von meinen Reise-Fatigues zu erhohlen/ mich in der freyen Reichs-Stadt N. N. etliche Wochen arretiret: Habe daselbst,
G g bey

XXIV. H. Elender Zustand

bey meinen müßigen Stunden/ nebst zwo politischen Tractätchen / davon das eine den Titul: **Politische Gedancken/ wie Könige und Fürsten mächtig und reich zu machen;** das andere die Rubric: **Entwurff von einer wohleinge-richteten Policey/ führet;** auch die sub A. beygeschlossene *Meditationes Philosophicas de DEO, Mundo, Homine:* verfertiget und sonder Nahmen zum Druck gegeben.

Um nun in diesen Meditationibus, mit freyerm Hertzen/ nach der in Republica Litteraria concessa libertate: wieder die receptas, in Philosophia nostra, opiniones zwar streiten; doch zugleich sie/ durch die falsche Beweis-Gründe der contrairen Parthey/ desto mehr verstärcken zu können;

Habe nicht allein die Persohn eines Philosophischen Heyden angenommen: Der / nachdem die alte und neue Welt-Weißheit, mit dem Studio Theologico er ziemlich/ insonderheit über die drey erwehnte Materien/ sich bekandt gemachet/ dabey verschiedene Königreiche und Länder durch gereiset: in selbigen auch theils die unnenbahre Arthen des Gottesdienstes und der Regierungs-Formen / mit einem curieusen Auge beobachtet: theils mit gründlich Gelehrten und subtilen Männern von vielen Secten und differenten Meinungen/ über die Puncta quæstionis, mündliche Conversation gepflogen; sich zwar ad interim, wegen seiner Negotien und Verkehrungen/ einen Verbleib-Platz bey den Christen gewehlet auch wieder ihre Verfolgungen desto sicherer zu seyn/ wie ein Christianus Temporalis sich auffführet: indessen aber sein Heydenthum dem Christenthum in so weit vorziehet; daß obgleich er/ die Lehren/ welche die Ecclesia Christiana de DEO, Mundo & Homine, verthädiget: in ihrem Werth und Unwerth / wiewohl mit einer nicht undeutlichen Neigung zu denselbigen/ beruhen lässet; er seine Sentiments und die Fidem Ethnico-Philosophicam vor der Fide Christiano-Philosophica, darüber wo nicht für gar wahr/ dennoch wahrscheinlicher angiebet und æstimiret;

Sondern ich habe auch dieses Heyden Argumenta Philosophica: indem auf die Vernunfft und Libertatem Ratiocinandi (welche zwo Stücke/ Deus ceu Liberrima Ratio: den Christen und Heyden in voller Maasse vergönnet) sie sich insonderheit gründen: und er de tribus hisce Fidei Philosophicæ Articulis seine Gedancken nicht wie ein Christ und Gottes-Gelehrter: sondern einem freydenckenden Heyden gleich/ nach den/ aus der Raison, der Schrifft/ der Erfahrung und dem Umgang/ genommenen Observationen/ ohne schädliche Absichten eröffnet; in den so genanten Meditationibus Philosophicis, per breves positiones concentriren und der edlen Warheit blos zu gut / public machen wollen: damit die Herren Theologi & Philosophi Reipublicæ Christianæ Gelegenheit dodurch hätten/ die Gültigkeit dieser Raisonnemens zu untersuchen/ das wahre vom falschen

zu

zu untersuchen / und durch eine gründliche und modeste Censur, wie die Christen in ihrem Glauben fest zusetzen: Also hingegen den irrenden Heyden / aus der Finsterniß in das Licht und von dem Weg des Irrthums einer fleischlichen Philosophie, in das Geleis des offenbahrten Wort GOttes/ mit Vernunfft, Sanfftmuth und Liebe/ nach der Vorschrifft unsers Heylandes zuführen und zubringen.

Es hatte aber dieses von mir/ nach NB. NB. gleich erwehnter Intention verfertigtes Tractätchen/ sich kaum in den Buchladen zur Beurtheilung vernünfftiger und moderater Richter præsentiret: wurde von dem Magistrat der freyen Reichs-Stadt N. N. auf Angeben der Geistlichkeit es confisciret/ auch der Verleger durch schwere Bedräuungen gezwungen/ den Nahmen des Autoris ihnen zu offenbahren.

Nachdem durch dessen Bekäntniß also kundbahr war geworden: Ich wäre der Verfasser erwehnter Meditationum Philosophicarum, und daß mich in der Stadt würcklich auffhielte; wurde nach wenigen Wochen/ indem immittelst auff das Land zum guten Freund verreiset war, ich von dem Scholarchat, welchem die Censura Librorum, in erwehnter Reichs-Stadt N. N. incumbiret: durch einen Ministerialen begrüsset und invitiret zu sie zu kommen, um wegen einer gewissen Affaire/ mit mir zu conferiren.

Ob nun wohl den Endzweck dieser Einladung vermercket/ und sie leicht decliniren hätte können: in regard als ein gewesener Fürstlicher Rath und wie ein Passagirer/ der in einer freyen Stadt vor sein Geld zehret und ohne Domicilio fixo lebet / das Forum Civicum zu agnosciren / ich ohnedem nicht wäre gehalten gewesen;

Habe doch lieber ex bonæ caussæ confidentia, mich vor die Herren Scholarchen sistiren und ihre Proposition vernehmen: als durch Exceptiones Fori Declinatorias, in bösen Argwohn setzen / und zu sinistren Urtheilen Anlaß geben wollen.

In die comparitionis, wurde nach kurtzen Præliminarien / von den Herrn Scholarchen, ex Commissione Nobilissimi Senatus, ich befraget: Ob ein gewisses Tractätchen rubriciret: Meditationes Philosophicæ de DEO, Mundo, Homine: mir bekand wäre / und was von selbigen hielte?

Meine Replique darauf war: wie auf dero Invitation, theils aus Respect gegen sie/ theils wegen eines guten und freyen Gewissens/ auch um erwehntes unschuldiges Tractätchen/ welches hiemit vor meine Arbeit erkennete, indem es causa inaudita verdammet und confisciret: in etwas zu verthädigen/ ich erschienen wäre; Declarirte dabey de novo, daß offenhertzig gestünde/ der Verfasser solcher Meditationum zwar zu seyn: Ich hätte aber selbige

Gg 2   I. Als

I. Als ein Philosophus Ethnicus (nachdem oben bereits weitläufftig entworffenen Begriff) und gar nicht wie ein Philosophus Christianus, noch weniger wie ein Theologus geschrieben: daß man also die zwo Personas Morales nothwendig von einander separiren und nicht confundiren müste ; weil sonsten dergleichen Opiniones, die mir niemahlen in den Sinn gekommen wären / leicht auffgebürdet werden könten: wowieder aber solennissime protestirte; Es gienge

II. Bey diesem Tractätchen mein Finis einzig und allein dahin: die Veritatem Philosophiæ Christianæ, (von welcher ich als ein Christianus völlig persuadiret wäre) von des Ethnicismi und derer alten als neuen Libertiner/falschen Hypothesibus, per argumenta genuinæ orthodoxiæ validiora in contrarium, völlig gesäubert und durch dieses Mittel / die wahre Religion wie den Rechtgläubigen zur unumstößlichen Gewißheit: also den Heyden selbst zu einer Uberzeugung/gründlicher verthädiget zu sehen. Wie dann zum mehrern Beweiß/ daß die in den Tractätchen verfaßte Meinungen/ nicht sovirte/ sondern exercitii & veritatis inquirendæ gratia, von mir nur wären offen geleget worden: Ich

III. allegiret/ daß nicht allein zu der Lutherischen Kirche mich bekennte / sondern das Heil. Nachtmahl bey einem Prediger ermeldter Religion in ihrer Stadt/ vor wenigen Monathen würcklich empfangen: und dahero aus angezogenen Umständen Sonnen-klar erhelte und wahr bliebe/ daß gleich wie ich ein Ecclesiæ Christiano-Lutheranæ Membrum wäre; also wegen Herausgebung offt erwehnten Tractätchens/ mir weder Hæresis noch Atheismus: wie zwar solches vorietzo/ nach meiner in der Præfation geschehener Vorhersagung / practiciret werden wolte; auff eine vernünfftige Art und mit gutem Gewissen imputiret und zur Last geleget werden könten. Wie dann

IV. und zum Schluß noch beyfügte: wie sehr wunderlich es mir vorkäme zu observiren; da in den Buchläden Arianische und Socinianische Bücher: die alte Heydnische und neue Libertinische Philosophi : nebst vielen andern heimlich gefährlichen Schrifften: in Lateinischer und Deutscher/ Frantzösischer und Englischer Sprache/ frey erkauffet und verkauffet würden; daß eben mein Büchlein/ ein so unglückliches Destin hätte empfinden und confisciret werden müssen.

Es wurden zwar von den Herrn Scholarchen/ wieder die in den Meditationibus enthaltene Sätze/ verschiedene Einwürffe und Accusationes formiret: auch iederzeit, wiewohl nach ihrem passionirtem und irrigem Begriff die Schlüsse gemachet: Sie hielten Principia periculosa & Atheistica in sich verborgen; Ich bliebe aber hingegen beständig bey den bereits weitläufftig angeführten Antworten; und nachdem zum öfftern wiederhohlet/ daß der Titul nebst der Vorrede dieser Meditationum, genungsam für mich, und meine unschuldige Pensées das Wort redeten: Auch weder des Atheismi Theoretici noch weniger des Practici beschuldiget werden könte/

könte/ indem den erstern expresse & in totum, in selbigen negirte: überdas der Ethnicus a Christiano, der Philosophus a Theologo; von einander gantz genau abgesondert bleiben müsten; beurlaubte mich von den Herrn Scholarchen mit einer geziemenden Ergebenheit und reiterirter Bitte: keine wiedrige Impressiones von mir und meiner Schrifft/ weiter zu hegen/ sondern mich wie einen standhafftigen Luthera-ner; das Tractätchen aber/ wie freymüthige Gedancken eines Heydnischen Philo-sophi, mit seriensen Erwegungen zu betrachten und denen odieusen Inculpatio-nen kein Gehör zu vergönnen.

Nun hätte ich verhoffet/ daß diese redliche Erklährung und naive Explication meiner Absicht/ welche bey Druckung dieses Philosophischen Tractätgens intendi-ret: den löblichen Stadt-Magistrat und die Geistlichkeit zu Frieden würde gesprochen haben; die Consideration, daß ein ieder der beste Dollmetscher seiner Worten/ Schrifften und Gedancken sey: auch einer gethanen Bekäntniß so lange guter Glau-be beyzumessen; bis das Gegentheil durch unumstößliche Proben erhärtet werden könne: Cum quilibet uti bonus Vir, ita & Christianus verus præsumatur esse, donec per Testimonia sole meridiano clariora, contrarium in fide & maxime in vitæ genere probetur.

Ich muste aber/ nach Ablauff weniger Tagen/ zu meiner Disconsolation vernehmen/ wie nicht allein auf eine unchristliche und recht heydnische Art/ von den Cantzeln verfolget und nebst dem Tractätchen in einen öffentlichen Kirchen-Bann gleichsam/ durch anzügliche Expressionen/ erkläret würde: sondern endlich gar er-fahren; daß/ nachdem ein Hochedler Rath, ihren Zeugschreiber zwo mahl an mich gesand hätten/ in dero Nahmen mir etwas zu hinterbringen/ selbiger mich aber nicht zu Hause gefunden: Das sub B. angeschlossene Consilium abeundi meinem Herren Hospiti eingeliefert wäre worden/mir es bey meiner Heimkunfft zu insinuiren.

So bald solches erhalten/ habe mit der raisonablen Welt mich zwar ungemein über dieses Procedere verwundern müssen: so fort aber auch (obgleich es gar nicht difficil mir hätte fallen sollen/ erwehntes Consilium Abeundi, per implorationem protectionis potentiorum zu eludiren) die Resolution, aus gewissen Ursa-chen/ sonderlich aber wegen der mir zu kurtz præfigirten Zeit/ genommen: um dem angedroheten Schimpff so wohl als dem Odio Politico & Theologico zu entge-gehen: mich auff eine Zeitlang/ wiewohl jure meo per omnia & in omnibus sal-vo, aus der Stadt zu begeben.

Weil aber durch dieses ungemein hartes/illegitimes, übereiltes und passionir-tes Verfahren des Magistrats und der Priesterschafft/ da sie
1) weder auff meine Persohn und den/ wegen vormahliger Fürstlicher Diensten/ führenden Character: noch
2) auff die vernünfftige oben bereits angeführte Declaration meiner Philoso-phischen

phiſchen Gedancken/ welche doch von ihnen/ durch keine Gegen-Gründe zur Zeit wiederleget; Vielweniger moraliter-mathematice behauptet worden; quasi hæc Ethnici Philoſophi Principia, propria mea eſſent dogmata, quibus præ Chriſtianiſmo, cujus ego tamen strenuus sectator sum: Symbolum meum darem & aſſenſum, gebührende Reflexiones machen: ſondern

3) mir/ wieder die Dictamina Rationis & Scripturæ. die Regulas Justi, Æqui, & Decori; die Frequentirung ihrer Stadt/ unter ſcharffen Beahntung verbiethen wollen; auff das empfindlichſte bin graviret und beleydiget worden;

So bin ich entſchloſſen/ um die Ruhe meines Gemüths beyzubehalten: und meine/ bey dieſer Affaire/ erwieſene irreprochable Conduite, in den Augen aller Welt/ gegen meine Adverſarios Politicos & Eccleſiaſticos, zu juſtificiren: die zu dem Ende mir offen ſtehende Remedia Juris zu ergreiffen; durch ſelbige/ meine rechtmäßig führende Vües zu obtiniren und zugleich/ von ermeldten meinen Wiederſachern/ wegen den/ an mich verübten Exorbitantien und unlöblichen Ausſchweiffungen/ die gebührende Satisfaction zu fordern und zu ſuchen.

Damit aber mit beſſerm Nachdruck und mehrerer Gewißheit in dieſer delicaten Affaire/ meine Meſures nehmen könne: Habe vor nöthig erachtet/ Euren Hochedlen und Geſtrengen/ meinen Hochgeehrteſten Herren/ dieſe Facti Speciem, welche zu dero klärern Information, in weitläufftigen Terminis, mit gutem Vorſatz abgefaſſet: zu dero hochvernünfftigen Erwegung zu communiciren: und über nachfolgendes/ aus dem Facto genommene und flieſſende Quæſtiones: Dero Sinceres und unpartheyiſches Gutachten, zu meiner vollkommenen Nachricht angelegentlich gehorſamſt auszubitten; Es gehet aber die

1ſte Anfrage dahin: Ob mein Philoſophiſches Tractätchen/ welches hiemit zugleich Eurer Hochedlen und Geſtrengen/ meinen hochgeehrteſten Herren redlichen und chriſtlichen Cenſur unterwerffe: könne NB. NB. nach meiner dabey geführten Intention und denen vor den Herren Scholarchen/ allegirten wichtigen Raiſons, welche vor mir in antecedentibus mit einer freyen und treuen Feder ſind beſchrieben worden: vor ein ſo ſcandalöſes Büchlein æſtimiret werden, darinn ſolche böſe und Atheiſtiſche Principia enthalten/ daß es nothwendig eine Confiſcation: ich aber das Conſilium abeundi meritiret habe. Ob

2. die Geiſtlichkeit/ ſo

1) mit groſſer Rigueur, auf die Confiſcation dieſes unſchuldigen Büchleins gedrungen: welches ſie doch mit dem übrigem/ in groſſer Abundantz ſich befindlichem geiſtlichem Unkraut der Chriſtlichen Kirchen/ biß zur Zeit der Erndte/ lieber hätten dulden ſollen;

2) Mich nebſt ſelbigem/ auff den Cantzeln, für ein Teuffels-Buch und Atheiſten

sten rc. rc. ohne dergleichen Facta & Crimina (si Meditationes Ingenii & Intellectus Crimina dici possunt) mir zur Zeit erwiesen zu haben: mit bittern und ungeziemenden Worten/ debitiret und ausgeschrien; Auch endlich

3) durch ihr vehementes predigen den Magistrat genothsachet/ wieder mich ein ungerechtes Consilium abeundi emaniren zu lassen; Nicht dadurch die Lehre der heil. Schrifft und das reine Christenthum übertreten; auch durch diese zornige Aufführung/ mehr ihre geistliche Herrschafft & Tyrannidem Ecclesiasticam, als einen gelinden und sanfftmüthigen Eyfer vor die Ehre und Lehre GOttes/ zuerkennen gegeben haben.

3. Ob und wie wieder diese ihre/ gegen mich und meine Philosophische Gedancken/ bezeigte unchristliche Conduite, ich meinen Regreß nehmen könne: und was für eine actionem zu dem Ende anstrengen solle. Ob nicht

4. der Stadt-Magistrat, gleichmäßig/ in dem gantz illegalem modo procedendi ungemein gestrauchelt: und insonderheit durch das ertheilte Consilium abeundi, die jura naturæ & hospitalitatis: die dictamina justitiæ, æquitatis & decori; ja selbst die officia humanitatis in meiner Persohn violiret und gebrochen; da sie einen längern und freyen Aufenthalt/ bloß und allein wegen eines Philosophischen Tractätchens: welches aus einer redlichen und unschuldigen Absicht / orthodoxæ veritatis inquirendæ causa meistentheils geschrieben worden ; abgeschlagen und mir aus ihrer Stadt/ innerhalb dreyen Tagen wegzubegeben/ sub dura' clausula injungiret: in welcher dennoch die/ unsern Heyland lästernde Juden mit ihren gottlosen und blasphemen Schrifften und Büchern in einer güldnen Freyheit gelitten werden. Und weilen also durch diese ungebührliche Proceß-Form und das Sultanische Consilium abeundi, dergestalt mich beleidiget befinde: daß man solches/ ohne Ressentiment secundum præscripta juris & legum verschmertzen solte/ mir es mit der Zeit zu einem schädlichen Vorwurff ausschlagen dörffte: Als gehet meine

5. und letzte Anfrage dahin: was für ein Rechts-Mittel wieder den Magistrat dieser freyen Reichs-Stadt N. N. in hoc passu mir competiren: Selbigen nachdrücklich/ seiner grossen Injustitz tam ratione processus, quam Consilii abeundi, vor der gantzen Welt zu überweisen und schamroth zu machen; Als insonderheit, qua via juris brevissima & actione, ihn dabey obligiren könne/ vor die mir zugefügte unverdiente Drangsahlen und Verfolgungen/ eine suffisante/ eclatante und notorische Satisfaction, auff eine publique Weise und dergestalt zu geben ; damit er gehalten sey/ zum wenigsten durch ein öffentliches Cassatorium, den gantzen Proceß-Modum nebst dem Consilio abeundi zu annulliren zu wiederruffen und vor illegitim zu erklähren. Datum N. N. den 5ten Julii Anno 1717.

Titius.

§. II.

XXIV. H. Elender Zustand

Von Confiscirung Atheistischer Bücher.

§. II. In dieser specie facti sind zwey Beylagen allegiret. Die sub litera A. war das confiscirte Büchlein, de Deo, Mundo Homine selbst in octavo, aus dreyen Bogen bestehend, welches ich gerne wolte mit beydrucken lassen/ wenn alle Welt meines Sinnes wäre/ und die Herren zu N. nicht nach der gemeinen Meinung / von dergleichen Bücher Gefährlichkeit/ selbiges confisciret hätten. Denn ob sie zwar solches nach Anleitung unsers responsi zu thun wohl befugt gewesen/ so habe doch allbereit oben bey den V. Handel §. I. p. 130. errinnert/ daß nicht alles/ was ich zu thun befugt bin/ auch nützlich sey. Nach meiner Meinung werden die Atheistischen Bücher durch die confiscation nicht unterdruckt/ sondern sie werden von denen schlauen Buchführern nur desto theurer verkaufft/ ja weil die Politische Welt durch die tägliche Erfahrung vergewissert ist/ daß wegen der vielen Reliquien Papatus Politici, die noch hier und dar auch unter den Evangelischen dominiren/ auch viele gute nützliche Bücher unter dem prætext, als wenn selbige gefährlich wären, eine gute Zeit hero sind confisciret worden/ so pflegen auch viele vernünfftige und gescheide Leute aus Curiosität dergleichen als Atheistische confiscirte Bücher/ wenn selbige confisciret worden/ desto theurer zu bezahlen / weil sie gedencken was gutes darinnen zu finden. Ich bin versichert/ daß wenn Bodini Heptaplomeres, daß wohl eher für hundert Thaler und drüber bezahlet worden/ gedruckt wäre/ zwar der erste Verlag davon den Verleger eben keinen Schaden bringen dürffte, wenn er es um einen billigen Preiß gäbe, eben wegen der bißherigen Einbildung von demselben. Aber ich wolte gut dafür seyn/ daß es keiner fernern Auflage würde bedürffen/ so viel einfältiges/ albernes und absurdes Zeug stehet darinnen von Anfang biß zu Ende. Es gemahnet mich mit denen Atheistischen Schrifften/ wie mit andern absurden/ oder doch nicht viel besonders in sich habenden Schrifften, die bloß die Rarität theuer macht. Wie viel tausend Thaler hat nicht mancher Professor (sonderlich in dem vergangenen Seculo, da die Ignorantz auch noch auff denen Lutherischen Universitäten herrschete) mit einen dictirten Tractätlein verdienet/ das ihn ieder mit 60. und mehr Thalern bezahlen muste. Warum er muste schweren/ daß er dieses herrliche Werckgen keinen Menschen communiciren wolte. Jetzund/ da das Werckgen gedruckt ist und etwa 6. oder 8. gute Groschen kostet/ will es bald kein Mensche mehr kauffen. Von Thummermuths Buche: Krumbstab schleußt niemand aus, habe ich anderswo geredet/ und wird es sich weisen/ ob der æstim davon, und die Begierde / solches zu besitzen/ nicht gar sehr abnehmen wird/ da man solches nun öffentlich verkaufft. Dem sey aber nun wie ihm wolle/ so will

es sich

es sich doch nicht schicken/ daß ich bey der einmal von unserer Facultät recht-mäßig erkanten confiscation dieser Schrifft/ dieselbige itzo selbst wolte beydrucken und unter die Leute bringen laßen.

§. III. Zwar möchte mancher dencken: Es erfordere die Connexion der Sache die communication dieser Schrifft nothwendig. Denn weil diese so zu sagen das so genante corpus delicti ist / worüber gestritten wird/ ob es eine Atheistische Schrifft sey oder nicht, wie will der Leser davon judiciren wer recht hat / wenn er die Schrifft nicht selber durchlieset/ und antecedentia cum consequentibus conferiret. Und ich muß gestehen/ daß dieser Zweiffel nicht ohne Wichtigkeit sey. Aber er ist doch nicht so gar wichtig/ daß er nicht durch deutliche und begreiffliche rationes gar leicht gehoben werden könte. 1. Ist wo mir recht ist / ohnlängst in einer gewissen Schrifft gedacht worden / daß in einen Fürstlichen Gymnasio meines Behalts zu C. ein Professor des Orts das scriptum de Deo, Homine, Mundo wieder drucken liesse und solches entweder schrifftlich/ oder in einen darüber zu haltenden collegio mündlich zu refutiren entschlossen wäre. 2. Ist auch die erste Auflage von dieser Schrifft so rar nicht/ daß man selbige nicht noch um einen billichen Preiß/ der über vier Groschen nicht viel austragen wird/ bekommen könne. 3. Ist in unsern responso selbst das vornehmste/ was zur decision der controvers thut/ aus dem Buche allbereit excerpiret und ausgeführet/ und die connexion mit den vorhergehenden und nachfolgenden gezeiget worden/ ja es werden auch in der drauff folgenden contradiction des Autoris die loca excerpta selbst nicht geleugnet / noch was von der connexion cum antecedentibus & consequentibus gesagt wird/ so viel das factum betrifft/ nie gestritten/ sondern der Streit ist nur wegen der consequentz: (Logice loquendo, lis non est de Minore: *Autor hoc vel illud docet*, sed de Majore: *Quic. talia docet, habendus est pro Atheo*) und also bedarff der Leser, zu Beurtheilung dieses Streits/ da alles de verbis in facto richtig/ gar nicht nothwendig/ daß er das Scartecgen selbst lesen müsse.

Ob das corpus delicti vernünfftiger Weise ausgelassen werden könne.

§. IV. Die andre Beylage sub B. der in der specie facti gedacht wird/ ist die schrifftliche resolution, die seinem Hospiti insinuiret worden; Ihme Titio solche zuzustellen/ und ihn aus dem Hause zu schaffen.

Die Beylage sub B.

Als die Herrn Scholarchen referiret/ welcher gestalten ohnlängsthin ein sehr scandalöses Tractätchen/ sub rubrica: de DEO, Mundo & Homine, herausgekommen/ welches man confisciret/ und auff Herren Schultheiß und Schöpffen Verordnung/ den sich itzo allhier aufhaltenden Autorem davon/ Herrn N. N. darüber

con-

XXIV. H. Elender Zustand

constituiret/ und derselbe sich damit zu entschuldigen vermeinet/ daß es nur Philosophische Gedancken und er ja selbsten ein guter Evangelischer Lutherischer Christ wäre; Nachdeme aber gleichwohlen in solchem Tractätchen sehr böse und Atheistische Principia enthalten/ daß auch die Herren' Geistlichen deßfalls Ahndung gethan / und Herrn Schultheiß und Schöpffen vor nöthig befunden/ bemeldtem Autori das Consilium Abeundi zu geben; So hätte man zwar etliche mahl den Zeugschreiber N. N. hingeschicket/ der ihn aber niemahlen antreffen können/ dahero es dessen Hospiti Herrn N. N. angezeiget/ dessen aber ohnerachtet hielte selbiger sich noch immer hierauff ; dahin stellend was deßfalls weiter zu thun: Solle man bemeldtem Autori andeuten lassen/ daß er innerhalb drey Tagen sich von hier wegbegeben/ oder sich vor Schimpff hüten möge/ seinem Hospiti aufferlegen, ihn bey Verlust des Schutzes länger nicht bey sich zu behalten und beeden dieses Decret ad domum insinuiren lassen.

(L. S.)   Conclusum in Senatu
            Donnerstags den 3ten Junii 1717.

Das   §. V. Das an uns abgelassene Schreiben hatte eben nicht sonderliches
Schreiben merckwürdiges in sich; es wird aber doch nicht undienlich seyn/ des Herrn
an die Fa- Autoris seinen sonderlichen Zustand auch aus demselben zu erken-
cultät. nen.

Aus beygefügter Specie Facti und andern Anlagen/ ersehen dieselbe/ welchergestalt ich wegen eines in öffentlichen Druck gegebenen Tractätchens, betittelt: de DEO, Homine & Mundo &c. bey dem löblichen Scholarchat-Ambt in der freyen Reichs-Stadt zu N.N. nachmals bey der gantzen Clerisey daselbsten, in solchen Verdacht gefallen/ daß nicht nur gemeldtes Tractätchen/ unter dem ohnmaßgeblichem Prætext, daß es scandalös sey / confisciret/ sondern auch mir/ nach einer deßfals mit besagtem Scholarchat, prævia citatione, genommener Unterredung/ das Consilium Abeundi gegeben worden.

Wie mir nun obliegen will/ zu Salvirung meiner Reputation, von Prudentioribus mich hierüber belehren zu lassen/ wie nehmlich mich bey solcher erheblichen Sache zu verhalten: damit dieses/ meinem wenigen Bedüncken nach/ allzufrühzeitig abgefaßtes und mir insinuirtes Consilium Abeundi wiederum redressiret / und mir vor den deßfals angethanen Tort/ die Satisfaction gegeben werden möge;

Also ersuche Eure Hochedlen, Gestrengen und meine hochgeehrteste Herren gantz dienstlich: daß sie dieses Factum mit seinen Umständen wohl erwegen/ und mich als einen/ ob editum ingenii laborem, unschuldig leidenden/ in Rechten cum rationibus dubitandi & decidendi zu belehren belieben wollen; obgestalten Sachen nach das wieder mich ergriffene Procedere zu justificiren/ mithin berührtes Tractätchen/ ohn angesehen meiner darüber gemachten Explication, dennoch zu confisciren/

eines Atheistischen Gelehrten.

ren, und bey dem erhaltenem Consilio Abeundi, es verbleiben müsse? Casu vero quo non: wie solches das Recht und die Billigkeit zu approbiren mir scheinet; was vor eine Klag wieder dieselbe anzustellen? und welchergestalt die Satisfaction zu begehren?

Uber welches alles und die in Specie Facti enthaltene Anfragen: Ich dero gütiges Bedencken/ wie sie solches denen Rechten gemäß zu seyn/ ohne einige Reflexion auff meine Persohn/ befinden werden, erwarte; Und dafür die Gebühr/ auff erlangte Nachricht/ welche samt dem Responso Juris, um gewisser prestanten Ursachen willen/ bald zu beschleunigen bitte: mit danckbahrem Gemüthe willigst abstatte; auch lebenslang bey sich eräugenden Gelegenheiten mit einer sinceren Dienstbegierde verharre

Eurer Hochedlen/ Gestrengen und Hochgelehrten
Meiner Höchstzuehrenden Herrn

Datum N. N. den 5ten   ergebenst gehorsamster Diener
Julii 1717.   Titius.

§. VI. Nun wunderte es mich bald Anfangs / warum der Herr Das Inse-Quærente/ da er doch in der That prætendirte/ daß wir bey dieser zum wenigsten delicaten und odiösen Sache uns seiner hauptsächlich annehmen solten, so wenig Vertrauen gegen uns bezeugte/ daß er uns weder seinen Nahmen/ noch den Ort/ wo die Sache passiret/ und wo er sich damahls auffhielte / nennen wolte; und ich ware bey dieser Bewandniß zugleich besorgt/ wie das responsum bestellet werden könte/ wenn ich den Titul an Monſ. Titium einrichten, und den Ort/ wohin es geliessert werden solte/ auff den Titul mit N. N. bezeichnen liesse: Aber dieser letzte Scrupel wurde mir bald benommen/ als ich unter denen Beylagen auch dieses Inserat und doppeltes P. S. fande.

Auch Hochedle / gestrenge und Hochgelehrte,
Meine höchstzuehrenden Herren.

P. S. 1. Ersuche nochmahlen Eure Hochedlen inständigst gehorsamst/ dero Responsum Juris nebst dem Auffsatz der zukommenden Spesen zu beschleinigen; auch beydes wohl eingewickelt und versiegelt/ an Herrn Henrich Pels Marchand Banquier in Amsterdam zu addressiren: weil selbiger/ von meiner vorietzigen Demeure, die Notice hat;

P. S. 2. Dieses also an Herrn Pels addressirte Paquet bitte hernacher wiederum an Herrn Rath und Doctorem Juris W. nach N. welcher alda auff der Zeile wohnhafftig, gütigst zu couvertiren; Indem selbiger von mir ordre hat so wohl die vor das Responsum Juris erforderliche Unkosten danckbahrlich sofort zu vergnügen; als auch selbiges an Herrn Pels nach Amsterdam in aller Eile zu spediren;

ren; damit es mir von selbigem richtig insinuiret werde. Welches Eurer Hochedlen zu dero Nachricht zu überschreiben/ vor nöthig erachtet; Verbleibe uti in Literis. Datum N. N. den 5ten Julii 1717.

Titius.

Erster Vorschmack von *judicio* des Herrn *Quærenten.*

§. VII. Es endeckte mir aber dieses Inserat noch ferner einige weitere Nachricht von dem Zustand des Naturels des Herrn Quærenten. Nach seiner specie facti, nach seinen Schreiben an die Facultät/ ja nach diesen seinen Inserat selbst/ wolte er nicht haben/ daß unsere Facultät wissen solte/ wer er eigentlich wäre/ und wo die Sache/ worüber er uns fragte/ passirt sey. Da er doch leichtlich hätte gedencken können/daß/ob gleich diese affaire aus leicht zu muthmassenden Ursachen/ nicht war in die Zeitungen gesetzt worden/ dennoch die Sache allbereit theils durch allerhand Brieffe/ theils durch die allhier studirende Studiosos, so von der Reichsstadt N. N. bürtig waren/ auch bey uns allbereit bekandt sey. Ja da er hiernächst so sorgfältig war/ daß er uns auch nicht einmahl den Nahmen seines Herrn Wirths wolte wissen lassen/ dem die insinuation des decreti-senatus geschehen war/ sondern in der Beylage sub B. derselbe gleichfalls mit N.N. bezeichnet war/ so fiel er doch in dem Inserat auff einmahl mit der Thüre ins Hauß/ und gab uns durch nahmentliche Entdeckung dieses seines gewesenen Herrn Wirths den Schlüssel freywillig in die Hand/ dieses vor uns so mühsam verborgne, und verschloßne Geheimniß auffzuschliessen/ wenn es auch gleich in der That noch würcklich ein Geheimniß und nicht allbereit/als obgedacht/schon vielen Gelehrten und Ungelehrten bekant gewesen wäre. Bey diesen Umständen wird mir der Herr Quærent nicht verdencken/daß ich damahls aus gutem Gemüthe bedauret,daß er vermuthlich secundam partem Dialecticæ Petri Rami nicht in seiner Bibliothec haben, oder doch nicht fleißig in diesen Buch studiret haben müsse.

Und von dem Zustand seines Gemüths.

§. IIX. Ja das Inserat gab mir noch ferner Anlaß/ in den Zustand seines Gemüths und Willens, wiewohl noch etwas tunckel einzusehen/ weil ich noch zweiffelhafftig war, ob ich die folgende Anmerckung auff das glimpflichste zu reden einer Einfalt oder Schalckheit zuschreiben solte. Ich wuste nun wohl/ an wen ich das responsum addressiren solte/ und wurde auch versprochen/die Gebühren zu entrichten. Ich dachte aber folgendes hierbey. Warum giebt der Herr Quærent nicht iemand hier commission, der das responsum gleich ablöset? Will er nach seiner eigenen specie facti so ein erfahrner und gereiseter Hoffmann seyn/ so hätte er ja leichtlich dencken sollen/daß dieses Zumuthen nicht allzuhöflich, oder wohl gar ein we-

eines Atheistischen Gelehrten.

wenig unverschämt sey. Vermuthete er/ wir würden mit ihm eines Sinnes seyn/ und an statt gegründeter vernünfftiger Rechts-Gründe, nebst ihm aus denen Poeten und Oratoribus wieder seine Adversarios fechten/ so ware es ja wohl billich/ daß er uns nicht wie Tagelöhner tractirte/ und von uns begehrte/ nach geschehener Arbeit der Bezahlung mühesam nachzugehen. Fürchtete er sich aber/ wir würden nicht mit ihm eines seyn/ und die uns von ihm vorgelegten Fragen nicht nach seiner Einbildung/ wie leider geschehen/ beantworten; So war es eine grosse Einfalt von ihm/ daß er sich einbildete, wir würden so einfältig seyn/ und ihm vor der Bezahlung der Gebühren das responsum einliefern. Hoc faciunt --- quos gloria vexat in ænis.

§. IX. Derowegen ware vor allen Dingen nöthig/ daß ich per Actu- *Ein von* arium Facultatis an den Herrn N. zu N. schreiben und ihn andeuten ließ/ *dem Hrn.* se/ daß er entweder iemand allhier commission geben möchte/ der das re- *D. W. zu* sponsum ablösete/ oder eine gewisse Summe Gelds zu Ablösung dessel- *diesen* ben herschickte. Die Antwort des gewesenen Herrn Wirths ad Actua- *Handel* rium wird zeigen/ daß ich keine Theurung gemacht/ sondern nur damahls *gehöriges* das Werck überhaupt überschlagen/ und noch nicht vermeinet/ daß unse- *Schrei-* re deduction in dem responso so weitläufftig werden würde; wannen- *ben.* hero hernach von denen gezahlten 7. Thlrn. auff die Jura Facultatis nicht einmahl 5. Thlr. gekommen/ weil den Uberrest die vorgeschossenen Post-Gelder und die Schreib- auch andre Gebühren des Actuarii absorbiret. Das Schreiben ist folgendes.

Das beliebte von 24ten Julii jüngsthin habe wohl erhalten und Inhalts vernommen/ übersende hierbey begehrter maaßen eine Assignation, wo mein hochgeehrter Herr die specificirte 7. Rthlr. in Brandenburgischen ⅔ Stück zu empfangen, mit dienstlicher Bitte/ bey wohllöblicher Juristen- Facultät nebst des Herrn Titii und meiner gehorsamsten Empfehlung das Werck solchergestalt zu recommendiren/ damit das verlangte Responsum juris zu besagten Herrn Titii besten und nach desselben Wunsch ausfallen/ auch fördersamst an mich unter dem Titul und Nahmen. P. A. W. Conseiller de Son Alt. Ser. Monseign. le Prince de N. U. addressiret werden möge 2c. die den Herrn Titio darunter erweisende sonderbahre faveur wird er ohne diese abgestattete Gebühr à part, so wohl bey besagter wohllöblichen Juristen-Facultät, als auch meinen hochgeehrten Hrn. besonder erkennen/ ich aber mache mir die plaisir, Gelegenheit zu haben/ in der That zu demonstriren/ daß beständig sey

N. den 7. Aug. 1717.

       Meines hochgeehrtesten Herrn
          dienstwilligster Diener
          P. A. W. D.

§. X.

XXIV. H. Elender Zustand

Præparatoria zum Concluso der Facultät.

§. X. Indessen ehe dieses Schreiben anlangete, referirte ich erst in Facultate generaliter des Herrn Quærenten desiderium, und schlug vor, daß indessen, ehe des Herrn N. Antwort zurücke käme, ein ieder von meinen Herrn Collegen die Meditationes de DEO, Mundo, Homine zuvorher selbst durchläse, und hierdurch sich auff sein votum wegen der an uns geschickten fünff Fragen præparirte, und bate zugleich, damit die Sache nicht auffgehalten würde, daß secundum ordinem in Facultate ein ieder so bald er solches durchlesen, seinem ihm folgenden Herrn Collegen zuschicken möchte. Was sich aber auch hierüber der erste für ein Gewissen gemacht, zeiget dessen an mich abgelassenes Schreiben, mit welchen er mir besagte Meditationes wieder zurücke geschickt.

P. P. Als dero --- den an vergangenen Freytag, als bey letzterer Session der Juristen-Facultät mir ad perlustrandum mitgegebenen Tractat de Deo, Mundo & Homine an die folgende Hrn. Collegen nach Verlesung zu communiciren angeordnet, und ich gestern zum H. Abendmahl gewesen, zu dessen præparation ich an Lesung obgedachten Tractats an Sonnabend verhindert worden, ihn aber itzo dermaffen abominabel finde, daß ich Bedencken habe, selbigen weiter bekant zu machen, vielmehr wündschen mächte, sothanen Tractat niemahls gelesen zu haben, so remittire ich denselben versiegelt hierbey, Dero --- anheim stellend, was sie dißfals ferner zu disponiren geruhen wollen. Indessen wündsche einen von GOtt an Leib und Seele gesegneten Morgen, und verbleibe ꝛc. Halle an 26. Julii 1717.

Schluß der Facultät, und Zweck des referenten bey Ausarbeitung des responsi.

§. XI. Nachdem nun das Schreiben des N. in dessen, daß meine übrige Hn. Collegen insgesamt das Tractätgen durchlasen, anlangte, habe ich an 13. Aug. die Sache nochmahl distincte referirt, und das in dem folgenden drauff von mir selbst elaborirten responso zu Ende befindliche conclusum per vota unanimia bekommen, mich auch beflissen, das responsum also einzurichten, damit eines theils der Herr Quærente nicht klagen könte, daß man seine in der specie facti für sich angeführte rationes übergangen oder verschwiegen hätte, sondern vielmehr erkennete, daß man noch über dieses alles zusammen gesucht, was nur einiger maßen scheinen können, ihm zu statten zu kommen, anders theils aber der elende Zustand des Herrn Quærenten und seine gantz offenbare Atheisterey, zwar ohne Verbitterung und Hefftigkeit, aber ernstlich ihm vorgestellet würde, damit er sich entweder begreiffen, und das Unglück, darein er gleichsam sporenstreichs rennete, erkennen, und in Zeiten seinen Fuß zurücke ziehen, oder doch zum wenigsten die offenbare prostitution seiner selbst und der ohnmächtigen Rachgier, darinnen er stäcke, empfindlich fühlen möchte, indem er sich gerichtlich rächen wolte, und doch selbst weder forum noch judi-

eines Atheistischen Gelehrten.

judicem noch actionen vorzuschlagen wüste oder immermehr vorschlagen könte.

§.XII. Ob ich nun diesen mit fürgesetzten Zweck in Ausarbeitung des responsi selbst beobachtet/ lasse ich einen jeden unpartheyischen Leser judiciren. Daß ich ihn aber bey dem Herrn Quærenten auff keine Weise erhalten/ wird die folgende Suite weisen. *Das Responsum selbst.*

Als uns eine species facti nebst gedruckten so genannten Meditationibus Philosophicis de Deo, Mundo, & Homine und einer Beylage sub B. auch fünff Fragen zugeschickt ꝛc. worden/ Demnach ꝛc.

Hat Titius ein gewesener Minister bey einem Fürsten in Europa nach dessen Todte in einer freyen Reichsstadt in Teutschland unterschiedene Tractätgen ohne Beysetzung seines Nahmens und unter andern auch obgedachte Meditationes Philosophicas in Druck gegeben/ welche aber der Magistrat des Orts auff Angeben der Geistlichkeit confisciren lassen/ auch den Verleger durch schwere Bedrohungen gezwungen/ den Nahmen des Autoris ihnen zu offenbahren. Ist hierauff Titius von dem Scholarchat des Orts, welchen die Censura librorum daselbst zustehet/ durch einen Diener ersucht worden/ zu sie zu kommen und wegen einer gewissen Affaire mit ihnen zu conferiren; und als er allen bösen Argwohn zu vermeiden sich sistiret/ und ex commissione senatus von ihnen befragt worden/ was er von obgemeldeten Meditationibus hielte/ hat Titius zwar gestanden daß er Autor von denselben wäre, aber dabey zu seiner Vertheidigung unterschiedene Entschuldigungen und protestationes angeführet/ daß ihm besagte Schrifft weder als Ketzerey noch Atheisterey imputiret werden könte; auch sich dabey beschweret/ daß derselbe confisciret worden wäre. Nichts destoweniger haben die Scholarchen die principia dieser Schrifft für gefährlich und Atheistisch gehalten/ auch den Autorem auff den Cantzeln für einen Atheisten declariret/ und hat der Magistrat darauff den Autori so wohl mündlich als schrifftlich andeuten lassen/ daß er sich von dar weg begeben/ oder sich vor Schimpff hüten möchte. Ob nun wohl Titius, umb den angedroheten Schimpff zu entgehen/ sich aus der Stadt begeben/ so ist er doch nicht gesonnen/ diese confiscirung seines Buchs und Ausweisung aus der Stadt so ungeahndet hingehen zu lassen/ sondern ist entschlossen zu Beybehaltung seiner Gemüths-Ruhe/ und zu justificirung seiner Conduite für den Augen aller Welt/ die zu dem Ende ihm offenstehende remedia juris zu ergreiffen und von dem Magistrat so wohl als dem Scholarchat gebührende Satisfaction zu suchen/ und wird deßhalben gefragt: *SPECIES FACTI.*

1. O

XXIV. H. Elender Zustand

QUÆSTIO-
NES.
PRIMA.
1. Ob Titii Philosophisches Tractätchen nach seiner dabey geführten intention vor eine so scandalöse Schrifft könne æstimiret werden/ darinne böse und Atheistische principia enthalten/ daß es nothwendig eine Confiscation, er Titius aber das Consilium Abeundi meritiret habe.

SECUNDA.
2. Ob die Geistlichkeit/ so mit grosser rigreur auff die Confiscation desselbigen gedrungen/ auff den Cantzeln selbiges für ein Teuffels-Buch und Titium für einen Atheisten ausgeruffen/ auch endlich durch ihr predigen den Magistrat verursachet/ wieder Titium das Consilium abeundi ergehen zu lassen/ nicht dadurch die Lehre der H. Schrifft übertreten / auch durch ihre zornige Auffführung mehr ihre geistliche Herrschafft & Tyrannidem Ecclesiasticam als einen gelinden und sanfftmüthigen Eyffer für die Ehre und Lehre GOttes zu erkennen gegeben haben.

TERTIA.
3. Ob und wie Titius wieder diese gegen ihn und seine Philosophische Gedancken bezeigte Conduite seinen Regreß wieder sie nehmen könne/ und was er zu dem Ende für eine action anstellen solle.

QUARTA.
4. Ob nicht der Stadt-Magistrat durch die Confiscation und das ertheilte Consilium abeundi die Jura naturæ & hospitalitatis, die dictamina Justitiæ, Æquitatis & decori, ja selbst die officia Humanitatis in Titii Person violiret?

QUINTA.
5. Was für ein Rechts-Mittel wieder den Magistrat Titio zustehe/ dadurch besagter Magistrat nachdrücklich seiner grossen injustitz vor der gantzen Welt überwiesen und schamroth gemacht/ auch angehalten werden könne/ vor diese Verfolgungen eine suffisante/ eclatante / und notorische Satisfaction auff eine publique Weise, und dergestalt zu geben/ damit er gehalten sey/ zum wenigsten durch ein öffentliches Cassatorium den gantzen Proceß-modum nebst den Consilio abeundi zu annulliren und zu wiederruffen?

RATIONES
DUBITAN-
DI PRO
QUÆREN-
TE.
PRIMA.
Ob nun wohl Titius der gäntzlichen Meinung ist / daß für ihn bey allen diesen quæstionibus gesprochen werden müste / auch zu dem Ende quoad quæstionem primam hauptsächlich zum Grunde 1. vorausgesetzt haben will/ daß er in besagten Tractätlein die Persohn eines Philosophischen Heyden angenommen/ der nachdem er die alte und neue Weltweißheit mit den studio Theologico über diese drey Materien/ Deum, Mundum & Hominem sich zugleich bekant gemacht ; dabey verschiedene Königreiche und Länder durchgereiset; in selbigen auch die unzehlige Arten des Gottesdienstes und der Regierungs-Formen beobachtet/ theils mit gründlich gelehrten Leuten und subtilen Männern von vielen Secten und differenten Meynungen über diese drey Puncta mündliche Conversation gepflogen/

eines Atheistischen Gelehrten.

gen/ sich zwar ad interim wegen seiner negotien und Verkehrungen einen Verbleibe-Platz bey den Christen erwehlet; auch wieder ihre Verfolgunge desto sicherer zu seyn/ wie ein Christianus temporalis sich aufführe/ indessen aber doch sein Heydenthumb den Christenthumb in so weit vorziehe/ daß ob er gleich die Lehren der Christlichen Kirchen de Deo Mundo, Homine verthädige; in ihren Werth und Unwerth (jedoch) mit einer nicht undeutlichen Neigung zu denenselben) beruhen lasse; er dennoch seinen Fidem Ethnico-Philosophicam darüber wo nicht für gar wahr/ dennoch für wahrscheinlicher angebe und æstimire: 2. Daß Er SECUNDA. solcher gestalt dieses Heyden Argumenta Philosophica, in dem auff die Vernunfft und libertatem ratiocinandi (welche zwo Stücke GOtt als liberrima ratio den Christen und Heyden in voller maße vergönne) sie sich insonderheit gründeten/ vorgebracht, bey welchen Er nicht wie ein Christ und Gottesgelehrter sondern wie ein freydenckender Heyde/ der diese meditationes aus der Raison, der Schrifft/ der Erfahrung/ Conversation und aus seinen eignen observationen colligiret / betrachtet werden müsse; Zumahl da dieses alles 3. aus keiner bösen Absicht geschehen/ son- TERTIA. dern er mit der publication dieser observationum nichts anders intendirt/ als daß der edlen Warheit zu gut die Herren Theologi & Philosophi Reipublicæ Christianæ Gelegenheit dadurch hätten/ die Gültigkeit dieser Raisonnements zu untersuchen/ das wahre von falschen zu unterscheiden/ und durch eine gründliche und modeste Censur zu zeigen/ wie eines theils die Christen in ihren Glauben feste zu setzen/ andern theils die irrenden Heyden aus der Finsterniß an das Licht und von dem Weg des Irrthums einer fleischlichen Philosophie in das Geleis des offenbahrten Worts GOttes mit Vernunfft/ Sanfftmuth und Liebe nach der Vorschrifft unsers Heylandes zu führen und zu bringen; Quoad quæstionem secundam & reliquas aber Titius vorwendet/ daß er 4. ex QUARTA. confidentia bonæ causæ sich vor den Herren Scholarchen sistiret/ ohnerachtet er befugt gewesen exceptionem fori declinatoriam zu opponire/ indem er als gewesener Fürstlicher Rath und als ein Passagierer/ der in einer freyen Stadt vor sein Geld gezehret und ohne domicilio fixo daselbst gelebet/ das forum civicum zu agnosciren sonst nicht wäre gehalten gewesen; ingleichen 5. daß er nach geschehener Bekäntniß/ daß er Autor QUINTA. meditationum sey, alsbald die obigen n. 1. 2. 3. erwehnten exculpationes denen Scholarchen vorgestellet/ wie daß er nemlich dieselben nicht als Philosophus Christianus, noch weniger als ein Theologus sondern als ein Philosophus Ethnicus verfertigt/ und man also die zwo perso-

Ji nas

XXIV. H. Elender Zustand

nas morales nothwendig von einander separiren und nicht confundiren müste; weil ihm sonsten dergleichen opiniones, die ihm nicht in Sinn kommen wären / leicht auffgebürdet werden könten / worwieder er doch solenniſſime proteſtirte; ingleichen daß der Zweck dieſes Tractächens einzig und allein dahin gienge/ die veritatem Philosophiæ Christianæ, von welcher er Titius als ein Chriſtianus völlig perſuadirt wäre/ von des Ethnicismi, und derer alten und neuen Libertiner falſchen hypotheſibus per argumenta genuina orthodoxa validiora in contrarium völlig geſaubert/ und durch dieſes Mittel die wahre Religion ſo wohl den Rechtgläubigen zur unumſtößlichen Gewißheit/ als den Heyden ſelbſt zu

SEXTA. einer Uberzeugung völlig vertheidiget werden möchte; wie er dem auch 6. zu mehreren Beweiß, daß er die in dem Tractätchen verfaßte Meinungen nicht ſovirte/ ſondern nur von ihm exercitii & veritatis inquirendæ gratiæ wären publiciret worden/ alleGiret hätte/ daß er nicht alleine zur Lutheriſchen Kirche ſich bekennete / ſondern auch das heilige Nachtmahl bey einem Prediger ermelter Religion in ihrer Stadt vor wenigen Monaten würcklich empfangen hätte/ und alſo unſtreitig ſey/ daß er kein Ketzer oder Atheiſt/wäre/ wie ihm zwar ſolches nach ſeiner in der Præfation ge-

SEPTIMA. ſchehenen Vorherſagung imputiret werden wolte; Zuletzt aber er 7. zum Schluß noch beygefüget/ wie ſehr wunderlich es ihm vorkäme zu obſerviren/ daß / da in den Buchladen Arrianiſche und Socinianiſche Bücher/ die alten Heydniſchen und Libertiniſchen Philoſophi,nebſt vielen andern heimlich gefährlichen Schrifften in Lateiniſcher/ Teutſcher/ Frantzöſiſcher und Engliſcher Sprache frey erkauffet und verkauffet würden; eben dieſes ſein Büchlein ein ſo unglückliches Deſtin hätte empfinden und confiſciret werden müſſen; ja als ferner von denen Scholarchen gemeldet und paſſionirte Schlüſſe gemacht werden wollen/als ob principia pericu-

OCTAVA. loſa & Atheiſtica in derſelben Schrifft verborgen wären; er dennoch 8. ſeine bißher allegirte rationes wiederhohlet, und daneben weiter urgiret/ daß der Titul nebſt der Vorrede dieſer Meditationum genungſam für ihn und ſeine unſchuldige Gedancken das Wort redeten/ er auch weder des Atheiſmi Theoretici noch Practici beſchuldiget werden könte/indem den erſtern expreſſe & in totum er in ſelbiger Schrifft negiret hätte/ zugeſchwei-

NONA. gen daß 9. ein ieder der beſte Dollmetſcher ſeiner Worte, Schrifften und Gedancken ſey/auch einer gethanen Bekäntniß ſo lange guter Glaube beyzumeſſen/ biß das Gegentheil durch unumſtößliche Proben erhärtet werden könne; cum quilibet uti bonus Vir, ita & Chriſtianus verus præſumatur eſſe, donec per teſtimonia ſole meridiano clariora contrarium

in fi-

eines Atheistischen Gelehrten.

in fide & maxime in vitæ genere probetur; Wannenhero das Verfahren des Magistrats und der Priesterschafft mit Titio, da sie ihm die Frequentirung ihrer Stadt unter scharffer Beahntung verbieten wollen 10. für ungemein harte / übereilt / passionirt, ja gantz illegitim zu DECIMA. halten wäre / indem selbiges mit denen dictaminibus rationis & scripturæ, mit denen regulis justi, æqui & decori stritte / auch in selbigen 11. weder auff seine / Titii Person und den wegen vormahliger Fürstlicher UNDECI-Dienste führenden Character / noch 12. auff die vernünfftige oben bereits MA. angeführte declaration reflectiret worden / da doch von ihnen dieselbige DUODECI-durch keine Gegengründe zur Zeit wiederleget / vielweniger moraliter- MA. mathematice behauptet worden / quasi hæc Ethnici Philosophi principia, propria Titii dogmata essent, quibus præ Christianismo, cujus tamen strenuus dictator sit, symbolum suum ipse daret; hiernächst in specie quoad quæstionem secundam Titius insonderheit urgirret / daß 13. die Geistlichkeit sein Büchlein wenn es gleich schädlich DECIMA und ärgerlich wäre / dennoch solches mit dem übrigen in grosser abun- TERTIA. dantz sich befindenden geistlichen Unkraut der Christlichen Kirchen biß zur Zeit der Erndte lieber hätten dulden sollen/ und zweiffels ohne hiermit auff die Lehre unsers Heylandes

Matth. XIII. v. 30.

reflectiret hat; ingleichen daß 14. Meditationes ingenii & intellectus DECMA pro criminibns nicht zu halten wären; Endlich quoad quæstionem QUARTA. quartam Titius das gegebene Consilium abeundi sich umb deßwegen unter andern noch mehr zu Gemüthe ziehet / weil 15. in besagter Stadt DECIMA dennoch die unsern Heyland lästernde Jüden mit ihren gottlosen und QUINTA. blasphemen Schrifften und Büchern in einer güldenen Freyheit gelitten würden; Uberdieses ohne die von Titio selbst fudpeditirte und bißher fideliter und fast von Wort zu Wort angeführte rationes dubitandi, ihm auch dieses zustatten zu kommen scheinet / daß 16. für allen Dingen auff DECIMA das in controversiam gezogene Tractätchen selbst / als das von dem Ma- SEXTA. gistrat und der Priesterschafft des Orts angegebene corpus delicti reflectiret werden müste / in selbigen aber durchgehends erhellete / daß Titius nicht nur obenhin bekennet / daß ein GOtt sey / sondern diese Bekäntniß in dem ersten und andern Capitel / ja durch das gantze Tractätchen vielfältig wiederhohlet/ und solchergestalt er mit Fug für einen Atheisten nicht ausgegeben werden könne; indem er die existentz GOttes c. I. §. 4. so offenbahr zu seyn behauptet / daß sie auch mit den fünff Sinnen begriffen werden könne, ferner s. 6. deutlich erwehnet, daß er von der existentz GOttes durch die Schöpffung / Regierung und Er-

Ji 2   hal-

XXIV. §. Elender Zustand

haltung der Welt convinciret sey/ item §. 10. p. 11. daß dieser GOtt einig sey und einig seyn müsse/ und daß er diesen GOtt § 13. ehre und fürchte/ und zwar was die Liebe belanget §. 14. ohne alle interessirte Absicht/ mit Beyfügung der Ursache, daß wer GOtt wegen etwas anders liebe / sich selbst mehr als GOtt liebe; so viel aber den Gottesdienst betreffe §. 16. daß derselbe theils §. 17 p. 15. in einer tieffen Verwundrung über die Schöpffung der Welt; theils §. 18. in hertzlicher Dancksagung wegen der von GOtt Zeitlebens erwiesene und noch täglich continuirende Gutthaten; theils §. 19. in einen willigen Gehorsam bestehe/ weil GOtt sein Herr und Regierer sey/ dessen göttlichen Willen er sich selbst und alle das Seinige resignire nnd befehle/ weßwegen er auch/ allezeit/ so offt er bete/ hinzusetze: Dein Wille / o GOtt / nicht aber der meinige geschehe: ich bitte dich zwar, aber erhöre mich nach deinem Wohlgefallen. Gib mir nicht was ich bitte/ sondern was du mir zu geben beschlossen: Mache es Herr mit mir wie es dir gefällt: du bist mein Schöpffer/ ich dein Geschöpffe ; du bist mein Werckmeister/ ich dein Werck/ du mein König/ ich dein Unterthaner/ über welchen dir das Recht ihn zu tödten und beym Leben zu erhalten/ ihn zu verdammen oder zu erlösen/ zustehet: Welches alles ja/wenn sie so obenhin angesehen werden, solche Lehren zu seyn scheinen/ die man auch von einen frommen und erleuchteten Christen nicht besser prætendiren könte ; und ob schon hernach etliche andre beygefügte Lehr-Sätze allerdings so beschaffen wären/ daß selbige keinesweges mit dem Christenthum bestehen könten/ dennoch 17. die Entschuldigung des Autoris, daß er dieses nicht als ein Christe sondern exercitii gratia als ein Philosophus Gentilis geschrieben/ mit nichten als eine itzo erst zur Zeit der Noth ersonnene Entschuldigung angesehen werden müsse/ sondern diese declaration alsobald in der Vorrede p. 4. zu lesen sey, da er, der Autor, ausdrücklich schreibet/

DECIMA SEPTIMA.

> Der Leser solle wissen/ daß er dieses nicht als ein Theologus, Juriste/ oder Medicus, sondern als ein Philosophus und zwar ein solcher Philosophus geschrieben/ der keiner von den Sectirischen Gesellschafften zugethan sey/ und der die göttlichen und weltlichen Sachen/ GOtt / die Welt/ und den Menschen sich als einen Gegenwurff und das Ziel seiner Gedancken auserwehlet/ und davon frey philosophiret / frey geredet / und frey geschrieben.

DECIMA OCTAVA.

Zuletzt aber/ wenn auch gleich das Tractätchen quæstionis für ein Atheistisch Tractätchen zu halten wäre/ dennoch 18. vielen berühmten und gelehrten Männern unter den Protestirenden einige Jahr her die Augen auffgegangen/ daß sie mit gnungsamen Gründen behauptet / daß weder die Ketzerey

tzerey noch die Atheisterey unter die Cloß der straffwürdigen Laster zu rechnen noch zu bestraffen wäre/ und daß die gegentheilige Meinung von Bestraffung der Ketzerey einzig und alleine aus den Heydenthum und Pabstthum ersprungen / ja daß vielmehr nach den allgemeinen Regeln politischer Klugheit die Ketzermacherey für ein Laster der Meitmacherey geachtet und schwerlich bestrafft werden müsse/ und ob wohl so viel die Atheisterey beträffe/ zwar noch die wenigsten erkenneten/ daß selbige nicht zu bestraffen wäre/ sondern auch Grotius und Pufendorffius annoch die gemeine Lehre vertheydiget/ dennoch etliche von denen neuern Scribenten mit raison gezeiget/ daß man so wohl die Atheisten als Ketzer nach denen Regeln allgemeiner Liebe bekehren/ und sie mit Sanfftmuth ihres Irrthums zu benehmen sich angelegen seyn lassen solle/ mit nichten aber befugt sey/ diese armseelige irrrige Leute als Delinquenten zu bestraffen.

Siehe notas variorum ad Lancelotti Instit. Jur. Can. lib. 4. not. 154. p. 1885. seq. not. 159. p. 1900. seq. not. 217. p. 1960. & not. 226. p. 1970. seq. und die daselbst citirten Autores, Salvianum p. 1895. Rittershusium, Burnet p. 1896. Titium d. p. 1896. & p. 1900. item p. 1960. 1971. Leibnizium, Limborchium p. 1963. Zieglerum p. 1971. aliosque.

Zugeschweigen daß 19. ohne Zweiffel aus diesen wichtigen Ursachen die DECIMA Staaten in Holland bewogen worden/ den sonst handgreiflichen Atheisten NONA. Spinosam in ihrer Republique zu dulden / und sich entsehen/ denselben aus ihren Landen zu schaffen/ oder ihn ein schrifftlich Consilium abeundi zuzuschicken/ welches Exempel der Magistrat der freyen Reichs-Stadt/ allwo sich Titius auffgehalten/ Titii Meinung nach/ billich hätte folgen sollen.

Dieweil aber dennoch bey allen diesen fünff Fragen es hauptsächlich und RATIONES fürnemlich auf die erste Frage ankömt, und die andern viere größtentheils von DECIDENDI derselben dependiren/ als will vor allen Dingen nöthig seyn/ daß vorhero CONTRA der Einhalt des Tractätgens, und was etwan den Magistrat und die QUAEREN- Priesterschafft des Orts zu der confiscation veranlasset / etwas genauer TEM. betrachtet werde. Es befindet sich dannenhero in demselben/ daß zwar der Autor sich bemühet/ den Leser mit denen in rationibus dubitandi n. 16. excerpirten doctrinis zu praeoccupiren/ wenn man aber nur ein wenig behutsam und ohne Vorurtheil diese Schrifft ansiehet/ so fallen 1. bald Anfangs viele gefährliche und so wohl denen Regeln/ der allen Menschen PRIMA. (Heyden/ Jüden und Christen) gemeinen gesunden Vernunfft/ als auch denen klaren Worten der heiligen göttlichen Schrifft und den gemeinen principiis der Christlichen Völcker, von was für Secten auch dieselbe

J i 3   seyn

seyn mögen/ zuwiederlauffende Lehren einem ieden unpartheyischen Leser in die Augen/ die von denen allermeisten nicht ohne hefftige alteration und Aergerniß/ ja auch/ von denen allerwenigsten/ die sonst ihrer affecten ziemlich Meister sind/ doch nicht ohne Erstaunen und hertzliche Betrübniß über den unseeligen Zustand des Titii, gelesen werden können/ inmaßen viele Oerter zeigen/ daß des Titii GOtt nicht der warhafftige GOtt Schöpffer Himmels und der Erden/ sondern nichts anders als die gesamten Geschöpffe oder die Welt selbst/ oder die so genannte Seele der Welt sey/ maßen nicht nur dieses aus des 1. Capitels 4. 5. und 10. §. erhellet/ wo er ausdrücklich sagt, daß GOtt sey Forma formans, er Titius forma formata, GOtt materia simplex, er materia modificata, GOtt das grosse Welt-Meer/ Wasser/ Feuer/ Erde/ Lufft/ Sonne/ Cörper, Gemüthe/ er Titius ein Fluß/ ein Tropffen/ ein Funcke, ein Erdenkloß/ ein effluvium, ein Strahl/ ein Glied/ eine mentis operatio, item daß er seinen GOtt sähe/ hörete/ röche/ schmeckte/ fühlete/ ferner daß die Welt der Circul sey/ worinnen GOtt der Mittel-Punckt wäre/ und cap. 2. §. 7. p. 19. daß die Welt von Ewigkeit her sey/ causatum cum sua causa, das Gebäude mit seinen Baumeister/ die Frucht mit dem Baum/ die Kornähre mit dem Körngen/ ingleichen c. 2. §. 17. p. 23. die gantze Welt sey ein Schiff/ GOtt der Schiffmann/ ein Wagen/ GOtt der Fuhrmann/ eine Uhr/ GOtt das Perpendicul oder Unruhe/ eine Machine/ GOtt das Treibe-Rad u. s. w. und §. 23. p. 26. die Welt werde ewig bleiben/ und könne nichts darinnen untergehen/ das ist/ zu nichts werden, denn sonsten müste GOtt selbsten/ aus dem die Welt her sey/ vernichtet werden. Gleichwie nun/ wenn mann dem Autori hinter diese seine Grund-Lehre gekommen/ die oben in rationibus dubitandi n. 16. excerpirten scheinheiligen Lehren einen gantz andern Verstand bekommen/ als den sie hätten/ wenn sie von dem wahren GOtt/ der in der Zeit die Welt geschaffen/ redeten; Also ist nunmehro nicht zu verwundern/ daß der Autor in Erkäntniß sein selbst oder der menschlichen Natur so gar gröblich gestrauchlet/ indem er zwar allenthalben von der Vernunfft redet/ aber nirgends/ was dieselbe eigentlich sey/ noch was die Regeln der gesunden Vernunfft oder prima principia, nach denen man sich in Erforsung der Warheit richten müsse/ wären/ deutlich erkläret/ sondern man aus dem gantzen Büchelgen siehet/ daß alles was dem Menschen nur in Sinn/ in die Gedancken/ in die Begierden komme/ nach seiner Meinung vernünfftig und gut sey/ es möge nun selbiges vielen/ ja allen andern vernünfftigen Menschen unvernünfftig und brutal vorkommen; denn dahin zielet und kan nicht anders ver-

verstanden werden/was er cap. 2. §. 10. 12. 13. cap. 3. §. 13. usque ad 18. item §. 26. 27. 28. von der Vernunfft und Verstande so daher schwatzt. Da nun der arme Mensch die gesunde Vernunfft/die ihm der wahre GOtt verliehen/ sich und ihn vernünfftiger Weise zu erkennen/ auch den vernünfftigen Begriff der Grund-Lehren das wahre von dem falschen/ das Gute von dem Bösen zu entscheiden/ so zu sagen muthwillig weggeschmissen und sich selbst verblendet / die dem gantzen menschlichen Geschlecht von der Geburt an anhangende thörichte und gar offte mehr als bestialische Begierden/ für die gesunde von GOtt dem Menschen verliehene Vernunfft gehalten/ und sich sein etwa melancholisches und sanguinisches Temperament zu Unterdrückung des wenigen natürlichen judicii verleiten/ auch auff denen Reisen / oder auch wohl noch zu Hause durch leider allenthalben verborgene Atheisten und mit denenselben gepflogener vertraute conversation, auch Lesung des bekanten Atheisten Spinosæ Schrifften verführen lassen/ ist es nicht zu verwundern / daß ihm GOtt aus gerechten Gerichte in einen verkehrten Sinn gegeben/ daß er nemlich aus solchen Atheistischen principiis dahin verfallen/daß er ferner cap. I. §. 3. p. 9. gelehret/ man müsse die Meinungen von der Gottheit/ sie möchten auch beschaffen seyn wie sie wolten/ nicht außlachen noch schelten, vielweniger mit Haß, Landes-Verweisung, Feuer und Schwerd verfolgen; ingleichen cap. eod. §. 8. & 9. p. 10. daß die Geschöpffe alleine seine Bibel wären/und viele Lästerungen wieder die heilige göttliche Schrifft/ ja Christum den Heyland selbst ausgestoßen/ §. 14. und 15. p. 13. das ewige Leben verleugnet/ §. 15. mit offenbahrer handgreifflicher confusion einer kindlichen und knechtischen Furcht behauptet, daß die Furcht GOttes ohne Haß desselben nicht bestehen könte/und daß also keine Sünde/ noch Sünder in der Welt/ folglich auch kein Erlöser und Seeligmacher vonnöthen wäre/ mithin aber die Historie von Stand der Unschuld für ein Mährlein außgegeben / und §. 19. p. 15. sich berühmet/ daß er sehr selten und nur den Menschen zu gefallen oder aus Gewohnheit betete/ auch seinen Ungott weder um Gesundheit noch Glück noch um das zeitliche, vielweniger um das ewige Leben, als welches er nicht glaubet/ bäte/ ja daß er sich nicht gescheuet/ frey heraus zu bekennen § 21. p. 17. daß er nach der Politischen (nemlich der Atheistischen und simuliirten)Schein-Religion bey den Türcken sich zur Türckischen/ bey Jüden zur Jüdischen/ und bey den Christlichen Secten sich zu einer ieden Secte, Religion bekenne; cap. 3. §. 39. in fine p. 37. nicht undeutlich auff eine Pharisäische Metempsychosin verfallen; cap. 4. §. 4. sequentibus p. 39.

ein

XXIV. H. Elender Zustand

ein ungezäumtes und ruchloses oder gesetzloses Leben für den rechten Stand der Unschuld ausgegeben/ §. 12. p. 40. Hurerey/ Ehebruch/ Mord und Todschlag für zuläßlich gehalten/ §. 17 seq. p. 42. alle Religion / alle Gesetze/ (auch das natürliche und Völckerrecht nicht ausgeschlossen,) alle Belohnungen und Straffen / alle Tugend und Laster für chimæren und blosse Früchte des menschlichen Ehrgeitzes und der Tyranney ausgeruffen. Bey diesen Umständen allen/ und da auch Spinosa selbst der Vater dergleichen Atheistischen Lehr-Sätze so frech und tollkühne nicht geschrieben/ sondern seine gottlose und ärgerliche Meinungen doch noch in etwas zu verstecken getrachtet/ auch selbige bey seinen Leben zu publiciren sich gescheuet/ Titius aber 2. sich nicht entblödet/ die obspecificirte ärgerliche und Seelenschädliche Irrthümer in einer freyen Reichs-Stadt durch den Druck zu publiciren/ und hernach für sein Werck zu bekennen/ ist nicht abzusehen/ wie das Evangelische Ministerium und der Stadt-Magistrat anders als mit confiscation der Schrifft/ und mit ihm selbst glimpflicher als mit dem gegebenen Consilio abeundi und Warnung für einen grössern Schimpffe verfahren können / zumahlen da Titius selbst anderswo in seinen Entwurff einer wohl eingerichteten Policey (zu der er sich in der uns übergebenen specie facti gleichfalls bekennet) p. 72. 75. & 77. gelehret/ daß die allgemeine Ruhe durch dergleichen scandaleuse Schrifften gröblich gestöhret/ und nicht alleine die Buchdrucker/ sondern auch die Autores derselben/ ingleichen diejenigen/ so sie entweder selbst oder durch heimliche Verkäuffer unter die Leute bringen liessen/ ja auch die Obrigkeiten/ die mit solchen Delinquenten colludirten und ihnen durch die Finger sähen/ auff das schärffste gestrafft und unehrlich gemacht werden solten. Wannenhero ihm auch sein eigenes böses Gewissen 3. vorhergesagt/ daß es ihm so ergehen werde/ oder daß er noch wohl ein mehreres verdienet/ indem er in der Vorrede p. 4. & 5. von sich geschrieben/ wie er wohl vorher sähe/ daß man wieder sein Buch mit Verdammung/ Verbrennung und Confiscirung verfahren/ ihn selbst aber mit dem Zunahmen eines Ketzers/ Atheisten/ Spinosisten oder wohl mit noch schändlichern Titeln belegen werde;. Vielmehr hat Titius 4. Ursache dem Magistrat der Stadt so zu sagen auf den Knien zu dancken/ daß man mit ihm so gelinde verfahren/ und mit dem blossen Consilio abeundi zu frieden seyn, auch nach seinen eigenen Lehren nicht mit Arrestirung und scharffer Leib- und Lebens-Straffe wieder ihn verfahren habe/ zumahlen da nach der Lehre der allermeisten Gelehrten in allen dreyen in Römischen Reich tolerirten Religionen die Atheisten und Vertheydiger solcher gottlosen Lehren mit dem Feuer gestrafft werden können und sollen/

auch

eines Atheistischen Gelehrten.

auch er selbst cap. I. §. ult. p. 17. in dieser Schrifft lehret / und für einen Satz seiner politischen Religion ausgiebet / daß die herrschende Religion nicht nur über den Leib sondern auch über das Gewissen der Unterthanen/ so ferne nemlich solches Gewissen in die Sinne falle/ herrsche. Nun fället aber die Frucht seines irrigen Gewissens, nemlich das corpus delicti unstreitig in die Sinne/ und da er sich zum Autore desselben bekennet/auch sein Gewissen selbst. Wir sind auch über dieses 5. versichert, daß Titius, QUINTA. wenn er sich nicht selbst muthwillig verblendete/ sondern die Augen einer gesunden Vernunfft nur ein wenig auffthun wolte/ werde gestehen müssen/ daß er dieses alles selbst begreiffe und nicht wisse/ was er für eine action wieder die Obrigkeit oder die Priesterschafft des Orts anstellen wolle/ wie er dann auch in seiner an uns gethanen Frage keine/ darum er uns in specie befragt hätte/ zu benennen gewust / da es ihm doch sonst an dergleichen Wissenschafft nicht mangelt. Und wenn er ferner überlegen wird/ wo er einen Richter finden wolle/ der mit denen von ihm vorgetragenen den wahren GOtt verleugnenden und die Christliche Religion für irrig ausgebenden Lehren einig seyn oder dieselbe vertheydigen werde/ so wird er leichtlich erkennen/ daß solches eine absolute moralische oder politische Unmöglichkeit sey/ sondern daß er vielmehr allenthalben/ wo er mit dieser seiner prætendirten Klage werde aufgezogen kommen / so bald er derselben seine Meditationes beylegen werde, werde beym Kopffe genommen und aus einen höhern Thon mit ihm gesungen werden; Uberdieses wenn auch gleich Titio eine Klage wieder das Ministerium und den Rath/ so seine Schrifft confisciret, sonsten competiret hätte, so würde er sich doch derselbigen 6. um deßwegen nicht bedienen können / dieweil er in SEXTA. besagter seiner Vorrede p 5. sich deutlich herausgelassen/ daß wenn gleich ihm oder seinem Buch einiger Schimpf, wie er sich wol befahrete /wiederfahren solte/ so wolte er doch dieselbe mit einer lächlenden Mine und einer Philosophischen Gelassenheit ansehen ; und als ein Mensch / der seiner selbst mächtig/ und seiner Affecten Meister wäre/ alles Tyrannische Verfahren wieder seine Schrifft und ihn mit gleichgültigen Augen ansehen/ und mit ruhmwürdigen Stillschweigen über seiner Wiedersacher Geschrey triumphiren/ auch solchergestalt mit einer großmüthigen Verachtung die unbilligsten Schmähungen ahnten/ indem ihn so wohl die natürliche als geoffenbahrte Theologie, ja auch die Sitten-Lehre und Politic unterwiesen/ daß man so wohl öffentliche als heimliche von schwartzen Neid herrührende Anschwärtzungen nichts achten/ und die Beneidung/ als welche allen tugendhafften Leuten es nicht anders mache/ der Barmhertzigkeit oder

K5   Erbar-

XXIV. H. Elender Zustand

Erbarmung vorziehen solle: Denn es würden zweiffels ohne alle diejenigen/wieder die er sich eine actionem injuriarum wegen der mit seinem Buche und ihm vorgenommenen Unannehmligkeiten belangen wolte/ ihn exceptionem non competentis actionis und injuriæ in antecessum remissæ opponiren; zugeschweigen daß 7. bey dem Verfahren des Ministerii und des Stadt-Magistrats weder eine Beschimpffung zu befinden/ noch animus injuriandi zu præsumiren/ indem die Prediger nicht mehr gethan/ als daß sie des Titii Schrifft, und deren Autorem nach Anleitung der in ratione decidendi I. excerpirten Lehren/ mit den ihr und ihm gehörigen Nahmen genennet/ und nachdem heut zu Tage nach so vielen wieder Spinosam von gelehrten Männern herausgegebenen Schrifften auch denen Studenten bekant ist/ daß die Spinosistischen Atheisten zwar den Nahmen GOttes allenthalben in ihren Munde und Feder führeten, aber ihre verborgene Atheisterey eben dadurch verrathen/daß sie unter den Nahmen GOttes nicht ein von denen Creaturen insgesamt wahrhafftig unterschiedenes und vor der in der Zeit erschaffenen Welt/ von Ewigkeit her existirendes selbstständiges Wesen / sondern den complexum der geschaffenen Creaturen verstehen / und derselben existentz von Ewigkeit behaupten. So wenig auch hernach diejenigen/ die vor verborgenen Gifft warnen, oder denselben/ daß er niemand schaden könne/ wegnehmen und confisciren/ beschuldigt werden können, daß sie den Gifft oder den Gifftmischer und Ausstreuer geschimpfft; so wenig mag auch denen Predigern und dem Magistrat des Orts als eine Beschimpffung ausgedeutet werden/ daß sie durch die Confiscation der Meditationum Philosophicarum den Autorem derselben beschimpffet oder zu beschimpffen intendiret hätten. Das Consilium abeundi belangend/ kan auch/dasselbige keine Beschimpffung genennet werden/ indem kein privatus, geschweige denn eine Societät/ noch weniger aber eine Republique mit recht gezwungen werden kan/ einen wohlgezogenen und friedfertigen/ geschweige dann einen unruhigen, und die Hausgenossen oder Unterthanen zu verführen intendirenden/ oder auch ohne intention, aus Tummheit dieselben verführenden Gast/ wieder ihren Willen bey sich zu behalten; auch ohne dem ein grosser Unterscheid in der morale unter einer Unbarmhertzigkeit/(dahin nach Gelegenheit der Umstände die Ausstossung armer/ dürfftiger/ tugendhaffter Leute/ wenn sie ohne erhebliche Ursache geschiehet/ zu rechnen ist/) und unter einer unrechtmäßigen Beschimpffung zu machen ist//indem zur Barmhertzigkeit niemand gezwungen/ noch derer Versagung vor unrecht gehalten werden kan; zugeschweigen daß in der Copia des schrifft-

schrifftlichen Conclusi Senatus, welches Titio bey Andeutung des Consilii abeundi insinuiret worden/ nicht die geringste schimpffliche expression wieder Titium zu finden/ und die daselbst gemeldete Ursache des gegebenen Consilii abeundi (daß nemlich in dem Tractätgen sehr böse und Atheistische principia enthalten) per hactenus dicta für keine Beschimpffung zu achten/ die angefügte Clausul aber/ (daß Titius sich von dar wegbegeben oder sich vor Schimpf hüten möge) mehr für eine freundliche Warnung/ als für eine Bedrohung/ oder wen es ja eine Bedrohung seyn solte, für eine dem richterl. Amt zustehende Bedrohung wohlverdienter Straffe zu halten. Und zweifeln wir 8. nicht, es werde Titius, wenn er dieses alles wol OCTAVA. überleget/ und seine in ratione decidendi 6. excerpirte eigene Worte betrachtet/ und sonderlich die daselbst von sich gerühmte und versprochene Philosophische Gelassenheit über selbst vorher prophezeyete Beschimpffung gegen die ietzo bezeigte eyfrige Begierde/ sich gegen dem Magistrat und die Geistlichkeit/ wegen der in allen Rechten zugelassenen confiscirung ärgerlichen Schrifften/ und wegen des in höflichen terminis gegebenen Consilii abeundi zu rächen halten wird; sich von Hertzen schämen/ daß er theils aus Mangel der Selbst-Erkäntniß zur Unzeit von seiner Gelassenheit geprahlet/ theils aber ohne die geringste vernünfftige Ursache sich über den Magistrat und das Kirchen-Ministerium erzürnet/ und dabeneben reiflich und wohl überlegen/ daß auch seine allerbesten Freunde/ wennn sie ihn aus dem bevorstehenden und fast unvermeidlichen noch grössern Unglück herraus reissen wollen / ihn keinen vernünfftigern und treuern Rath geben können/ als daß er das Elend seiner Atheisterey hertzlich erkenne/ dem anklagenden Gewissen Gehör gebe/ an statt des Spinosæ und anderer dergleichen Autorum zuförderst die heilige Schrifft/ und in derselben die Sprüche Salomonis und den Hauslehrer Syrach/ auch hernach andre vernünfftige und von der Atheisterey entfernete Christliche Philosophos, an welchen ja sonderlich zu itzigen Zeiten/ eben kein Mangel ist/ mit bedacht und ohne Vorurtheil lese/ und so dann durch refutation der in seiner Schrifft enthaltenen scandalösen und Atheistischer Lehr-Sätze/ auch hertzliche deprecation des aus Unverstand gegebenen grossen Aergernüsses sich selbst wieder tüchtig mache/ daß er unter Christen gedultet werden könne.

Solte aber durch GOttes Verhängniß Titius über Verhoffen in RESPONSI-
seiner Verstockung so sehr vertiefft seyn/ daß er bey seinen rachgierigen Ver- ONES AD
langen bestehen/ und auff die Beantwortung der rationum dubitandi RATIONES
dringen solte; so ist nichts leichters als auch diese mit allen Glimpff ihn mit- DUBITAN-
zutheilen.   Kk 2   Die DI.

AD PRI-
MAM, SE-
CUNDAM,
TERTIAM.

Die anfänglich in ratione dubitandi 1. 2. 3. so weitläufftig beschriebene/ und öffters urgirte auch in der specie facti mit vielen NB. bezeichnete Erinnerung/ daß er das Tractätgen nicht als ein Philosophus Christianus, sondern als ein Philosophus Ethnicus geschrieben/ und zwar zu dem Ende/ damit die Christen Gelegenheit bekämen/ die Warheit der Christlichen Lehre wieder diese Heydnischen Lehr-Sätze zu schützen/ ist so ein elender und unzulänglicher prætext, daß man sich billich wundern muß/ wie es möglich seyn könne/ daß ein vernünfftiger Mann/mit dergleichen Vorgeben einem Magistrat einer Reichs-Stadt/ einem Ministerio, und einem Collegio Juridico damit die Augen zu verblenden/ sich mögen in den Sinn kommen lassen. Denn entweder der Autor will ein Christ seyn/ und hat sich nur als einen Heydnischen Philosophen gestellet/ oder aber er ist würcklich ein Heydnischer Philosophus und kein Christ. Beydes kan ihn zu seiner Entschuldigung nichts helffen/ noch des Magistrats und des Ministerii Verfahren mit ihm und seiner Schrifft etwas schaden. Hat er sich so angestellet als ein Heydnischer Philosophus, so muß er sich auch gefallen lassen/ daß man ihn das Tractament gegeben, das einem Heydnischen Philosopho gebühret/ und so wenig derjenige/ der sich stellet ein Spitzbube zu seyn/ den Magistrat belangen kan/ wenn er ihn wie einen Spitzbuben tractiret/ so wenig kan auch derjenige Christ / der sich anstellet ein Heydnischer Philosophe zu seyn/ und Heydnische Dinge lehret/ den Magistrat beschuldigen/ wenn sie ihn dasjenige wiederfahren lassen/ was einem Heydnischen Philosopho gehöret. Ist er aber in der That ein Heydnischer Philosophe, und hat sich nur bißher gestellt als wäre er ein Christe/so hat die Obrigkeit noch allzugelinde mit ihm verfahren/ indem das simulirte Christenthum mehrern Schaden bey andern verursachen können, als wenn er sich offenbahr für einen Heyden ausgegeben hätte. Die vorgeschützte intention, daß dadurch Gelegenheit gegeben werde/die Heydnischen und Atheistischen Irrthümer zu refutiren/ mag Titio auch so wenig zu statten kommen/ als wenn einer/ der heimlicher Weise die Brunnē vergifftete/ sich damit schützen wolte, als wann er solches aus guter intention gethan, damit die Herren Medici Gelegenheit bekommen solten/ mit ihren Medicamenten die Krafft und Würckungen des Giffts zu vertreiben. Die Unzulänglichkeit der ab exceptione fori incompetentis

AD QUAR-
TAM.

hergenommenen 4. rationis dubitandi erhellet ebenmäßig aus vielen Ursachen. Denn anfänglich ist ein grosser Unterscheid unter einen gewesenen und noch gegenwärtig seyenden Fürstlichen Rath/ und wenn gleich Passagierer/die in einer freyen Stadt für ihr Geld zehren, kein forum domicilii

eines Atheistischen Gelehrten.

cilii daselbst haben/ so können sie doch wohl durch ihr Thun und Lassen forum contractus oder forum delicti (wie dieses letzte in gegenwärtigen casu geschehen) daselbst bekommen. Und wie die 5. und 6. ratio dubitan- AD QUIN-di grösten theils die 1. 2. und 3. rationem nur wiederholet/ also kann auch TAM ET dißfalls nur die Beantwortung derselben allhier repetiret werden. Es SEXTAM, bemühet sich zwar der Titius allhier fürnehmlich darzuthun/ daß er sich nur als einen Heydnischen Philosophum gestellet habe/ in der That aber und in Hertzen ein guter Lutherischer Christ sey/ er wird aber dieses keinen vernünfftigen Menschen bereden/ der seine Schrifft lieset/ und da er nicht das geringste darinnen findet/ daß nur eine Anzeigung von einer dergleichen Fiction geben könte/ noch über dieses diejenigen Worte wohl erweget/ die zu Ende des dritten Capitels p. 38. zu befinden/ in welchen sich der Autor wegen seines in der Schrifft gethanen Glaubens-Bekäntniß gratuliret/ und dabey verspricht/ daß er bey diesen Glauben leben und sterben wolle. Daß er aber daselbst als eine unstreitige Probe/ daß er kein Ketzer und Atheiste sey/ angiebet/ weil er sich zur Lutherischen Kirche bekenne/ und daselbst zum Abendmahl gienge/ fället dadurch gäntzlich hinweg/ weil er §. ult. capitis primi p. 17. mit deutlichen Worten dieses als einen Streich seiner so genandten und gerühmten Politischen Religion rühmet/ und daß er ein gleichmäßiges auch bey den Türcken thun werde/ ungemartert gestehet. Nicht zu gedencken/ daß auch in seinen andern Schrifften/ zu welchen er sich bekennet/ und in welchen er sonst mehr zu simuliren pfleget/ er dennoch sich nicht bergen können/ sondern zu verstehen gegeben/ daß er, in seinen Hertzen mehr Heydnisch als christlich gesinnet gewesen/ alswenn er z. e. in dem Büchlein: welchergestalt Monarchen mächtig und reich werden können/ alsbald in Anfang p. 1. sagt/ daß Monarchen und grosse Herren auch Republiquen die den Titel von souverainen und considerablen Regenten mit recht führen wolten/ für ihren einzigen Endzweck und das höchste interesse halten müsten/ mächtig zu seyn oder zu werden / und wenn er in dem Entwurf einer wohl eingerichteten Policey p. 9. die Populosität eines Staats zu faciliciren, die Polygamie mit vielen unzulänglichen und auch ex solis principiis Politicis leicht zu wiederlegenden rationibus in Vorschlag bringet ; wenn er p. 14. & 15. den Rath giebet/ einen ieden/ (das ist/ Türcken/ Heyden/ Atheisten/ Juden, Christen/ u. s. w.) bey Ubung seiner Religion zu lassen; wenn er p. 18 ohne alle Nothwendigkeit das Exordium des andern Capitels also anfängt;

Ob die Religion eine Erfindung der Clerisey und Staats-Männer sey/ die solche aus geistlichen/ oder weltlichen Endursachen eingeführet/ will itzo nicht

Kk 3 erör-

XXIV. З. Elender Zustand

erörtern. Es ist genung / daß sie die fürnehmste Grund-Veste eines Staats mit abgiebt.

AD SEPTI- Die 7. raison von Duldung andrer verdächtiger Bücher in Buchläden/
MAM. ist auch nicht vermögend dem Autori ein Recht zu Duldung des seinigen zu geben/ so wenig als wenn ein ungebetener Gast einen Diener/ dem von seinen Herrn befohlen worden/ niemand als die Gäste herein zu lassen/ wegen angethanen Schimpffs um Satisfaction bey seinen Herrn verklagen/ und daß er gleichwohl andre ungebetene Gäste eingelassen / zum Funda-
AD OCTA- ment seiner Klage legen wolte. Was bey der 8. ration von dem Titel
VAM. und der Vorrede dieser Meditationen gemeldet worden / wird unten bey der 17. ration ihre Beantwortung finden; in übrigen aber wird der Autor selbst verhoffentlich zugestehen/ daß wenn man einen Ubelthäter auff einer Ubelthat ertappet/ derselbige sich damit in geringsten nicht befreyen würde/ wenn er gleich vorgäbe/ man könne ihn keiner Ubelthat mit Wahrheit beschuldigen, weil er etwan mit dem Autore geleugnet/ daß einige Ubelthat in der Welt sey / sondern daß alles nur blosse von Königen und Fürsten aus Tyranney erfundene chimæren wären; Eben nun so unförmlich ist auch des Autoris raison, wenn er schreibt/ man könne ihn keines Atheilmi Theoretici beschuldigen/ weil er in seiner Schrifft expresse &
AD NO- in totum negiret hätte, daß es solche Atheisten gebe. Bey der 9. rati-
NAM. on ist anfänglich zu erinnern/ daß zwar ein ieder der beste Ausleger seiner Worte sey; aber daß diese Regel ihren Abfall leyde/ wenn der Ausleger sich gezwungener und offenbahr cavillatorischer Auslegung bedienet; ferner daß er sehr unförmlich a præsumtione boni viri, ad præsumtionem veri Christiani geschlossen/ indem jenes carentiam criminis, dieses aber positionem virtutis inferiret, & quia boni viri in hoc significatu nascuntur, Christiani veri autem non nascuntur, sed fiunt , endlich aber da er testimonia luce meridiana clariora urgiret/ mag er sich selbst bescheiden/ daß kein testimonium luce meridiana clarius wieder ihn/ daß er kein wahrer Christ sey/ als seine eigene Meditationes Philosophicæ vorgebracht werden können. Und wie hiernächst quoad rationem
AD DECI- dubitandi 10. durch die rationes decidendi handgreiflich gezeiget wor-
MAM. den/ daß das Verfahren des Magistrats und Ministerii mit Titio und seiner Schrifft mit nichten für ungemein harte/ übereilt/ passionirt / vielweniger für illegitim zu halten sey ; also ist billich zu verwundern, wie Titius sich auff die dictamina rationis & scripturæ, ingleichen auff die regulas justi, æqui & decori beziehen könne/ da doch in ratione 1. decidendi gezeiget worden/ daß er diese insgesamt verwerffe/ und die Religion/

das

eines Atheistischen Gelehrten.   263

das jus naturæ & gentium, auch zugleich die principia honesti, æqui
& decori für chimæren halte/ die von der Tyranney die Cholericorum
und andrer paſſionirten Leute wären erfunden worden.   Ob nun wohl
ferner in denen rationibus dubitandi 11. und 12. nichts neues vorge- AD UNDE-
bracht worden/ das nicht allbereit in responsionibus ad rationem du- CIMAM ET
bitandi 1. 2. 3. 4 & 5. beantwortet worden; So ist doch noch bey der rati- DUODECI-
one dubitandi 12. zu erinnern/ daß demonstrationes moraliter-ma- MAM.
thematicæ inter non entia billich gerechnet werden müſſen/ weil keine
demonſtratio moralis pro demonstratione mathematica ausgegeben
werden mag/ sondern unter beyden ein groſſer und mercklicher Unterſcheid
iſt. Die in ratione dubitandi 13. vorgebrachte objection aus dem di- AD DECI-
cto Chriſti Matth. XIII. v. 30. kan dem Titio nicht zu ſtatten kommen/ MAM TER-
weil/ zu geſchweigen/ daß er Chriſtum nicht pro Meſſia oder Salvatore er- TIAM.
kennet/ auch der Heyland nur alsdenn die Duldung des geiſtlichen Un-
krauts recommendiret/ wenn zu befahren/ daß mit Ausreutung deſſelbi-
gen auch zugleich der gute Weitzen mit ausgereutet werden möchte/ Matth.
XIII. v. 29. welches aber bey der geſchehenen Confiscation des Tractats/
und bey dem den Titio gegebenen Consilio abeundi mit nichten zu befürchten. Bey der 14. ratione dubitandi iſt zwar an dem/ daß meditatio- AD DECI-
nes ingenii & intellectus eigentlich pro criminibus nicht zu achten; a- MAM
ber die hämiſche und hinterliſtige publication derſelben/ wie in gegenwär- QUARTAM.
tigen caſu geſchehen/ als ein opus voluntatis, in senſus incurrens
nach ſeinen eigenen principiis in fine capitis 1. p. 17. gar füglich inter crimina gerechnet werden könne. So mag auch / 15. Titius die Duldung der AD DECI-
Juden an ſelbigen Orte nicht für ſich anführen / weil auff dieſe objection MAM
ſchon oben in responſione ad rationem dubitandi 7. allbereit geantwor- QUINTAM.
tet worden/ dergleichen auch/ was die in ratione dubitandi 16. unpartey- AD DECI-
iſch von uns excerpirte dem erſten Anſehen nach chriſtlich und gottſee- MAM SEX-
lig ſcheinende loca betrifft/ allbereit oben bey der ratione decidendi 1. ge- TAM.
ſchehen/ und daſelbſt ausführlich gezeiget worden, daß wenn man dieſe loca gegen die andern in dicta ratione 1. angeführte Stellen hält/ die erſten
gutſcheinenden Theſes nur für deſto ſchädlicher und gefährlicher zu achten ſind/ weil unter denenſelben das ſeelenſchädlichſte Gifft nur überzuckert/
und die reiſſende Wolffs-Art mit Schaaffs-Kleidern bedeckt werden wollen. Der bey der 17. ratione dubitandi excerpirte locus aus Titii AD DECI-
Vorrede zeiget zwar deutlich, daß Titius dieſe Schrifft nicht als ein Chri- MAM SE-
ſte, ſondern als ein Heydniſcher Philosophus edirt / es beweiſet aber ſel- PTIMAM.
bige in geringſten nicht, daß er nur exercitii gratia ſich angeſtellet als ob er
ein

XXIV. H. Elender Zustand

ein Heydnischer Philosophus sey / und wenn es auch wäre / so würde ihm doch selbiges von der dadurch verdienten Straffe nicht befreyen / wannenhero die allbereit ad rationem dubitandi 1. 2. 3. 5. & 6. gegebene Beantwortungen nur allhier zu wiederhohlen sind. Hiernächst

AD DECI- wird die 18. ratio dubitandi dem Titio nichts helffen. Denn zuge-
MAM O- schweigen daß die Meinung von Bestraffung der Atheisten noch allenthal-
CTAVAM. ben herrschet und in praxi recipiret ist / so ist auch oben so wohl in rationibus decidendi als in responsionibus ad rationes dubitandi zum öfftern sattsam ausgeführet worden / daß die confiscirung der ärgerlichen Schrifft / und das dem Titio gegebene Consilium abeundi mit nichten vor eine eigentliche Bestraffung zu achten sey. Endlich aber quoad rationem

AD DECI- dubitandi 19. & ultimam vermag sich Titius mit dem Exempel des Spino-
MAM NO- sæ keinesweges zu schützen / indem nicht alleine Spinosæ Atheistische
NAM. Schrifften erst nach seinem Tode sub titulo operum posthumorum publiciret worden / und der bey seinen Leben publicirte so genannte Tractatus Theologico Politicus de libertate philosophandi seinen Autorem nicht gemeldet / noch er / daß er Autor davon sey / bey seinen Leben convinciret worden ; auch hiernächst Titius viel frecher und unverschämter in diesen wenigen Bogen / als Spinosa in seinen weitlaufftigen Schrifften gethan / sich auffgeführet; sondern auch das Exempel der Holländischen Staaten andern freyen Republiquen kein Gesetz / darnach sich selbige nothwendig richten müsten / geben kan / und also selbiges zu decidirung der uns vorgelegten Fragen weder pro affirmativa noch negativa mag mit Bestande Rechtens angeführet werden.

DECISIO Nachdem wir nun dieses alles / was bißhero angeführet worden / reif-
QUÆSTIO- lich erwogen, auch ein ieder unter uns zu vorhero des Titii Meditationes
NUM PRO- Philosophicas wohlbedächtig und ohne Partheyligkeit überlesen / als hal-
POSITA- ten wir einmüthig dafür; daß 1. des Titii Philosophisches Tractätgen
RUM. auch nach seiner dabey geführten intention allerdings für eine so scanda-
PRIMÆ. leuse Schrifft zu achten sey / darinnen böse und Atheistische principia enthalten / daß es nothwendig eine Confiscation, Titius aber eine noch viel härtere Bestraffung, als das ihm gegebene Consilium abeundi ver-

SECUNDÆ. dienet habe / 2. daß die Geistlichkeit des Orts recht und wohl gethan / daß sie auff den Cantzeln selbiges für ein Teuffels-Buch und Titium für einen Atheisten ausgeruffen / auch durch ihre Predigten den Magistrat verursacht wieder Titium das Consilium abeundi ergehen zu lassen / und hiermit die Lehre der heil. Schrifft nicht übertreten, auch durch diese Aufführung mit nichten ihre geistliche Herrschafft & Tyrannidem Ecclesiasticam, sondern

eines Atheistischen Gelehrten.

dern einen gelinden und sanfftmüthigen Eyfer für die Ehre und Lehre Gottes zu erkennen gegeben; 3. daß Titius dannenhero wegen dieser ihrer conduite TERTIAE. keinen regreß wieder sie nehmen könne, noch ihme zu dem Ende einige Action wieder sie zu statten komme / 4. daß der Stadt-Magistrat durch QUARTAE. die Confiscation und das ertheilte Consilium abeundi, weder die jura naturæ & hospitalitatis noch die dictamina Justitiæ, Æquitatis &Decori, auch nicht einmahl die officia humanitatis in Titii Person violiret habe. 5. daß Titio kein einiges Rechts-Mittel wieder den Magistrat zu QUINTAE. statten komme/ vielweniger derselbe einiger injustitz vor der gantzen Welt überwiesen und schamroth gemacht/am allerwenigsten aber angehalten werden könne/ wegen seines Verfahrens dem Titio eine suffisante/ eclatante/ und notorische Satisfaction auf eine publique Weise und dergestalt zu geben, daß er gehalten sey, durch ein öffentliches Cassatorium den gantzen Proceß-modum nebst dem Consilio abeundi zu annulliren und zu widerruffen. Alles V. R. W.

§. XIII. Der Herr Quærente aber nahme dieses unser wohlmei- Summa-
nendes / und ihn vor seinen bevorstehenden grössern Unglück warnen, des rischer In-
Responsum nicht zum besten auff, sonderlich aber stunden ihm unsere ra- halt/ von
tiones decidendi nebst der Antwort auff die rationes dubitandi, für- des Herrn
nehmlich aber die ersten/in geringsten nicht an. Was aber nun zu thun? Quærenten
Er sendete ein weitläufftiges scriptum mit etlichen nicht weniger weitleuff- Gegen-
tigen Beylagen an unsere Facultät/ welches ich bey Erzehlung dieses Han- schrifft.
dels nicht unterlassen kan beyzufügen. Dieses lieffe den 16. Novembris
1717. richtig ein. Ob es nun wohl wieder die gantze Facultät/ und an etlichen Orten etwas hanbüchen war/ weil es aber hauptsächlich die rationes anfochte/ die ich für mich nach meinen Vermögen (wie gebräuchlich) ohne fernere communication mit meinen Herren Collegen/verfertiget hatte/ auch unterschiedenes mich in specie, quamvis sine nomine, touchirte/ als habe ich auch dererselben ihre andre nöthigere labores nicht mit Herumschickung desselben turbiren wollen/sondern vermeinte Zeit genung zu seyn/ wenn sie es dermaleins bey Publicirung meiner Juristischen Händel nach ihren Gefallen bey guter Muße lesen könten. Ich habe zwar selbiges hier unten in folgenden Paragrapho ohne Veränderung einer Sylbe bona fide beydrucken lassen; aber damit bey dem Leser wegen der Weitläufftigkeit kein Eckel und Verdrießlichkeit zum Voraus entstehen möchte/ mir die Mühe genommen/ dasselbige in Paragraphos einzutheilen/ und Summaria ad marginem zu verfertigen. Es wird auch vermuthlich dem Leser nicht verdrießlich seyn, sondern mehr appetit machen, das weitleufftige scriptum

Ll   selbst

selbst zu lesen/ wenn ich allhier die Summaria in einer Folge nach einander voraus setze.

1. Entschuldigung/ warum diese Wiederlegung nicht gelehrt sey: 2. sondern nur in zweyen Puncten deutlich wiedersprechen wollen: 3. Erstlich daß man seinem Temperament allzuwenig Ehrgierde zugeschrieben/ 4. und folglich kein sonderlich judicium ihm zugetrauet; 5. Zum andern/ daß man ihm eine falsche/ ja gar keine Religion angedichtet; 6. Da doch dieses (1) mit seinen Genie incompatible; 7. (2) sein Christenthum notorisch sey; 8. (3) also diese Beschuldigung eine offenbahre Verleumbdung wäre: 9. Weil Er a) seine Meditationes nur als ein Philosophus Gentilis Interimisticus geschrieben/ 10. b) auch geleugnet/ daß solches seine eigene principia wären/ 11. c) und seine wahre intention genungsam entdecket/ 12. d) wieder die confuse und eigenwillige Auslegung 13. e) solenniſſime protestiret und ex genuinæ Logicæ doctrinis höchstvernünfftig die conclusion negiret, 14. welches mit etlichen Exempeln erleutert wird/ als α) Ludovici Antonii Muratorii, 15. β) derer editorum Philosophiæ Platonicæ & Pythagoricæ, item des Alcorans, ingleichen derer scriptorum Origenis, des Naudæi, und endlich des Arnolds: 16. Und γ) nochmahls als unstreitig supponirt wird/ daß der Herr Quærent ein redlicher Christ/ und γνησίως Lutheranus sey. 17. Zwey Haupt-Fehler des Hällischen Responsi und seiner übrigen Wiedersacher. 18. Gegeneinwürffe wieder selbige. 1) Die contenta seiner speciei facti. 19. 2) Seine ehrliche und raisonable intention. 20. 3) Daß man ihm eine falsche Meinung angedichtet. 21. 4) Daß Er andrer Gelehrten Exempel gefolget sey/ als dem Autori des Entretiens &c. dem Autori des Espion Turc, des unchristlichen Christenthums/ des Julii Cæsaris Vanini und seiner defensorum, 22. mit welchen man ihm gleiches Recht genießen laßen/ 23. auch ihme die defensio Vossii, und Doct. Titii zu statten kommen müste/ 24. und die leider allgemeine Ketzermacherey ihm nicht præjudiciren könne/ 25. sondern er allenfalls als ein moralischer Comödiante angesehen werden solte. 26. Zumahl da ihm die Lehre des Autoris des Entretiens &c. zu statten käme. 27. Aus der kurtzen Recapitulation der bishero angeführten Gründe/ 28. folge nun 5) nothwendig, daß ihm unrecht geschehen/ und unsere rationes decidendi nichts heißen: 29. Wie er dann in specie wegen des ihm von uns recommendirten Salomons und JEsus Syrachs Errinuerung thut. 30. Zumahl da Er nicht der erste Erfinder sondern nur der Copiste gefährlicher Lehren gewesen. 31. Welches Er mit einen Gleichniß von allerhand Mißgeburten bescheiniget/ 32. und dieses Gleichniß auf seine Meditationes Philosophicas appliciret/ 33. auch den locum des Defensoris Vanini für sich anführet. 34. Ja wenn er auch endlich ein Indifferentist wäre/ müsse ihn doch sein gutes moralisches Leben schützen. 35. Zum Beschluß führet er für sich zwey Passagen an/ eine aus dem Jure divino, der heiligen Schrifft/ 36. die andre ex jure publico,

aus

eines Atheistischen Gelehrten. 267

aus einen ungenanten Autore, 37. die er allen seinen Wiedersachern zur Prüfung recommendiret/38. und sie der göttlichen Rache/wo sie ihr Unrecht nicht erkennen/ übergiebet. 39. Nach dem Beschluß captirt er benevolentiam bey der Hällischen Juristen-Facultät/ 40. und recommendirt die eine Beylage/fürnehmlich sein fröliches Gemüthe daraus zu erkennen/ 41. nebst angehängten voto und recommendation.

§. XIV. Ich zweiffle nicht/ es dürffte mancher Leser den Kopff schüttlen und bey Durchlesung dieser Summarien gedencken/ ob wären sie von Erinnerung mir allzupartheyisch/ und vielleicht zum præjudit des Herrn Quærentis deßgemacht, auch deßhalb desto begieriger werden/die Gegenschrifft selbst zu lesen. Gleichwie mir aber dieses letzte recht lieb seyn wird; also läugne ich nebst der zwar nicht/ daß nach der Natur aller Summarien ich mich der Kürtze bevölligen fleißigen müssen/ und also den gantzen Sinn des Herrn Autoris nicht Gegenvöllig ausdrücken können/ iedennoch aber wird der geneigte Leser finden/schrifft daß ich an denen notablesten Oertern (z. e.§. 1. 2. 7. 13. 16. 25. 30. 31. 32. und selbst. 39.)allenthalben hes Herrn Autoris eigene Worte behalten. Dem sey aber wie ihm wolle/ hier hast du die Gegenschrifft selbst mit Haut und Haar.

Præmisso Tit.Ew.HochedlenResponsum,ist mir vor wenigen Wochen 1. wohl insinuiret worden,und bin vor die dabey gehabte Mühe und Arbeit, Entschulmeinen hochgeehrten Herrn samt und sonders verbunden. Ob selbiges digung indessen 1. Ohne Vorurtheile/ Partheiligkeit und Paßion/ als ein warum Juristisches Gutachten equitabler Consulenten : oder aber / wie ein diese Wi- Blut-Spruch und Sententia Condemnatoria Criminalis strenger und derlegung præoccupirter Inquisitorum abgefasset : Ob 2. die darinnen vorkom- nicht gemende Ausdrückungen/ Passages und Stylus, ohne Bitterkeit/ nach der lehrt sey ? Vorschrifft der christlichen Morale und einer politen Schreib-Art/ wie galante/liebliche und mit Saltz gewürtzte Reden sind angebracht und gebrauchet worden: Ob auch endlich 3. ihre rationes decidendi: welche in blossen Worten/ irrigen suppositis, eigenen Schlüssen/ wunderlichen Gleichnissen/ arglistigen Syllogismis, unbequemen Instantien und ungegründeten Distinctionen/ meistentheils bestehen ; sich auf die principia einer soliden Rechts-Gelahrheit: die Dictamina Æquitatis: die Reglen einer guten Interpretation : da nach diesem dreyfachen Winckel-Maaße das Jus ad Factum, abgezirckelt und appliciret werden soll und muß ; sich fussen : will der Revision frembder unpartheyischer Lehrer und Leser überlassen; Weil bey mehrern Arbeiten und Geschäfften/ die müßigen Stunden nicht habe : Eurer Hochedlen Responso, mit einer gelehrten Wiederlegung entgegen zu gehen; vor mich/ meine Philosophische und

Ll 2 politi-

politische ̈ Gedancken eine weitläufftige Schutz ‐ Schrifft zu verfertigen.

2.
Sondern nur in zweyen Puncten deutlich gegenspre-chen wol-len.

Damit nicht indessen/ wenn gäntzlich schwiege: aus dem Stillschweigen/ meine geistliche und weltliche hochgeehrte Herrn Opponenten/ diese Consequentz : Ich hätte ihnen als Triumphirenden gewonnen gegeben/ und den Palmen-Zweig zum Zeichen ihres eclatanten Sieges mit furchtsahmen Händen überreichet ; zu meinem Præjuditz ziehen und dessen die Unerfahrnen zu bereden suchen mögen ; Werden Eure Hochedlen die besondere Grace mir zu gönnen gütigst geruhen / mit keinen verdrießlichen Minen zu bemercken: wann zu einer etwelcher/ und keinen Schalck verbergender Interims-Justificirung meiner Sache und Ablehnung der Lehr-Sätze: die meiner deutlichen Gegensprechung und auffrichtiger Bekäntnis unerwogen ; auff eine unfreundliche und gewaltsahme Weise/ wieder die Gesetze von der Klugheit eines andern Meinung zu verstehen/ laut der sub No. 1. angehenckter Beylage/ rubriciret: Ausübung und Ubertretung der Vernunfft-Lehre ; aus einer feindlichen und gefährlichen Abzweckung/ vielleicht, damit malgré moy & a contre coeur, in den Augen der christlichen Welt, vor einen Ketzer/ Atheisten und Spinosisten pasfiren solle ; mir zur Last geleget werden: Die einer ieden unschuldig-leidenden und gravirten Parthey erlaubte Freyheit der Wieder-Ant-und Verantwortung nehme : über Eurer Hochedlen hochgelehrtes Responsum (wiewohl ohne Violirung derjenigen Hochachtung, welche meinen hochgeehrten Herrn samt und sonders im übrigen schuldig bleibe) mit einer friedliebenden Seele und sanfftmüthigen Feder : in gegenwärtigem Schreiben/ diese einige Remarque vorietzo nur zu machen : welche in dem kurtzen Schluß beruhet : Eurer Hochedlen edle Ars Conjecturandi die Erkäntniß der menschlichen Natur und derer Jhro anklebender natürlicher/ sittlicher und geistlicher Neigungen ; habe keine Infallibilität, noch gewonnen ; Indem so wohl (a) in Bezeichnung meiner Leibes-Complexion : als (b) in Vestsetzung derjenigen Religion/ welcher ich/ nach meinem Gewissen und der innerlichen Uberzeugung von gantzem Hertzen und gantzer Seele zugethan bin ; sie sehr gestrauchelt/ und durch diesen faux pas eine considerable Blöße gegeben.

3.
Erstlich daß man seinen Tempera-

Denn was den ersten Punct: von meinem Temperament anlanget ; haben Eure Hochedlen/ nach ihren Lehren von der Kunst die Gemüther der Menschen zuerforschen/ den Calculum zwar dahin gezogen : es wäre solches von etwa melancholisch-sanguinischer Vermischung : weil mein wenig natürliches Judicium, eben dadurch unterdrücket : und ich

eines Atheistischen Gelehrten.

ich also ad Atheismum verleitet würde. Das Gegentheil und wie darinn *ment all-*
ein Error Calculi aus falschen Datis, von Euren Hochedlen sey begangen *zuwenig*
worden/ gründlich offen zu legen; will nicht anführen: daß 1) durch die *Ehrgier-*
treue Erziehung meiner seeligen Eltern und löbliche Information redlicher *de zuge-*
Lehrer/ dahin bin unterwiesen worden/ die vernünfftige Tugend- und Eh- *schrieben.*
ren-Liebe: vor den Polar-Stern einer glücklichen Segelation meiner zeitlichen und ewigen Wohlfahrt mit unverwendetem Gesichte zu beaugen.
Auch halte ich 2. vor unnöthig/ Euren Hochedlen vorzubilden: daß nach der
Anspornung meines Naturels belieben trage in Luce Mundi, mit Jo-
vialischen und aufgeweckten Geistern zu conversiren; Einen Timonem
aber/ Misantropen und Reveur: der die todte Einsamkeit dem char-
manten Versailles vorziehet, und mit dem traurigen Heraclito, die un-
bekanteste Gebürge zu seiner Wohnung auswehlet; zu præsentiren: die
dazu stimmende Leibes- und Gemüths-Gaben/ von dem Schöpffer aller
Geschöpffe/ nicht zu meinem Erbtheil überkommen habe; sondern ich will
3. Euren Hochedlen zu Dero suffisanten Uberweisung nur diesen Ein-
wurff aus ihren Schrifften entgegen stellen: daß da sie in ihrer Muthmas-
sungs-Kunst/ wie ein unumstößliches axioma bejahen: Melancholicum ad
superstitionem inclinare: Cholericum autem ad Atheismum pronum esse; sie mir und meinem Temperament: welches melancholisch
beschrieben worden/ daß bey Gefolge/ ich billich eine abergläubische Creatur seyn, ihre sombre Sitten besitzen/ und insonderheit GOtt als einen
schädlichen/ zornigen und unweisen Tyrannen und Despoten mir einbilden solte; dennoch eine gantz widrige Neigung nemlich den Atheismum:
zugeurtheilet und bey dieser moralisch-Academischen Creation, sie mir zu
einem Pathen-Pfennig mit freygebiger Hand zwar eingebunden; dabey
aber ohne Zweiffel aus Versehen des Gedächtnisses vergessen: wegen des
imputirten Atheismi, mir zugleich ein Temperamentum Cholericum
beyzulegen; indem laut ihrem Selbst-Geständniß die GOttes-Verläugnung, bey den Cholericis, ubi bilis dominatur & per consequens
aliqua sanguinis pinguedo eaque ad inflammandum apta occurrit;
allein anzutreffen: und wie ein Proprium inseparabile Corporis Chole-
rici, zu beobachten seye.

  Betreffend mein Judicium: bekenne ich ohne Schamröthe / daß *4.*
selbiges bey mir/ bey Centnern und in tanta Massa & quantitate Molis, *Und folg-*
wie bey einer nombreusen Versammlung und starcken Collegio; nicht *lich kein*
abzuwägen. Doch bin ich mit dem Quintlein derjenigen Beurtheilungs- *sonderlich*
Krafft: welches von dem allmächtigen Schöpffer, mir zum Gebrauch und *Judicium*
Ll 3   Wu- *ihm zuge-*
                  trauet.

XXIV. Z. Elender Zustand

Wuchern anvertrauet worden/ zu frieden; weil durch ihre Beyhülffe/nach weggeworffenen Schuppen der Vorurtheile/ das wahre von dem falschen: das wahrscheinliche von dem irrigen: das gute von dem bösen: die Tugend von den Lastern; die raisonable Liebe von den thörigten und gar offte mehr als bestialischen Begierden: das Unerschaffene von dem Erschaffenen: den Schöpffer von dem Geschöpffe: GOtt von der Welt: das Christenthum vom Heydenthum: den Christlichen Weltweisen vom Heydnischen Raisonneur: den Philosophum Eclecticum von einem Philosopho Sectario: den Theologum vom Philosopho: den Theologum Revelatum von einem Theologo Naturali; die/ in den Geschöpfen offenbahrte Bibel von dem/ durch den Mund der Propheten/ Aposteln und anderer heiliger Männer gepredigten Wort GOttes: dieses warhafftige Wort GOttes wiederumb von der Philosophia und losen Verführung nach der Menschen Lehre und nach der Welt-Satzungen und nicht nach Christo/ in welchem die gantze Fülle der Gottheit leibhafftig wohnet: den geistlichen/ neuen und wiedergebohrnen Menschen von der fleischlichen/ alten und sündigen Creatur: den auffrichtig- und thätigen Christen von den Scheinheiligen/ Pharisäern/ Maul-Christen und Tartuffen: In Summa/ die vielfältige moralische Personen; genau/ ohne mühsahme Arbeit und schwermüthiges Nachgrüblen/ aus einander zu mustern: und von ihnen/ ihren verschiedenen Ziel-Puncten und im Schilde führenden Actionen: pro differentia & diversitate dabey vorkommender idearum, modorum respectuum, relationum physicarum, moralium & spiritualium nec non circumstantiarum, quarum vel minima totam rei & casus faciem immutat; einen conceptum genuinum & adæquatum, nach der Ausübung der Vernunfftlehre und dem Wege zur Warheit zu formiren: u. entweder ein wahres oder wahrscheinliches Sentiment zu fällen; ich mich/ GOtt sey lob/ in einem guten/ gesunden und unverdorbenen Stande sehe. Ob nun ein so qualificirtes Judicium, welches in seinen ächten Farben/ ohne Schmincke entworffen: Wann der Quantität nach/ von einem Sonnenstäublein, es gleich überwogen würde; eine Facultas Animæ seye: durch derer Circulirung ein lentum Corpus Melancholicum, in quo terrearum partium moles superior: zur freudiger Activität und lebhafftiger Bewegung gebracht werde; überlasse ich den Illuminatis zur Entscheidung: welche diese curieuse und nützliche Wissenschafft der cörperlichen und sittlichen Complexionen/ en Maitres in vollkommenem Grad zu wissen/ sich flattiren.

Ich

eines Atheistischen Gelehrten.

Ich komme auff den andern Punct: der von Euren Hochedlen mir attribuirter Religion; worinnen meinen hochgeehrten Herrn/ ich will nicht sagen eine Ungerechtigkeit: doch wahrlich einen mercklichen Fehltritt (quamvis & hoc, salvâ D. V. Reverentia debita, scriptum velim) ebener maassen begangen; wiewohl solches mich nicht befrembdet; weil/ nachdem Euren Hochedlen es gefallen/ mir eine neugeschmiedete Leibes- und Seelen-Beschaffenheit zu schencken: Meine hochgeehrten Herrn sich auch keinen Scrupel gemachet haben/ mit einem neuen Gottesdienst/ mich zu dotiren und zu bemorgengaben. Es ist aber Hochedle Herren/ die Religion: die sie vor die Meinige an- und ausgeben/

Erstlich: mit meinem Genie incompatible. Denn selbiges/ erkennet in der Welt-Weißheit und Glaubens-Sachen: nicht die Dictata Philophorum & Theologorum: sondern die Dictamina rationis & scripturæ, für seine eigene und souveraine Haupt-Richter: um sich nicht wägen und wiegen zu lassen von allerley Wind der Lehre, durch Schalckheit der Menschen und Teuscherey/ damit sie die Gemüther erschleichen/zu verführen.

Sie wird zum andern: durch mein notorisches Christenthum in der Lehre und dem Leben/ nachdrücklich wiederleget; daß wer solches sonnenklare Zeugnis umwerffen wolte: die Vernunfft/ das Wort GOttes / die Christen-Rechte/ nebst dem Gebrauch der Sinnen/ aus der Welt und dem menschlichen Umgang/ mit verbannen müste.

Wie dann drittens: die/ in der specie facti erzehlte Ursachen/warum die Meditationes ans Licht gestellet: meine rechte und ächte Religion/ die in dem Lutheranismo sich concentriret; in so naiven und auffrichtigen Worten erhärten: daß Christen und unpassionirte/ zu keinem Verbrechen mir es auslegen werden noch können ; wann eine solche Auffbindung und Unterschiebung eines fremden Gottesdienstes und wunderlicher Religions-Gedancken: mit dem Titul der Verläumdung characterisire; Weil diese Ausschweiffung/ kein gelinders Epitheton verdienet: und einer ehrlichen Seele ungemein wehe thut/ ohne Verdienst zerlästert, und bey den Tugendliebenden Leuten in einen sinistren Concept gesetzet zu werden.

Dann obwohl willig/ ohne peinliche Frage gestanden: der Verfasser gemeldter Meditationum zu seyn ;- So habe ohne Verstellung/ Ausflüchte/ zwodeutige Reden/ und die übliche Kunstgriffe der Sophisten und Heuchel-Christen, dahin zugleich mich ausgelassen: Daß (a) die, in dem Philosophischen Büchlein verhandene Meinungen/ welche von alten und neuen Weltweisen und Frey-Geistern ausgebrütet; von mir/ wie einem als ein

5.

dern/daß eine falsche/ ja gar keine Religion angedichtet.

6.

Da doch selbige (1) mit seinem Genie incompatible.

7.

(2) Sein Christenthum notorisch sey.

8.

(3) Also diese Beschuldigung eine offenbare Verleumdung wäre.

9.

Weil er a) seine Meditatio-nes nur

Phi-

XXIV. Z. Elender Zustand

Phil. Gent. Philosopho Eclectico & Gentili Morali Interimistico zwar wären ge-
Interimisti- redet worden: keinesweges aber von mir quatenus Christiano; vor
cus ge- wahr gehalten würden.
schrieben.

10.
b) auch ge- Ich habe (b) vor dem Scholarchat und in der facti specie, gantz
leugnet/ und gar geläugnet: wie dann quam constantissime noch von mir ge-
daß sol- leugnet wird; Quod hæc Philosophi Ethnici Principia, propria mea
ches seine sint dogmata: quibus præ Christianismo, cujus ego tamen strenuus
eigene principia wären. sectator sum, symbolum meum darem & assensum.

11.
c) und sei- Ich habe(c) zu erkennen gegeben / daß vermöge der Doctrinæ de Imputa-
ne wahre tione Actionum Moralium: von welcher Materie verschiedene eminente
intention Moralisten und Juris N. Doctores unvergleichlich geschrieben; Nach
genungs- der Intentione Cordis & Animi: d. i. warum und aus was einer Be-
sam ent- wegung das Wercklein drucken lassen; nicht aber secundum actionem
decket. factæ impressionis & publicationis: d. i. weil durch den Druck es der
gelehrten Welt ich comuniciret; man mich anhören/ prüfen und beurtheilen müste: Cum Personarum, Actionum & Verborum Moralitas
& Turpitudo: Justitia & Injustitia: Innocentia & Culpa: ex voluntate, proposito, præmeditatione & proæresi, solum dijudicari
debeant.

12.
d) Wieder Es ist (d) zeitig von mir erinnert worden: die zwo Personæ morales
die confuse eines Gottesgelehrten und Weltweisen/ welche in meiner Vorrede dahero
und eigen- bedächtig; in regard, errorum genitrix, est confusio semper, von
willige einander ich placiret; müsten wegen ihrer gegen einander lauffenden Eigen-
Ausle- schaften durchaus nicht zusammen geschmöltzen und zu einer Person geformet
gung. werden; weil durch dergleichen fallacias compositionum & divisionum:
combinationes contrariarum, uti personarum, ita proprietatum: die
gröbste Irrthümer/ irraisonabelste Ketzereyen und solche Articuli Fidei
Philosophicæ & Christianæ, die meine Vernunfft und Sinnen mißbil-
ligten: mir ohne Schwürigkeit/ angezettelt werden könten; wann sonderlich noch dazu der Inhalt der Meditationum: nicht nach meiner / des
Schrifft-Verfassers redlichen Auslegung: sondern nach dem Willkühr
und einer eigenmächtigen Dollmetschung meiner Leser/ Gedancken-Rich-
ter/ und moralischer Hertzenskündiger/ verstanden und ausgedeutet werden solten.

13.
e) solen- Ich habe dahero endlich (e) wieder solche schädliche Unternehmungen und Attentata moralia, aus einer billigen Vorsichtigkeit quam so-
lennis-

eines Atheistischen Gelehrten.

lennisfime protestiret/ theils denen Splitter-Richtern und bösen Zun- *nisfime*
gen: welche des Lutheri Vernunfft-Schrifft-und Christmäßige Vermah- *protestiret,*
nungen bey dem achten Gebot; weil sie Athei Practici sind: zu practiciren und *ex ge-*
vergessen: einen Riegel und Gebiß vorzuschieben; theils aber und vornehm- *nuinæ logi-*
lich durch feyerliche Widersprechungen zu declariren: daß vor die irri- *cæ doctri-*
ge Schlüsse: welche von denen Philosophischen Gedancken / auff meine *nis höchst-*
christl.iche Religion, nach einer ungewöhnlichen Raisonnir-Kunst gefolget *vernünff-*
werden wolten: ich ernsthafftig einen Abscheu trüge; und weilen aus *tig die con-*
derjenigen Logic, so deutsch: die Klugheit zu bedencken und vernünfftig *clusion ne-*
zuschliessen: Lateinisch: Ars inveniendi veritatem, recte ratiocinan- *giret.*
di & notum cum ignoto conferendi, betitlet wird; mit besserer Ge-
schicklichkeit/ Gerechtigkeit und Nutzbarkeit zu raisonniren gelernet hätte:
ich unmöglich könte/ würde/ auch niemahlen werde vor gültig die Conclusion *passiren* lassen, welche schliesset: Titius, um seine studia Philosophico-Theologica zu recapituliren: hat bey seinen Recreations-
Stunden/ zusammt dem Alten und Neuen Testament: der Theologia
Christiana & Gentili: den Aristotelem, Platonem, Pythagoram, E-
picurum, Cartesium, Herbertum, Hobbesium, Machiavellum, Spinosam, Beverland, Pereira, Boccalini, Ovidium, Lucanum, Lucre-
tium, Clericum, Montagne, Vayer, Broion, Blount, Bælium, Huy-
genium, Tolland, Brunum &c. &c. &c. mit ihren op- & propugna-
toribus, wie ein Philosophus Eclecticus durchgeblättert und conferiret: ihre wahre und irrige Meinungen und Grund-Lehren in ein Gewebe
gewircket/ und selbige endlich/ wie ein Collector & Relator: Exercitii
& veritatis amore, heraus gegeben; E. hat Titius, durch die Auffwär-
mung und Gemeinmachung gottloser und gefährlicher Sätze/ ein peinliches Verbrechen begangen: E. ist Titius selbst nothwendig ein Platonist/
Spinosist/ Hobbesianer/ Tollandist 2c. 2c. E. ist er ein warhafftiger Hey-
de/ der Christum und seine Lehre verläugnet: E. hat er keine Religion: E.
soll man ihn dem *Vulcano* auffopffern: oder zum wenigsten in die
Bergwercke und auff die Galeeren schicken.

Es mag hierauff für mich zum ersten: Ludovicus Antonius Mu- 14.
ratorius antworten. Dieser hat seinen anecdotis græcis, den beruffe- welches
nen Brieff an Dionysium Alexandrinum beygeschlossen: welchen eini- mit etli-
ge, dem Pabst Julio I. zugeschrieben/ darinn Nestorii Irrthum von den chen Exem
zwey Personen in Christo wiederleget; zugleich der Eutychianismus von peln erläu-
der einigen Natur in Christo: wie auch Appollinarii irrige Lehre/daß Chri- tert wird/
stus keine andere Seele als seine Gottheit gehabt/behauptet wird. In der als α) *Lu-*

Lodovici Antonii Muratorii. Vorrede vertheidiget Muratorius sein Vornehmen / wieder diejenigen/ welche es vielleicht vor unnützlich/ oder wohl gar schädlich halten/ die alten Ketzer-Schrifften wieder ans Licht zu bringen. Denn weil derselben Irrthümer schon längst wiederleget sind; hat man keine Gefahr davon zu befürchten. Dieser Brieff gebe der Kirchen-Historie ein Licht: und Muratorius meinet/ es könne der Betrug der Ketzer nicht besser entdecket / und Pabsts Julii I. Unschuld vertheidigt werden/ als durch Herausgebung dieses Brieffes. Er führet über dieses die Exempel derjenigen vor sich an, die Juliani, Libanii, Symmachi und Zosimi Schrifften wieder die christliche Religion herausgegeben: Montfauconium, der Eusebii mit dem Arianismo befleckte Commentarios drucken lassen: die Acta Conciliorum, darinn so viel Brieffe der Ketzer stehen: Baronium, der in seinen Annalibus, viele Werck gen der Ketzer, und Zacagnium, der des Ketzers Apollinaris Irrthümer ans Licht gebracht. E-

15.
β) Derer *editorum Philosophiæ Platonicæ & Pythagoricæ.*

Daß ferner und zum andern: unter den vielen Classen der Weltweisen/ die Philosophi Platonici fürnemlich: (obgleich andere melden/ daß aus der Quelle des Pythagoræ und Zenonis, vielmehr Ketzerisches Gifft geflossen/) die Patriarchen der Ketzer sind genennet worden: berichtet die Philosophia Aulica. Und daß Plato, ein Atheista formalis sey/ der Spinosismum ante Spinosam gelehret: hat eine gelehrte Feder zu erweisen sich bemühet. Es hat aber nicht allein Marsilius Ficinus, die Philosophiam Platonicam aus den unterirrdischen Hölen wieder hervor gelocket: ein Sedis Romanæ Purpuratus Bessarion, nebst dem Engländer Cudworth, den Platonem gegen seine Verläumbder defendiret; Sondern die Kirchen-Väter selbst/ sind wie dem Aristotelismo, Stoicismo und Epicureismo: also ebenfalls dem Pythagorismo und Platonismo, so gar ergeben gewesen; daß sie den letztern/ biß auff seine Irrthümer angenommen. Wann nun eine unzeitig hitzige und von den Vorurtheilen geblendete Seele/ den Ficinum, Bessarionem, Cudworth, nebst den Ecclesiæ Patribus: theils wegen Herausgebung, theils der Verthädig- und Annehmung dergleichen Schrifften und ihrer Lehr-Sätze wegen/ vor gottlose Platonisten/ Pythagoristen/ Atheisten und Spinosisten auff den Märckten/ von den Cantzeln und Cathedern / auch in allen Theologischen und Juristischen Facultäten Europä ausschreyen/ und ihnen, obwohl des Feuerswürdigen Maleficanten/ aus genereuser Compassion, ein dulce & mansuetum Consilium Abeundi aus den Gräntzen der gelehrten Republicq und den Gewölben der Buchführer/ ad domum insinuiren lassen wolte; Würde ein gescheiter Welt- und Hoff-Philosophus nicht ge-
zwun-

eines Atheistischen Gelehrten.

zwungen werden? auszuruffen: Ein solcher Zelotes hätte eine Reise nach Ost-Jndien verrichtet/ und sein Gehirn eine vehemente Fermentation, bey Passirung der Linie empfunden! Die Arbeiten des Ficinii, Bessarionis und Cudworths, sind von den Verständigen gebilliget worden; Und was die Väter betrifft: hat Michel Mourgues in seinem Plan Theologique du Pythagorisme, vernünfftig gezeuget: daß sie als Philosophi, allen Secten zugethan gewesen/ und ihrer Lehren sich bedienet; Jndessen aber wie mit den Fehlern des Aristotelis, mit der Gottlosigkeit der Stoicker, mit der Untugend der Epicuräer nichts zu thun gehabt: also die Jrrthümer des Platonis und Pythagoræ, nicht approbiret hätter. Die Historia Litteraria vergewissert uns/ Paganinus Brixiensis habe den Atheistischen Alcoran zum ersten Druck befördert: welchen/ anderer Gelehrten zugeschweigen/ in derer Anzahl verschiedene Theologi orthodoxi mit befindlich; Ludovicus Marraccius durch eine neue Übersetzung im vorigen Seculo, der Welt wieder in die Hände geliefert. Und sind beyde Editores, so viel mich vorietzo/ aus den Nouvelles Litteraires davon erinnern kan; wegen solcher kuhnen Publicirung/ weder des Turcismi oder Atheismi beschuldiget/ noch vor ihre Personen/ mit weltlichen oder geistlichen Strafen von dem Magistrat und der Clerisey angesehen worden. Ja da Origenes: ungeachtet es kundbahr/ eum haud procul a Spinosæ erroribus abfuisse: saltem id Ducinus in Historia Origenismi ex Hieronymo docuit, qui unica vocula QVODAMMODO tanti eum sacrilegii crimen effugisse existimabat; von niemanden/ in das schwartze Buch der Atheisterey ist immatriculiret; Naudæus auch: weil verschiedene grosse Leute von beschuldigter Zauberey/ durch seine gelehrte Feder er gerechtfertiget; nicht vor einen Schwartzkünstler und pro Complice Magiæ gescholten: Endlich der christliche Arnold: aus der Raison, daß in seiner Kirchen- und Ketzer-Historie/ viele fromme und gottselige Männer/ von dem Crimine Hæreseos er gerettet und vor unschuldig gesprochen/ von gütigen und Apostolischen Hertzen/ nicht für einen Mittbruder der Ketzer-Gesellschafft, welchem der Gebrauch des Wassers und Feuers zu untersagen wäre: sondern wie ein rechtschaffner Christ und Nachfolger seines Erlösers/ ist gerichtet und verehret worden: Mit was für einem Fundament: wollen die Protestantische GOtt- und Rechts-Gelehrten: welchen die/ den Inquisitoribus hæreticæ pravitatis angebohrne Losungen: Ure, Seca, Crucifige: ad Patibulum, ad Focum, ad Triremes: convaincante Marques der Tyranney des Anti-Christs/ billig seyn und bleiben sollen; mir denn/ einen Hæresin, Atheismum, Spinosismum

Jtem des Alcorans

ingleichen derer *scriptorum Origenis.*

des *Naudæi*;

und endlich des Arnolds.

Mm 2   in

XXIV. Z. Elender Zustand

zu muthen und mich wie einen Atheisten, der ohne Religion lebet/ abschildern? Da ich doch quatenus Christianus keinen Ketzer/ Atheum & Spinolam verfochten/ oder ihre Irrhümer genehm gehalten: im Gegentheil/ die mir auffgedrungene Attributa, nicht etwa durch ein einiges Wörtlein: sondern viele Wörter/ Explicationes, Confessiones & Protestationes abgelehnet und detestiret habe.

16.
Und γ)
nochmahl
als un-
streitig
supponiret
wird, daß
der Herr
Quærent
ein redli-
cher Christ,
und γνησι-
ος Luthe-
ranus sey.

Daß ich aber zum dritten: kein Atheist nach dem gemeinen Urtheil der Verläumdung; vielmehr ein redlicher Christ/ der einen seeligmachenden Glauben bekennet; warhafftig sey; ist so wahr als wahr bleibet: zwomahl zwo sind vier/ und zwo mahl vier sind acht. Erwehnter Glaube ruhet auff zwo Pfeilern: Der erste: ist die heilige Schrifft, wie sie in dem Alten und Neuen Testament verfasset. Der andere: ist die unveränderte Augspurgische Confession. Diese dopple Eintheilung und zwofache Betrachtung meiner Religion/ rühret aus der Quelle: weil in meinem Gottesdienst eine duplicem Personam Moralem præsentire; Dann erstlich: bin ich ein Christ, und werde durch den Character, von Juden, Heyden und Türcken distinguiret; Zum andern: bin ich ein Membrum Ecclesiæ Lutheranæ, welches Beylag-Wort/ von der Reformirten und Catholischen Kirchen mich absondert. Die Warheit dieser christlichen Lutherischen Religion: in welcher ich GOtt diene von meinen Vor-Eltern her in reinem Gewissen; glaubet nicht allein mein Hertz/ welches den dreyeinigen und aawissenden Hertzenskündiger/ gewiß wissend; sondern es bekennet auch mein Mund in den kirchlichen Vorfällen: wann sonderlich mein Confiteor in der Beicht ich spreche / und das hochwürdige Abendmahl nach der Einsetzung Christi und Auslegung Lutheri empfange. Wie ich nun suche mich vor der Welt als einen Lutherischen Christen dem Glauben gemäß auffzuführen: so befleißige mich dabey/ weil der Glaube ohne Wercke todt; die Warheit meines Glaubens / durch einen christlichen Wandel zu bestärcken und das Gesetz und das Evangelium: nach meinen Kräfften/ durch eine desinteressirte Liebe GOttes und meines Nächsten zu erfüllen. Denn die Liebe ist von GOtt, und wer lieb hat/ der ist von GOtt gebohren und kennet GOtt. GOtt aber ist die Liebe/ und wer in der Liebe bleibet/ der bleibet in GOtt, und GOtt in ihn; daß also eine verdammliche *Calumnie* es ist: bey so guten Religions-Sätzen/ die in Theoria & praxi: in intellectu & corde: in fide & vita hege; mich dennoch alta voce, vor einen Atheisten auszutrompeten.

17.
Zwey

Einen Vorwand zu dieser Atheisterey-Fabrique haben zwar die Meditationes Philosophicæ nicht per se, sed per accidens, daß dieser

Schul-

eines Atheistischen Gelehrten.

Schul-Distinction mich gebrauche; suppeditiret. Die Herren Geistlichen sind die erste gewesen: welche solche des Kirchen-Bannes würdig geschätzet. Durch die ausgewürckte Confiscation des Büchleins ceu Fecialem Litterarium: haben sie/mir ein Bellum Ecclesiasticum denunciiret/ und sind wie die Avant-Guarde, in das Controversien-Feld wieder mich ausgerucket. Der Geistlichkeit: sind die Herrn Scholarchen nebst einem hochweisen Rath/ mit einer obedientia cœca gefolget; haben gleichsam das Corps de Bataille formiret und ein Bellum Civile, mittelst dem Confilio Abeundi als einem Krieges-Manifest, solemniter declariret. Eure Hochedlen scheinen mit den vorigen Puissancen/ ein Fœdus Commune wieder mich geschlossen zu haben: und machen dahero auff dieser gelehrten Fecht-Schule und der geöffneten Feder-Campagne die Arrier-Guarde; Wie dann ihre Martialische Confilia: theils aus dem NB. auff Blut und Brand ziehlenden *Responso*: welches zu einem Academischen Oorlog mich ausfordern will; theils auch dahero deutlich zu ersehen: daß meine hochgeehrte Herren nach der Methode der Clerisey und des Scholarchats: (α) aus den Meditationibus, viele dogmata a tort & travers excerpiret: die sie scandalöse/ gefährliche und Atheistische Sätze betittlen; Auch (β) solche, wie meine eigene Lehr-Glaubens-und Lebens-Puncten: mir zugesprochen haben.

Hauptsehler des Hällischen *Responsi*, und seiner übrigen wiedersacher.

Allein um die Nichtigkeit dieser Prætexten/ Argumenten/ Zumuthungen/ und daß meine Gegner selbst Larven erdichtet/ wieder welche sie kämpffen; nur mit wenigen Gegeneinwürffen erweißlich und glaubwürdig zu machen: durch selbige/ die in vorhergehenden Blättern/ geführte etwelche Verthädigung/ weiter zu verificiren; So sind solche Chimärische Vorwände:

18. Gegeneinwürffe dawieder.

1) Durch die verständlich ausgedruckte Worte meiner Vorrede und mehrere/ in dem Specie Facti angezogene Vernunfft- und Rechts-Schlüsse; mit ihren Wurtzeln bereits ausgejätet.

1) Die contenta seiner speciei facti.

2) Wird meine Unschuld: von der Endursache vorgekommener Druckung dieses Büchleins/ handgreiflich erläutert; indem/ wie zum öfftern erwehnet/ zu dieser Arbeit der Vernunfft: die blosse Liebe zur Warheit und keine criminelle Machinationes entweder Meutereyen im Staat- oder Spaltungen in der Kirche anzulodern: mich auffgemuntert; als zu welchen tollkühnen Entreprisen die Athei Theoretici: im Fall dergleichen Extravaganten unter den Philosophen angetroffen werden könten; so wenig auffgeräumet und gedrechselt sind: daß aus der Motive, ver-

19. 2) Seine ehrliche und *raisonable* intention.

Mm 3 schie-

schiedene subtile Männer nicht unbillig geschlossen: es könne keine ärgere Pest vor die Republiquen erdacht werden als der Aberglauben; Und da aus diesem Mord und Todtschlag/ mit allem nur ersinnlichem Unglück herstamme; so schade der Atheismus dem gemeinen Wesen lange nicht so sehr; weil die Leute/ welche mit demselben behafftet, mehr dahin sehen was andere thäten/ als was sie glaubten.

20.
3) Daß man ihm eine falsche Meinung angedichtet,

3) Würde es mir/ wann nach der Methode: wie mit meiner Schrifft und Persohn verfahren worden; ich die Bücher und Disputationes vornehmer und kluger Gelehrten durchsieben und ausmertzen wolte; eine anmuthige Spiel-Arbeit seyn; aus solchen/ eine considerable Anzahl anstößlicher und verdächtiger Satz-Reden zu sortiren und ihre Schutz-Herren/ wie gefährliche Gifft-Mischer/ bey dem Inquisitions-Tribunal zu deferiren. Ich gehe weiter und soutenire mit einer freymüthigen Stirne; daß wann zuläßig und verantwortlich: recht und billig es ist; die in Schrifften vorkommende Reden und Passages, aus ihrer natürlichen Verbindung und gehörigtem Lager zu derangiren: selbigen, einen sensum intentioni scribentis & loquentis contrarium anzuhefften; und der sinceren Verdollmetschung ihrer Autorum die Geburth fremder Interpretum vorzuziehen: daß keine difficultäten es geben würde/ den weisen Salomon/ erleuchteten Paulum/ nebst den übrigen Rüstzeugen GOttes/ in Ertzketzere und Atheisten zu verwandeln; daß aus der Betrachtung/ ein freydenckender und schreibender Journalist überaus wohl argumentiret: keine Præcipitantz sey gottloser/ als die Menschen nicht aus ihren Worten/ sondern aus ihren heimlichen Gedancken beurtheilen. Ich verneine ja nicht: die Meditationes quæstionis zum Druck befordert zu haben; angesehen die negativa mich graviren und ein Indicium malæ causæ seyn würde. Ich verneine aber mit vollen Lippen: daß aus dem zugestandenem medio Termino: ich habe das Büchlein verfasset; diese Conclusiones: E. stehen darinnen meine eigene Grund-Lehren entdecket/ die ich für orthodoxische Warheit/ mit mei-em Hertzen und Munde bejahe. E. bin ich ein Spinosista, & Atheista incarnatus. E. solte man mit mir eine Vaninische Tragödie spielen/ und zum Scheiterhauffen eine *Promenade* machen ꝛc.; mit einer bonne grace heraus gelocket werden können. Sie sind und bleiben vielmehr unbündige Raisonnemens: die den Strich der einfältigsten Logic nicht aushalten/ und gegen die gesunde Vernunfft auch den Sensum Communem anstossen.

Wie

Wie dann für die Rechtmäßigkeit meiner Defension 4) viele herrliche Præjudicia auftreten/ die Beweißthümer anführen: daß eine Menge von Gelehrten/ unter angenommenen Moral-Personen/diese und jene heterodoxische/ verdammte und dangereuses Theses Philosophicas & Theologicas, nebst derer Patronen und Folgern: in ihren edirten operibus ingenii, wieder rege gemachet, gelobet/ vertheidiget; ohne daß ihnen/ oder ihnen durch den Druck communicirten Arbeiten ein Processus Civilis aut Criminalis wäre an den Gürtel geworffen/ oder sie wie Ketzer und Atheisten gebrandmarcket worden. Hat nicht der Autor der Entretiens sur divers sujets d'Histoire de Litterature &c. &c. sich darinnen an einem Ort: in gewisser maaße wie einen Juden vorstellet? Der seine Sorge seyn lässet, das Judenthum mit den schönsten Couleuren in das Licht, das Christenthum durch einen schwartzen Pinsel in den Schatten zu versetzen. Wer wolte nun/ wegen dieser unschädlichen Simulation des Autoris, da wie ein Judæus pro tempore, er ebraiziret; den Eidschwur ablegen: daß ein inwendig verborgener und dem Hertzen obgleich nicht der Vorhaut nach/ beschnittener Jude er würtklich wäre? Wer das sinnreiche Buch: Espion Turc, mit Auffmercksamkeit gelesen/ wird befunden haben: daß dessen Verfasser/ die Religion nebst der Morale der Türcken und Morgenländer (dann seine Paradoxa in der Welt-Weißheit will nicht berühren) ungemein gelobet und dem Christlichen Glauben in vielen Stücken præferiret. Würden aber die Gesetze der raisonnablen Liebe/ nicht mit Fussen zutreten? Wann dieser rechtschaffene Christ: weil ad interim er einen Türckischen Bund auffgesetzet/ und in seinen Brieffen eines Türcken Mundstück oder Sprach-Rohr abgiebet: für einen Mammaluck und Renegado passiren solte und müste. Das unchristliche Christenthum ist eine lesenswürdige Schrifft: in welcher/ von dem Autore unter dem Moralischen Kleide eines bekehrten Chinesers/ das verderbte Leben der heutigen Christen/ ohne Fürhang frey und treu offenbaret wird. Wer nun/ unter dem mit unächten Golde bezogenem Schein-Grund: die Schrifft wäre aus dem gottlosen Absehen entworffen/ die wahre Religion ridicule und den Heyden zum Stein des Anstosses zu machen; ihn/ wie einen veritablen Unchristen/ aus der Christlichen Gesellschafft und Brüderschafft banniren wolte: würde durch dieses Beginnen/ die Unklugkeit vernunfftig zu schliessen; zu seiner grösten Confusion verrathen. Diejenige müßige Gemüther/ welche für ein Gottgefälliges Werck es halten/ die Register der Ketzer und Atheisten zu verfertigen: haben den Julium Cæsarem Vaninum jederzeit mit dahin rangiret. Indessen

21.
4) Daß er andrer Exempel gefolget sey.

Als dem Autori des Entretiens &c.

Dem Autori des Espion Turc,

des Iulii Cæsaris Vanini

XXIV. H. Elender Zustand

und seiner defensorum. dessen hat selbigem/ nicht allein Gottfried Arnold/ das Wort geredet: sondern es ist eine weit bessere Apologia Anonymi Anno 1712. aus der Druck-Presse zu Cosmopoli an das Licht gekommen. Solte man wohl aber beyde Gelehrten/ ex hac ratione decidendi; daß sie Sachhaltere eines Atheisten abgegeben/ und dessen Innocentz wieder den Richterlichen Spruch/ welcher ihn zum Feuer verdammet: zu verificiren sich unterstanden; mit unverletztem Gewissen und ohne Bruch der Gerechtigkeit: den GOttes-Verläugnern beygesellen können? Es machet zwar oben gerühmter Journalist/ wenn über die Schutz-Schrifft Vanini, er sein Gutachten eröffnet/ diese Reflexion: weilen eine dergleichen Verthädigung/ in den Augen der Abergläubigen gefährlich schiene; indem der abergläubigen und superstitiösen Leute/ weit mehrere als der klugen und recht frommen wären; daß darum es nicht muglich/ daß diese Schrifft entweder vielen oder auch den meisten gefallen könte; und dörfften dahero die Autores der unschuldigen Nachrichten 2c. 2c. wieder den Apologisten/ sehr nachdrücklich murren. Er antwortet aber zugleich mit einer courageusen Feder/ der Apologist würde sich vielleicht nicht viel darum bekümmern/ weilen er die Warheit suchte/ und fast auff allen Blättern gewiesen hätte/ daß er kein Atheist: sondern vielmehr ein Feind derjenigen sey/ welche unschuldige Männer vor Atheisten ausgeben und wann es bey ihnen stünde/ selbige zum Feuer zu verdammen/ Lust hätten.

22. Mit welchen man ihm gleiches Recht geniessen lassen/ Da nun erzehlte unbenahmte Gelehrte: welche derer Juden/ Heyden/ Türcken/ Christen und Atheisten/ Glaubens-Articuln/ Lebens-Arten/ Sitten und Meinungen/ aus dem einigen Vornehmen/ das wahre von dem falschen; das vernünfftige von dem unvernünfftigen; GOtt von den Abgöttern: Christum von Belial: mittelst einer moralischen Chimie zu scheiden/ und wie die Stärcke der ächten Lehren: also die Schwäche irriger Satzungen/ durch die Gegenstände begreifflich zu machen; theils unter entlehntem Aufputz und gekünsteltem Blumwerck moralischer Erdichtung/ zu angenehmen und nützlichen Schau-Essen lüsternder/ curieuser und mit einem feinem Geschmack begabter Seelen/ in den öffentlichen Buchläden auffgetischet: theils auf eine ingenieuse Art/ durch die Satyrische Hechel gezogen: theils von den/ ihnen angebrandten Flecken und Schimpff-Mahlen infamer Gottlosigkeiten/ gesäubert; Von den vornehmsten Pairs und Grandes des Parnassi Litterarii, für vere-orthodoxi sind gehalten und mit den gehäßigen Nahmen der Heyden/ Juden/ Türcken/ Unchristen/ und Atheisten/ gar nicht gefirmlet worden; warum soll denn ein eben gleiches Recht: nach der incontestablen Juris Regula: ubi par ratio, ibi

par

eines Atheistischen Gelehrten.

par jus; mir nicht wiederfahren und angedeihen? daß in meinen Meditationibus: die alte und neue Welt-Weißheit von GOtt/ der Schöpffung der Welt: dem Wesen der Menschen: dem Ursprung der Regierungen: und der Lebens-Auffführung der Unterthanen in statu Naturali & Civili vorgetragen; ist von mir mehr als hundert mahl gestanden. Doch isderzeit fleißig mit erinnert worden: daß solche Ingenii & Intellectus Labores, nicht wie ein Lutherischer Christ, sondern wie ein frey raisonnirender Heyde/ der ein Philosophus Eclecticus und dabey ein Christianus temporalis wäre/ vor die Hand genommen; zugleich aber ich nach dem Muster grösserer und vernünfftiger Männer: die orthodoxæ veritatis amorem, zu einer Ziel-Scheibe solches Vorhabens gepflantzet hätte; damit durch die falschen Finten einer irrenden menschlichen Vernunfft und angebrachte Contra-Stösse eines deguisirten und achevirten Heydnisch-Philosophischen und Theologischen Fecht-Meisters: die Lehre der Christlichen Welt-Weißheit und Gottesgelahrheit/ den Starckgläubigen zur Versiegelung: den schwachen Christen zur Auff-und Anmuthigung: den Irrenden zur Erleuchtung: von den Patriarchen der Christlich-Lutherischen Kirchen erwiesen: durch unwiedertreibliche Schrifft-Stellen ex Libro Naturæ & Scripturæ: Rationis & Revelationis: bestärcket; in den vollkommenen Schönheits-Lustre einer keuschen Jungfräulichen Reinigkeit gestellet: und also die Warheit GOttes durch die auffgelösete Lügen der Gegen-Parthey/ zu seinem Preiß herrlicher gemachet werden möchten.

Elias Benoit, der eine Melange des Remarques critiques sur les 23. Dissertations de Toland: intitulée, l'un, l'homme sans superstition, Und ihm & l'autre, les Origines Judaiques, herausgegeben: bemühet sich/ den die Defensionem Vossium von der Auflage: er hätte mit vielen Gelehrten den Livium sio Vossii als einen Träumer und abergläubigen Mann ausgeschrien; durch die Distinction loßzuketten: daß ein anders wäre referre superstitiosa, ein anders esse superstitiosum, das erstere hätte Vossius bejahet: nicht das letztere. Dem Doctori Fechtio: da in seinen Tractat de Excommunicatione Ecclesiastica, er dem Doctori Titio fürgerücket: daß wieder die Fürst.Sächs.Kirchen-Ordnung er geschrieben: wird die Replique entgegen pariret: er müste wissen/ daß unter einem Doctore & Judice ein Unterscheid seye, als Judex, spreche D. Titius nach der Kirchen Ordnung/ welche er nur interpretiret: als einem Doctori aber/ stehe es ihme frey, in ipsam Justitiam vel Convenientiam Legum zu inquiriren. Ist nun die Distinction: inter superstitiosa referre & esse superstitiosum: deßgleichen/ inter Respectum Judicis & Characterem Doctoris

Nn

XXIV. H. Elender Zustand

ctoris als zwoer differenter Moral-Personen gültig/schliessend u. bündig; so militiret so wohl die Distinction, inter Spinosistica & Atheistica referre & Spinosam vel Atheum esse: als auch die genaue Absonderung des Philosophi a Theologo, des Philosophi Gentilis a Philosopho Christiano: des Philosophi Eclectici a Philosopho Sectario: ebenen maaßen vor mich und meine Schrifften; und können die Hlationes: welche in casibus plane & plene similibus; nach der Vernunfft/ und dem Recht valable, vernünfftig/ und gerecht sind geachtet worden/ mit warhafftig nicht, nisi summa cum injuria contra Dictamina Rationis & Scripturæ: Christianismi & Lutheranismi: juris & æqui: abgeschlagen und verneinet werden.

24.
Und die leider allgemeine Ketzermacherey ihm nicht præjudiciren könne.

Es ist zwar freylich leider durch die Ketzermacherey dahin gediehen! daß das Wort Spinozizat so weitläufftig ist: als das Wort Eutychianizat: Nestorianizat: Judaizat: Socinianizat &c. Allein, gleich wie derjenige nicht so fort ein Jude/ der eine Passage der Schrifft/ wie ein Jude erkläret/ oder der nicht sogleich ein Socinianer/ der vielleicht in einem Neben-Punct/ mit ihnen zusammen trifft; also kan ob Æquipollentiam Casus & Rationis, derselbige nicht für einen Atheisten/Spinosisten/ gehalten werden: der einen blosser Referenten & Collectorem Opinionum Spinosisticarum & Atheisticarum &c. mit nichten aber derselben Sectatorem, Defensorem & Propugnatorem abgegeben. Man muß hier christ-vernünfftig seyn/ und nicht gleich mit Sectirischen und unchristlichen Nahmen um sich werffen; sondern alles prüfen/ das gute behalten/ das böse verwerffen.

25.
Sondern er als ein moralischer Comödiante angesehen werden solte.

Der im weltlichen Leben eingeführte Gebrauch/ ist iederman bekannt: wann in Schulen/ auff Academien und an Höffen/ die Lust- und Trauer-Spiele/ aus dem Plauto, Terentio, Seneca: dem Molliere, Corneille: Gryphio, Lohenstein: und den Italiänischen Operen abgehandlet werden; daß die Actores utriusque Sexus, Personas Morales Interimisticas von Verräthern/ Mördern/ Ehebrechern/ Zäuberern/ Spitzbuben/ Gifftmischern/ Atheisten/ ja des Teuffels annehmen: die gottloseste Actionen verüben: die üppigsten/ unerbarste und irreligieuseste Reden vorbringen müssen. So wenig diese Repræsentanten und moralische Comödianten aber vor untugendhaffte Leute/ criminelle Bösewichter und Gottesläfterer zu benennen: ob wohl eine wieder GOtt/ die Tugend/ Ehrbarkeit und Gerechtigkeit schnur gerade lauffende Conduite sie angenommen; weil zu solcher/ aus dem Vorsatz/ sie verbunden gewesen: die ihnen zugefallene Roolen/ wohl zu agiren und Characteren-mäßig sich auffzuführen

eines Atheistischen Gelehrten. 283

ren: das allgemeine Händklopffen der Zuschauer/ zum Wahrzeichen einer
lauten Approbation dadurch zu gewinnen; eben so wenig kan mir: da die
Masque eines Heydnischen Weltweisen angezogen/ und auff dem Papiernen
Theatro der Meditationum, nach dessen Gedancken und Begriff de DEO:
Mundo: Homine: raisonniret/ geredet und geschrieben; solches zu einer so ungemein strafbahren Ubertretung ausgedeutet werden: daß dieser
Philosophischen Masquerade wegen/ ich ein bannissement aus dem Für-
sten- und Christen-Staat d. i. ex Societate Civili & Ecclesiastica: ja
gar eine *Annihilationem per Ignem*, solte verdienet und mir zum Lohne zu-
gezogen haben.

 Der allegirte Autor des Entretiens sur divers sujets d'Histoi- 26.
re &c. nennet denjenigen einen Atheisten: der (1) die göttliche Existentz Zumahl
läugnet; und mercket dabey an: daß (2) man den Atheisme du Cœur, da ihm
nicht mit dem Atheisme de Systeme vermischen müsse, und gehörete bey die Lehre
des zum vollkommenen Atheisten. Da nun von mir/ nicht einmahl qua-des Auto-
tenus Philosophum Gentilem simulite: die Existentia DEI negiret/ *ris des En-*
sondern au contraire unlängbahr a posteriori, aus der Vernunfft und *tretiens*
Schrifft/ ad oculum demonstriret worden; daß also nach dem Decret &c. zu
der gesunden Heydnischen und Christlichen Philosophie/ von dem Crimine statten
Atheismi gantz absolviret bin; mit was für Raison, Gerecht- und Billig- käme.
keit kan und will man denn mich/ quatenus Christianus sum, qui Corde,
Ore, Vita, Christianismum profiteor: durch eine unbarmhertzige moralische Dragonade, in einen Spinosisten und Atheisten metamorphosiren?
da sonderlich weder der Atheisme du Coeur: von welchem/ durch die Erleuchtung und Führung meines gnädigen GOttes mich befreyet: das
Hertz aber/ so verwahret finde, daß der Irrthum ruchloser Leute/ sammt ihnen mich nicht verführen/ und ich aus meiner eigenen Vestung entfallen
werde; noch der Atheisme de systeme: welchen aus meinen Materiali-
en/ ceu propriam ingenii mei Facturam ausgewebet hätte; per Testimonia, sole meridiano, clariora: die/ zur unzweiffelhafftigen Uberzeugung eines so schwartzen Lasters/ von allen Christlichen und die Gerechtigkeit liebenden Richter-Stühlen erfordert werden; mir zur Zeit noch nicht
erwiesen worden: auch niemahlen sollen erwiesen werden können.

 Kurtz: (a) die publicirte Meditationes Philosophicæ: sind ein Sy- 27.
stema & Complexus orthodoxischer u. heterodoxischer/ Philosophischer Aus der
und Theologischer Doctrinen; von welchen/ die letztere weder von mir er- *kurtzen re-*
sonnen/ noch wie meine Symbola Fidei zu regardiren. Sie sind (b) *capitula-*
von den alten und neuen oben specificirten und mehrern Weltweisen be-*tion, der*

Nn 2   rests

XXIV. H. Elender Zustand

bißher an- seits debitiret; und aus dererselben/ in den Buchläden und Bibliothe-
geführten quen befindlichen Büchern, von mir in die wenige Blätter epitomiziret
Gründe. worden ; wie vielleicht bey einer neuen Aufflage der Meditationum, solches erweisen will/ wann der Schrifft: der Gottsgelahrheit: der Welt-
Weisheit: und einem jedem Autori: ich die von ihnen auff Credit ge-
borgte Güter/ bona fide restituiren/ und die Brunnen nahmhafft machen
werde: welche mir das Wasser auff meine Philosophische Mühlen four-
niret haben. Doch ist (c) mein Zweck solcher Herausgebung gewesen
von des Ethnicismi und Libertinismi vielen irraisonablen Thesibus,
die Veritatem Philosophiæ & Theologiæ Christianæ (von welcher ich
als ein Christianus persuadiret) per Argumenta genuinæ orthodoxiæ validiora in contrarium: gereiniget/ und durch dieses Mittel/ die
wahre Religion/ wie den Rechtgläubigen zur unumstößlichen Gewisheit:
also den Heyden/Juden/Turcken und Unchristen selbst/zu einer Uberzeugung
und Bekehrung ; mit subtilern und convaincantern Schutz-Reden untersuchet: anbey die/ von den Heyden/ Ketzern/ Atheisten und Libertinern
belagerte Vestung des Christenthums/ wieder die listige Untergrabungen
und gewaltige Canonaden dieser frechen Antagonisten; mit unüber-
windlichen Philosophischen und Theologischen Redouten/ Contre-
garden und Bastionen umbwallet rc. zusehen. Wie dann daß diese redliche und lobwürdige Intention zu meinem Augenmercke geführet: ich den
dreyeinigen GOtt: der mich erschaffen/erlöset und geheiliget; zu einem un-
verwerflichen Zeugen ruffe und wieder die ungerechte Beschuldigungen
meiner geistlichen und weltlichen Gegner/ zum Beweise meiner Unschuld
und Wiederlegung mir zugesprochener Atheisterey/ mit solchem freudigen
Hertzen producire: Als im Gegentheil meine Seele blutige Wunden
empfindet; in Eurer Hochedlen *Responso*, die unchristliche Auff-
bürdung zu lesen; ich hätte durch dergleichen Ausflüchte/als elenden und unzulänglichen *Prætexten*, dem Magistrat der Reichs-
Stadt *N. N.* dem *Ministerio*: und dem *Collegio Juridico*: die Augen nur zu verblenden/ gesuchet; daß wegen so harter/unerweislicher/
unleidlicher/ und mir nachtheiliger Auflehnungen: ich kein sanfftmüthiger
Remedium ergreiffen kan; als die/ zu einer zuläßigen Defension und
christlichen Ressentiment, von den göttlichen und weltlichen Rechten/
frey gegebene Mittel, wieder meine Beschuldiger und Verleumbder: mir
zu reserviren und vorzubehalten. Da also per Ad- & Deducta überflüßig interimistice wahr gemachet: Es haben weder die Geistlichkeit/
durch die vernünfftige Beurtheilungs-Kunst und das geoffenbahrte Wort:

mich

eines Atheistischen Gelehrten.

mich zur Zeit, eines Atheismi Speculativi vel Practici convainciret und zu einer Selbstgeständnis bewogen; noch die Stadt-Obrigkeit, nach der deutlichen Vorschrifft der Rechte: welche den Richtern scharff einbinden/ niemanden ungehöret/ und ohne genugsame Erörterung der Sache/ zu verdammen oder zubestraffen; Entweder der/ von der Clerisey mir angenäheten/ aber unerwiesenen Gottes-Verläugnung: oder weiter: da in ihrer Stadt/ wegen politischer, meine zeitliche Wohlfahrt concernirender Angelegenheiten, mich arretiret/ und wie in der gemeinen Conversation also in der Religion: ein stilles/friedliches und eingezogenes Leben geführet; wie solches/ das Gezeugnis meines gewesenen Hn. Hospitis sufficiamment documentiren könte; durch eine gerichtlich gehörigte Rechts-Erweis-und Uberzeugung/ auch Testimonia & Testes, omni Exceptione majores mich überführet: daß den Staats- oder Kirchen-Händeln mich einzuflechten: die weltliche und geistliche Regiments-Verfassung aus ihrer Consistentz zu heben: die Recht-Gläubigen und Christen auff Irrwege zu leiten: auch wohl zu dem kostbahren Proceß, welchen wieder den Hochweisen Rath/ die Bürgerschafft pro salute Civitatis angestrenget; Pech-Cräntze und Pulver-Säcke beyzutragen: solte gesuchet haben;

So folget 5. aus solchen warhafftigen Præmissen: die natürliche ungezwungene gesunde und unläugbahre Conclusion: (α) die Geistlichen nebst dem Magistrat: die erstere/ durch ihre übereilte Atheisterey und Ketzermacherey; die andern/ durch das ungerechte Consilium Abeundi, haben wie alle Rechte also hauptsächlich das Jus Divinum & Publicum, in meiner Persohn durchlöchert und gebrochen. Es verliehren durch solches wahre und gerechte Assertum: (β) die/ zu meiner Verdammung von Euren Hochedlen gebrauchte Rationes decidendi gleichfalls ihre wenige Force und Schneidigkeit: denn sie ohnedem, auff mürben Ecksteinen gemauret und aus spröden Metall sind gegossen worden. Und kan mein Büchlein: aus welchem/ die Herrn Adversarii ihre Feuerwercke zu meiner Bombardirung entlehnen: durch meine eigene Waffen und Minen/ mich in die Lufft zu sprengen und den Rest zu geben; ihnen zu keinem Pulver-Magazin und Zeughause dienen.

Denn ich will mit freyem Munde selbst gestehen: daß (aa) vernünfftiger gethan hätte/ nach Eurer Hochedlen Gutachten: an statt der Philosophen/ die Bibel allein und darinn den Salomonem und Syrach *ec.* sonderlich zu studiren und nachzuforschen; wiewohl durch dieses Monitum, das meine hochgeehrten Herren mir gegeben/ und mit darckvollen Hertzen angenommen wird; mich genöthiget sehe/ en passant zu melden;

Nn 3

28. Folge nun 5) nothwendig, daß ihm unrecht geschehen und unsere *Rationes decidendi* nichts hiessen.

29. Wie er dann *in specie wegen des ihm von* die

uns recom-
mendirten
Salomo-
nis und
Jesus Sy-
rachs Er-
innerung
thut.

die heilige Schrifft sey von meiner Jugend an/ biß zu gegenwärtiger Stun-
de/ mein Favorit-Buch gewesen; so habe dadurch/ daß nebst dem Worte
der Propheten/ Evangelisten und Aposteln: auch die Dogmata der Welt-
Weisen in meinem Gedächtnis auffgeräumet; ich gleichwohl weder die
göttliche noch weltliche Majestät beleidiget. Wann ein Tertius, meine
Action begangen hätte: und ich darüber die Gerichts-Banck hegen solte;
wurde nach dem Trieb meines Gewissens und dem Dictamine meiner Jurisprudentz: welche auff die Vernunfft und Schrifft/ das Recht und die
Billigkeit sich stützet; selbige Abhandlung mit dem Titul eines moralischen
Fehlers: einer menschlichen Schwachheit: Strauchlung: Ubereilung:
und Ausschweiffung belegen/ welche/ weil sie ohne bösliche und sünd-
liche: aus einer vielmehr untadelhafften Begierde zur Warheit geschehen
wäre; man mit der christlichen Liebe zudecken: zum besten kehren: mit
Gütigkeit vertragen und vergeben: anbey den Fehlenden selbst/ durch statt-
liche Gegen-Gründe und vernünfftige Schlüssen seiner Fauten überzeu-
gen: und mit einer/ dem Christenthum anständlicher Moderation, zur
Raison bringen: nicht aber nach der unhöflichen Eigenschafft des dummen
Pöbels/ an die Glocken binden: sie eine Missethat: den gefallenen Welt-
Weisen/ einen Maleficanten stylisiren müste: der seine Philosophische
Fehler mit harten Leibes und Lebens-Straffen auszusöhnen; kön-
te und solte gehalten werden.

30.
Zumahl
da er nicht
der erste
Erfinder,
sondern
nur der
Copiste ge-
fährlicher
Lehren
gewesen.

Ich gebe nach (bb) mein Büchlein wäre so gefährlich und ärgerlich:
daß den ertzgottlosesten Tractat de Tribus Impostoribus Mundi, dessen
Existentz von etzlichen bejahet: von andern für ein Non-Ens geachtet wird;
wegen seiner verdammlichen Lehren es noch übertreffe; so könte selbiges
freylich confisciret verbothen und verbrandt werden: Ich aber für meine
Person: nachdem die/ von dem Luthero durch den Geist GOttes be-
würckte Reformatio Fidei, Vitæ, Morum & Studiorum: nebst der wahren Lehre Christi/ dessen Liebe und Sanfftmuth zur Gold-Wage des auffrichtigen und thätigen Christenthums/ uns geprediget/ angerühmet und
zur genauen observantz eingebunden; mit keiner Pœna Ecclesiastica vel
Civili, umb so weniger angesehen werden; da vor mich dieses Achilleische
Argument plaidiret: daß nicht der erste Urheber/ Erfinder und Conci-
pient: sondern ein blosser Copist, Ab- und Ausschreiber einer so unarti-
gen und bösen Schrifft gewesen: auch solche Ausarbeitungen und Zusam-
mentragung Philosophischer Collectaneen/ weder mir noch andern/ durch
die Gesetze ausdrücklich sind gewehret und verbothen worden.

Ich

eines Atheistischen Gelehrten. 287

Ich will zur Illustrirung dieses Satzes: folgende Cäsus, zur recht- 31.
lichen Erweg- und Entscheidung fürgeben. Es bringet eine auf dem Lan- Welches er
de lebende und mit allerhand Vieh umgehende Sechswöcherin / ein gar mit einen
unförmliches und mit Viehischen Gliedern verheßlichtes Töchterlein zur Gleichnis
Welt: in dessen Ausarbeitung/ die Natur eben so über die Schnur ge- von aller-
hauen: quam   hand Miß-
    Humano Capiti, cervicem Pictor equinam   geburten
    Jungere si velit, & varias inducere Plumas,   bescheini-
    Undeque collatis Membris, ut turpiter atrum   get.
    Desinat in piscem, Mulier formosa superne.

Item: eine Dame die einen lieblichen Capuciner zum Beicht-Vater: einen wohltournirten Mohren zum Cammer-Diener hätte: beglückseeligte ihren Ehegemahl mit einem hochgebohrnen Bett-und Lehn-Erben/ der auf dem Haupt eine Münchs-Kutte: in der Hand einen Rosen-Crantz mitbräch- te: und von so schwartzer Couleur wäre, als wann die in der Zona Tor- rida roulirende Sonne/ ihn gefärbet; Oder es würde von einer andern Frauen, gar eine Frucht gebohren/ die wie der Satan abconterfeiet zu wer- den pfleget: mit Hörnern/ Küh Füssen und dergleichen Merckzeichen ge- staltet und embelliret wäre; ist nun die Frage: ob wegen dieser deformen Creaturen / die erste: einer Sodomiterey/ mit denen Bestien/ de- rer notas characteristicas ihr Kind vortrüge; die andere: ei- nes Ehebruches / daß sie etwa mit ihrem Directeur de Con- science, in einer fleischlichen Kniebeugung ein venerisches Ave Maria oder Salve Pater, mit vereinigten Lippen gesprochen: oder gar ihre Em- pfängnis von der Infusion eines hitzigen Africaners genossen: Endlich die dritte: einer actuellen Vermischung und Liebes-Conferentz mit dem unsichtbahren Fürsten der Lufft/ und Herrn des Riesen-Gebürges; be- schuldiget, angeklaget, v rdammet und gerichtet werden könten? Die vernünftige Welt-Weisheit: Gottes- und Rechts-Gelahrheit: löset diese dreyfache Zweiffels-Knoten, nach fleißiger Erforschung derer Umb- stände, mit dem Voto Negativo auff: und absolviret die drey Frauen/ von der peinlichen Anklage. Die Ratio Decidendi ist: daß obwohl allegirte drey Sechswöcherinnen: (1) durch ihre irregulire Einbildungs- Krafft das meiste/ zu den beschriebenen ausserordentlichen Leibes-Früch- ten ib y etragen: über das (2) sie selbige/ durch ihre Gebährung zum würck- lichen Vorschein und in die Augen der Welt gestellet hätten; Könten diese Er- rata Naturæ: ihnen gar nicht als Consectaria u. Folgerungen verbothener und straffbarer Debauchen: in denen sie sich active & passive criminaliter auffgeführet hätten; zugerechnet werden; sondern sie müsten in regard
                                                                dieser

288 XXIV. H. **Elender Zustand**

dieser wunderlichen Geschöpffe/ wie bloſſe Cauſæ per accidens, non præmeditate & intentionaliter agentes; in reiffe Betrachtung genommen werden. Alles von Rechtswegen.

32.
Und dieses Gleichniß auf seine Meditationes Philosophicas appliciret.

Ich ſtatuire nun: es habe mit meinem Tractätgen eine/ den ſupponirten Caſibus, gleiche Bewandniß: in allen und ieden Umſtänden; Ich nenne es (1) ein monſtröſes und ſcandalöſes Büchlein: ja dem oben entworffenem Horatianiſchen Gemählde - - - Librum
Perſimilem cujus, velut ægri ſomnia, vanæ
Finguntur ſpecies: ut nec pes nec caput uni
Reddatur formæ. - - - Ich bejahe
(2) es ſey dieſer Partus Litterarius Monſtroſus, durch die Druck-Preſſe von mir/ auff die offene Schau-Bühne der Welt ausgeleget worden; ſo müſſen conſequenter ob paritatem caſuum & circumſtantiarum: die/ vor die loßgeſprochene Frauen redende Rationes; zu Ausführung meiner Unſchuld und völligen Loßſprechung mir ebenfalls zum Nutzen kommen: da bey Publicirung des Wercfleins; wie ſolches unzählbar bereits moniret: und weil auff dem Angel eben/ die Machine dieſer Streit-Sache ſich umdrehet/ zum öfftern hat wiederholet werden müſſen; ich mich nur wie eine zufällige und der Philoſophiſchen und chriſtlichen Warheit zum Vortheil/ würckende Urſache dargelehnet; indem von den darinn zuſammengetragene Meinungen: die Philoſophi, die ächte Väter und Mütter ſeyn; ich mich aber dazu für einen bloſſen Gevatter erkenne; der wie ein Philoſophus Eclecticus ſie aus denen Büchern als Papiernen Tauff-Steinen gehoben: in die gedruckte Blätter gleich Windeln eingewickelt: und ihnen den Nahmen Meditationes Philoſophicæ gegeben; durch ſelbigen/ ihre Natur und Weſen/ dem geneigten Leſer in wenig Linien abzureiſſen.

33.
Auch den locum des Defenſoris Vanini für ſich ans führet.

Ich will ferner (3) zugeben; daß die quintam Eſſentiam der verfluchteſten Atheiſtiſchen Gründe/ in mein Büchlein ich vereiniget und die Compoſition dieſer Gifft-Tropffen mit entdecket hätte; ſo vermöchte doch niemand vel ex hoc Medio Termino, für einen Atheiſten mich anzugeben. Der Ausſpruch eines weiſen Gelehrten über die Rechtfertigung des Vanini, kommet in hoc paſſu, mir ungemein zu ſtatten: und ſchmecket ſelbiger nach dem Kern der Vernunfft-Lehre des Chriſtenthumbs und derer Rechte. Von einem elenden Schlage iſt die Anklage wieder *Vaninum* (ſo lauten ſeine notable Worte) daß er der Atheiſten *Argumenta* erzehlet und fürgetragen: gleich als wann iemand refutiret werden könte; den man nicht erſt höret. Dergleichen albere

eines Atheistischen Gelehrten.

bere Gesichter möchten lieber verbiethen lassen: daß wieder die Atheisten gar nichts geredet oder geschrieben werden solte. Es wäre viel klüger/ als wann sie verlangen/ man solte derselben *Argumenta* und Worte nicht einmahl fürbringen; vielleicht/ wäre zu wünschen/ daß auch *Celsi* Schrifften übrig wären: damit man sehen könte/ ob ihme *Origenes*, keine falsche Meinungen angedichtet. Dann was *Lactantius* bey den Meinungen der alten Philosophen gethan/ ist bekandt.

Ich will (4) gar gestehen: daß verschiedene Dogmata,die in den *Meditationibus* von mir *recensiret*: von blöden Augen aber/ als gefährliche/und Atheistische Lehr-Sätze angeschielet worden; ich nach dem Maaß-stab meiner Auslegung für Vernunfft-und Schrifftmäßig dennoch hielte; ja/ daß ich weder Lutherisch/ noch Calvinisch/ noch Catholisch: sondern in der Philosophie und Theologie ein Singularist, Particularist, Indifferentist wäre/ daß ich an keine Secten und Formulen mich hielte/ sondern lediglich auff die Vernunfft, Christum und die heilige Schrifft berieffe: und einen stillen Gottesdienst in meiner hinter mich zugeschlossenen Cammer/ im Geist und in der Warheit ausübte; in consideration, daß ein jeder: GOtt allein/ von seinem Glauben Rechenschafft zu geben verbunden; daß ich übrigens ein gutes moralisches Leben führete: und gleichwie keine Aergerniß durch unfruchtbahre Wercke der Finsterniß / geistliche Hurerey und Abgötterey; meinem Nächsten zu geben: also in dem Staat/ keine Religions-Zänckereyen anzurichten; weniger weltliche Auffrührung anzuspinnen suchte: so könte darum für keinen Ketzer oder Atheisten *proclamiret*: noch mit *Excommunicationibus,Consiliis Abeundi* und dergleichen Tyrannischen Beahntungen/ mit welchen tödtlichen Spanischen Reutern und gespitzten Pallisaden der Anti-Christ seinen Thron und Regnum Tenebrarum zu fortificiren/ alle Gewalt anwendet; bestraffet/ und dadurch bey der Welt in den Argwohn: daß ein Unchrist und mit einer ansteckenden Kranckheit behafftet wäre; zum äussersten Ruin meiner zeitlichen Glückseeligkeit und zur blamirung meiner theuer erworbener Ehre gesetzt und gestürtzet werden.

Zum Beschluß: will ich zwo Passages und Zeugnisse anführen; die aus dem Jure Divino & Publico mir gleich beyfallen. Lieben Brüder! vermahnet das Jus Divinum in einem Sendschreiben: so ein Mensch etwa von einem Fehl übereilet würde/ so helffet ihm wieder zurecht/ mit sanfftmüthigen Geist/ die ihr geistlich seyd: und siehe auff dich selbst/ daß du auch nicht versucht werdest. Einer trage des andern Last/ so werdet ihr das

34. Ja wenn er auch endlich ein Indifferentist wäre/ müste ihn doch sein gutes moralisches Leben schützen.

35. Zum Beschluß führet er für sich zwey Passagen an. Eine

Do Gesetz

XXIV. H. Elender Zustand

aus dem jure divino der heil. Schrifft.

Gesetz Christi erfüllen. So aber sich iemand lässet düncken/ er sey etwas/ so er doch nichts ist/ der betreuget sich selbst. Ein ieglicher aber prüfe sein selbst Werck: und alsdann wird er an ihm selbst Ruhm haben und nicht an einem andern. Denn ein ieglicher wird seine Last tragen; und in einer andern Epistel heisset es: affterredet nicht unter einander lieben Brüder! wer seinem Bruder affterredet und urtheilet seinen Bruder: der affterredet dem Gesetz und urtheilet das Gesetz. Urtheilest du aber das Gesetz/ so bist du nicht ein Thäter des Gesetzes: sondern ein Richter. Es ist ein einiger Gesetzgeber/ der kan seelig machen und verdammen. Wer bist du/ der du einen andern urtheilest?

36. Die andre ex jure publico aus einen ungenanten Autore.

Das Jus Publicum aber: das mit der Feder eines fürtreflichen Commentatoris ad J. P. schreibe; lehret: quod merito cuique licere debeat de se statuere, qua potissimum ratione privatim & sine strepitu, Nos Deum, nobis propitium & placabilem facere possimus. Hæc enim severitas & Tyrannis in Conscientias aliorum, qua Pontificii utuntur, qui cogitatorum etiam Pœnas luere volunt, quos fortasse deprehendunt diversis, nec suæ Religioni congruis opinionibus imbutos; certissimum est signum, timere Clerum suis rebus, ne imposturæ male satis tectæ, tandem deprehendantur novaturientium audacia, quam ideo Igne, Laqueo, Culeo, & atrocibus aliis suppliciis reprimere necesse habent. Quod si hæc imitamur Protestantes aliquando mitioribus remediis, veluti *exilio*, *fustigatione*, *censura Ecclesiastica* & *similibus*, haud existimare nos oportet, ita recte & ex ordine a nobis fieri. Saltem enim gradu aliquo peccamus mitius: culpa omni non vacabimus. Qui enim soli Deo, de Fide sua rationem reddere debent, in eos, eam ob rem, nulla apud nos est justa animadversio; modo sibi de cœtero *a seductione* & motibus *temperent*, in quibus deprehensi, non ex causa religionis puniuntur sed *more seditiosorum*.

37. Die er allen seinen Widersachern zur Prüfung recommendiret/

Diese zwo merckwürdige Stellungen nun: wie eines theils sie zur solidern Löhtung und Bewährung Deductionis Innocentiæ meæ: daß sie mit der Vernunfft/ der Schrifft und den Rechten einstimme: angeführet; so werden andern theils/ sie zwo Probier Steine abgeben: an welchen meine geistliche und weltliche Ankläger und Richter/ ihre admirable Conduite/ die auff den Cantzeln: in den Raths= und Gerichts-Stuben: in den Predigten: Urtheilungen und Sententioniren: in regard meiner Persohn und meines Büchleins/ sie temoigniret; anstreichen/ prüfen/ betrach=

eines Atheistischen Gelehrten.

betrachten/ und mit der Lehre GOttes und den Regulis Justitiæ, Æqui &
Decori: in Parallel stellen können;

Und wie ich persuadiret bleibe / daß nach diesem Examine Rigoro- 38.
so, ihr eigenes Gewissen/ wo selbiges nur nicht schläffet oder irret; ihnen Und sie
diese unpartheyische Reproche und freundliche Weisung geben wird und der göttli-
muß: daß nicht Christiane, Virtuose, Juste: nicht Theologice, Ethi- chen Ra-
ce, Juridice: nicht legaliter und formaliter: sondern Tyrannice & che/ wo sie
Despotice, nach eigenem Gefallen/ passionirten Begierden und Hertzens- ihr Un-
Lüsten: aus eigennützigen und zu meiner Desadvantage, a dessein vielleicht recht nicht
abgemerckten Vües; sie mit mir in diesem gantzē Casu&Processu gehandelt/ erkennen,
verfahren und geurtheilet haben: also will das Icarische Unternehmen mei- übergie-
ner Wiedersacher: da sie der Sonne der Gerechtigkeit in den Zügel gleich- bet.
sam zufallen und von den Gedancken meiner Seele/ welche bey Edirung
des Büchleins geführet; wie allwissende und biß in die innerste Hertzens-
Grube sehende Richter/ nach einem souverainen: Car tel est nôtre Plaisir:
nôtre sçavoir & vouloir, zu urtheilen sich unterstanden; der gerechten
Rache der ewigen Weisheit und dem alleinigen und unbetrüglichen Her-
tzenskündiger/ übertragen: welcher zur rechten Zeit schon wissen wird/ die
ihme von solchen præcipitanten Menschen geraubte Rechte und Herr-
schafften über die Gewissen und Gedancken; durch scharffe und ausseror-
dentliche peinliche Actiones, zu vindiciren und bestraffen.

Ich endige hiemit mein Schreiben und die Præliminar-Interims- 39.
Justificirung meiner gerechten Sache/ und die Ablehnungen der mir auff- Nach dem
gezwungenen Opinionum Atheisticarum; wiewohl selbiges wieder ver- Beschluß
hoffen und meinen Willen/ zu einer mir selbst eckelhafftigen Weitläuff- captirt er
tigkeit angewachsen. Da aber mit Euren Hochedlen/ als wahren Chri- benevolen-
sten/ die nicht allein Hörer/ sondern auch Thäter des Wortes GOttes tiam bey
seyn: als galant-Gelehrten Juristen/ welche die tria principia juris: der Hälli-
honeste vivere: neminem lædere: suum cuique tribuere: auff den schen Juri-
Cathedern auslegen und im Leben ausüben; und endlich wie mit vernünff- sten Fa-
tig schliessenden und politen Weltweisen/ in ein gelehrtes Demelez zu ge- cultät.
rathen: das mir nie eingebildete Glück überkommen; lebe der gewissen
Zuversicht/ daß die unangenehme und verdrießliche Länge meiner offter-
mahl wiederholten Verthädigung / um so weniger meinen hochgeehrten
Herrn mißfallen kan noch wird, oder einen Haß/Zorn und Ungüte wieder
mich erregen werde: Da es weder zu einem moralischen Laster: noch für einen Ungehorsam gegen die natürliche/ göttliche und weltliche Gesetze/ es
mir auszudeuten; daß zur Beschützung meiner Religion/ Ehre und Un-
Oo 2 schuld;

XXIV. Z. Elender Zustand

schuld: allerhand Waffen mich bediene/ die mir die Vernunfft, die Bibel/ die Rechte in die Hände legen; zumahl bey dieser Abwehrung und Repoussirung der/ mir den politischen und geistlichen Todt dräuenden Attaques und Bestürmungen: nebst dem Moderamine Inculpatæ Tutelæ, ich insonderheit das Droit de Bienseance und die Regulas Decori, gegen die Personas Morales meiner hochgeehrten Herrn so wohl/ als in meiner Schreib-Art/ punctuellement zu beobachten; mir eine schuldige Obliegenheit habe seyn lassen.

40. Und recommendirt die eine Beylage, fürnemlich sein frölisches temperament daraus zu erkennen.

Ich nehme indessen noch die eintzige Erlaubniß, unter anhoffender Genehmhaltung meiner hochgeehrten Herrn/ die in der Beylage: Verläumbdung und Unschuld sub No. 2. angeschlossene Poetische Gedancken/ welche über das Schicksaal meines Philosophischen Tractätchens und eigener Person: auff Veranlassung guter Hertzens-Freunde/ Minerva quamvis invita verfertiget; Euren Hochedlen/ welche von keinem melancholischen Temperament zu seyn/ nach freyer Muthmassung supponire; zu einer Gemüths-Ergötzlichkeit gehorsamst zu überreichen; da meine hochgeehrte Herrn in selbigen die Trieb-Federn der Druck-Presse/ welche die Meditationes den Lesern eingehändiget: mein Christenthum und wahre Complexion: dergestalt augenscheinlich vorgebildet werden ersehen; daß/ nachdem, durch die Unumstößlichkeit meiner Vernunfft- und Rechts-Gründe/ Eure Hochedlen sich unvermerckt werden überwunden finden; sie vor keine Verminderung ihrer vollständigen Gelahrheit es schätzen werden: die erste/ mein Temperament und Religion concernirende Sentimenten/ freywillig zu ändern: und nebst der ächten Leibes- und Gemüths-Beschaffenheit: den rechten Christlich-Lutherischen Glauben; mir eigenthümlich/ auff Befehl des Königlichen Symboli: Suum Cuique: zurück zu geben.

41. Nebst angehängten voto und recommendation.

Ich wünsche übrigens der weitberühmten Hällischen Universität einen ewig blühenden Wohlstand: weil eben auff derselbigen das thätige Christenthum: die von dem Sauerteig unnützer und verdorbener Lehre distillirte reine Jurisprudentz: und die von den Schlacken der Vorurtheile und Irrthümer/ geläuterte Weltweißheit: aus dem Munde frommer Aposteln/ fürtrefflicher Priester der Gerechtigkeit/ und kluger Philosophen/ erlernet und begriffen. Der Illustren Juristen-Facultät aber und Euren Hochedlen meinen hochgeehrten Herrn sammt und sonders, empfehle mich zur beharrlichen Hochgewogenheit/ mit der sinceren Assurance: die particuliere Estime, welche ihres zu strengen Responsi ungeachtet/ dennoch mit einer unverfälschten Passion, Euren Hochedlen gewidmet;

Lebens-

eines Atheistischen Gelehrten.

Lebenslang zu conserviren/ und bey vorfallenden Gelegenheiten/ durch desinteressirte und willige Dienste zu beweisen: daß en honnêt Hom- & en veritable Chretien ich bin/

Euer HochEdlen
Meiner Hochgeehrtesten Herren

Friedland d. 20.
Octbr. 1717.
gehorsamst ergebenster Diener
Titius.

§. XV. Was dünckt nun dem geehrten Leser bey dieser Gegenschrifft/ und wem giebt er recht, unsern Herrn Quærenten/ oder unsern Responso? Er kan mir seine Gedancken bey guter Gelegenheit melden/ ich will ihm die meinigen auffrichtig sagen. Ich erzürnete mich gantz nicht über den Herrn Quærenten/ wegen der hämischen Anzüglichkeiten/ die er in dieser Gegenschrifft so wohl wieder unsere Facultät als absonderlich wieder mich sich darinnen gebrauchet/ sondern ich hatte ein hertzliches Mitleiden mit ihm/ weil ich darinnen von Anfang biß zu Ende/ auf das glimpfflichste zu reden ne micam quidem judicii antraffe. Dieses auff das kürtzeste/ als es möglich ist/ vorzustellen/ so möchte ich wohl anfangs und überhaupt gerne wissen/ zu was Ende er diese Gegenschrifft an uns abgehen laßen? Meinete er etwan/ daß wir uns mit ihm einlaßen/ und wieder eine Gegenschrifft oder Replic ihn wieder zuschicken solten? die Collegia Juridica müßten viel zu thun haben/ wenn sie ihre Responsa oder Urtheil/ die denen sie fragenden oder unter sich streitenden Partheyen nicht anstehen/ wieder dieser ihr Gebelle vertheydigen solten/ zumahlen wenn sie ihre rationes außführlich beygefügt/ und selbige von denen disgoustirten/ wie hier geschehen/ nicht mit den geringsten Gegengründen beantwortet worden. Kluge Leute pflegen vielmehr/ wenn ihnen dergleichen Responsa oder Urtheil/ nicht anstehen, sich zu bemühen/ daß sie von andern Collegiis Juridicis Responsa oder Urtheile erhalten, die die rationes decidendi der ihnen nicht anstehenden Responsorum refutiren / und sie folgends diese zuletzt erhaltene Responta für sich produciren/ die ersten aber an sich behalten und selbige cachiren. Warum thate nun der Herr Quærent dieses nicht auch? getrauete er sich von andern Collegiis keines zu bekommen? ey warum hoffete er denn/ daß unsere Facultät die einige seyn solte/ die seine armseelige Atheisterey entschuldigen oder vertheydigen solte? Ja warum erzürnete er sich denn über dieselbe / da er gewahr wurde/ daß sie auff eben dem Schlag ihm antwortete/ wie er sich von andern Collegiis Juridicis b fürchtet hatte? Noch grösser aber blickte der

General Mangel dieser Gegenschrifft/ daß selbige keinen vernünfftigen Zweck haben könne.

te der defectus judicii herfür/ da er sich/ wie seine Gegenschrifft von Anfang biß zum Ende ausweiset/ vorgenommen hatte/ unsere rationes decidendi & responsiones ad rationes dubitandi nicht zu wiederlegen/ sondern nur die rationes dubitandi mit einer verdrießlichen Weitläufftigkeit zu wiederhohlen/ da er das gantze scriptum mit wenig Worten und etwa mit folgenden hätte fürbringen können: Ihr mögt sagen was ihr wollet/ so bleibe ich doch bey meinen fünff Augen. Denn dieses alles zeigte nicht mehr als eine muthwillige und vorsetzliche Hartnäckigkeit an/ für welcher sich sonst Leute von guten Judicio, als für der Pest zu hüten wissen ꝛc.

Die Einfalt des Autoris, daß er par force will vor ambitieus gehalten seyn.

§. XVI. Noch mehr aber wurde ich zu dieser hertzlichen Erbarmung bewegt/ da ich gewahr wurde/ daß der Herr Quærente es §. 3. & 4. so übel genommen/ daß ich in unsern Responso ihm so wenig Ehrgierde und folglich auch wenig judicium mitgetheilet hatte. Denn 1. war es in dem Responso in ratione decidendi prima nur obiter und mit folgenden Worten geschehen.

Daß er sich sein ETWA melancholisches und sangvinisches Temperament zu Unterdrückung des wenigen natürlichen judicii verleiten lassen ꝛc.

Wer ETWA spricht/ sagt nur eine blosse Muthmassung/ obligiret sich aber nicht/ daß er dieses etwa oder vielleicht für eine gewisse assertion ausgeben wolle. 2. So gehörte auch diese assertion hauptsächlich nicht zu dem Responso, sondern es flosse mit incidenter ein/ zumahlen da ich nicht in meinen Nahmen alleine das Responsum verfertigte/ und nicht wissen konte/ ob meine Herren Collegen dißfalls mit mir einerley Meinung wären. Indessen/ und damit der Herr Quærent nicht vorgeben möge; als suchte ich mich hinter die vorige Antwort als hinter einen Schlupffwinckel zu verstecken/ so leugne ich 3. nicht/ daß was meine Person betrifft/ ich schon damahls der gäntzlichen Meinung war / daß sein Temperament sanguineo melancholicum oder melancholico sanguineum sey/ und habe ich dieses in denen Noten zu Melchior von Osse Testament not. 255. p. 505. sattsam zu verstehen gegeben/ indem ich daselbst aus denen excerptis einer von dem Herrn Quærenten edirten andern Schrifft geschlossen/ daß seine Grund-Lehren in zweyen Haupt-Reguln bestünden: Erstlich: Quærenda pecunia primum &c. und zum andern: Si non caste, tamen caute. Und darff der Herr Quærente die daselbst von mir angeführten rationes nur besser, als in dieser Schrifft geschehen/ refutiren/ wenn er will oder kan. 4. Sehe ich wohl/ daß er gerne für denen Leuten wolle angesehen seyn/ daß er ein ehrgieriges Temperament

eines Atheistischen Gelehrten. 295

ment habe; Aber damit kan er mich nicht bewegen / daß ich solches glaube; vielmehr bin ich der gäntzlichen Meinung / daß warhafftig ehrgierige Leute diese ihre Schwachheit zu verbergen suchen; und daß hingegen ein lächerlicher Ehrgeitz eine gewisse Anzeigung sey, daß bey einen solchen Menschen/ der viel von honneter ambition schwatzet/ oder wohl ausruffet: Laufft zu/hier ist der Mann/der die Ehrgierde für sein *summum bonum* hält; die ambition passio infima seyn müsse. 5. Nach meiner Philosophie kan keinen Menschen imputiret werden/ was er für ein Temperament mit auff die Welt gebracht, sondern man muß vielmehr cæteris paribus in so weit Mitleiden mit ihm haben; weil dieses ohne sein Wissen und Willen geschehen. 6. Und ob wohl ich an meinen Orte die mixtur eines melancholischen und sanguinischen Temperaments in gewissen Stücken für elender halte als die mixtur der andern Temperamente, so sind doch viele gelehrte Leute in diesen Stücke nicht mit mir einig/ sondern halten die melancholico sanguineos für recht gute Leute / weßhalben er viel klüger würde gethan haben / wenn er diese Partey wieder mich gewehlet hätte/ als daß er par force und ohne die geringste vernünfftige Raison ein Cholericus oder ehrgietiger Mensch seyn will. 7. So erkennen vernünfftige Leute/ daß das Temperament an und für sich selbst keinen Menschen tugendhafft oder warhafftig glücklich mache/ sondern daß ein ieder Mensch/ er sey von was für Temperament er wolle/theils die Zeit seines Lebens behutsam zu gehen/ und seine Besserung hauptsächlich von göttlicher direction zu erwarten habe/ theils aber auch an seiner Ausbesserung wegen seines Temperaments nicht verzagen/ vielweniger verzweiffeln/ indessen aber in seiner Ausbesserung von der Erkäntniß seines natürlichen Elendes den Anfang machen müsse.

§. XVII. So ist es auch ferner keines weges ein ambitiöser und judiciöser Streich/ wenn der Herr Quærent §. 3. sich also verlauten läßt/daß er einen WJR (nemlich unser Collegium oder doch die meisten davon/ nach deren ihrer Stimmen die conclusa müssen expedirt werden) in unserer *locum* an Muthmassungs-Kunst/ als wie ein unumstößliches Axioma bejaheten: geführet / Melancholicum ad superstitionem inclinare; cholericum autem ad als ob wir Atheismum pronum esse; und doch aus Mangel des Gedächtnisses uns wie ihn hernach zu einen melancholischen Atheisten hätten machen wollen, der sprä sondern es ist dieses ein sehr einfältiger und hämischer Streich. Denn 1. chen. ist in Nahmen unserer Facultät niemahls eine dergleichen Muthmassungs Kunst publicirt worden/ so weiß ich auch von keinen meiner Herren Collegen/ der ein Buch unter diesen Titel herausgegeben. 2. Hat dasselbe

aber

XXIV. 3. Elender Zustand

aber einen andern Titul/ mein warum nennet ihn denn der Herr Quærente nicht sein auffrichtig mit seinen eigenen Nahmen? 3. War das nicht die Haupt-Ursache/ daß er sahe/ wie er sich damit sehr prostituiret haben würde/ indem er aus dem Stilo unsers Responsi leichte urtheilen konte/ daß ich selbiges elaboriret hätte; und also die kleine Passage von seinen Temperament mit einfliessen lassen/ da doch in meinen Schrifften dergleichen/als er hier angeführet/nirgends zu finden / ja da vielmehr daraus leichtlich abzunehmen sey/ daß ich mit diesen assertionibus nichts zu thun hätte? (Confer Fundamenta Juris N. & G. lib. 1. cap 3. §. 63. 4. So kan ich auch leichte vorher sehen/ daß es dem Herrn Autori des obigen asserti gar nicht an Beantwortungen auff diese objection mangeln werde; nur eines und das andere anzuführen / würde er vermuthlich sagen,diese assertiones wären ut plurimum zu verstehen (wie dann auch ich auff diese Weise in meinen Cautelen circa præcognita Jurisprudentiæ capite ultimo §. 69. denen Atheisten insgemein einen subtilen/ denen Abergläubischen aber einen tummen und groben Verstand zugeschrieben) und hätten ihre vielfältige exceptiones, wie dann auch aus unsern Responso selbst zu sehen wäre/ und daß wir darinnen ausdrücklich den Herrn Quærenten unter diese letzte Classe gerechnet hätten;

Ingleichen/daß er seine Antwort selbst für ungelehrt gehalten.

XVIII. Und was ist dieses für eine augenscheinliche Eclipsis judicii, wenn der Herr Quærent §. 1. & 2. item §. 28. schreibt / er wolle eben keine gelehrte Wiederlegung schreiben/ sondern nur seine vormahligen Gegensprechungen und Bekäntnisse wiederholen: das ist/er wolle unsere rationes decidendi nicht fein distincte beantworten/ sondern nur die in denen von uns selbst angeführten rationibus dubitandi enthaltene querelen wiederhohlen. Er konte ja leicht vorhersehen daß ihm nothwendig geantwortet werden müsse: wiederhohlet der Herr Quærente die rationes dubitandi, so wiederhohlen wir unsere rationes decidendi. Will er sich aber wegen dieser keine Mühe geben/ so kan er leichte dencken, daß wir mit noch mehrern Rechte uns weigern können/ mit ihm wieder einzulassen/sondern für uns genung seyn wird/ wenn wir ihn schlechterdings auff unsere rationes decidendi verweisen/ und dabey mit grossen Buchstaben schreiben HIC RHODUS. Spricht er aber: ich habe es ja allbereit §. 1. überhaupt gethan/ indem ich daselbst gesagt, daß ihre *rationes decidendi* in blossen Worten/ irrigen *suppositis*, eigenen Schlüssen; wunderlichen Gleichnissen ; arglistigen *syllogismis*,unbequemen *Instantien*/ und ungegründeten *distinctionen* meistentheils bestehe; so kan er sich leicht die Antwort einbilden/ daß nach seinen eigenen stracks darauff folgenden

genden Worten dieses keine gelehrte Wiederlegung sey/ sondern wenn diese Beschuldigungen nicht distincte erwiesen oder bescheiniget werden/ unpartheyische Leser (auff welche ich nebst ihm hiermit provocire) solche dicentes zu der Classe ungelehrter Schmähungen und Verleumbdungen nothwendig rechnen müssen: zumahlen da die von ihm beygefügte Entschuldigung/warum er unsere rationes decidendi nicht gelehrt refutirt hätte/ so gar miserable und offenbahr falsch ist/ daß wir uns dißfalls aus Barmhertzigkeit in seinem Nahmen nothwendig gar sehr schämen müssen/ und also genöthiget werden/zu unserer Vertheydigung, diese Falschheit kürtzlich zu zeigen. Er spricht seine mehrere Arbeit u. Geschäffte liessen ihm keine müßige Stunden zu/ unseren Responso mit einer gelehrten Wiederlegung entgegen zu gehen. Nun wohl dann/ so hätte er seine Arbeit und Geschäffte ja besser in acht nehmen/ und so viel müßige Stunden sich nicht machen sollen/unsern Responso mit einer so ungelehrten Wiederlegung zu begegnen. Ja hat er so viel müßige Stunden gehabt/ zu dieser seiner ungelehrten Wiederlegung anzuwenden/ so wäre ja dieser sein Prætext offenbahr wieder die Warheit. Und wie kan er sich dann nun einbilden/ daß es möglich sey/ daß ihm ein gescheider Leser eine honnete ambition oder ein grosses Judicium bey dieser Bewandniß zutrauen solle.

§. XIX. Daß also nicht von nöthen seyn wird/ daß ich ferner mit vielen Umständen erwehne, mit was für judicio und Weißheit der Herr Quærent in seinem 13. paragrapho nach denen Regeln seiner eigenen daselbst gepriesenen Logic die Conclusion unsers asserti negiret/ und daß er nach so vielen herben Schmähungen wieder uns und unser responsum (z. e. §. 1. 13. 16. in fine. §. 27. in medio §. 28. §. 34. circa finem &c.) endlich §. 39. benevolentiam captiren wollen; sondern es erwege der Herr Quærente doch nur selbst/ wenn ihm anders sein Temperament solches zuläßt/ was judicieuse Leser dencken müssen/ wenn sie sehen/ daß er so offte (als z. e. §. 13. in fine, §. 17. in fine, §. 20. in fine, §. 29. in fine) seine Wiedersacher und unter denenselben auch uns nahmentlich beschuldiget, daß sie intendirten/ ihn mit Leibes- und Lebens-Straffen/ mit Feuer und Schwerd/ oder doch mit Verdammung auff die Galeeren zu belegen; da doch seine eigene species facti davon nichts meldet/ sondern nur von dem gegebenen Consilio abeundi redet/ welches wir gezeiget haben/ weder eine Leibes- noch Lebens-Straffe/ ja eigentlich gar keine Straffe zu seyn; und da unser responsum in ratione decidendi quarta juncta, responsione ad rationem dubitandi decimam

Noch drey andre grosse defectus judicii, die in der Gegenschrifft befindlich sind.

Pp octa-

XXIV. **Z. Elender Zustand**

octavam deutlich zeiget/ daß was ich daselbst von dergleichen harten Bestraffungen angeführet/ nicht unsers Collegii, noch vielweniger meine eigene/ sondern des Herren Quærenten eigene/ und derer meisten anderen JCtorum opinio adhuc hodie dominans sey; für der und derselben praxi er sich also höchlich zu hüten habe. Haben ihn aber die herrschenden affecten seines Temperaments auch hieran gehindert/ die sonst etwa nicht geringe dosin seines judicii intuitu seines Verstandes nicht gehörig zu brauchen/ mag er es mit diesen seinen ehrgierigen affecten ausmachen.

Nebst dem unzeitigen queruliren über unsere rationes decidendi.

§. XX. Dannenhero wenn gleich der Herr Quærente noch tausendmahl queruliren/ und daß er kein Atheiste sey auch coram notario & testibus protestiren/ und auff sein Christliches Leben und Wandel sich beruffen solte; so wird uns doch kein vernünfftiger Mensch mißdeuten können/ daß weder unser Collegium noch ich in specie mich ferner drauff einlassen/ indem unsere rationes decidendi, die er nicht beantworten wollen/ noch können/ augenscheinlich weisen/ daß diese seine protestation unter die protestationes facto contrarias gehören/ und so lange er diese rationes nicht beantwortet; wird ieder unpartheyischer Leser die in §. 27. gantz zur Unzeit angebrachte Wehklage von den blutigen Wunden seiner Seelen unter die figuras Rhetoricas oder vielleicht auch Poeticas rechnen/ die wohl bey abergläubischen und einfältigen Leuten/ aber nicht bey Vernünfftigen einen Eingang finden; hingegen aber wird iedermann dabeneben die Ungezaumheit seines losen Maules oder die Unbeschnittenheit seiner spöttischen Fractur-Feder/ und an unsern Orte die Grösse unserer Gedult bewundern / wenn der Herr Quærente meinet/ wunder was er gethan hätte/ wenn er kurtz darauff unsere rationes decidendi §. 28. verlacht/ von ihrer wenigen Force und Schneidigkeit/ und daß sie ohne dem auff mürben Ecksteinen gemauret / und aus spröden Metal wären gegossen worden/ etwas daher schwatzet.

Und daß er unsere gebrauchte Gleichnisse wunderlich tituliret.

§. XXI. Insonderheit aber kan ich nicht dafür/ daß die in denen rationibus decidendi gebrauchte Gleichnisse nach seiner bald anfänglichen Beschwerung §. 1. ihn in die Nase gebissen/ und wieder seinen Willen ein Niesen mögen erweckt haben; weßwegen sie ihm auch als recht wunderliche Gleichnisse vorgekommen sind. Wenn er einen unpartheyischen Leser hätte bereden wollen/ hätte er die Wunderlichkeit dieser Gleichnisse etwas deutlicher zeigen/ sich aber dabey dennoch bescheiden sollen, quod similia non probent. sed illustrent, und daß dannenhero die vo. hergehenden rationes denen Gleichnissen so wohl als denen Exempeln ihr Gewichte geben müssen. Er wird aber mir bey dieser Gelegenheit erlauben/ daß ich

zur

eines Atheistischen Gelehrten.

zur revenge die von ihm gebrauchten Gleichniſſe in Gegentheil für gantz artlich und wohl a propos kommende Gleichniſſe ausgebe/ und nur etwas weniges wieder ihn ſelbſt dabey erinnere / nemlich wenn er ſich §. 25. mit einen Comödianten/ §. 30. mit einen Copiſten böſer Schrifften/ und §. 31. ſein Büchelchen mit einen greulichen Monſtro, ſich aber mit der Mutter deſſelben vergleicht.

§. XXII. Ich acceptire dieſe Gleichniſſe mit groſſen Danck/ und *Erinnere* frage nur, ſo viel den Comödianten betrifft/den Herren Quærenten. Ob zungen bey er denn dafür halte/ daß eine Obrigkeit ſchuldig ſey (abſtrahendo von ſeinen der weitläufftigen und zweiffelhafften Frage: Ob ſie mit guten Gewiſſen Gleichniſ- einige Comödianten zulaſſen könne? oder auch zum Uberfluß ſuppoſita- ſen/ da er huius quæſtionis affirmativa) einen Comödianten/ der in ſeinen Comö- ſich bald dien mit Anführung vieler laſterhafften Reden und Thaten / das Volck mit einen ärgerte/ nach ſeinen des Comödianten Gefallen fortſpielen zu laſſen; und Comödi- ob die Obrigkeit unrecht thue/ wenn ſie aus rechtmäßiger Furcht für der- anten/ gleichen Aergerniß/ dieſen Comödianten das Handwerck lege/ und ihnen ein Conſilium Abeundi gebe/ zumahl wenn ſie ſich nicht öffentlich für Comödianten ſondern fur was vornehmes ausgegeben/ und die ärgerli- chen Comödien ſo lange incognito und unter der Masque geſpielet / biß ſie (weil ſie ihre Verbergung fine judicio angefangen) wieder ihren Wil- len gezwungen worden,/ſich zu demasquiren? Ich bin bey beyden Fragen der verneinenden Meinung zugethan/ und will hoffen/ es werde der Hr Quærent dergleichen thun/ zumahl da ich mir nicht einbilden kan/ daß ein vernunfftiger Menſch dieſelbe bejahen werde. Nun kan er aber leichte ferner die application dieſes Gleichniſſes auff die Haupt-Frage machen/ weßwegen er mit mir/ und ich mit ihm nicht einig bin/ oder dieſe applica- tion einen andern machen laſſen

§. XXIII. Was den Copiſten gottloſer Schrifften betrifft / möchte ich Bald mit gerne von dem Herrn Quærenten belehret ſeyn: ob er denn dafür halte/ einen Co- daß dem Copiſten eines Pasquills unrecht geſchehe/wenn der Haupt-Pas piſten quillante nach dem bekanten und zweiffels ohne dem Herrn Quærenten gottloſ'r wohl bewuſten Hiſtörgen/ mit eines Seilers Tochter ſich zu vermählen/ Schriften, der Copiſte aber von Meiſter Hanſen auff dieſer Hochzeit wieder ſeinen Willen zu tantzen genöthiget wurde/ oder wenn es kein gemeiner/ ſondern vornehmer Copiſte wäre/ ein Conſilium abeundi bekäme?

§. XXIV. Endlich die abſcheulichen von dem Herrn Quærenten Bald mit auff das Tapet gebrachte Monſtra betreffend / wird mir derſelbe pardo- einer Mut- niren/ wenn ich zwar in Anſehen des Monſtri ſelbſt nichts anzumercken ha- ter eines
Pp 2   be/

XXIV. H. Elender Zustand

abschentlichen Monstri vergleicht.

be/ aber in Ansehen des Gleichnisses mit der Mutter wohlgemeint erinnere/ daß sich dasselbige auff ihn nicht allzuwohl appliciren lasse / sondern nach dem bekanten Sprichwort/ gar mercklich hincke. Die Einbildung der armen Mütter/ die solche Monstra gebähren/ dependiret nicht von ihren freyen Willen/ sondern es ist dieselbige unter die Kranckheiten zu rechnen/ mit der die Menschen wieder ihren Willen befallen werden. Dieses kan aber der Herr Autor auff sich nicht appliciren, indem er allenthalben seinen Vorsatz gestehet/ und so offte auff seine gute intention, die er bey diesen Vorsatz gehabt/ (wiewohl ohne Nachdruck per dicta in rationibus decidendi) sich beruffet.

Die von ihm ohne judicio angeführten Sprüche des Apostels Pauli.

§. XXV. Zum Beschluß so sind zwar die von dem Herrn Quærenten in §. 35. angeführten loca aus denen Episteln des H. Pauli an sich gar Christlich und gut: aber es wird der Herr Quærent abermahls nicht übel nehmen/ wenn ich sagen werde/ daß es auch hier am besten/ nemlich an der application, nnd folglich an judicio mangele. Und dieses desto deutlicher zu machen/ wird er mir verhoffentlich erlauben/ daß ich dieserwegen folgende Frage an ihn ergehen lasse. Der Herr Quærente hat in seinen an uns ergangenen Schreiben begehrt/ daß wir richten solten: Ob nicht der Magistrat zu N. unchristlich an ihn gehandelt hätte? Nun wollen wir setzen/ wir hätten ihn dieses von uns begehrten Urtheil gäntzlich abgeschlagen/ und an statt der Ursachen die oberwehnten dicta Paulina angeführet. Oder wir wollen setzen/ daß wir ihm nach seinen Begehren beygefallen wären/ und das ihm gegebene Consilium abeundi für unchristlich gehalten hätten/ der Magistrat aber zu N. wolte auf dieses unser Responsum nicht reflectiren/ sondern beruffte sich an statt seiner Replique bloß auff diese dicta Paulina. Nun überlasse ich dem Herrn Quærenten selbst, was er auff diese unsere exception, oder auff des Magistrats seine Replic, zu repliciren oder zu dupliciren gesonnen sey, wenn er mir nur wieder vergönnet/ daß ich mich alsdann aller dieser seiner Gegen-Einwürffe / wiederum gegen ihn und den §. 35. seiner Gegenschrifft bediene.

Der Gegenschrifft erste Beylage.

§. XXVI. Dieses mag voritzo genung seyn zu Bekräfftigung meines Haupt-Urtheils von dem geringen judicio der Gegenschrifft. Ich muß aber auch die derselben von dem Herrn Quærenten angefügte Beylagen nicht vergessen/ damit derselbe mir nicht etwa vorwerffen möge / ich hätte nicht fein auffrichtig gehandelt/ sondern das beste und nachdrücklichste mit Fleiß ausgelassen. Die erste Beylage/ darauff er sich §. 2. seiner Gegenschrifft beziehet/ bestehet in folgenden.

Beyla-

Beylage.
Ausübung und Ubertretung der Vernunfft-Lehre.

Ausübung
Der Vernunfft-Lehre: in der Geschicklichkeit von anderer Meinungen zu urtheilen.

I.
Betrachte erstlich die Person dessen/der etwas redet/ d. i. seinen Stand, oder seinen Affect und Zuneigung wohl: denn die Worte haben öffters unterschiedene Bedeutung nach dem Unterscheid der Stände der Menschen. Z. e. wann ein Stoiker von Affecten redet/ muß ich mir schon einen andern Concept davon machen: als wenn es ein Philosophus thut/ der einer andern Secte zugethan ist.

Ubertretung
Der Vernunfft-Lehre: in der Geschicklichkeit von anderer Meinungen zu urtheilen.

I.
Die Person/welche in den Meditationibus redet: ist ein Philosophus. Sein Stand / Affect oder Zuneigung ist die Philosophia Eclectica seu libera. Kurtz: Er ist ein Philosophus Eclecticus. Dieser Philosophus Eclecticus: begreiffet in sich ceu subjecto communi drey differente Moral-Personen: eines Philosophi Ethnici: Philosophi Ethnico-Christiani: Christiani. Die zwo erstere, führen sich active: die letzte: mehrentheils passive auff. Was jene: de DEO, Mundo, Homine, mündlich oder schrifftlich franck und frey raisonniren; wird von dem Philosopho Christiano angehöret/ verzeichnet/ erzehlet und durch den Druck/ den Gelehrten zum besten/ gemein gemachet. Dieser dreyfache Unterscheid der Moral-Personen und ihrer Characteren: sind von der Clerisey/ dem Magistrat und Eurer Hochedlen negligiret: dahero eine Vermischung der Wörter/ Reden, Meinungen begangen: und was e. g. der Heyde oder der Christ-Heyde, von GOtt/ der Welt/ dem Menschen dencket/ redet/ schreibet: dem erzehlendem und auffzeichnendem Christen wie seine eigene Grund-Lehren/ beygeleget und zugesprochen worden. Aus welchem Primo Falso: die von der Clerisey bewürck-

XXIV. H. Elender Zustand

würckte Confiscation, das Consilium Abeundi des Magistrats/ und Eurer Hochedlen unrechtliches Responsum; ihren gemeinsamen Ursprung genommen haben.

2.

Gib wohl achtung von was ein Autor zu reden sich vorgenommen: oder auff was für eine Sache sich das/ was er redet/ schicke. Denn/ weil in allen Reden oder Propositionen/ eine Verknüpffung zwischen dem Subjecto und Prædicato oder zwischen der Sache / von der man redet und der/ was von einer Sache geredet wird/ seyn solle; so giebet auch die deutliche Erkäntniß des einen / gar leichte die Auslegung des andern/ das dunckel ist.

2.

Ich habe mir vorgenommen/ in den Meditationibus: die Argumenta Philosophica, welche de DEO, Mundo, Homine, die alte und neue Philosophi Ethnici, & Ethnico-Christiani hegen; zusammen zu tragen und durch kurtze Sätze zu concentriren: damit durch die Argumenta genuinæ Philosophiæ & Theológiæ in contrarium: die Orthodoxie verthädiget, die Heterodoxie wiederleget würden. Ich habe aus der Absicht/ die freye Raisonnemens: welche über die drey erwehnte objecta, der Heyde und der Christ-Heyde führen; wie ein Christlicher Philosophus, mit gebührender Auffrichtigkeit ausgesuchet/ recensiret und angemercket. Ich habe von dieser/ bey Publicirung der Meditationum, redlich geführter Intention: vor dem Scholarchat, und in dem specie facti; eine deutliche Eröfnung gegeben. Es ist aber diese andere Regel der Vernunfft-Lehre / von der Clerisey/ dem Magistrat und Euren Hochedlen/ mit gleicher Verachtung wie die vorhergehende/ übertreten: die Subjecta und Prædicata sind vermischet: zwischen den Reden oder Propositionen der drey verschiedener Moral-Personen/ ist keine competirende Verknüpffung gehalten: und dabey mein wohlgemeinter Vorsatz vor ein peinliches Verbrechen ausgedeutet worden.

3. Die

3.

Betrachte das vorhergehende und nachfolgende/ oder was ein Autor anderswo geschrieben mit Fleiß: so wirst du seine Meinung desto besser verstehen. Denn man muthmasset nicht leicht/ daß ein Autor seiner vorigen Meinung werde wiedersprechen/ u. sich contradiciren. Wenn es aber der Augenschein giebet/ daß ein Mensch seiner Meinung wiedersprochen: so ist es vernünfftig/ daß man seine letzte Meinung für seine rechte Meinung müsse annehmen. Es wäre dann/ daß man sähe/ daß ein Mensch an dem letzten Orte nur gleichsam obenhin eine Sache erwehnet hätte: die er anderswo hauptsächlich zu vorhero zum Gegentheil ausgeführet; denn da kann es geschehen/ daß man dafür hält; er habe das letzte mehr aus einer Unbedachtsamkeit als aus einem Vorsatz seine vorige Meinung zu ändern; gethan.

4.

Unter zweyen Verstanden und Auslegungen einer Schrifft: ist allezeit diejenige der andern vorzuziehen; die mit der gesunden Vernunfft übereinkommt: und daraus in dem menschlichen Thun und Lassen/ eine Würckung entstehet. Derowegen soll man auch in Auslegung gelehrter Schrifften allemahl einen Autorem erklären: daß er nichts wieder die Vernunfft/ erbare Sitten oder Gottes Wort gelehret habe: so lange man seine Worte auff eine vernünfftige Weise auslegen kan.

3.

Die Clerisey/ der Magistrat und Eure Hochedlen haben weder das Antecedens: daß einen Philosophum Eclecticum simuliret; noch das Consequens/ daß solche Simulation, aus blosser Liebe zur orthodoxischen Warheit vorgenommen; beobachtet. Ich habe die zwiefache Intention: bey Herausgebung der Meditationum Philosophicarum; würcklich in meinem Sinn geführet. Ich maintenire selbige vest und beständig: ohne Wiedersprechung oder Wiederruffung. Es sind von Euren Hochedlen meine politische Tractätchens: zwar erwogen/ und daraus verschiedene Folgerungen gezogen worden; daß aber solches von meinen hochgeehrten Herrn ohne gebührenden Fleiß/ und mehr mit passionirtem als sincerem Gemüthe geschehen: meine Meinungen von ihnen ungültig und unbillig ausgeleget: ihre Conclusiones aber mit der Vernunfft-Lehre streiten; werde bey anderer Gelegenheit deutlich erweisen.

4.

Und ob wohl meine Auslegung: daß die Meditationes wie ein Philosophus Eclecticus geschrieben: vernunfftschrifft- und sittenmäßig: über das weil sie/ orthodoxæ veritatis amore, ans Licht gestellet/ in dem menschlichen Thun und Lassen: in der Republic der Gelehrsamkeit: in der Philosophie und Theologie diese considerable Würckung entstehet und heraus quillet; die Warheit von der Falschheit: das Christenthum von dem Heydenthum: gereiniget zu sehen; sind diese wichtige Um-

XXIV. Z. Elender Zustand

Umbstände: von der Clerisey/ dem Magistrat und Euren Hochedlen ebenfalls in keine Consideration genommen worden: sondern da nach dieser redlichen Erklährung/ meine Absichten/ Worte/ Entschuldigungen und der Inhalt des Büchleins: auff eine vernünfftige Weise hätten können ausgeleget werden; haben sie selbige/ nebst den unschuldigsten Pensées meiner politischen Tracätchens: auff die gezwungenste/ nachtheiligste/ gefährlichste und recht unchristliche Art ausgedeutet; mit dem Vorsatz ohne Zweiffel: mich/ es koste was es wolle/ zum Atheisten zu machen.

5.

Man muß derjenigen Auslegung folgen, die mit den Grund-Regeln, die ein Autor in seinen Schrifften gegeben hat/ oder mit der Ursache warum er etwas gethan hat; übereinkommt. Jedoch muß man wohl darauff bedacht seyn/ zu erkennen; ob die Grund-Regeln/die der andere setzt und die Ursache die er vorgiebt/ auch von dem/ den man erklähret/ mit Ernst gemeinet sind oder von ihm nur zum Schein vorgebracht worden; denn wo das letzte ist/ darff man sich in der Auslegung nicht daran binden. Z. e. wann gleich *Spinosa* allenthalben saget/ daß er einen GOtt glaube und GOttes Wesen *demonstriren* wolle/ so sehe ich doch aus andern Umständen daß sein GOtt nichts anders ist/ als der gantze Begriff aller Creaturen und muß mich folglich auch in der Auslegung seiner darnach richten,

5.

Meine Regeln: die zum Grunde bey den Meditationibus und ihrer Ausarbeitung geleget/ sind: daß (1) wie ein freyer Philosophus, nicht wie ein Theologus: (2) theils wie ein würcklicher Heyde /theils wie ein Christlich gesinnter Heyde: und nicht wie ein veritabler Christ; sie verfertiget und heraus gegeben. Daß (3) die Verthädigung der Christlich-Philosophischen und Theologischen Warheit: meine warhafftige Absicht: ich auch (4) bey dieser Philosophischen Arbeit ein auffrichtiger Christ der Lehre: dem Glauben: und dem Leben nach; beständig bin gewesen und geblieben. Eure Hochedlen wollen zwar: die in dem Büchlein befindliche Sätze/ vor meine Grund-Lehren ausgeben. Daß aber solches: eben das Primum Falsum; und die daraus zu meiner Beleidigung und *Prejudice*, erzwungene und gekünstelte *Rationes Decidendi*: Irrthümer und

Falsch-

Falschheiten mit sind; wird gegenwärtiges Schreiben kürtzlich: doch genüglich und gründlich erhärten. Wo übrigens Eure Hochedlen die Grund-Regeln meines Glaubens und Lebens zu wissen verlangen: belieben meine hochgeehrte Herrn mit den Augen der Vernunfft und des Christenthums/ die letzten Worte meiner Vorrede/ was genauer anzusehen. Es bezeugen selbige: daß ich ein Catholicus & Universalista sey: d. i. ein Mitglied der Catholischen Kirche und Mitgeniesser der allgemeinen Gnade GOttes. E. ein warhafftiger Christ: der GOtt anbetet. Die Souverainen ehret: Ehrlich d. i. tugendhafft lebet. Niemand beleidiget. Einen jeden das Seinige zukommen lässet.

6.

Gleicherweise können wir auch wohl in Auslegung gelehrter Schrifften raisonniren: was für Consequentien daraus folgen, und dem Autori dieselben beymessen/ daß er dieselben/ vermöge seines Grundsatzes ebenmäßig behaupten müsse. Wenn er aber wider diese Consequentien protestiret/ daß er damit nichts zu thun haben wolle/ und seine Meinung anders erkläret: müssen wir ihn mit frieden lassen / ob wir gleich nicht begreiffen/ wie diese Consequentien nicht aus dem Grund-Satz folgen solten/ auch eines und das andere wieder seine Erklährung zu sagen haben. Wenn diese nur nicht gantz offenbahrlich, und daß es alle Menschen begreiffen/ *cavillatoria* ist. Denn weil mehrentheils dergleichen Consequentien: nicht von unstreitigen/ sondern wahrscheinlichen Dingen/ oder doch

6.

Und ob wohl endlich ich meine Unschuld vor dem Scholarchat und in der Specie Facti nicht allein durch suffisante Vernunfft-Schrifft- und Recht-Schlüsse documentiret; sondern auch gegen die wiedrige Conclusiones und Auffbürdungen fremder Lehren u. Sentimenten/ daß e. g. ich ein Heyde/ Spinosist und Atheist: die in dem Büchlein recensirte Dogmata aber meine eigene Grund-Lehren wären; quam solennissime offtermahlen protestiret: und mich dawieder mit Händen und Füssen gesperret; haben die Clerisey/ der Magistrat nebst Euren Hochedlen darauff wieder nicht die geringste Reflexion gemachet: Es sind im Gegentheil/ in regard meines Büchleins und meiner Person/ die trefliche Regeln von der Geschicklichkeit anderer Meinung zu urtheilen: von ihnen allerseits nach eigener Willkühr und

XXIV. H. Elender Zustand

zum wenigsten durch wahrscheinliche Schlüsse gemacht werden/ so kan ich nicht schliessen: dieses ist mir höchst wahrscheinlich. E. muß es auch einem andern höchstwahrscheinlich vorkommen: oder/ wenn ich des Autoris Meinung beypflichtete/ würde ich diese Consequentien auch mit vertheidigen müssen; derohalben muß er solches auch'thun. Also wann Cartesius saget/ man müsse auch an GOtt zweiffeln/ und seine Wiedersacher sagen/daß er dadurch nothwendig zum wenigsten zu einem augenblicklichen Atheisten werden müsse; und er wehret sich hierwieder mit Händen und Füssen: muß man ihn mit frieden lassen. Also wenn diejenigen/ die da sagen/ die Seele eines Kindes / werde in dem Beyschlaff von der Seele der Eltern gleichsam angezündet; denen die da sagen/ daß GOtt dieselbe der Mutter nach einer geraumen Zeit der Empfängniß eingiesse/ vorwerffen: daß nach/ ihrer Meinung/ GOtt Ursache der Sünde sey/ diese aber jene beschuldigen, daß sie die Seele für cörperlich halten müsten: gleichwohl beyde wieder, diese Consequentien protestiren; so ist es nicht mehr als billig/ daß man diese Protestation gelten lasse.

Gutachten/ übertreten und verachtet worden; da doch insonderheit von meinen hochgeehrten Herrn ausdrücklich gelehret und souteniret wird/ daß wann Autores wieder die Consequentien / welche aus ihren Schrifften und Sätzen gezogen werden, protestiren, mit selbigen nichts zu thun haben wollen, und ihre Meinungen anders erklähren; man sie zu frieden lassen, und ihre Protestationes müsse gelten lassen. Eure Hochedlen nennen zwar in ihrem Responso, meine Auslegung eine gezwungene und offenbahr cavillatorische Auslegung: suchen auch dadurch gleichsam den Vortheil vorgeschützter Protestationen mit streitig zu machen. Daß aber beyde Epitheta, aus dem Primo Falso gleicherweise hervorsprossen: documentiret, schon zur Gnüge gegenwärtiges Schreiben; wiewohl hinkünfftig solches: mit mehrerm Licht und Nachdruck zeigen werde. Ich muß und will indessen zur Salvation des mir zukommenden Rechts: vorietzo dieses nur beyfügen und erwehnen: daß weilen noch zur Zeit keine *Cavillation* mit von Ew. Hochedlen würcklich ist erwiesen worden: meine redliche Auslegung nebst den von mir eingewendeten Gegensprechungen/ ihre völlige Vigueur, Verbindlichkeit und Rechts-Kräffte nicht allein haben und behalten: sondern auch so lange, als die Christen GOtt und die Warheit lieben; haben und behalten werden.

General Anmerckungen/ wegen

§. XXVII. Es ist mir von Hertzen leyd/ daß ich auch bey dieser Beylage nicht anders antworten kan, als: ubi judicium? denn 1. haben sich meine Herren Collegen noch niemals zu der Ausübung meiner Vernunfft-Lehre, als zu einem Libro Symbolico unserer Facultät bekennet/ und also kan

eines Atheistischen Gelehrten.

so kan dieselbe auch nicht der gantzen Facultät/ sondern nur mir in specie ebenmäßig vorgerückt werden. 2. Was die denen Excerptis aus der Vernunfft-Leh- gen Man-re entgegen gesetzte Ubertretung derselben betrifft/ hat diese zwar einen gel des *ju-*deutlichen Titul und Rubric, aber das nigrum ist desto schlechter/ und *dicii.* wird ein ieder unpartheyischer Leser, wenn er dasselbige durchlesen hat/ vermuthlich fragen/ wo doch die Schrifft sey/ die zu diesen Titul gehöre, indem es abermahls nicht anders als meræ petitiones principii, das ist blosse Wiederhohlungen der rationum dubitandi sind/ die allbereit so nachdrücklich in unsern responso in den rationibus decidendi wiederleget worden, welche rationes decidendi aber der Herr Quærente auch allhier keine Mine macht/ nur in geringsten zu wiederlegen.   Und sind dannenhero die denen excerptis aus meiner Vernunfft-Lehre entgegen gesetzten Passagen eben so pertinent, als wenn er seine an uns geschickte speciem facti nach der Reihe hätte hindrücken lassen.

§. XXVIII. Absonderlich aber muß man sich 3. verwundern/ mit *Insonders* was vor Mangel aller Schamhafftigkeit der Herr Quærente bey den num. *heit wegen* 5. uns imputiren will/ als ob das unser PRIMUM FALSUM wäre/ *des uns* daß wir die in dem Büchlein befindliche Sätze vor seine *imputirten* Grund-Lehren ausgegeben/ und aus diesen Falso zu seiner Beleidi- *Primi Fal-*gung und *Præjudiz* erzwungene und gekünstelte *Rationes deciden-* *si.* *di* gemacht.   Ja wenn er gesagt hätte/ oder sagen können/ daß wir ihm Lehren angedichtet hätten/die in seinen Büchlein nicht enthalten wären/ so möchte es sich hören lassen. Aber da er so unverschämt ist/ daß er leugnet/ die in seinen Büchlein enthaltene Lehren wären seine Grund-Lehren nicht/ sondern wir hätten solches erdichtet/ das ist zu plump. Wegen des Worts Grund-Lehre will ich keine subtile Untersuchung anfangen: denn es mögen nun die in seinen Büchlein enthaltene/ und in unsern rationibus decidendi draus excerpirte Lehren/ Haupt-Grund-Lehren/ oder aus den Grund-Lehren hergeleitete Conclusiones Atheisticæ seyn/ so ist Maus wie Mutter. Sind nun diese Positiones,die er hingesetzt hat/ nicht seine Lehren/ so sind sie entweder alle nicht seine/ oder nur etliche.   Sind sie alle nicht seine/ so sind auch die 1. Deus est, Deus existit, item die 10. Est vero Deus hic unus &c. nicht seine/ sondern er hält sie für falsch/ oder lässet sie an ihren Ort gestellet seyn, und also macht er sich auch bey dieser thörichten Ausflucht zum Atheisten; sind sie nicht alle/ sondern nur etliche seine/ warum, hat er denn solche nicht deutlicher angedeutet? ja warum hält er denn alle vernünfftige Leser für so einfältig/ und glaubet, mit dieser tummen Sophisterey/ die man kaum einer Bauer-

Qq 2 Magd

XXIV. H. Elender Zustand

Magd zu gute halten würde/ zu echapiren. Die distinction inter Philosophum & Theologum &c. ist schon in denen responsionibus ad rationes dubitandi 1. 2. 3. gnungsam abgeleuchtet/ und mit dem Exempel oder Gleichniß von Spitzbuben und Brunnen-Vergiffter (NB. per modum instantiæ ad ejus falsam Majorem, nicht aber per argumentum a simili) diese Ableuchtung erläutert worden. Dieweil ihn aber/als obgedacht/ diese Instanzen zu wunderlich vorkommen und nicht schmecken wollen/ will ich mich auch hierinnen nach seinen Geschmack accommodiren/ und in Ansehen/ daß er ein vornehmer Fürstlicher Bedienter gewesen/ auch eine andre ansehnliche und so zu reden Fürstliche instantz aus einer bekanten Historie vorlegen/ von der Antwort/ die ehemals ein Bauer einem Fürstlichen Apt gegeben/ da er dem Apt replicirte; wenn den Fürsten der . . hohlte/ wo denn der Apt bliebe.

Und daß er wegen des Spinoſæ nicht gemuxt.

§. XXIX. Und ist hierbey sonderlich zu erbarmen/ daß er so verblendet gewesen/in diesen 5. Excerpto die Worte aus meiner Ausübung der Vernunfft-Lehre/ als wenn sie für ihn wären/ anzuführen / da doch der Context/ und in demselben/ was ich von *spinoſa* deutlich gemeldet/ und allhier oben §. 26. dict. n. 5. mit andern Litteren drucken lassen,deutlich darthun, daß es dem Spinosa nicht helffe/ wenn er gleich/wie der Herr Quærente nicht gestehen will/ daß er ein Atheiste sey/ zumahl wenn man demselben dasjenige beyfüget/ was ich in responsione ad rationem dubitandi ultimam gemeldet/ daß der Herr Quærente es viel plumper als Spinosa gemacht. Da es nun nöthig gewesen wäre, wenn er dieses mein Excerptum auff sich appliciren oder von sich ablehnen wollen / daß er wegen des Spinoſæ gewiesen hätte, was zwischen ihm und demselben für ein mercklicher Unterscheid sey; er sich doch nicht unterstanden/ noch bey seiner üblen Sache unterstehen dörffen/ nur ein Wort hiervon zu muxen/ so gar waren dieses der sauren/ wie denn dem Herrn Quærenten als einen guten Poeten, die Fabel von dem Fuchs und den Weintrauben allbereit schon befant seyn wird.

Ingleichen wegen des Vorgebens/daß wir ihm keiner Cavillation

§. XXX. Eben so wenig kan 4. dem Herrn Quærenten zu statten kommen/ wenn er num. 6. aus meiner Vernunfft-Lehre anführet/ man solle niemand verdrießliche consequentias imputiren/ wenn er wieder die Consequentien protestire; denn die abermahls beygefügte Limitation: **wenn diese** *protestation* **nicht gantz offenbahr/ und daß es alle Menschen begriffen/** *cavillatoria* **wäre/** ist ihm wiederum per latius deducta in unsern responso offenbahr zuwieder. Und ist dannenhero gleichfalls ein unschamhaffter, greulicher defectus judicii, wenn er in dem Opponirniren 6. numero ungescheuet vorgiebt; daß ihm noch zur Zeit von Würcklich uns keine *Cavillation* würcklich sey erwiesen worden/ da doch um überwiesen sey rationes decidendi & responsiones ad rationes dubitandi auff seinen allen Seiten das Gegentheil weisen, und benebenst nicht geleert drauff antworten kan, daß er selbige nur mit calumniret und nicht geleert drauff antworten sondern selbige nun mit Gegensprechungen und NEGANDO CON-CLUSIONEM zu heben sich unterfangen. Daß er aber vielleicht unter dem Wort würcklich/ allhie zu *echapiren* suchet/ ist ein neuer *defectus judicii*. Es mag seyn (wiewohl iches doch auch nicht glaube) daß unser Beweiß in dem Gemüth des Herrn Quaerenten gar keine Würcklichkeit erreichet habe/ so ist es desto schlimmer vor ihn/ und zeigt er aller Welt seinen höchst miserablen Zustand an; was ist genung/ wenn unser Beweiß in denen Gemüthern der ganzen vernünfftigen Welt seine Würcklichkeit außge-übet/ und derselben die in denen *Meditationibus* de Deo, Mundo, Homine enthaltene grobe Urtheisserey zu erkennen gegeben.

§. XXXI. Nun wird es wohl Zeit seyn/ dem unpartheyischen Leser auch die andre Beylage/ auff die es sich in seiner Gegenschrifft §. 40. beyogen/ und Be-vor Augen zulegen. Selbige bestehet wiederum in zweyen Stücken/ das schastens erste hat den Titel: Verlarmung und Unschuld / *Condolentz*, und heit der *Consolations*-Schreiben an das *consisirte* Tractätchens/ betitelt: andern *Meditationes Philosophicae, de Deo, Mundo, Homine*, abgelassen von ihren Beylagen. Verfasser: *Anno* 1717. und ist besage des 4. Sätzes hauptsächlich wieder die Herren Geistlichen/ die wieder die Urtheilische Schrifften geeyffert/ und dieselbe zur *confiscation* gebracht/ gerichtet; das andre ist dem Magistrat entgegen gesetzt/ wie dessen Titel zeiget: Schreiben welches von dem Verfasser des *confiscirten* Tractätgens / betitelt: *Meditationes Philosophica de Deo, Mundo, Homine*, abgelassen worden an einen guten Freund über das von dem Rath der freyen Reichs-Stadt N. erhaltenes *Consilium abeundi*, *Anno* 1717. Ein ie-des von diesen beyden Stücken beliebet 1. aus etlichen *excerptis* den *dictis* aus der heiligen Schrifft/ 2. aus *excerptis* aus meinen Schriff-ten von verdammlichen Auslegungen/ aber beyderseits ohne beygefüg-te *application* oder Gegensatz. 3. aus deutschen Gedichten / davon iedes Gesetz/ 6. Verse/ das erste Gedicht aber 23. und das andre 32. Gesetze hat/ und in welchem er weitläufftig von seiner Unschuld und dem Unrecht, das ihn geschehen/ contestiret, und mit einem Wort die in seiner *specie fa-cti* angeführte und von uns in dem *Responso* in denen *rationibus dubi-tandi* getreulich wiederhohlte und unpartheyisch augirte Entschuldigungen in teutschen Reimen wiederhohlet.

§. XXXII.

XXIV. H. **Elender Zustand**

worum diese Poetische Gedancken an uns geschickt worden.

§. XXXII. Nun möchte man wohl billich fragen: cui usui; und was gehet unsere Facultät oder mich diese Schrifften an/ die nicht wieder uns gemacht worden/ auch nichts neues vorbringen/ was nicht schon allbereit nach Anleitung dessen/ was ich bißhero gemeldet, und zwar ad nauseam beantwortet worden wäre/ auch nicht das geringste mehr demonstriren, als des Herrn Autoris Habrechterey und Hartnäckigkeit/ welcher wir nebst dem unpartheyischen Leser schon durch seine Gegenschrifft und die erste Beylage sattsam convinciret waren. Nichts destoweniger muß man ihn auch hier ungehöret nicht verdammen; denn er meldet in seiner Gegenschrifft §. 40. daß er diese Poetische Gedancken auff Veranlassung guter Freunde/ *Minerva quamvis invita* verfertiget/ und selbige uns/ die er von keinen melancholischen *Temperament* zu seyn nach freyer Muthmassung *supponire*/ zu einer Gemüths-Ergötzlichkeit übertreiche/ da wir denn in selbigen die Triebfedern der Druck-Presse/ welche die *Meditationes* den Lesern eingehändiget; sein Christenthum/ und wahre *Complexion*, dergestalt augenscheinlich vorgebildet würden ersehen; daß nachdem durch die Unumstößligkeit seiner Vernunfft- und Rechts-Gründe wir uns unvermerckt würden überwunden finden; wir so dann vor keine Verminderung unserer vollständigen Gelehrheit es schätzen würden, unsern ersten sein TEMPERAMENT und RELIGION *concernirende Sentimenten*/ freymüthig zu ändern, und nebst der ächten Leibes- und Gemüths-Beschaffenheit den rechten Christlich-Lutherischen Glauben auff Befehl des Königlichen *Symboli: Suum Cuique*, zurück zu geben.

General Beantwortung dieser Ursachen.

§. XXXIII. Nun wolte ich zuförderst wünschen/ daß er Herr *Quærente* sein auffrichtig und biedermännisch hätte schreiben wollen/ was er haben wolte; denn ich kan nicht leugnen/ daß ich zwar etwas gelesen/ was die Griechen/ Lateiner/ Frantzosen/ Teutsche rc. de *stilo sublimi* geschrieben/ auch was andere von denen *Meteoris Orationis*, item von *Galimatias, Phœbus* u. s. w. erinnert; ich bin aber so gelehrt nicht/ daß ich mir zu demonstriren getraute, zu welcher Schreib-Art von denen ietzterwehnten eigentlich dieser angeführte *Stilus* des Herrn *Quærenten* zu referiren sey/ und ob ich in dem summario marginali dieses paragraphi seinen Sinn recht getroffen habe. Vielleicht soll auch dieser paragraphus ein Exempel einer scharffsinnigen oder beißenden Ironie vorstellen; nur dieses ist das schlimste/ daß die Gelehrten nicht einerley Nasen haben/ und daß etliche auch den Spanischen Schnup-Toback in starcken *dosibus* ohne Niesen vertragen können/ da indessen manchmal die Nachbarn/

eines Atheistischen Gelehrten.

barn/ ohnerachtet sie keine Prise genommen/ nur bloß von etlichen in der Lufft verzettelten unsichtbaren atomis desselben zum Niesen bewegt werden. Zum wenigsten kan ich versichern/ daß für meine Person in diesen beyden Schrifften ich die geringste Vernunfft-u. Rechtgründe nicht angemerckt habe/ geschweige denn/ daß ich deren welche/die unumstößlich wären / angetroffen hätte/ auch also gantz nichts gemerckt / daß dieselbigen das Conclusum meine Facultät/ oder meine Ausarbeitung des Conclusi solte überwunden haben. Ja ich getraute mir wohl mit dem Herrn Quærenten zu wetten/ daß er bey keinen einigen Rechts-Collegio in Europa/ ja nicht einmal in Asia/ Africa und America mit diesen Poetischen Schrifften / wenn er anders die Meditationes selbst beyleget, was ausrichten/ und einige approbation seines Verfahrens erhalten werde.

§. XXXIV. Und wenn ich anders seine Meinung recht verstanden/ *Neues* daß er durch diese Poetische Schrifften mich gleichsam convinciren wollen/ *Argument* daß er ein frölliches Temperament habe/ und daß man ihm unrecht *von dem* gethan/ wenn man ihm so wenig Ambition und Judicium zugetrauet; so *wenigen* muß ich abermahls bekennen, daß ich vielmehr hierdurch forciret worden/ *judicio, des* ein neus Argument seines wenigen Judicii ihm und allen unpartheyischen *Herrn Au-* Lesern für Augen zu legen. 1. Giebt es ja Poeten von allerhand Tempera- *toris.* menten/ und folgt also nicht: dieser Mensch macht einen saubern Verß/ ergo ist er frölich oder hat ein herrlich Judicium, so wenig als es folget: dieser Mensch kan keine Verse machen/ ergo ist er nicht frölich / oder hat kein judicium. 2. Ob diese seine Poetische Schrifften eben eine sonderbare Fröligkeit andeuten/ wird sich weisen/ wenn ich selbige werde beydrücken lassen. Itzo sage ich nur zum voraus/ ich habe selbige darinnen nicht finden können. 3. Spricht er/ er intendire auch dieses nicht/ sondern es bezeugeten nur diese Poemata, daß er kein sauertöpfischer Melancholicus sey; so gebe ich ihm zwar völlig recht; aber es giebt sich auff diese Art ein neuer defectus judicii an: denn wenn und wo habe ich ihn denn einen sauertöpffischen Melancholicum genennet: mein Responsum gedencket deutlich seines etwa habenden *melancholico-sanguinisch*en *Temperaments,* das ist eines Temperaments, das bald traurig/ bald frölich ist: dergleichen Leute aber sind cæteris paribus nicht ungeschickt/ hämische und anzügliche zugleich aber nicht unanmuthige und ungezwungene Verse zu machen/ wenn sie nur etwas Fleiß anwenden wollen/ und nicht aus commodität/ (welche die gemeine Leute/ Faulheit oder Unachtsamkeit zu nennen pflegen) dann und wann einen und andern mercklichen Schnitzer mit unterlauffen lassen: ob aber dergleichen Leute befugt seyn/ diese ihre
inge-

ingeniöse Poemata auch für judiciös auszugeben/ ist eine andere Frage: zudem zwischen einen guten ingenio und einen guten judicio ein mercklicher Unterscheid ist.

Ob diese Poemata invita Minerva verfertiget worden?

§. XXXV. Ich könte ja auch wohl über dieses/ wenn ich allzu hitzig seyn und alle minutias aufflesen wolte/ zu fernerer Bestärckung meiner Meinung anführen/ daß es eine Anzeigung eines schlechten judicii sey/ wenn man sich angelegen seyn lässet/ weitläufftige Poemata quamvis invita Minerva zu machen, denn judiciöse Leute machen sonst nicht leichte etwas invita Minerva. Aber ich will so billich mit dem Herrn Quærenten handeln/ daß ich mich dieses Arguments begebe/ und dieses sein Vorgeben vor ein Hoff Compliment und eine Rhetorische Figur annehme/ indem beyde Poemata weisen/ daß wenn er nur es sich recht will angelegen seyn lassen/ seine Poemata alle unpartheyische Leser convinciren/ daß selbige gar nicht invita Minerva gemacht seyn/ sondern wohl fliessen/ und in formalibus nicht viel zu erinnern sey/ wenn nur die materialia und ingredientia was taugten.

Das erste Stück dieser andern Beylage.

§. XXXVI. Dieses alles habe ich mit Vorsatz zu vorher errinnern wollen/ damit ich bey dem unpartheyischen Leser eine desto grössere Begierde erwecken möchte/ die Poemata quæstionis selbst zu lesen/ indem ich mich sonst hätte befahren müssen/ daß man vielleicht es mir selbst für einen grossen defectum judicii auslegen würde/ diese Poemata mit beydrucken zu lassen/ indem ich mich nicht entsinne/ in Juristischen Händeln und Responsis teutsche und zwar etwas weitläufftige Poetische Schrifften gelesen zu haben. Wolan dann, es folget nunmehro die erste Schrifft dieser andern Beylage.

I.

1. Die Worte des Verläumbders sind Schläge; und gehen einem durchs Hertz. Proverb. Salom. c. 18. v. 8.
2. Vergeltet aber nicht Böses mit Bösem oder Scheltwort mit Scheltwort: sondern dagegen segnet die euch verfolgen: Segnet und fluchet nicht. 1. Petr. 3. v. 9. Rom. 12. v. 14.
3. Unser Trost ist indessen/ daß wir ein gutes Gewissen haben und fleißigen uns guten Wandel zu führen bey allen. Ebr. 13. v. 18.
4. Wer ist weise und klug unter euch. Der erzeige mit seinen guten Wandel seine Wercke in der Sanfftmuth und Weißheit. Habt ihr aber bittern Neid und Zanck in euren Hertzen/ so rühmet euch nicht und lieget nicht wieder die Warheit. Denn das ist nicht die Weißheit/ die von oben herab kommt / sondern irrdisch/ menschlich und Teuffelisch. Denn wo Neid und Zanck ist/ da ist Unordnung und eitel

eitel böse Ding. Die Weißheit aber von oben her/ ist auffs erst keusch/ darnach friedsam/ gelinde/ lässet ihr sagen/ voll Barmhertzigkeit und guter Früchte/ unpartheyisch/ ohne Heucheley Jac. c. 3. v. 13. 14. 15. 16. 17.

II.

Die Fehler einer guten Auslegung: sind von zweyerley Arten; dann einige kommen von der Boßheit/ andere von der Narrheit her. Welcher aus Boßheit sündiget, wird ein Verläumder genandt.

1. Ein Verläumbder: dichtet anderen solche Meinungen an / welche sie doch nicht haben, und verfolget hernacher dieselbe/ als wenn sie solche Meinungen führeten.

2. Ein Verläumbder: leget einem Autori seine Sachen dergestalt aus/ als wenn sein Sinn so und so zu verstehen wäre/ welches doch der Autor gantz und gar verleugnet; obgleich derselbe durch augenscheinliche Merckzeichen/ seine Intention nicht demonstriren kan.

3. Ein Verläumder: leget seines Gegners Stillschweigen dergestalt aus / als wenn solcher ihme gewonnen gäbe, und seine Meinungen annehme/ derowegen er auch hernachmals vorgiebt, daß er triumphiret hätte, und die Unerfahrnen zu bereden suchet/ als wenn sein Gegner nicht hätte antworten können.

4. Ein Verläumder: machet Schlüsse aus einem General-Satz eines Autoris, obgleich der Autor ernsthafftig vor solchen Schlüssen einen Abscheu träget.

5. Wann sich nun einer vor dem Laster solcher Verläumbung wohl vorzusehen gedencket/ so muß er Fleiß anwenden/ daß er vor allen Dingen dergestalt zu Lesung eines Autoris schreite/ daß sein Gemüthe von Præjudiciis, Feindschafft und Haß frey und loß sey/ und hernacher/ wann die Sache noch zweiffelhafftig ist/ eine solche Auslegung mache/ dadurch alles zum besten gekehret wird; darbey lasse er sich dieses gesagt seyn/ daß zur Entschuldigung und Defension eines Autoris kleine und geringe Raisons gehören und gnug seyn, zu dessen Anklagung und Verdammung aber wichtige Ursachen gehören. Christian Thomasens Einleitung zur Hoff-Philosophie cap. 13. von der Klugheit eines andern Meinung zu verstehen. Pag. 268. 269. 270.

III.

1.

Du erstgebohrner Sohn tieffsinniger Gedancken/
   So die Welt-Weisheit/ mir in die Vernunfft geprägt:
Ein Diener fordert dich/ vor die Gerichtes-Schrancken.
   Die Klage zielt auff Blut: die wieder dich erregt;
Die Druck-Preß hat dich zwar an dieses Licht gebohren.
Der Richter-Stuhl zum Kind des Todes auserkohren.

2.

Du siehest über dich/ den Lebens-Stab zerbrechen.
   An keiner Missethat/ dein Hertze schuldig ist.
Du hörest ungehört/ das Donner-Urtheil sprechen.
   Daß du der Flammen werth: der Hölle würdig bist.
Es setzet ein Verboth, dich in den Bücher-Orden/
Die zur verbothnen Frucht und Contreband geworden.

3.

Damit nicht deine Lehr/ verketzere die Erden:
   Dem reinen Lutherthum sey des Anstosses Stein;
Solt du zur Straff und Reu: ein Staats-Gefangner werden;
   Und von der Erd verbant, dein Augedencken seyn.
Um zu entwältigen dich aus des Lesers Händen:
Muß der Buchführer dich hin auff das Rathhaus senden.

4.

Die hohe Clerisey: die Seraphinsche Sonnen:
   Bey den/ die Brust und Seel/ das Urim Thumim ziert;
Die haben wieder dich/ auch einen Haß gewonen.
   Es wird ihr Geist/ vom Geist/ für GOttes Ehr gerührt;
Sie schmecken einen Gifft/ in den gedruckten Blättern:
Ihr Strahl will darum dich/ zerstücken und zerschmettern.

5.

In allen Kirchen/ wird die Sturme-Glock gezogen:
   Der Kirche von Augspurg/ ein heimlich Feuer bräut;
Es soll dazu von dir/ in den Papiernen Bogen:
   Ein gantzer Schwefel-Berg und Aetna seyn bereit;
Die frey gesetzte Sätz: sind die verborgne Minen:
Durch die/ du sprengen wilt/ derselben Glaubens-Bühnen.

6.

Man feuret scharff auff dich/ die geistlichen Geschützen.
   Des Zions Aussenwerck/ beziehet dopple Wacht.
Es sind auff dich gericht des Kirchen-Bannes Blitzen:
   Weil du ein Erb-Feind bist/ der ihre Lehr veracht.
Ein Starcker: suchet dich/ durch Läster-Wort zu schwächen.
Ein Seelig: will dir gar die Seeligkeit absprechen.

7. Nun

7.

Nun gehet zwar mein Sohn/ dein Unglück mir zu Hertzen.
  Den Donner/ der dich schlägt/ auch meine Seele fühlt.
Ich bin gericht in dir: mir schmertzen deine Schmertzen.
  Der Dolch: so dich verwundt/ auff meinen Todt mit zielt.
Ich muß dahero mich: dich aber mehr beklagen:
Weil deine Tugend schon/ trägt der Verfolgungs Plagen.

8.

Doch lasse deinen Muth: nicht durch dis Unglück fällen/
  Du meiner Sinnen Sohn und der Gedancken Frucht!
Ein See-Mann scheuet nicht die Raserey der Wellen.
  Von Martis tapffrer Zucht: wird nicht die Flucht gesucht;
Wo du erlangen wilt/ des Ruhmes Lorbeer-Zeichen:
Must der Verfolgung: du nicht aus dem Wege weichen.

9.

Verfolgung wohnet stets: wo Warheit wird gehasset;
  Das Reich der Finsterniß / ausübet seine Macht.
Schreibt man da frey und neu: wird der Befehl verfasset:
  Die Schrifft: soll sein erklärt in die gelehrte Acht.
Es kan ihr Irrthum/ nicht dieselben Bücher leiden:
Die den gemeinen Weg des Irrthums/ wollen meiden.

10.

Dein Schicksaal haben schon erlauchte Leut gelitten.
  In dieser Marter-Roll: man *Boccalini* findt.
Hat den *Machiavel*, nicht jedermann bestritten?
  Für *Pallavicini*: sind wenig wohl gesinnt.
Es hat *Cartesius*, vergallte Ehren-Wunden:
Von denen Federen der Geistlichen empfunden.

11.

Beckeri Zauber-Welt: was *Hobbes* uns geschrieben:
  Sind für unächtes Gut und falsche Waar geschätzt.
Des Tolands Wercke sind nicht ungestrafft geblieben:
  Und in das schwartze Buch der Inquisition gesetzt.
Ich will vom Beverland; Spinosa dieses melden/
Daß oben an sie stehn/ bey den verdammten Helden.

12.

Du must ein Zeno seyn: nicht zu Gemüthe neh:men:
    Wann eine Otter-Zung/ was übel von dir spricht;
Must dich dem Christenthum der heut'gen Welt bequemen:
    Die niemals selber sich: doch andre Splitter richt;
Vergönne daß sie schimpfft: ihr Schimpffen bleiben Lügen.
Dein kluges Schweigen: wird ihr Reden überwiegen,

13.

Hör mit Gelassenheit/ ohn runtzlichtes Erzürnen:
    Wann das ehrwürd'ge Amt/ ein Teufels-Buch dich nennt;
Ehr sie und GOttes Lehr: denn sie sind die Gestirnen:
    In den/ der Warheits-Licht/ ohn dunckle Flecken brennt.
Ich leide ja mit dir: sie wollen mich nicht schonen:
Sie werffen mich und dich, von ihren Cantzel-Thronen.

14.

Der eine tauffet mich/ zu einem Atheisten:
    Dawieder meine Schrifft/ ein Gegen-Zeuge ist;
Ein ander stellt mich bey den Indifferentisten.
    Der dritte sagt: daß ich sey ein Naturalist;
Hierüber muß ich nun / mit vollen Lippen lachen:
Weil meiner Meinung/ sie andrehen fremde Sachen.

15.

Doch um der klugen Welt: die Lieb zur Warheit träget/
    Und von der Dienstbarkeit der Eigenlieb befreyt;
Zu zeigen treulich an: was man zur Last mir leget:
    Daß wieder die Vernunfft und Bibel es nicht streit;
Will wie ein Heyd und Christ: die Haupt-Sätz ich abfassen/
Und ihrer Redlichkeit/ zur Uberlegung lassen.

16.

Ich lehre/ daß GOtt sey: und daß aus seinen Wercken:
    Der Jude/ Christ und Türck/ der Heyde ihn erkennt;
Ich suche diesen Satz/ aus heilger Schrifft zu stärcken:
    Die ein Historisch Buch von vielen wird genennt;
Ich mache die Vernunfft/ zum Richter in dem Glauben:
Und daß darinnen sey die Freyheit zu erlauben.

17.

Ich nenne GOtt ein Eins: nach seinem wahren Wesen.
　In GOtt: die Christenheit, noch drey Personen ehrt.
Zwar wird Dreyfaltigeit/ nicht in der Schrifft gelesen;
　Die Sache an sich selbst: geglaubt und gelehrt;
Das Heydenthum: ist nicht bey einem Drey geblieben;
Es hat der Götter Zahl: unzählbar auffgetrieben.

18.

Weil nun viel Götterey: der Gottheit schnur zu wieder.
　Die Welt ein Circkel bleibt: der einen Punct vorzeigt.
Die schwere Trinität: nicht ist für Layen-Brüder:
　Vor dieses Heiligthum: Vernunfft die Knie beugt;
So schreibe füglich ich mit freudigem Gewissen:
Der Heyde und der Christ: steckt noch in Finsternissen.

19.

Doch lobe ich den Heyd: der viele Götter liebet.
　Der Christ: thut wohl/ wenn er glaubt die Dreyeinigkeit.
Es muß vom iedem/ seyn der Glaube ausgeübet:
　Zu der: von Priestern/ er ist worden eingeweyht;
Die Staats-Religion: die kirchlichen Gesetzen:
Muß der in Staaten lebt: dem GOttes Wort gleich schätzen.

20.

Da aber die Vernunfft: zum Priester ich gewehlet.
　GOtt/ sich in der Natur mir deutlich offenbahrt;
Wird wieder die Vernunfft und GOtt: gar nicht gefehlet;
　Wann mit der Gottheit/ sich die Einigkeit/ nur part.
Die Gottheit: würde sonst die Majestät verliehren.
Daß GOtt vollkommen sey: ist aus dem Eins/ zu spühren.

21.

Diß Eins von Ewigkeit: ist mein Ziel der Gedancken.
　Ich lieb und ehre es: das ist mein Gottesdienst.
Von diesem Eins: werd ich zu keiner Zeit abwancken.
　Ich lieb ihn: weil er GOtt; ohn Absicht zum Gewinst.
Ich lieb ihn: will er mir/ den Sitz der Engel geben.
Ich lieb ihn: heißt er mich/ bey denen Geistern schweben.

22.

Ich lasse keine Furcht sich zu der Lieb gesellen.
  Die Liebe mit der Furcht; stimmt gar nicht überein.
Wo ich GOtt fürchten soll: muß ich das Zeugniß fällen /
  Daß was unendlich ist: beleidiget kan seyn.
Weil aber sich an GOtt / kein Mensche kan vergreiffen:
Warum soll sich ein Mensch mit Furchten überhäuffen?

23.

Die Ehr begleit die Lieb; ich ehr GOtt in drey Stücken:
  Durch die Bewunderung: wann ich sein Werck betracht.
Durch dancken; daß er mich / mit Seegen will beglücken.
  Durch Unterthänigkeit: die ich mein Pflicht-Theil acht.
GOtt ist mein HErr: ich Knecht! sein Wollen ist mein Willen.
Sein Rathschluß ein Geboth: die muß ich recht erfüllen.

24.

Doch dieser Gottesdienst: bleibt innerlich im Hertzen.
  Vernunfft regieret ihn, durch Warheit und im Geist.
Kein Kühn-Rauch frember Hand: muß selbigen anschwärtzen.
  Ich halte das für wahr: was die Vernunfft mich heißt;
Die heißt mich: daß ich soll mich niemahl darnach richten:
Was andere von GOtt und seinem Wort / erdichten.

25.

Doch weil zugleich ich bin / in derer Sclaven Orden:
  Der von dem Wincken ab- der Souverainen hängt;
Ist derer Glaube / mir zu einem Nord-Stern worden:
  Nach welchem äusserlich / mein Glaubens-Schiff sich lenckt.
Ich glaub das: was mein Fürst; und suche abzuwarten /
Der Kirche Gottesdienst: nach aller Völcker Arten.

26.

Durch diese Sätze nun: weil ich sie frey entdecket;
  Obwohl sie sind gegründt, in der Vernunfft und Schrifft:
Hab ich die Prediger / zum Zorne auffgewecket:
  Ihr Auge: Mund: und Hertz: sind wieder mich vergifft.
Ihr Ausspruch geht dahin: daß ich durch diese Sätze:
Den Bau der Christenheit / bis auff den Grund verletze.

27. Bey

eines Atheistischen Gelehrten.

27.

Bey diesem Feld-Geschrey/ der Schrifft-und Grund-Gelehrten:
　　Bleib wie Molinos/ ich mit stiller Ruh beglückt.
Wenn sie gleich durch die Macht der Zungen/ mich zerstörten:
　　Wird mein Gemüthe nicht aus dem Gewicht gerückt.
Ich könte ihre Flüch: mit Gegen-Flüchen rächen:
Ich aber segne sie; will Christi Lehr nicht brechen.

28.

Denn solt ich ärgern mich: thät ich dem Leibe Schaden.
　　Die Schrifft/ die Sitten-Kunst: flöst uns die Sanfftmuth ein.
Solt vor die Richter/ ich die Hohenpriester laden?
　　Würd ein Verächter/ ich der Bothen GOttes seyn;
Und einen Tinten-Krieg/ mit ihnen anzufangen:
Dazu fühlt mein Geblüt/ kein feuriges Verlangen.

29.

Denn wenn ich recht beleucht die Glaubens-Zänckereyen:
　　Find ich: daß ihre Blüt aus schwartzen Wurtzeln stammt.
Die Früchte/ die sie trägt: sind Schmähen: Schelten: Schreyen.
　　Wer weiß nicht/ daß ein Christ: den andern verdammt?
Ich muß den Türck und Heyd: für ächte Christen preisen;
Indem sie/ durch die Lieb/ das Christenthum beweisen.

30.

Ich liebe Fried und Ruh; such meinem GOtt zu dienen
　　Nach dem Begriff/ den ich/ von seiner Gottheit führ.
Da aber aus dem Zanck/ nicht solche Rosen grünen:
　　Kommt es/ daß für dem Zanck/ ich einen Eckel spühr:
Ich werd der Priesterschafft: ihr Lehren nicht verwehren:
Sie aber mich auch nicht/ zu ihrer Lehr bekehren.

31.

Ich lebe wie ich will: bin frey in meinem Dencken.
　　Ich schreibe was ich denck.　Ich rede was ich schreib.
Von dieser Lebens-Weiß: wird keine Furcht mich lencken.
　　Ich weiß/ daß ich ein Knecht der göldnen Freyheit bleib:
Der Glaube kommt von GOtt: von GOtt kommt dieses Leben;
Demselben werde ich/ von beyden Rechnung geben.

　　　　　　　　　　　　　　　　　　　　　　　ꝛc. Nach

XXIV. H. Elender Zustand

32.

Nach diesem Vorbild nun: must du mein Sohn dich richten.
    Lieb GOtt: leb frey und treu: fürcht nicht die böse Welt.
Lieb deine Freund und Feind/ nach den Gesetz und Pflichten:
    Thu das/ was sie vergnügt: nicht aber ihn mißfällt;
Im übrigen laß dich nicht künfftig mehr anfechten:
Der Clerisey ihr Fluch; und der Gerichte Rechten.

33.

Du bleibst ein ehrlich Kind: obgleich nach den Gebräuchen
    Der Zunfft der Geistlichkeit: du nicht zunfftmäßig bist;
Hier gilt nur die Usance/ und in gewissen Reichen
    In Holl-und Engelland: Gewissens-Freyheit ist.
Da wird man dich mein Sohn/ in Ruh und Frieden lassen:
Nicht aber wie am N. als einen Ketzer hassen.

34.

Und hiemit lebe wohl! du erste Krafft der Lenden,
    Die von mir/ durch die Krafft der Welt-Weißheit erzeugt.
Ich habe diesen Brieff/ dir wollen übersenden
    Zum Zeichen: daß ich dir bin väterlich geneigt.
Ich werde dich mein Blut nicht lassen unterdrücken:
Und zum Beweißthum dir/ bald neue Kräffte schicken.

35.

Indessen da von dir/ die Gottheit wird gepriesen/
    Und ihre Allmachts-Hand: aus der Erschaffungs-Spuhr.
Weil ferner wird von dir/ durch gute Gründ erwiesen
    Das Wesen dieser Welt: die menschliche Natur;
Wird wieder deine Feind: ihr Wettern/ Donnern/ Blitzen:
Dich GOtt: die Welt: der Mensch: behüten und beschützen.

Kurtze Antwort auff die ersten beyden *numeros*. §. XXXVII. Ob nun wohl so wohl bey dem ersten numero' dieses ersten Stücks der Beylage die allegirten dicta scripturæ ohne application angeführet worden/ auch dergleichen bey den andern numero geschehen/ ausser daß daselbst der Herr Quærente bey der 2. 3. und 5. Section ad marginem etliche Striche gemacht hatte; so kan ein ieder doch aus seinen vorhergehenden Schrifften gar leichte seine verborgene Hertzens-Gedancken errathen/ und daß er auch diese zwey Stücke unsern Responso entgegen setzen wollen. Daß aber beydes abermahl sine mica judicii geschehen, wird iedermann leicht begreiffen/ wenn er nur ein wenig zurücke
blättert

eines Atheistischen Gelehrten.

blättert und quoad primum dasjenige/ was ich oben §. 25. wieder die auch daselbst impertinenter allegirten loca Paulina angemerckt/ und quoad secundum, was §. 27. 28. 29. 30. auff dergleichen excerpta ausführlich gemeldet worden/ auch hieher appliciren will.

§. XXXIIX. Das Poema selbst betreffend/ wiederhohle ich zuförderst dicta §. 33. & 34. und mercke noch über dieses kürtzlich an/ daß der Hr. Autor abermahls mit der Einsendung desselben seiner ohnedem schlimmen Sache mehr geschadet als genutzet/ indem man ihn in dem 28. Gesetze auf einen offenbahren falsiloquio ertappet/ wenn er daselbst meldet/ daß er die ihn wiedrige Clerisey nicht verklagen wolte. Denn seine eingeschickte facti species und die angehengten Fragen beweisen just das contrarium. Und wenn er etwan gemeinet hätte / seine überall prætendirte Ehrgierde dadurch an den Tag zu geben/ wäre es noch einfältiger: denn warhafftig/ und nicht ridiculer Weise/ Ehrgeitzige gebrauchen gewiß so gar plumpe Erdichtungen nicht/ sondern fingiren etwas klüger und künstlicher. *Speciale Anmerckung bey dem dritten/ daß der Herr Autor an des Schreibers als er es meine.*

§. XXXIX. Und indem der Herr Autor ferner zu Ende des 34. Gesetzes/ sein Atheistisches Scartecgen/ als die erste Krafft seiner Lenden tröstet/ daß er selbiges nicht wolle unterdrücken lassen / sondern bald neue Kräffte schicken/ giebt er allen seinen vermeinten Wiederwärtigen/ und also auch uns/ weil er uns deutlich unter selbige rechnet/ eine vortrefliche Gelegenheit/ ihn auszulachen/ und seine Pralerey mit Händen zu greiffen/ welches ihm bey klugen Leuten abermahls an der prætendirten Ehrgierde sehr hinderlich seyn dörffte. Denn wo sind denn diese neuen Kräffte/ die er seiner lieben Mißgeburt allhier so treuhertzig verspricht / geblieben? Er mag wohl damahls gedacht haben/ es würden ihm dieselbe nicht entstehen/ sondern von unserer Facultät allenfalls durch einen Currierer oder Extra-Post solche zugeschickt werden. Es ist aber leider nicht geschehen/ und die wichtigen Ursachen sind in unsern Responso zu finden. Daß ich von der in dem letzten Vers des letzten Gesetzes befindlichen neuen Pralerey nicht viel Worte mache / welches vielleicht dem Herrn Prætendenten vorgekommen/ als wenn in diesen Schlusse ein ungemeines scharffsinniges acumen verborgen wäre/ welches alle vernünfftige Leute admiriren würden; wenn mans aber einfältig in prosa referiret / so klinget es also: Weil du so viel von GOtt/ der Welt/ und der menschlichen Natur geschwatzt/ (abstrahendo jam, ob es gehauen oder gestochen sey) so wird dich auch GOtt/ die Welt und der Mensch beschützen. Quæ? qualis? quanta? *Item daß er Auslachens würdig sey/ und gar mercklich prale.*

Ss §. XL.

XXIV. H. Elender Zustand

Entwurff einer Poetischen Antwort des Büchleins an seinen lieben Papa, und ein kleines Specimen davon.

§. XL. Indessen ist mir beygefallen/ ob etwan/ wenn ich mich ein wenig nach dem Genio des Herrn Prætendenten accommodirte/ und ihm meine Gedancken gleichfals reimweise eröffnete/ meine gute treuhertzige Erbarmniß und Ermahnung desto eher durchdringen möchte/ weil er doch ein grosser Liebhaber von einer ingeniösen Poesie zu seyn scheinet. Nun mangelte es mir zwar eben an der invention nicht/ und überlasse ich den Leser zu judiciren/ ob sie nicht zum wenigsten eben so ingeniös sey/ als des Herrn Prætendenten seine. Es solte ein Antworts-Schreiben seyn/ daß das arme abscheuliche Monstrum (repete supra dicta §. 24.) an seine liebe Mama, wie er sich oben betitelt/ oder an seinen lieben Papa, wofür er sich hier ausgiebet/ wiederum abgehen liesse/ u. ihm darinnen seinen bißhero mit lebendigen Farben abgemahlten elenden Zustand wehmüthig vorstellete/ auch ihn daß es hohe Zeit sey in sich zu gehen/ und von seiner groben Atheisterey abzustehen/ ernstlich vermahnete. Wegen der Materialien war gleichfals keine Sorge zu tragen; denn der Haupt-Grund konte aus unserm Responso, das übrige aber und die illustrationes ex hactenus dictis genommen werden. Jedoch mangelte es mir am besten/ nemlich daß ich kein Poete war/ und per dicta §. 35. nicht gerne invita Minerva mich etwas unterfangen wolte. Nichts destoweniger/ da sich ein guter Freund anbot/ daß er die Ausarbeitung dieser invention über sich nehmen wolte/ ließ ich es geschehen/ aber da mir selbige gebracht wurde/ sahe ich/ daß der gute Freund in der Reim-Kunst so ein elender Stümper war/ als ich/ und mag also den Herrn Prætendenten mit dem Abdruck des gantzen Gedichts/ daß das Seinige an Grösse übertraff und bey nahe seiner §. 14. exhibirten Gegenschrifft/ der Grösse nach/ gleich kam/ nicht verdrießlich fallen/ jedoch wird er es nicht übel nehmen, wenn ich ein klein specimen daraus, und was nur itzo §. 38. seq. angeführet worden/ hieher setze/ damit er nicht dencke/ als wenn dieser mein gantzer Vorwand ein Gedichte sey:

    Ach hertzer lieber Vater mein
    Lügt nicht so in den Tag hinein.
    Ihr sprecht/ daß ihr die Clerisey
    Nicht wolt verklagen. ey! ey! ey!
    Da doch die facti species
    Gar augenscheinlich weißt/ daß es
    Sich in der That gantz anders b'find.
    O weh! o weh! ich armes Kind.
    Ich hätte Schlösser drauf gebaut/
    Daß der Papa mir armen Haut

Bald

Bald würde kräfftge Hülffe schicken
Der Clerisey entgegn zurücken
Daß viel Juristsche Facultäten
Mir würden helffn aus allen Nöthen/
Und geben eine Correction
Denn/ die die Confiscation
Verhänget han/ und ausgesprochen/
Und würde werden wohl gerochen.
Seht aber was der Guckguck thut/
S Responsum ist für mich nicht gut/
Dieweil es alles defendirt/
Was den Papa und mich vexirt.
Ey wohl! ist das die kräfftge Hülffe?
Es hilfft mir nicht mit einer Sülffe,
Wolt sagen Sylbe sicherlich/
Es wolte nur nicht reimen sich.
Das kränckt mich hertzlich/ Herr Papa
Daß ich steh wie der bekante Herr Johannes da rc.

Ich habe dem Herrn Concipienten diese elende Verse ernstlich verwiesen/ sonderlich aber/ daß dieser letzte Reim keine scansion und etliche pedes zu viel hätte/ er gab mir aber zur Antwort/ daß er alles mit Fleiß also gedichtet hätte/ damit er die Warscheinligkeit in acht nähme/ weil doch kein Vernünfftiger prætendiren würde/ daß das abscheuliche Monstrum, das bald nach der Geburt confisciret worden/ so anmuthige und reine Verse machen solte/ als sein so gelehrter und in der Poesie geübter und berühmter Herr Vater. Was den letzten Vers beträffe/ wolte er sich zwar nicht mit der bekanten Antwort eines armen Poeten vertheydigen/ der da gemeinet/ daß die Verse/ die etliche pedes zu viel hätten/ desto geschwinder lauffen könten/ sondern er hätte in diesem Stück den berühmten Herrn Prætendenten selbst imitirt/als der einer dergleichen licenz in den folgenden Poemate in dem 4. Vers des 11. Gesetzes sich bedienet hätte. Ob nun wohl die Sache in der That sich also verhielte (wie davon unten zu seiner Zeit §. 49. mit mehrern soll geredet werden/) habe ich doch das übrige von dem weitläufftigen Werck supprimirt/ jedoch mit dem Vorbehalt/ daß/ wenn der Herr Prætendent es begehren solte/ ihme selbiges von Anfang biß zu Ende in Vertrauen könne communiciret werden.

§. XLI.

XXIV. H. Elender Zustand

Erwehnlung eines andern berühmten deutschen Poeten.

§. XLI. Weil es sich nun nicht schicken wolte/ dem Herrn Quærenten mit Uberschickung dieses Epistolii verdrießlich zu fallen; so habe ich mich hin und her besonnen/ ob ich nicht etwa sonst einen berühmten Poeten/ dessen Vergleichung sich der Herr Quærente nicht schämen dürffte/ etliche gute Gedancken abborgen/ und dem Herrn Quærenten aus Danckbarkeit wieder zurücke schicken könte. Ich habe auch nicht lange nachsinnen dürffen/ indem mir alsobald einer beygefallen/ der zu seiner Zeit für einen von den berühmtesten gehalten ward; und noch heute von dem berühmten Wagenseil und andern gelehrten Männern dem Virgilio, Ovidio u. s. w. vorgezogen wird; dessen anmuthige und sehr nützliche Schrifften in etlichen Bänden etliche mahl wegen grossen Abgangs auffgeleget werden müssen; aus welchen man fast in allen Blättern gewahr wird/ daß der rechtschaffene Mann nicht allleine die heilige Schrifft fleißig gelesen und höchlich geliebet/ und daraus den Psalter/ die Sprüche/ den Prediger/ und die Weißheit Salomonis/ den Jesus Syrach u. s. w. reimweise übersetzet/ sondern auch daß er viel Griechische und Lateinische gelehrte Scribenten von allerhand Gattung/ Homerum, Hesiodum, Virgilium, Ovidium, Terentium, Horatium, Lucianum, Livium, Plutarchum, Aristotelem, Platonem, Crantzium, und viele andre mehr fleißig gelesen/ und derer Lehren hin und wieder mit guten judicio angebracht. Und ob er wohl in der lieben Metaphysica und Dialectica & Sophistica, nicht eben viel sonderlich scheinet erfahren gewesen zu seyn/ auch sich um die qualitates occultas und andre unnütze Sachen der Scholastischen Physic nicht sehr bekümmert haben mag/ so weisen doch alle seine Wercke/ daß er die vernünfftigen principia einer wahren Morale und einer ächten Politic, ja gar des von dem Herrn Quærenten so höchlich geliebten Policey und Finanzwesens nicht allein wohl inne gehabt/ sondern auch aus diesen schönen Principiis herfliessende vielfältige gute Lehren in seinen Schrifften durchgehends angebracht/ und die Thorheiten und Gefährlichkeiten der Atheistischen und abergläubischen/ ingleichen thörichten und lasterhafften Morale, Politic, u. Oeconomie sehr deutlich und handgreiflich für Augen gestellet/ in der Jurisprudentz von dem Amt gewissenhaffter Richter und Advocaten u. wieder dessen vielfältigen auf beyden Theilen vorkommenden Mißbrauch/ gar deutlich und nachdrücklich zumöfftern gute Erinnerungen gethan; in der Theologie nicht nur das Elend des Pabstthums/ so viel Lehr und Leben betrifft/ insonderheit der Mönche und Pfaffen/ sondern auch dessen annoch bey uns hier und dar verhandene grobe Brocken dergestalt mit lebendigen Farben/ auch zuweilen ein wenig ironice, oder satyrisch abgemahlet,

eines Atheistischen Gelehrten.   325

ket, daß man dieses alles ohne grosses Vergnügen nicht lesen kan. Seinem Stande und Vermögen nach war er zwar kein Edelmann/ aber auch kein Bauer/ und unter denen Bürgern lebte er in einen solchen Stande/ daß er für einen Meister in der Poesie zu allen Zeiten ist gehalten worden/ ob er schon kein eigentlicher Poeta laureatus (so wenig als meines Wissens der Herr Quærente) war. Er hat seiner beyder Gemahlinnen und mit ihnen erzeugten Nachkommen in seinen Gedichten mit Ruhm erwehnet/ und ihre Tugenden gelobet. Gleichwie nun diese gute Haußhälterinnen waren/ also war er ein guter Oeconomus, der für sich und seine Nachkommen klüglich gesorget, auch dieselbe mit Erwerbung und Anschaffung bürgerlichen Nahrung genungsam versorget/ und keine Schulden/ so viel mir bekant/ nach sich gelassen/ die von seinen Erben nicht bezahlet worden wären. Ja was braucht es viel von seinem Ehrenstande viel Worte zu machen; da derselbe daraus genungsam kan abgenommen werden, weil die Christliche Lutherische Kirche (zu welcher sich der Herr Quærente doch auch eusserlich bekennet) ihn ob er schon ein Leye/ und kein Geistlicher war, und etliche von seinen Liedern so hoch geachtet/ daß selbige bis zu meiner Zeit noch in denen öffentlichen Versammlungen so wohl als zu Hause sind gesungen worden/ und noch an vielen Orten gesungen werden, auch der Herr Quærente vermuthlich dieselben zum öfftern wo nicht selbst mit gesungen/ doch von andern wird haben singen hören.

§. XLII. Es sind zwar freylich seine Reime nicht nach der heutigen galanten Art des Herrn Quærenten geschrieben; aber es hat dieser berühmte Poete auch nicht zu der heutigen galanten Zeit/ sondern für zwey hundert Jahren zu des Herrn Lutheri Zeiten gelebet; iedoch bin ich gut dafür/ daß wenn er zu unserer Zeit geschrieben haben solte/ alsdenn seine Poesie denen Gedichten des Herrn Quærenten nichts nachgegeben, sondern wahrscheinlich dieselben übertroffen haben würden: zum wenigsten wolte ich gut dafür seyn, daß er diejenige licentiam Poeticam nicht gebraucht haben würde/ der sich unser Herr Quærent, wie allbereit oben §. 40. errinnert worden/ in dem bald folgenden Poemate bedienet hat. Mit einem Worte/ es ist der ehrliche alte Hanß Sachs, berühmter Meister-Sänger, und künstlicher Schuster/ auch in seinem Alter halbehrwürdiger Schulmeister in Nürnberg. Wem seine Schrifften nur ein wenig bekant sind/ wird gar bald sehen/ daß alles dasjenige/was ich im vorigen Paragrapho von seinen guten Qualitæten gerühmet/ in der That sich so verhalte/ und keinesweges etwan ironice erdichtet sey: auch dasjenige/was ich von

Nemlich des ehrlichen Nürnbergischen Hanß Sachsens.

Ss 3   seinen

XXIV. Z. Elender Zustand

seinen Gemahlinnen erwehnet/ wird der Leser gantz richtig in denen Gedichten unsers Hanß Sachsens in des dritten Buchs 1. Theil p. 530. seq. und in des fünfften Buchs dritten Theil am Ende p. 154. seq. finden; und wird ein jeder vernünfftiger Mensch dem guten Hanß Sachsen daß er seine zwey Weiber mit dem Gemahl-Titel belegt/ nicht zum Stoltz ausdeuten/wenn er bedenckt, daß dieses damahls so gebräuchlich gewesen/ wie unter andern D. Luthers Auslegung des 6. Gebots in dem kleinen Catechismo jederman unterrichtet.

Summarische Benennung etlicher aus seinen operibus hieher gehöriger Schrifften. §. XLIII. Nun habe ich zwar gar vieles in Hanß Sachsens Schrifften gefunden/ das ich den Herrn Quærenten wieder mit Poetischen Sachen zu regaliren hätte können beydrucken lassen, als z. e. aus des ersten Buchs dritten Theil fol. 222. b seq. 1, die Comödie von einen Vater und zwey Söhnen/ davon der eine zu karg/ der andere zu verschwenderisch war/ die aber beyde zu Vertheydigung ihrer Laster gar viele Sprüche aus heiliger Schrifft anzuführen wissen/ und darinnen unsern Herrn Quærenten nichts nachgeben. Ferner aus besagten dritten Theil fol. 301. a. des Klaffers Zung; ingleichen f. 303 b. den Streuner und Klaffer aus dem 21. Capitel Jesus Syrachs. Item fol. 312. sq. den Eigennutz/ das greuliche Thier/ mit seinen zwölff Eigenschafften/ sonderlich denen Eberzähnen/ da er unter andern diese nachdrückliche Worte braucht.

Durch Gesetz/ Statut/ und Policey/
Haut er der Löcher mancherley.

Noch fol. 334. b. seq. die Vergleichung eines kargen reichen Mannes mit einer Sau in 40. Stücken. Aus den vierten Theil fol. 395. b. eine artige Beschreibung der Wanckelmüthigkeit (als mit welcher die Leute von melancholico sanguinischen Temperament, ihrer gewöhnlichen Hartnäckigkeit unbeschadet, insgemein sehr geplagt sind/) und fol. 489. b. von einen Neidischen und Geitzigen; Aus des andern Buchs vierten Theil p. 85. die Fabel von Schmeichler und Warhafften bey dem Affen-König; aus des dritten Buchs dritten Theil p. 84. seq. das Faßnachtsspiel: die Warheit will niemand herbergen; ingleichen p. 75. seq. den unersättlichen Geitzhunger; Aus des vierten Buchs andern Theil p. 220. seq. drey Philosophische Sprüche wieder den Neid/ Müßigang und Geitz. p. 239. seq. die Vergleichung eines geitzigen Mannes mit einer Otter. Aus des fünfften Buchs ersten Theil p. 23, & 88. den 14. und 53. Psalm von denen Thoren die in ihren Hertzen sprechen: es ist kein GOtt; aus dem andern Theil p. 238. seq. von neun Stücken/ die in Armuth bringen 1. Bauen/ 2. Bergwerck/ 3. Alchymie/ 4. Haderey/ 5. Rechten/ 6. Pracht/ 7. Bulerey/

eines Atheistischen Gelehrten.

terey, 8. Spielen, 9. Truckenheit ꝛc. Aber ich habe doch aus unterschiedenen Ursachen angestanden/ mich einer von diesen bißher besagten Piecen zu bedienen/ sondern habe sieben andre Stücke ausgesucht/ die ich dem Herrn Quærenten hinwiederum zu præsentiren mich entschlossen.

§. XLIV. Die ersten drey Stücke übersende ich dem Herrn Quærenten zur Danckbarkeit wegen der oben in 36. §. angeführten an uns überschickten drey Stücke. Und wie er dieselbe uns zu Erweckung mehrerer Frölichkeit zugesendet; also bitte ich hingegen/ der Herr Quærent wolle diese drey Stücke in allen Ernst zu seiner höchstnöthigen Selbst-Erkäntniß und Besserung/ wenn anders dieselbe möglich ist, gebrauchen. Seine erste Piece bestund aus allerhand dictis scripturæ, ohne application. Gegenwärtiges erstes Stück stellet aus dem zwey und neuntzigsten Psalmen einen armen Atheissten und zwar von *melancholischer und sanguinischer complexion* für/ wobey ich gleichergestalt die Application so wohl dem Herrn Quærenten/ als dem unpartheyischen Leser überlasse. Hanß Sachse hatte diese Schrifft 1559. an 13. Junii verfertiget, und ist selbige zu befinden in des andern Buchs ersten Theile p. 123.

Beschreibung eines armen Atheisten von melancholischer und sanguinischer complexion.

Der Königlich Prophet David/
Das zwey und neuntzigst Psalm-Lied,
Das machet er durch Geistes Sag
Zu singen auf dem Sabbath Tag/
Da preiset er in dem Gesanck
Wo man dem Herren saget Danck
Und seine Werck erkennen thut
Das heist er köstlich/ fein und gut.
Fengt an/ und spricht: ein köstlich Ding
Ist/ wo man von Hertzen verbring
GOtt dem HErren sey Lob und Danck
Und mit frölichem Lobgesanck
Seinem herrlichen Nahmen lobsing
Du höchster Schöpfer aller Ding/
Anf daß man zu Morgens gerad/
Verkünd dein überflüßig Gnad
Die du bewiesen hast aufrecht,
Dem gantzen menschlichen Geschlecht/
Und daß man zu des Abends Zeit,
Verkünd dein heilige Wahrheit/
Die du durch dein göttliches Wort/

Verkünden liest durch alle Ort/
Der sey unser Hertz ein Verwalter
Mit zehen Seiten auf den Psalter/
Mit schön resonanzen und Scharffen
Gedicht zu spielen auf der Harffen/
Denn Herr du lest mich frölich singen
Von deinen Wercken ob allen Dingen/
Und ich rühme an allem End
Die Geschäfft und Werck der deinen Hand,
Herr wie sind deine Wercke so groß.
Deine Gedancken tieff und grundloß
Unbegreiflich und wunderbahr/
Wie du doch hilffest immerdar
Und beschützest die Lieben dein
Welche dich anruffen allein/
Und sich gäntzlich auff dich verlassen.
Ein thörige Mann aber dermassen/
Der versteht deiner Werck auch nicht/
Der Narr hat der auch kein Bericht/
Meint was gescheh in allem Stück/
Das kombt alles her von dem Glück

Hat

XXIV. H. Elender Zustand

Hat auf GOttes Werck gar kein acht/
Derhalb nur auf das zeitlich tracht.
Also die Gottlosen der maß
Grünen auf der Erden wie das Graß/
Auch blühen alle Ubelthäter
Wie das Graß in eim sanften Wetter
Doch habens kein Bestand auf Erden,
Denn endlich sie vetilget werden
Hie und dort immer ewiglich
Dieweil sie Herr nit kennen dich,
Sind gottloß in ihren Thaten
Derhalb vergehnt sie wie der Schatten/
Aber du Herr bleibst ewiglich
Der Allerhöchst in deinem Reich/
Denn all Ding stehn in deiner Hand
Du bist deinem Volck ein Heyland.
Drum lieber Herr sich deine Feind
All deine Feind/ die werden heint
Umkommen wie gewaltig und hoch
Sie sich auf Erden bedüncken doch/
Die dich Herr vor haben veracht
Deiner Geliebten viel umgebracht/
Viel deiner auserwehlten Knecht.
Ich aber hof zu dir aufrecht/
Mein Hören und wahrhafter Glaub
Der werd erhöhet in dem Staub
Eben gleich wie an eim Einhorn
Das gar kühn unverzagt ist worn/
Also ist auch das mein Gemüth
Erfreuet durch des Geistes Güth/
Gesalbet mit dem Gnaden-Oel
Das mich ewig erfreuen söll/
Dann mein Aug wird sein Lust bald sehn
An meinen Feinden in der Nehen/
Auch wird mein Ohr hörn seine Lust
An allen boßhafftigen Lust/
Welche sich setzen wieder mich/
Wenns GOtt wird plagen härtiglich

Weil sie ihm lebten wieder sehr
Verachten sein Gewalt und Ehr,
Und wird täglich von ihn geschmecht,
Aber es wird noch der Gerecht/
Grünen gleich wie ein Palmen-Baum/
Und aufwachsen in weitem Raum/
Wie ein Zeder auff Libanon
Also wird auch zunehmen thon/
Ein frommer gottseliger Christ
Der seinem Nächsten unschädlich ist,
Wird grünen im wahren Glauben
Des ihn kein Unglück mag berauben/
Und ist gepflantzet in das Hauß
Des HErren sehr groß überaus/
Die in den Höhen grünen werden
Der GOttes Gemein hie auff Erden/
Und wenn sie gleich werden alt
So blühen sie doch mannigfalt
Gar nützlich/ frisch und fruchtbahr seyn
In des HErren Hauß und Gemein/
Verkündigen freu umb und umb/
Daß der HErr sey getreu und frumb/
Der höchste Hort menschlichem Gschlecht
Und ist an ihm gar kein Unrecht.

Beschluß.

So beschleust David sein Gesang
Gar mit einem holdseligem Klang
Und lobet GOttes Werck mit Freuden
Thut die mit Fleiß rühmen und geuden/
Welliches doch könden allein/
Die Gottseelig Christlicher Gmein/
Aber die Gottlosen entwicht
Verstehn die Werck des HErren
nicht/
Haben nur auf das Zeitlich acht
Ihr Hertz nach GUT und WOL-
LUST tracht/

Sie

eines Atheistischen Gelehrten.

Sie grünen, wenn sie das gleich habent/
Doch wie das Graß sie auf den Abend/
Werdens dürr, und plötzlich umkommen
Aber der Gläubigen und Frommen/
Die sich in GOttes Wort bemühen
Dieselbe zunehmen und blühen
Und grünen hie in dieser Zeit
Und verkünden mit Fröhlichkeit
Des Herren Treu, Ruhm Lob und Ehr
Bey dem Nächsten mit That und Ehr

Weil er allein ist der Heyland/
Der hilfft und schützt mit treuer Hand/
Die sein/ das im Geist nehmen zu
Feyren ihr Werck in stiller Rhu
Und betrachten die GOttes Werck
Mit Lob und Ruhm das gibt ihn Stärck/
Als am Sabbath/ daß ihn aufwachs
Fried, Freud im Hertzen wünscht Hanß
Sachs.

§. XLV. Des Herrn Quærentis anders Stück/ das in excerptis Von drey-
von verleumderischen Auslegungen bestunde; wird itzo aus Hanß Sach-erley
sen auch ohne application erwiedert durch eine Meditation aus Hesiodo Menschen
von dreyerley Menschen auff Erden/ weisen Leuten/ Thoren/ die sich len- auff Er-
cken lassen/ und endlich hartnäckigten Thoren. Sie ist verfertiget worden den.
anno 1558. an 1. Februario und zu finden in des andern Buchs andern
Theile p. 169. seq.

Es beschreibet Hesiodus
Der alt berühmt Philosophus.
Vor vielen Jahren ein weiser Heyd/
Es sey dreyerley Unterscheid/
Auff Erd bey allen Menschen Kinden/
Wie man es noch täglich thut finden/
Die ersten sind/ welche sind worn
Von Einfluß der Natur gebohrn
Das ihm eingepflantzt ist alleizeit
Lust zu der Tugend und Weißheit/
Und brauchen der in ihrem Leben/
Beyde mit Wort und Thaten eben
Thun allzeit von ihn selber schlecht
Als was ist löblich/ gut und recht/
Diese haben den höchsten Adel
Weil sie leben ohn allen Tadel
Ihr gantz Leben voll Tugent scheint
Und sind auch allen Lastren feindt
Wahrhaftig ohn all Heuchlerey
Sind ein Fürbild und Spiegel frey,
All andren Menschen in der Nähen

Die ihr Wort und That hörn und sehen/
Die denn auch besser von ihn wern
Dazu sie auch die Albren lehrn/
Welche noch in der Irr umgehn
Weder böß oder gut verstehn/
Daß die auch durch Weißheit fürbaß
Auch gehn der rechten Tugent Straß.
Also der Menschen erster Theil
Der lebet ihm selber zu Heil
Und weist mit hohen Fleiß die andren
Auch den Weg der Weißheit zu wandren
Doch dieser erste Theil oben gemelt
Ist der kleinste Theil in der Welt.

Der andre Theil.
Der andre Theil der Menschen Kinder
Die sind etwas geadelt minder/
Den ist von Einfluß der Natur
Nit also eingepflantzet pur
In ihr Vernunft solche Weißheit
Wie den ersten in dieser Zeit/
Die leben hin nach Fleisch und Blut

Tt Nach

Nach Neigung, Affect, Sinn und Muht/
Ohn Zaum gleich der tollen Jugent;
Achten weder Weißheit noch Tugent,
Weil sie darauf nie sind gewiesen
Also viel edler Zeit verliessen.
Unempfindlich eigener Thorheit/
So man sie aber mit der Zeit,
Mit sanfften Worten zeucht und lehrt
Und sollich Unahrt ihn wehrt
Vertreulichen in aller Güth
So habens doch ein gut Gemüht/
Gehorsam gefällig und geschlacht/
Daß sie werden gar leichtlich bracht,
Auf die Strassen der Tugend-Bahn/
Die nehmen sie begierlich an/
Und würcket diese Straf und Zucht
Bey diesem Theil der Weißheit Frucht/
Den Weg der Thorheit sie verlassen
Und gehn denn nach der Weißheit Strassen

Darin erkennen mit der Zeit
Ihr Thorheit und Unwissenheit
Darin sie gangen sind gefährlich
Und haben geirrt so schwerlich/
Und weren auch verdorben drin
Wo ihn ihr Hertz Gemüth und Sinn
Mit Weißheit nit wer worn erleucht
Durch Zucht der Weißheit wer befeucht
Der Theil ist grösser/ doch zu loben,
Doch weit geringer denn die oben.

Der dritte Theil.

Der dritte Theil der Menschen sind
Gleich thörigt/ toll und staren blind/
Die gehn nach ihrem eignen Sinn
Immer wie ein Saumroß dahin/
Ihn gfält allein ihr eigne Weiß
Und haben weder Acht noch Fleiß
Was ihn sey schändlich oder löblich
Die fehlen des rechten Wegs sehr gröblich/
Also hin nach ihrem Kopf thun wandren/
Von einer Untugend zu der andren
In einem lasterlichen Leben
Je länger je mehr darein bekleben
Und wer sie unterweisen will
Und ihn zeugen der Weißheit Ziel
Vernünfftiglich und wohl zu leben,
Demselben kein Gehör sie geben/
Und stellen sich zu diesen Dingen/
Sambt thu er einem Todten singen/
Wird von ihn seiner Lehr veracht,
Verspott/ verhöhnet und verlacht/
Alle Zucht ist an ihn verlohren
Schlagen die Weißheit aus mit Zorn/
Und stellen sich also dagegen/
Als woll man eyserne Kettn anlegen/
Also in ihrer Thorheit verharren/
Diese sind allezumahl Narren/
Und lassen vor Thorheit nit ab
Und bleiben Narren biß ins Grab.

Beschluß

Bey dieses weisen Heyden Lehr
So sieht man leider daß vielmehr/
Und grösser ist der dritte Theil
Menschen auf Erd/ lebt zu Unheil
Ihn und auch andren zu der Zeit
Nach eignem Willen und Thorheit/
Der sie gemeiniglich nachtrachten
Alle Straf Zucht und Lehr verachten
Fehlen der edlen Weißheit Pfort
Wie das probirt das alt Sprichwort/
Weil jedem gfält sein Weiß so wol
So ist das Land der Narren voll/
Derhalb es auch so übel steht
Gar schändlich und lästerlich geht/
In allen Ständen ober und nieder

Bey

eines Atheistischen Gelehrten.

Bey Arm und Reichen hin und wieder/
Bey dem Alter wie bey der Jugent
Findt man wenig Weißheit und Tugent
Wie man etwa fund bey den Alten
Seins Gefallens thut ein jeder walten
Des ist zukünfftg viel Ungemachs
Der argen Welt/ so spricht Hanß Sachs.

§. XLVI. An statt des Herrn Quærentis dritten Stücks will ich Artzney selbigen das folgende Carmen des Nürnbergischen Poeten recommendiren/ welches er besage seines fünfften Buchs andern Theiles p. 236. f. anno 1563. an 22. Maji verfertiget/ und dem er den Titel gegeben: Artzeney wieder die Hoffart. Der Herr Quærent will par force ein cholerisches und ambitieus Temperament haben/ und mithin wegen eines vortrefflichen judicii gelobt seyn. Ich habe öffters erinnert/ daß diejenigen/ die par force ehrgeitzig seyn wolten eine recht ridicule Ambition besässen und wenig warhafftige Ehrgierde/ noch weniger aber ein gut judicium hätten. Mich dünckt Hanß Sachse hat schon zu seiner Zeit/ sonderlich in denen mit andern Buchstaben gedruckten Versen/ einerley Meinung mit mir gehabt.

Petrarcha wieder die Hoffart/
Und ihrer hochmütigen Art/
Gibt uns ein heilsahm Artzeney/
Wie Hoffart zu vertreiben sey/
Durch etliche Recept und Mittel
Im hundert und eilfften Capittel/
In seim Buch wieder das Unglück
Beschreibt er kurtz gemeldtes Stück/
Und spricht: sag an du Asch und Erden
Wie kanst und magst hoffärtig werden?
Wie kanstu dich erheben fast
Mit aller schweren Sünden Last/
Damit du hoch bist überladen/
Die dir dräuen der Seelen Schaden?
Wenn du dich gleich in Tugend übtest/
Mit Hoffart du sie all betrübtest/
GOtt ist der Hoffart mächtig feind/
Wie in dem Lucifer erscheint/
Der durch die Hoffart ist gefallen/
Was bleibst du denn in Lastren allen
Auff/ der ohn Zahl stecken in dir/
Wort/ Werck/ Gedancken und Begier.

Welches aus allen kanst dich rühmen,
Dem Hochmuth zu schmücken und blümen,
Welchem kein Lob kan folgen nach/
Sondern allein Schand/ Pein und Schmach/
Gedenck daran daß du bist sterblich/
Am Leib stets abnehmest verderblich/
Denck auff tausenterley Kranckheit Art
Die all Augenblick auff dich wart/
Denck an dein ungewissen Todt/
Und an hunderley Angst und Noth/
Die dir allzeit heimlich nachstellen/
Dich an Leib, Ehr und Gut zu fellen/
Denck an der deinen Feind nachschleichen/
Und auch an deiner Freund abweichen
Denck an das hinfliegende Glück/
Denck des Unfalls an deinem Rück/
Gedenck vergangner böser Tag/
Und fürcht der zukünfftigen Plag/
Denck die Hoffnung allzeit zabelt
In Forcht und Sorg auff und abwabelt/

Tt 2

Denck

XXIV. H. Elender Zustand

Denck an die Blindheit deins Ge-
   müths/
Und an die Schwachheit deins Ge-
   blüths
Denck an dein rachseliges Hertz/
Denck an deins kalten Neides
   Schmertz
Denck an dein schnöd geitzigen Muth/
Denck an dein geil unkeusches Blut,
Damit dein Jugend hast zubracht/
Mit Wort, Gedanck/ Werck unge-
   schlacht
Denck an dein Lüg/ Betrug und List
Damit du stets umbgeben bist/
Denck an all dein Gewohnheit
   schnöd/
Denck wie du bist an Tugend blöd/
Wie magst in so viel Gbrechen dein
Hoffärtig und hochmütig seyn?
Denck daß du durch der Hoffart Pracht
Bey GOtt und Menschen wirst veracht/
Wer in der Hoffart thut verharren/
Den hält der weiß Mann für ein Narren
Salamon spricht/ die Hoffart schwer
Die geht vor dem Verderben her.

Homerus spricht/ es sey auf Erden
Kein ärmer Thier voll mit Beschwerden
Denn der Mensch der zu aller zeit
Voll ist aller Gebrechlichkeit/
Deshalb Mensch wo du das bedenckest
Der Hoffart Wurtzel du bald kränckest.

Der Beschluß

Weil man bey dieser Lehr verstaht/
Daß ein Mensch so viel Brechens hat
Die sein Leib und Gmüt hangen an/
Soll er der Hoffart müßig gahn/
Weil er mit stoltz/ hochmütgen prangen
Auf Erden gar nichts thut erlangen/
Denn Feindschafft/ Ungunst/ Neid und
   Haß
Bey jedermann/ drum steht ihm baß/
Daß jeder sich hält nach seim Stand
Und veracht aus Hochmut niemand/
Halt sich eingezogen und demütig/
Gen jedermann freundlich und gütig/
Mit Worten/ Wercken und Geber,
So wird auch lieb gehalten er/
Daß ihm auch viel Freundschaft auf-
   wachs
Bey jedermann, so spricht Hanß Sachs.

Das an- §. XLVII. Nun folget das an unsere Facultät und mich gesendete
dre Stück andre Stück der andern Beylage. Der Titel und Innhalt desselben ist
der an- schon oben §. 31. zu finden. So kann auch dasjenige was daselbst §. 32. 33.
dern Bey- 34. 35. allbereit erinnert worden so wohl in genere wegen der auch hier
lage des befindlichen dreyen Classen wieder repetiret werden/ als insonderheit die
Herrn   Anmerckung §. 37. wieder die ersten beyden numeros.
Quærenten.

I.

1. Verdamme niemand/ ehe du die Sache zuvor erkennest: erkenne es zuvor und straffe es denn. Du solt nicht urtheilen/ ehe du die Sache hörest/ und laß die Leute zuvor ausreden. Jesus Syrach c. 11. v. 7. 8.
2. Euer Rede sey allezeit lieblich und mit Saltz gewürtzt/ daß ihr wisset/ wie ihr einem
ieglichen antworten sollet. Coloss. 4. v. 6.

3. Den

eines Atheistischen Gelehrten.

3. Denn eine richtige Antwort: ist wie ein lieblicher Kuß: Sprüchwört. Salomon. c. 24. v. 26.
4. Und wer ist, der euch darum schaden könte/ so ihr nur sonst dem guten nachkommet? und ob ihr auch leidet um Gerechtigkeit willen/ so seyd ihr doch selig. Fürchtet euch aber für ihrem Trotzen nicht/ und erschreckt nicht. Heiliget aber GOtt den Herren in euren Hertzen. Seyd aber allezeit bereit zur Verantwortung iedermann/ der Grund fordert der Hoffnung / die in euch ist. Und das mit Sanfftmüthigkeit und Furcht/ und habt ein gut Gewissen/ auff daß die/ so von euch afterreden/ als von Uebelthätern/ zu schanden werden, daß sie geschmähet haben euren guten Wandel in Christo. 1. Petr. 3. v. 13. 14. 15. 16.

II.

1. Ein CALUMNIANTE: dichtet einem Scribenten einen Verstand an, den er nie in Sinne gehabt/ und beschuldiget darnach denselbigen, als wenn er einer irrigen Meinung beypflichtete: will auch den andern mit aller Gewalt nöthigen, daß er gestehen solle/ er habe die Worte nach seiner/ des Calumnianten/ Auslegung verstanden.

2. Ein CALUMNIANTE: excerpiret aus einem Scribenten alle zweydeutige Redens-Arten/ und sondert sie von dem gantzen Cörper ab / lässet etliche Worte aussen/ oder rückt dann und wann andere hinein/ damit er nur bey andern Leuten denselben in wahrscheinlichen Verdacht bringen möge/ als wann er lächerliche oder schädliche Irrthümer hegete.

3. Ein CALUMNIANTE: giebt für die Meinung eines Scribenten aus/ was derselbe unter anderer Personen Nahmen discuriret/ z. e. wenn in Dialogis, Gedichten/ Comödien/ u. s. w. Personen von unterschiedenen Character auffgeführet werden/ und der Autor sich angelegen seyn lässt/ den Character einer ieden Person durch gehörige Reden recht zu exprimiren/ so fällt ein Calumniante zu / und legt dem Autori die Meinungen/ die er unter der Person eines Pedanten / oder Heuchlers/ oder eines der in Præjudiciis steckt/ oder eines lasterhafften Menschen vorgebracht/ bey/ als wenn sie seine eigene wären.

4. Ein CALUMNIANTE: betrachtet in Beurtheilung eines Buchs nicht / aus was für Intention und Absehen ein Autor geredet/ sondern er drehet alles nach dem Vorhaben seiner bösen Intention, und ist ihm dißfalls einerley/ ob der Scribente aus Ernst oder aus Schertz/ ausführlich und mit Bedacht/ oder nur Zufallsweise und obenhin/ Frags- und Bejahungs-Weise/ auff sinen eigenen oder anderer Leute Antrieb etwas geschrieben : ob er seine Lehre vertheydigen und behaupten/ oder seinen Gegner wiederlegen/ und auff dessen Einwürffe antworten/ oder wieder ihn aus seinen eigenen Geständniß disputiren wollen; oder von denen Sachen rede/ wie sie an sich selbsten sind/ oder wie sie von dem gemeinen Mann, in allgemei-

ner Redens-Art gebraucht werden/ u. s. w. da doch unter diesen Umständen allen ein mercklicher Unterscheid ist/ nach derer Veränderung auch ein weiser Mann seine Auslegung und Urtheil billig verändern muß.

5. Ein CALUMNIANTE: hütet sich sehr/ daß er die dunckeln Oerter mit den deutlichern nicht conferiret: sondern fället alsobald auf das zu/ wenn ein Autor etwas kurtz dunckel/ oder ingemein gesetzt/ und übergehet muthwillig die Erklährung/ Beweiß/ Umschränckung u. s. w. solcher Reden/ die er anders wo antrifft.

6. Ein CALUMNIANTE: macht aus einem Satz eines Autoris nach seinem Gefallen/ Folgerungen/ die offenbahr irrig sind / und will den andern / der doch ausdrücklich und zum wenigsten mit einiger Wahrscheinlichkeit protestiret/ daß er mit diesen Folgerungen nichts zu thun haben wolle/ nöthigen/ daß er sie als die Seinigen annehmen müsse. Thomasii Ausübung der Vernunfft-Lehre im 4. Hauptstück von der Geschicklichkeit von anderer Meinungen zu urtheilen, §. 55. 56. 58. 59. 60. 62. p. 259. 260. 261. 262.

III.

1.

Mein Freund: ich habe dir/ vor kurtzer Zeit geschrieben:
    Es wäre ein Verboth/ gelegt auff meine Schrifft ;
Jetzt meld ich : daß es nicht bey dem Verboth geblieben:
    Ein Donner-Urtheil nun mich selbsten mit betrifft.
Es hat beliebt dem Rath: den Rath-Schluß abzufassen:
    Nach Ausgang dreyer Tag: möcht ich die Stadt verlassen.

2.

Der Rathschluß, würde leicht desselben Seel verletzen:
    Der in der Uppigkeit/ gesuchet seine Lust;
Mich aber kan er nicht in blosse Furchten setzen:
    Weil meiner Seele / sind die Laster unbewußt.
Ich werde also fort/ mit Freud und Lust erfüllen:
    Des weisen Raths Befehl und hocherleuchten Willen.

3.

Denn meine Unschuld: wird sie stets betriumphiren/
    Die vor mich und die Schrifft : ein kräfftig Vorwort spricht.
Sie werden mehr als ich, durch diesen Spruch verliehren:
    In welcher Neid und Haß, aus allen Zeilen bricht.
Von des hochweisen Raths zu schnellen übereilen :
    Wird gar nicht vortheilhafft/ die kluge Welt urtheilen.

4. Ein

4.

Ein Mann: der redlich sich im Leben hat bezeiget:
    Und an verschied'ne Höff/ mit Treu und Ruhm gedient;
Der bloß der Gottesfurcht und Tugend bleibt geneiget:
    Weil Seegen/ Ehr und Lob aus solchen Wurtzeln grünt;
Soll auff des Raths Geheis, nun ihre Stadt vermeiden:
In welcher/ gleichwohl sie/ viel böse Leute leiden.

5.

Zwar nehmen sie mein Buch, zum Vorwand ihres Spruches:
    Als wann gottlose Sätz/ es hielte in sich ein;
Sie führen ferner an/ die Krafft des Priester-Fluches:
    Der zwäng sie/ wieder mich/ so ungerecht zu seyn;
Doch die Ablehnungen/ sind schlechte Wasser-Farben:
Es scheinen durch sie vor, die überschminckte Narben.

6.

Denn was die Schrifft anlangt: so will die Vorred' zeigen:
    Daß nach der Welt-Weißheit: sie bloß geschrieben sey;
Die Schlüsse/ die sie macht: sind gar nicht mein und eigen.
    Es sind von selbigen/ viel alte: viel sind neu;
Ich habe sie verfaßt: und wolten offen legen:
Daß ihre Gültigkeit, ein ieder möcht erwegen.

7.

Ich red' darin von GOtt: der Welt: des Menschen Wesen.
    Doch fliessen diese Wort aus der Welt-Weisen Mund.
Ich hab' sie nicht erdicht: ich habe sie gelesen:
    In Büchern: welche sind zulesen frey vergunt.
Ich dencke wie ein Heyd: der bey den Christen lebet
Und ihre Meinung lobt: doch seine mehr erhebet.

8.

Denn nachdem solcher Heyd/ geforschet und erwogen:
    Was die Philosophie/ von den drey Stücken lehrt;
Nachdem auch frembde Reich und Länder/ er durchgezogen:
    Da auff vielfache Art/ die Gottheit wird verehrt;
So fänget endlich er/ aus der Vernunfft-Uhrquellen:
Von allem/ was ihm dünckt: ein Urtheil abzufällen;

XXIV. H. Elender Zustand

9.

Er untersuchet GOtt: nebst den Religionen:
  Wie bey den Jüden sie und Christen eingeführt.
Er will der Türcken nicht; noch derer Heyden schonen:
  Wann wieder die Vernunfft/ er ihre Lehr verspühret.
Zuletzt will deutlich er/ mit freyer Zungen zeigen:
Zu welchem Gottesdienst: sich seine Regung neigen.

10.

Von GOtt geht er zur Welt: begint sie zu betrachten/
  Wie ein Geschöpff von GOtt: und wahres Wunder-Werck.
Er weiß von ihrem Bau: der alten ihr Gutachten;
  Und kennet auch zugleich der neuen Augenmerck.
Doch weil an keine Sect: sich sein Gemüth gebunden/
Hat eigne Meinungen/ er von der Welt erfunden.

11.

Von GOtt und von der Welt: kommt er auff die Naturen
  Der Menschen: derer Stand und Leben er entdeckt;
Er suchet gantz genau zu spüren aus die Spuren:
  In den/ der Ursprung liegt der Souverainität versteckt.
Und schließt: vier Pfeiler seind der Grund der Königs Thronen:
Der Gottesdienst; Gesetz; die Straffen; das belohnen.

12.

Was/ also dieser Heyd/ von den dreyfachen Stücken/
  Aus der Vernunfft: der Schrifft: dem Umgang; hat bemerckt;
Hab den Gelehrten/ ich zur Nachricht wollen schicken:
  Weil mir daucht/ Christi Lehr: wird durch die Sätz verstärckt.
Aus diesem Zweiffel nun; zur Warheit um zu kommen,
Ist dieses Werck/ von mir, mit Vorsatz unternommen.

13.

Doch bin ich nur die Zung: durch die ein Heyd will sprechen,
  Ich bin der Feder-Kiel: damit der Heyde schreibt.
Ich such nicht ab darum Lutheri Kirch zu brechen:
  Bey diesem Heydenthum: mein Leben christlich; bleibt.
Spricht gleich ein Heyd durch mich: wird meines Heylands Glauben
Mir niemand Lebenslang/ aus meinen Hertzen rauben.

14. Ob

14.

Ob mein Beginnen nun so straffbar sey zu nennen:
  Daß ich deswegen gar das N. N. räumen muß?
Laß der honneten Welt/ich über zu erkennen:
  Die spreche: ob ich hab verdienet, den Raths-Schluß!
Doch will ich GOtt zugleich/ in diesen strittgen Sachen:
Zum Rächer ietzo hier: und dort zum Richter machen.

15.

Ich werd indessen nicht den hohen Rath verwunden/
  Wann ich schreib: daß durch sie/ das Gast-Recht sey verletzt:
Ich hab' in ihrer Stadt, nicht das Gesetz gefunden:
  Dadurch ein Frembder wird in Sicherheit gesetzt;
Beglückte Frembdlinge! die bey den Türcken sitzen:
Weil sie dieselbige mit mehrerm Nachdruck schützen.

16.

Der Rath: kan ja die Rott verstockter Juden dulden:
  Ob unsern Heyland gleich derselben Mund verhönt;
Mich aber hassen sie/ ohn Ursach und verschulden:
  Obwohl ich bin wie sie/ durch Christi Blut versöhnt.
Wer also Christum schmäht: der kan in N. N. blühen!
Wer aber Christum liebt: der muß aus N. N. ziehen!

17.

Das Gegenpart: will zwar mir ohne schen vorwerffen:
  Mein Buch wär scandalös: ich selbst ein Atheist;
Den Rathschluß/ hätte man dahero müssen schärffen:
  Weil iede Sünde müst seyn nach Verdienst gebüßt.
Ich antwort kurtz: der Mensch/ so einen GOtt erkennet:
Wird mit Beleidigung ein Atheist genennet.

18.

Doch endlich auch gesetzt: ich wär in solchem Orden.
  (Wiewohl ich gantz vernein die Atheisterey)
Wär ich dann gleich dadurch zu einem Unmensch worden:
  Dem in der Stadt zu seyn/ nicht bliebe länger frey?
Der Eindruck der Natur: will daß der Menschheit Pflichten.
Man gegen alle soll/ die Menschen seyn; entrichten.

U u

19. Ob

19.

Ob sonsten dieser Spruch: kan mit dem Recht bestehen
    Und denen Regeln der Wohlanständigkeit?
Will mit geschloßnem Mund/ ich jetzo übergehen:
    Doch bleibet dieser Satz/ ohn Wiederred' und Streit;
Die Sache hätt der Rath/ geneigter können enden:
Ohn desfalls/ ein Decret der Abreis/ mir zu senden.

20.

Selbst die Entschuldigung: die man sucht vorzuschützen,
    Als wann den Rath dazu/ die Geistligkeit gebracht
Durch ihre Predigten : ihr Schmähen: Schelten: Blitzen;
    Wird von der Billigkeit/ unbillig gantz geacht.
Der Rath ist das Stadt-Haupt: die Priester sind nur Glieder:
Die Glieder/ müssen thun nichts ihrem Haupt zu wieder.

21.

Denn nachdem meine Schrifft/ den Priesteren misfallen:
    Und sie durch ein Verboht; wurd in die Acht erklährt;
So war nicht nöhtig mehr der Cantzeln Donner-Knallen.
    Warum ward von dem Raht/ es ihnen nicht verwehrt?
Auff Cantzeln hören nicht subtile Streit und Schrifften.
Sie pflegen insgemein vergallten Haß zu stifften.

22.

Es wär vom weisen Raht, ein weises Werck verrichtet:
    Hätt er dem Predigt-Stuhl ein Schweigen aufferlegt;
Durch dieses Mittel wär der schwere Zanck vernichtet:
    Der vielleicht mehreren/ noch mit der Zeit erregt.
Der Brauch-ist im Gebrauch/ in vielen Königreichen:
So bald die Geistligkeit/ fängt aus der Bahn zu weichen.

23.

Das Lehr-Amt: hätte selbst sich frömmer können führen.
    Es stimmet nicht ihr Zorn mit Christi sanffter Lehr.
Sie predigen die Lieb: und lassen keine spühren.
    Ihr Eiffer heisset nichts: für GOttes Lehr und Ehr.
Es bleibet GOtt doch GOtt bey allen Ketzereyen.
Die Falschheit: will den Glantz der Warheit/ mehr verneuen.

24. Die

24.

Die Ketzermacherey: wird keinen nicht bekehren /
    Durch liebe bringet man die Irrenden zurück.
Wer weiß nicht daß die Stürm: die Weinberg sehr verheeren?
    Hingegen ihnen nützt ein stiller Sonnen-Blick.
Den Artzt: lobt iedermann/ der ungesunde Beulen/
Durch Oele lieber sucht/ als Eßig auszuheilen.

25.

Es ist der Clerisey ja unverwehrt gewesen:
    Wie solche Freyheit ihr noch ferner offen bleibt;
So bald als meine Schrifft/ sie hatten durchgelesen:
    Die Schrifft: die wieder mich/ sie zur Verfolgung treibt;
Daß ihre Gründe: sie erst hätten recht erwegen:
Und in der Gegenschrifft: klar sollen wiederlegen.

26.

Denn da die Welt-Weißheit: der Grund ist meiner Sätzen:
    Hört zur Catheder sie / nicht vor das Predigt-Amt;
Ich will die Kirche nicht durch diese Lehr verletzen:
    Warum wird in der Kirch/ dann diese Lehr verdammt?
Man hätte wieder sie: vernünfftig sollen schreiben;
Sie lassen unberührt, auff denen Cantzeln bleiben.

27.

Und also siehestu mein Freund/ aus diesen Zeilen:
    In welchen ich die Sach/ dir treulich hab erzehlt;
Wie hitzig daß der Rath/ gewesen im urtheilen:
    Wie wieder GOttes Wort/ die Geistligkeit gefehlt;
Der Rath: der durch den Spruch/ zu weichen mir befohlen
Die Priester: die zur Gluht/ getragen Pech und Kohlen.

28.

Doch will der Vorfall / mich mit neuer Ehr beadlen:
    Man schreibt mich in das Buch gelehrter Märtrer ein.
Der Priester Sitten / wird ein ieder aber tadlen
    Ihr Rachgier wieder mich: ein ewig Brandmahl seyn,
Die Confiscation: des Rahts Spruch: ich soll weichen;
Wird mir zum Ruhm: dem Rath/ zu keinem Sieg: gereichen.

XXIV. H. Elender Zustand

29.

Ich hab indessen mir / zur Residentz erkohren:
    Ein angenehmes N. so nah an N. N. liegt.
Ich lebe hier vergnügt: ich schlaff auff weichen Rosen.
    Die Hand der süssen Ruh/ mich in den Schlaff einwiegt.
Mein edler Zeit-Vertreib: ist Lesen/ Schreiben/ Dencken.
Die Sinnen sich zu GOtt: der Welt: den Menschen: lencken.

30.

Und wann die Arbeit/ will ermüden die Gedancken:
    So wandle ich ins Feld/ der Ceres zugeweyt;
Ich streiff die Wälder durch: besuche die Wein-Rancken:
    Des N N. schöner Strand: giebt mir Ergötzligkeit;
Doch wann ich mich ergötz mit diesen Spatzier-Reisen/
Such in der Creatur/ ich GOtt zugleich zu preisen.

31.

Mir fehlt nichts nur ein Freund, von gleich gesinnten Sinnen:
    Der GOtt zuerst: und sich: wie seinen Nächsten liebt;
Derselbe sitzet steiff auff des Gelückes-Zinnen:
    Dem einen treuen Freund/ GOtt zur Gesellschafft giebt.
Ein treuer Freund: wird nicht von seinem Freund weg eilen/
Er will mit ihm die Gall: und auch den Zucker theilen.

32.

Weil nun mein Freund du bist von dieser Freunde Arten:
    So gönne mir die Ehr von deiner Uberkunfft.
Ich werd mit offner Brust und Freuden/ dich erwarten.
    Ich nehme dich allein/ in meiner Freundschafft-Zunfft.
Komm bald: ich bitt dich sehr; ich end hiemit mein Schreiben.
Nur schreib ich dieses noch; ich werd dein Diener bleiben.

Besondre Anmerckung von ausgearbeitete Poema der klugen und unklugen Welt. §. XLIIX. Also bleibet solchergestalt nichts mehr übrig/ als daß ich über das vorhergehende sonst secundum regulas artis Poeticæ wohl ausgearbeitete Poema nur drey kleine Puncte erinnere. Denn erstlich der Herr Quærent in denen beyden letzten Versen des dritten Ge-setzes

    Von des hochweisen Raths zu schnellen übereilen
        Wird gar nicht vortheilhafft die kluge Welt urtheilen.
sich sehr übereilet/ daß er uns/ als die wir in unsern Responso sehr vortheil-
                                              hafft

eines Atheistischen Gelehrten.

hafft/ von des hochweisen Rahts höchstbilligen/ auch klugen und gerechten Spruche geurtheilet/ diese seine vergebene und ungegründete Hoffnung zugeschickt/ und uns dadurch/ wenn wir ja seine Widersacher wären/ eine offenbare Gelegenheit gegeben/ ihn auszulachen. Denn der gantze Context weiset/ daß er dieses Poëma damahls geschrieben/ da er noch hoffete/ daß unsere Facultät/ und vielleicht andre Collegia/ für seine schlimme Sache sprechen würden. Und ob wir wohl nicht affectiren/ uns weder collegialiter noch in individuo für die kluge Welt in superlativo gradu auszugeben; so ist er doch conviciret/ daß er uns damahls noch unter die kluge Welt gerechnet haben müße: denn sonst hätte er ja thöricht gehandelt/ wenn er an ein Collegium, das er selbst unter die unkluge Welt gerechnet/ seine speciem facti geschickt hätte. Spricht er aber: damahls habe ich euch wohl für klug gehalten; aber nun nicht mehr: so würden ihn vielleicht die Schüler die noch nicht in Prima sitzen/ fragen. Ey warum denn nicht? ist es deßwegen geschehen/daß sie dero Thorheit nicht beystehen/ sondern selbige mit dem hochweisen Rath und ehrwürdigen Ministerio verwerffen wollen? Ey so seyn sie doch so gut und beantworten uns diese geringe Frag? So viel wir aus dieser explication verstehen/ so ist das die unkluge Welt/ die es nicht mit ihr hält/ diejenige aber die kluge Welt/ die dero Sache vertheydiget. Ehe wir nun ad majorem antworten/ und derselben offenbahre partheyligkeit zeigen; so weisen sie uns doch als einfältigen Schülern quoad minorem: wer oder wo sind denn nun diejenigen/ die sie die kluge Welt nennen? sind sie es denn etwan selber? Das wollen wir nicht hoffen/ denn wir haben noch in tertia Classe gehöret: Laus propria sordet. Oder sind sie es etwan gar alleine? Das wollen wir noch weniger hoffen. Es ist zwar ein ieder Mensch eine kleine Welt/ aber es folget auch darauß/daß er sich ex hoc prædicato auch nur eine kleine Klugheit zuschreiben könne. Sind sie aber noch mit andern klugen Beyständen aus der Welt versehen / warum lassen sie denn selbige nicht vortreten und benennen sie? & de his nemo dubitat nisi totus mundus. Wenn der Herr Quærente diese wenige dubia scholastica wird beantwortet haben/ kan der Sache weiter nachgedacht werden.

§. XLIX. Jetzo schreite ich zu dem so offt erwehnten unachtsamen Vers in dem eilfften Gesetze. Er schreibt daselbst also: *Von einem ungeschickten Vers.*

Von GOtt und von der Welt kommt er auff die Naturen
    Der Menschen/deren Stand und Leben er entdeckt:
Er suchet gantz genau zu spüren aus die Spuren
    In den der Ursprung liegt der Souverainität versteckt.

XXIV. Z. Elender Zustand

Gewiß wenn Hanß Sachse einen solchen Schnitzer begangen hätte/ die Meister-Sänger zu Nürnberg hätten ihn aus ihrer Zunfft gestossen. Denn ob schon Hanß Sachs zu seiner Zeit gewohnet war/ unterschiedne Sylben zu verbeissen/ oder aus zweyen eine zu machen/ und man nach dieser Methode den Herrn Quærenten durchhelffen und das corpus delicti also

In den der Ursprung liegt/ der Souvraintät versteckt/

verbessern wolte; so wird man doch in denen gantzen operibus des Hanß Sachsens nicht ein Exempel finden/ daß er in einem Wort aus fünff Sylben dreye gemacht/ und die andren zwey verschluckt hätte.

Von den verletzten Gastrecht durch das gegebene Consilium abeundi.

§. L. Endlich so ist in dem 15. Gesetz ein neuer aber sehr grosser defectus judicii zu spüren/ wenn der Herr Quærente dem hochweisen Rath beschuldiget/ als ob sie durch das ihm gegebene Consilium abeundi das Gastrecht verletzt hätten. Hat denn der Herr Quærente sich nicht des bekanten Verses erinnert. Post tres sæpe dies &c. oder auff gut Hanß Sachsisch:

  Dreytägger Gast Ist eine Last
  Dreytägger Fisch Taugt auff keinn Tisch.

Hat er denn nicht distinguiret inter hospitium publicum & privatum, voluntarium & necessarium, seu mercenarium, da man doch diese distinctiones bey allen JCtis antrifft/ die de jure hospitii gehandelt? hat er nicht wahr genommen/ daß auch nicht einmal Gastwirte schuldig seyn/ unruhige u. Unfug anfangende/ oder auch nur mit gefährlichen und anstecken den Kranckheiten behafftete Gäste wieder ihren Willen bey sich zu behalten. Wie solte nun die Obrigkeit verbunden seyn/ verkapte Philosophos Ethnicos, Comœdianten/ Collectores und Ausbreiter gottloser Lehren/ oder auch Weiber/ die aus thörichter Phantasie die abscheulichsten Monstra gebähren/ und weil sie sich als Gäste an einem Orte auffgehalten/ auch andere sich ordentlich daselbst befindende sonst ehrliche Weibs-Persohnen mit solcher schädlichen Phantasie angesteckt/ wegen Vorschützung eines eingebildeten nie erhörten Gast-Rechts zu dulden? (Repete supra dicta §. 22. 23, 24.)

Verehrung anderer Schriften aus Hanß Sachsen

§. LI. Aber mich hierbey länger nicht auffzuhalten/ so præsentire ich zur Danckbarkeit hinwiederum drey Gedichte aus Hanß Sachsen. Was anfänglich die excerpta des Herrn Quærenten aus der Heil. Schrifft in diesen andern Stück betrifft, gebe ich ihm zu seiner Besserung gleichfalls allerhand Collectanea aus der heiligen Schrifft/ die Hanß Sachse Anno 1528. unter dem Titul. *Evangelium.* Von dem Geitz eine kurtze

Sum-

eines Atheistischen Gelehrten.

Summe aus der Schrifft gezogen/ verfertiget/ und hernach dem ersten von Geitz.
Buch seiner Gedichte und dessen ersten Theil fol. 68. selbige beygefüget.

Christus im Evangelio.
Mathei sexto spricht also:
Ihr sollet euch nit samlen Schätz,
Die ihr verliren möcht zuletz
Durch Dieb/ die sie möchten ausgraben/
Sonder ihr solt mehr Achtung haben,
Daß ihr Schätz samlet in dem Himel;
Da sie frist weder Rost noch Schimel.
Wann wo ewr Schatz, ist ewer Hertz/
Den ihr verwart mit Angst und Schmertz
Niemand kan GOtt dienen und dem Mamon/
Niemand zwey Herren dienen kon.
Eim thut er lieb, dem andern leyds/
Darumb so hüt euch vor dem Geitz/
Wenn niemand darin leben kan/
Daß er volle Genüg mag han
All sein Gut dünckt ihn viel zu dünn.
Was hülfs, daß er die Welt gewünn,
Und litt doch Schaden an der Seel
Das bracht den reichen Mann in Quel/
Der in der Hölle ward vergraben/
Der arm Lazarus ward erhaben.
Besser ist weng mit GOttes Forcht/
Denn grosse Schätz und vil versorgt.
Weh dem/ der samlet allezeit
Der böß verfluchten Geitzigkeit.
Nichts üblers/denn wer nach Geitz stelt/
Nichts bösers denn liebhaben Gelt;
Wann derselbig sein Seel hat feil/
Die dadurch verleust ewig Heil
Wie auch dem reichen Mann geschach/
Der da zu seiner Seelen sprach/
Iß und trinck, wann du hast genug/
Den GOtt dieselbe Nacht noch schlug,

Drumb sol wir uns genügen lan/
Wenn wir Futter und Decke han
Wann die da wollen werden reich/
Die fallen in Versuchung gleich.
Geitz ist ein Wurtzel aller Sünd/
Als vil Laster bezeigen thünd
Als Wucher/ Triegen und Finantzen/
Mit hinterlisten Alefantzen
Mit Lügen/Kriegen hadren/Fechten/
Mit schweren/ verkeren des Rechten/
Mit verkauffen und Auffschläg machen
Mit Wechsel/ stechen/ listing Sachen
Mit falscher Wahr/ Zal/ Maß/ Gewicht/
Das alles durch den Geitz geschicht.
Auch folgt daraus Spielen und Prassen
Rauben und Morden auf der Strassen/
Zürnen/ Gottslästren/ rauffen/ schlagen /
Dieberey und heimlich abtragen
Nachreden/ Neid und Ehr abschneiden/
Der Geitz auch manche Eh thut scheiden/
Verraten/ und auch Junckfrau schwechen
Cuplen/ Hurerey und Ehbrechen,
Falscher Gottsdienst und Simoney/
Bannen und geistlich Schinterey.
Diß alles aus dem Geitz entspringet/
Der hat die gantze Welt umbringet
In allen Ständen hoch und nieder/
Durch alle Land hin und wieder.
Als Esaias hat geseit:
All gehn sie nach der Geitzigkeit
Von dem Minsten biß zu dem Meisten

Der Beschluß.
JEsu Christe thu uns eingeisten/
Durch

XXIV. H. Elender Zustand

Durch dein heiligen Geist einwerth/
Ein guten Geist in unser Hertz/
Daß es werd Herr zu dir bekert/
Und nicht ankleb auf dieser Erd/
An zeitlich/ zergenglichen Dingen.

Die uns von GOtt ab wollen dringen/
Sonder/ daß wir trauen auf dich/
Wann du ernerst uns hie zeitlich
Und darnach dort auch ewiglich.

Von ei- §. LII. An statt des andern Theils oder der Excerptorum aus meinen ar- nen Schrifften de falsa & non sincera interpretatione; will ich dem
men Schu- Herrn Quærenten eine schon von dem scharffsinnigen Luciano entworf-
ster und fene Fabel von *Micillo* einen armen Schuster und seinen reichen
seinen rei- Nachbar oder Gfatter (wie ihn Hanß Sachse titulirt) wohl zu über-
chen Nach- legen geben, deren Zweck ist/ handgreifflich vorzustellen/ daß ein armer a-
bar. ber dabey vergnügsamer Mann viel glücklicher sey als ein reicher. Nim-
mersat/ und daß also jener mit diesen vernünfftiger Weise nicht tauschen
werde. Hanß Sachse hat diese Fabel 1562. d. 24. April in teutsche Reime gebracht/ und ist dieselbe in dem fünfften Buch seiner Gedichte in andern
Theil p. 259. zu finden.

Lucianus der hoch Poet
Vor Zeitn artlich beschreiben thet
Wie vor viel Jahren ein Schuster saß,
In Welschen Land/ welliche waß
Mit seinem Nahm Micillus genant/
Der Tag und Nacht mit seiner Handt/
Hort arbeitet und übel aß/
Daß doch alls nit ersprießen was/
Daß er sich kunt erwehren mit/
Der Armuht, die ihn gewaltig ritt/
Denn groß war seiner Kinder Hauff
Daß es gieng täglich mit ihm auff
Doch nahm er also mit vor gut/
Und hat ein leichtsinnigen Mut/
Danckt GOtt/ der ihm so viel beschert/
Durch sein Arbeit/ daß er ernert/
Sich/ sein Weib/ und all seine Kinder
Die Hofnung macht sein Armut linder/
Sam würd ihm auch einmahl gut Glück/
Zustehn und reichlich halten rück/
Wie manchem zugestanden wer/
Nachdem dacht er offt hin und her.

Nun zu nechst seinem Hauß da saß,
Ein Wucherer/ der sein Gfatter was/
Mächtig und reich doch gnau und karg/
Dr sein Schätz samlet und verbarg.
Eins Nachts der Schuster lag in Bett,
Da ihm eigentlich traumen thät/
Wie sein Gfatter gestorben wär/
Und wie ihn zu eim Erben der,
Hätt eingesetzt über all sein Gut/
Des was von Hertzen froh zu Mut/
Der Schuster solchen reichen Hab
Im Schlaf der Armut Urlaub gab.
Als er in solchen Freuden stahn
Da fing zu krehen an sein Hahn
Laut reißig davon er erwacht/
Aus süssem Traum und sich bedacht/
Und schrie o du verfluchtes Thier/
Wie hast aus freudreicher Begier
Mich aus dem süssen Schlaf geschrecket/
Zu dieser Armut auferwecket/
Und flucht dem Hahn in Zorn und Grim/
Der Hahn sprach mit menschlicher Stim
Was

Was hat dir traumt? zeig mir das an.
Micillus erschrack ob dem Han,
Und sprach du Teuffelisch Gespenst,
Ich beschwer dich/daß du dich nenst/
Wer du seyst? bist kein rechter Han
Der Hahn antwort: wiß lieber Mann
Platonis Seel die ist in mich
Jetzund gefahren wahrhafftiglich,
Des weisen Manns ich dir anzeyg/
Deines frölichen Traums nur stillschweig
Wenn du erkenst deines Gfattern neben/
Sein elend armutseliges Leben/
So wünschest du dir nit sein Gut/
Samt seim armutseligem Mut;
Wolauf und geh eilend mit mir/
Sein gut Leben will ich zeigen dir.
Der Hahn führet Micillum auß/
Hin numb in seines Gfattren Hauß,
Alle Schloß gingen gegen ihm auff
So kamen sie die Steigen nauf.
Hinzu des reichen Manns Schreibstuben
Da sahens sitzn den geitzign Buben,
Bey einem finstren Kertzen Licht
Mit gantz traurigem Angesicht/
Er wandt sein Hand schwermütigleich/
Und war erblichen wie ein Leich/
Seine Schuldbücher umb ihn lagen
Drein sah er/ und was traurig sagen:
Weh mir ob meinem Hertzeleyd,
Mein Böden liegen voll Getreyd/
Daran da leit mir Geldes viel/
Und doch kein Theurung kommen will/
Daß es mir trug zwifachen Gwin/
Und geht die Zeit ohn Nutzung hin/
Denn es hat auch vor den acht Tagen
Das Koren wieder abgeschlagen
Mich hat auch noch nit zahlet der,
Die Frist doch lang verschienen wer/

Dem ich auf Pfand geliehen hab/
Auch schlägt das Gold ietzt wieder ab/
Und dazu auch die grobe Müntz/
Ich gwin an hundert kaum ein Untz/
Auch felt mir ein vor vierzehn Tagen
Hat mir einer sechs Pfund entragen
Auch geht mir groß Lohn auf mein Knecht
Ich fürcht/ sie dienen mir nit recht/
Mich dünckt/ wie sie mir in den Tagen
Haben etliche Schermäuse abgetragen,
Dergleich die Meid fressen und naschen/
Und abtragen/ was sie erhaschen.
Eins theils Gsind ich urlauben will/
Im Hauß so geht mir auff so viel,
Ich muß mein Zehrung machen linder/
Mein Frau trägt mir auch so viel Kinder/
Diß muß ist erst kargen und spahren/
Mein Handel trägt nit wie vor Jahren/
Ich gwin ietzt kaum den halben Theil/
Mir ist verschwunden Glück und Heil
Ey, Ey, Ey, Ey, wo soll ich nauß?
Ach ich muß lauffen gar von Hauß/
Und kratzt sich hefftig in dem Kopf,
Der alte karge geitzig Tropf,
Sprach ich bin gantz und gar verdorben/
Mir wer nichts besser denn gestorben/
In einem Brunnen oder Strang
Mir ist von gantzem Hertzen bang
Mein Hertz das schreuet Zetter Waffen
Ich mag nit essen/ ruhn, noch schlaffen/
Weil ich mein Schatz nit mehren kan/
Wie ich vor Jahren hab gethan,
Bin ich je arm und sehr elend/
Und neiget sein Kopf in die Hand
Zu Micillo, so sprach der Hahn:
Wie gefält dir der reiche Mann
Samt seinem armutseligen Leben
Sag ihm wolstu ihm dafür geben

X r   Diese

XXIV. H. Elender Zustand

Diese dein fröliche Armut/
Die dir doch kommet recht zu gut,
Mit einem Gut unschuldgen Gwissen
Wirst nie mit solchn Anfechtung bissen
Und leß dich an aldem begnügen
Waß dir GOtt täglich thut zufügen
Durch deine tägliche Arbeit

Mit ringer Speiß/ Leibes Gsundheit/
Und dazu ein frölichen Mut/
Und heltst GOtt für dein höchstes Gut.
Darvon dir ewges Heil erwachs/
Nach dem Elend wünscht dir Hanß
      Sachs.

Von Re-
den und
Schwei-
gen.

§. LIII. Nachdem auch der Herr Quærente in seinen andern Poemate oder dritten Stück der andern Schrifft nichts neues vorgebracht/ sondern nur seine alte Leyer wiederhohlet/ die schon in dem ersten Poemate, in seiner Specie Facti und in der neuen weitläufftigen Gegenschrifft da gewesen; und also billich hätte den bekanten lateinischen Vers: Ridetur, chorda &c. bedencken sollen; wir aber unsers Orts diese seine Schwatzhafftigkeit mit gehöriger Erbarmniß ansehen/ indem uns die tägliche Erfahrung zeiget, daß Leute von seinem Temperament, mit diesen Ubel (wenn sie nicht durch zeitliche Selbsterkäntniß demselben zuvor kommen) insgemein behafftet sind; als will ich ihm die nützliche Lehren, die Hanß Sachse in besagten fünfften Buchs andern Theil p. 244. an 8. Augusti 662. von dem Reden und Schweigen aus einem alten Philopsoho zu Papier gebracht hat/ bestens recommendiren.

Simonides der weise Mann
Der zeigt in seinen Schrifften an/
Daß schweigen gar viel nützer sey
Denn ohn Verstand zu reden frey/
Dieweil das Schweigen ihn hab je
Sein Lebenlang gereuet nie/
Doch reden habe ihn offt gerewt
Mit Sorg und Forcht ihn überstrewt/
Reden hat ihr viel bracht in Noth
Etwa in Schaden/ Schand und Spot/
Dagegen hab Schweigen niemand/
Bracht in Schaden/ Laster noch Schand/
Auch so lobet Doctor Freydanck
Das Schweigen auch in dem Anfanck/
Und spricht: schweigen ist nütz und gut/
Doch reden besser/ wer ihm recht thut.
Vermeint reden zu Noth und Nutz
Das bring auch groß Ehr/ Lob und Guts/

Doch daß man nit red gar zu viel/
Setzt er zu reden auch ein Ziel,
Spricht: wilt mit Ehren werden alt
So halt dein Zungen in Gewalt,
Daß sie aus unbedachten Muth/
Nicht red/ was ihr gefallen thut/
Und öffne ihr Heimlichkeit da,
Denn es schreibt der weiß Seneca,
Den Menschen man erkennen thu
An seiner Zungen immerzu/
Was er im Hertzen tragen thut
Die Zung öfnet Hertz Sinn und Muht
Derhalb die Zung erhalt im Zaum/
Und laß ihr nit zu weiten Raum/
Schreibt auch der Zungen Unterschid/
Sey das ärgst und das best Gelid
Vermeint ein weiß tugendhafft Zung
Sey heilsahm und bring Frucht genung

                                      Mit

Mit lehren/ vermahnen und rahten/
Mit trösten und manchen Gutthaten/
Aber die böß Zung geschwätzig/
Untreu/ arglistig und auffetzig/
Verlogen/ vertrogen unredlich
Sey ihr und andren Leuten schädlich/
Deßhalb schreibt auch der weiß Cato,
Die höchste Weißheit sey also/
Daß man täglich und in zukunfft
Die Zung soll zähmen mit Vernunfft
Daß sie nit heraus rede bald
Was in Gedancken ihr einfalt/
Derhalben soll ein weiser Mann
Eh er sein Red will fahen an/
Sechs Stück ernstlich bedencken woll
Nachdem und er erst reden soll.

Das erste Stück.

Zum ersten hab er auf sich acht/
Ob er das hab zu reden Macht/
Obs ihm billig und ziemlich sey
Ohn Nachtheil unschädlich darbey/
Ob auch der Handel ihm angeh.
Ob er auch sey geschicket eh
Zu reden so er zornig wär/
Truncken oder unmutig schwer/
Soll er des Redens müßig gahn
Daß ihm kein Unrath kum darvan.

Das ander Stück.

Zum andren merck was sein Red sey/
Lüg oder die Wahrheit darbey/
So red er allein die Warheit
Die ehrlich steht zu aller Zeit,
Und soll der Lügen müßig gehn.
Lüg kan mit Ehren nit bestehn/
Wann Lüg thut sich selber aufdecken/
Jhrm Herren selbst im Busen stecken
Und macht dem Mann ein Ungelauben
Thut ihn seins guten Gerüchts berauben/

Daß man ihm hernach in der Zeit/
Auch nicht gelaubet der Wahrheit/
Jedoch mag man in Schertz und Schimpf/
In guten Schwencken doch mit Glimpf/
Ein Ehrlüg thun zu Frölichkeit
Doch niemand zu Schmach/ Schand noch Leyd.

Das dritte Stück.

Zum dritten merck auch wer die seynd/
Mit den er red Freund oder Feind/
Sind sie ehrlich, treu und wahrhafftig/
So red er mit ihn unzaghafftig/
Sinds aber leichtfertig und hönisch/
Untreu/ Verräther und argwöhnisch/
Einer unnützen losen Rott/
So schließ er sein Mund/ es thut Noth/
Daß ihm nit durch solch lose Leut
Sein Red aufs ergest werd gedeut/
Oder sein Red im Mund verkehrn/
Jhn verzircken an Glimpf und Ehren
Gen der Obrigkeit hinder Rück/
Durch ihr Untreu und falsche Tück.

Das vierte Stück.

Zum vierdten er bedencken soll/
Warumb er jetzund reden woll.
Hat er Ursach zu reden was/
Red er niemand zu Neid und Haß
Zu Zoren reitz er auch niemand/
Mit Schmach zu Schaden / Spott und Schand/
Sondern allein zu Ehr und Nutz/
Der Wahrheit zu Stewer und Schutz
Redt er/ was noth zu reden sey/
Dadurch man werd Gezänckes frey
Und Fried werd gehalten dermaß/
Alls andre unterwegen laß.

XXIV. Z. **Elender Zustand**

Das fünffte Stück.

Zum fünfften soll bey Jung und Alten
Ein Mann gut Maß im Reden halten/
Zu lang reden ist verdrüßlich/
Sondern sein kurtz red und beschließ-
lich
Bescheiden, ordnlich und verstend-
lich/
Gantz deutlich klahr und erkentlich/
Freundlich oder ernstlich dabey/
Darnach und die Materi sey/
Demnach soll er sein Red auch stellen/
Die Stim auch nit zu hoch aufschellen/
Sondern sittlich langsahmer Maß
So kan mans verstehn desto baß/

Das sechste Stück.

Zum sechsten werck er/ ob sey Zeit
Zu reden jetzt mit Nutzbarkeit/
Daß es nit etwa sey zu fru
Daß es nit etwa schaden thu/
Damit etwas verhindert werd/
Oder zukünfftig werd beschwerd
Oder ob es nit sey zu spat/
Daß solch Red gar ohn Frucht abgaht/
Sondern daß die Red werd angnommen
Ein Schaden mit zu unterkommen/
Oder gefürdert gemeiner Nutz/
Oder befürdert etwas guts
Dieweil ein Red zu rechter Zeit
Bringet ein grosse Nutzbarkeit
Saget auch Salomon der weiß

Der Beschluß.

Welch Mann sich der 6. Stück befleiß
Der hält sein Zunge wohl in Hut/
Wenn er ordnlich bedencken thut/
Eh er anfang / sein Red erkenn /
Wer/ was/ wem/ warum/ wie und wenn
Wer das thet/ der wer nit so gech/
Mit Worten/ unbhütsam und frech/
Kein andren Leuten nie zu schaden,
Und er blieb auch mit unbeladen
Entgieng dadurch viel Ungemachs
Bey GOtt/ und der Welt spricht Hanß
Sachs.

Hertzliche Warnung an den Herrn Quærenten. §. LIV. Zum Beschluß warne ich aus Hertzens-Grunde den Hrn. Quærenten/ daß er sich für seinen vielleicht sehr nahen grossen unnach-bleiblichen Unglück hüte. Ich will ihm eben keine Gelegenheit zu spotten geben/ wenn ich von seinen miserablen Zustand nach diesen Leben viel Wor-te machen wolte: sondern ich will nur zwey Worte von seinen zeitlichen Unglück anfügen. Er ist dienstloß, er suchet neue Hoffdienste bey mächti-gen Potentaten und Fürsten. Kann er sich wohl einbilden/ daß ein Ev-angelischer König oder Fürst unter den Protestirender., dem sein Athei-stisch Werckgen für Augen kömmt/ ihn in Dienste nehmen werde? Man hat mich versichern wollen, daß er schon damahls/ als er es drücken lassen, in eines mächtigen Catholischen Fürstens Dienste zu gelangen sich bemü-het/ und dergleichen noch suche. Gesetzt/ GOtt verhängte es: und seine Consilia Cameralia fingen an unter seiner direction introducirt zu wer-den. Ich abstrahire itzo von derselben wahren oder Schein-Nutze. Weiß er nicht/ daß alle Fremde/ die bey einen mächtigen Fürsten geschwinde in Gnade kommen/ nothwendig von denen Einheimischen geneidet und an-

gesein-

eines Atheistischen Gelehrten. 349

gefeindet werden? Würden diese nicht die schönste Gelegenheit haben durch Producirung seiner Schrifft vermittelst des Pabsts und der Clerisey seinen Catholischen Herrn zu forciren, ihn nicht alleine mit Schimpff abzudancken/ sondern nach ihren principiis als einen Atheisten mit Feuer zu verbrennen? Zittert er nicht/ wenn er an dieses unausbleibliche Unglück nur gedencket? Danckt er uns nicht/ daß wir in unsern Responso und ich in dieser Schrifft ihn noch bey Zeiten dafür gewarnet/ und den Weg gezeiget/ sich heraus zu reissen? Hat er also nicht die gröste Ursache, uns solchergestalt nicht für seine Wiedersacher/ sondern für seine wahren Freunde zu achten? 2c.

§. LV. Aber ich singe tauben Ohren. Gleich itzo da ich meine Schrifft Dessen beschliessen will/ kömmt mir ein anderes gleichfalls confiscirtes Scar- neue Atheiteregen unter die Hände/ davon er auch unstreitig Autor ist. Der Titel istische ist: Meditationes, Theses, dubia Philosophico-Theologica, placidæ Schrifft. eruditorum disquisitioni religiõnis cuiusvis & nationis, in magno mundi auditorio submissa a Veritatis Eclecticæ Amico. Freystadii 1719. Diese Schrifft ist noch viel entsetzlicher zu lesen als die erste/ indem er sich nicht gescheuet/ viel dicta der heiligen Schrifft zu Behauptung seiner ruchlosen Lehr-Sätze bey denen Haaren gleichsam herbey zu ziehen: da ihm doch bekant ist/ daß dergleichen grundlose Verdrehungen der heiligen Schrifft von denen Evangelischen Theologis und JCtis sonderlich in Bullis Papalibus vielfältig angemerckt worden/ inmassen keine Päbstliche Bulla anzutreffen/ darinnen nicht dergleichen vielfältige Verdrehungen Hauffenweise zu finden seyn solten. Und er macht es doch noch gröber und liederlicher als alle dergleichen Bullæ, und erkläret die von ihm angeführten dicta auff eine solche Weise/ die von allen vernünfftigen Menschen in allen Christlichen Religionen nothwendig muß detestiret werden. Und solchergestalt rennet er gleichsam Sporenstreichs in sein zeitliches und ewiges Verderben.

§. LVI. Hat denn der arme elende Mensch keinen einigen wahren Hans Freund/ der ihn warne? Warum solte es ihm daran mangeln? Aber er Sachsens höret sie nicht/ und hält den vor keinen Freund/ der ihm nicht schmeichelt/ Gedichte, sondern ihm seine Laster für Augen stellet. Deßhalb hat er auff die andre von Un- Seite des Titel-Blats etliche Verse aus des Horatii libro I. Satyra 3. terscheid (die sich also anfangen: Nam vitiis nemo sine nascitur &c.) andtücken zwischen lassen; allwo er diesen seinen Haupt-Fehler sattsam zu erkennen giebet. einen wahIch sage diesen Haupt Fehler. Denn vernünfftige Leute haben zu allen renFreund Zeiten und bey allen Völckern diejenige für wahre Freunde erkannt, die und Heuch-
X r 3   uns ler.

uns unsere Gebrechen sagen/ hingegen aber diejenige für Heuchler und Schmeichler/ die unser thörichtes Thun loben; und hiervon finde ich abermahls bey Hanß Sachsen zwar zuweilen einfältige, aber überall für den Herrn Quærenten recht nützliche Gedancken/ wenn dieser in dem andern Theil seines andern Buchs p. 87.sq. ein von ihm den 10. Decb. 1540. verfertigtes Spiel mit dreyen Personen von dem Unterscheid zwischen einen wahren Freund und einen Heuchler drucken lassen.

Der Heuchler tritt ein mit seinen Fuchsschwentzen/ neiget sich und spricht
Seit all gegrüst ihr ehrbarn Herren
Ich komm daher zu euch von ferren,
Mein Fuchsschwentz bey euch zu verkauffen
Damit ich neulich hab durchlauffen
Viel Land Köngreich und Fürstenthum,
Wo ich an Herren Höff hinkumb/
Find ich der Krähmer vor so viel/
Daß meine Wahr nit gelten will/
Darum ob einer hinnen wär/
Der mein Wahr zu kauffen begehr/
Der sprech mich an/ es ist ihm eben
Ich will ihm gute Pfennwerd geben
Der Jüngling kompt neyget sich und spricht
Einen guten Abend ihr ehrbarn Leut
Ich bin von einem beschieden heut,
Zu kommen auf den Abend her/
Da ein sehr grosse Freundschafft wer/
Versamlet ehrbar Mann und Frauen
Da eins dem andren thut vertrauen/
All Heimlichkeit als seinem Hertzen
In Wiederwärtigkeit und Schmertzen/
Beständig treu in allen Sachen/
Nun ich hie möchte Kundschafft machen/
Das mir ein solcher Freund würd geben
Weil dem Menschen schwer ist zu leben
In so viel Trübsal und Beschwerden
Ohn einen treuen Freund auf Erden

Wie Antistenes sagt der weiß
Einen solchen Freund such ich mit Fleiß/
Und wo ich ihn hier überkähm
Mit grosser Freud ich ihn annähm.
Der Heuchler tritt zu ihm und spricht
Darstu eins Freunds/ kom her zu mir
Gut-Freundschaft will ich leisten dir/
Du bist ein feiner junger Mann/
All dein Geberd steht dir wohl an
Zu dir versich ich mich alls guts
Du hast die Ehr und ich den Nutz
Der Jüngling
So du meinr Freundschafft thust begern
Ist noth dich vorhin zu bewern/
Wie Plutarchus uns rahten thut
Solt ich mein Leib/ Ehr und mein Gut/
In Glück und Unglück dir vertrauen
Ist Noth mich wohl vor umzuschauen
Was du führest in deinem Schilt
Der Heuchler.
Wenn du mich gleich probiren wilt/
Findstu mich eim freundlichen Knecht
Auf alle Sättl bin ich gerecht/
Sag/ womit wiltu mich probiren
Der Jüngling
Da will ich mit dir conversiren,
Ob du auch seyst meines Gemüts
Hertzens/ Willens, Seel und Geblüts
Gleichheit der Gmüht macht Freundschafft gut

Wie

eines Atheistischen Gelehrten.

Wie Cicero beweisen thut/
Drum will ich mich vor unterreden
Ob ein Will sey unter uns beeden;
Erstlich wiß mich ein jeden Mann

Der Heuchler
O ich sach auch viel Hader an/
Kan nitüberhören noch übersehen
Kein Mann soll sich hie lassen schmehen;
Es hält sonst niemand nichts von ihm

Der Jüngling
Wiß/ daß ich auch hoffärtig bin
Und geh gar gern sauber und rein

Der Heuchler
O ich mag auch kein Sau nicht sein/
Wie sich einer hält so hält man auch.

Der Jüngling
Allzeit voll sein ist auch mein Brauch.

Der Heuchler
So wiß/ ich bin auch selten ler
Was meinst/was menschlich Leben wer/
Wenn man nit hett ein guten Mut
Wer weiß/wie lang es weren thut,
Welchm Teuffel wolten wir denn spahren

Der Jüngling
Darzu hab ich bey meinen Jahren
Gehalten geren Gasterey

Der Heuchler
Weiß nit/ wie es so thierisch sey/
Wer köstlich Wein/ Wildprät und Fisch
Allein thut essen an seinem Tisch/
Und nit fremde Gäste darzu/
Wie Seneca das sagen thu/
Darum weil dus noch wol vermagst,
Ob du gleich etwas darauf wagst;
Und bist deim Freund kostfrey und milt,
So du in Freundschafft mehren wilt/
Du kanst mir gar nichts mit verder-
ben

Der Jüngling
Lieber es thut mich auch anerben/
Daß ich allzeit hab Buhlschaft trieben

Der Heuchler
Kein Ding auf Erden thut mir baß lieben
Denn schön Frauen und Buhlerey
Was meinst/das sonst für Freuden sey,
Nimbs an/ dieweil du kanst und magst

Der Jüngling
Ey lieber ists wahr wie du sagst?
Mir lieben auch Würflen und Karten

Der Heuchler
O der thu ich fleißig aufwarten/
Wagen gewint/ wagen verleust

Der Jüngling
Höre etliche Ding /das mich verdreust
Ich kum gar in kein Kirchen nit.

Der Heuchler
Es ist mir auch nit wohl darmit
Man gibt gar übel drein zu essen

Der Jüngling
Auch so hat mich der Neid besessen/
Auf meinen Schwager Seboldt

Der Heuchler
Ich bin ihm wahrlich auch nit holdt/
Hab nie kein gut Hertz zu ihm ghabt

Der Jüngling
Ich hab ein Kauffmann nun er-
schnapt
Umb hundert Gulden in eim Kauff.

Der Heuchler
Du bist geschickt zu der Welt Lauff
Wann! ich aber dölpisch und bäurisch.

Der Jüngling
Hör zu ich bin auch abentheurisch,
Schimpflich und schwenckisch/treib gut
Possen

Man

Man lacht mein oft/ daß man möchte
    hoßen
Wo ich hab mit den Leuten zschaffen.
Der Heuchler
O ich bin gar gleich eim Affen/
Alls was ich sich das treib ich auch
Gar kurtzweilig ist all mein Brauch
Ich mag nicht seyn einander Hutz.
Der Jüngling
Ich merck/du bist fast meines Bluts/
Und gleichst mir fast in allen Sachen
Ich will gleich Freundschafft mit dir ma-
    chen
Du must zu Nacht heut mit mir essen
  Der Heuchler beut ihm die Hand
    und spricht
Mein Freund das will ich nit vergessen/
Dir dienen/ wo ich mag und kan
Du findst an mir ein rechten Mann
Der/ dir kein Raiß zu dier. abschlägt
Der Jüngling
Mein Freund geh heiß Fohren und Hecht/
Bereiten in meim Hauß auffs best
Auff dich und andre ehrlich Gäst/
Unser Freundschafft zu eim Anfang
  Der Heuchler gehet ab und spricht
Das ist ein frewdenreicher Gang.
  Der alt wahr Freund beut dem Jüng-
    ling die Hand und spricht
Mein guter Freund GOtt grüß dich heint
Dein Gestalt gar freudenreich erscheint.
Der Jüngling
O Amice freu dich mit mir
Groß Freud hab ich zu sagen dir
Denn ich hab gar in kurtzen Stunden/
Ein rechten wahren Freund gefunden/
Den ich mir gar hab außerwehlt,
All mein Heimlichkeit ihm erzehlt,
Thun und Lassen Schimpf und Schertzens

So ist er gantz meins Gmüth und Her-
    tzens/
Alls/ was ich will/ das will er auch
Er ist mir nit ernstlich und rauch/
Dabey kenn ich sein wahre Treu.
Amice der wahre Freund
Des deinen Freunden ich mich freu/
Ein Freund ist li.blich allezeit/
Des Salamon uns Uhrkund geit.
Ey lieber hast ihn schon bewert?
Der Jüngling
Er thut alles/ was mein Hertz begehrt
Amice der alt wahr Freund
Das ist nit gnug zu aller zeit/
Allein in Wiederwertigkeit,
So wird ein wahrer Freund erkennt/
Wie Mamertes das klahr benennt/
Deßhalb hab selber acht dabey
Daß nit etwan ein Heuchler sey,
Der sich in wahrer Freundschafft dein
So tückisch zu dir schleichet ein/
Mit schönen, hellen, glatten Worten/
Mit Augendienst an allen Orten/
Mit viel verheissn gantz unterthänig
Des Red ist wie vergifftes Honig/
Er gönt und thut dir gar kein guts
Allein sucht er sein eigen Nutz/
Wie er füll seinen Bauch und Säckel
Sein Schmeichelwort sind nur ein Deckel
Verborgner Schalckheit damit erlangt
Dich hinterschleicht faht und betrangt
Der Jüngling
O Freund der Ding fürcht ich gar keins
Wir sind von Hertzen so gar eins
Ich wolt daß du ihn höhrst und sechst
Aber dich selbst mit ihm besprechst/
Du wirst vernehmen kurtzer Zeit/
Sein freundliche Holdseligkeit/

                    Wie

Wie er ist gar ohn alle Gallen
Ich weiß/ er wird dir auch gefallen.
    AMICE der alt Freund
Das ist kein Freund/ das merck ich
    schlecht/
Der seim Freund alles gibet recht
Es sey gleich böse oder gut/
Wie Plutarchus beweisen thut/
Ein Freund thut sich holdseelig machen
In rechten und ehrlichen Sachen/
Wo aber sein Freund unrecht thut/
So straft er ihn mit Worten gut/
Das ist der wahren Freundschafft Ahrt
    Der Jüngling
Amice du bist allzuhart,
Du hast mich offt vexiret hie
Was ich je thät gefiel dir nie/
Du bist mir nie recht freundlich worn
    AMICE der alt Freund
O Freund wie hast so zarte Ohren/
Die keine Straff nit dulden mügen
Dich freuen Schmeicheler und Lü-
    gen/
Gwiß ist dein wahrer Freund ein Heuchler/
Schleichler/ Liebkoser und ein Meuchler/
Ich möchte ihn wol hören und sehen
    Der Jüngling
Ja Amice das soll geschehen/
Schau jetzund geht er gleich daher
Hört weiter/ wie ich ihn bewehr/
Mein Miser Lux woher so spat?
    Der Heuchler
Ich komb herüber aus der Stadt/
Und hätt mich schier mit eim geschlagen
Der dir thät etlich Ding nachsagen/
Die doch alle erlogen warn
    Der Jüngling
Mein Miser Lux ich hab vor Jahrn

Mit ihm ein Vertrag aufgericht
Verwart mit Brief und Aides Pflicht/
Des ich jetzt grossen Nachtheil hab/
Wolt gern es wer wieder ab/
Rath wie mich der Ding mög fristen
    Der Heuchler
Such dir ein schalckhaffting Juri-
    sten
Der all faule Handlung annem/
Und sich gar keiner Lügen schem,
Der dreht der Sachen wohl ein Nasen/
Thut jener Theil ins Recht sich lassen
So bstich sein Part und Advocaten/
Mit etlich Thalern und Ducaten/
Die machen denn durch List und Renck
Dem Wiedertheil so viel Einkleng
Daß er die Sach vertheiding lat
    Der Jüngling
Amice wie gefält dir der Raht
    AMICE der alt Freund
Gar nichts/ als was du gwiß verheist
Daſſelb ohn alle Auszug leist
Wilt anders seyn ein Biedermann
    Der Jüngling
Mein Miser Lux mich ficht auch an/
Ich hab ein Part/ die vor Gericht
Umb 1000. Gülden mich anspricht/
Und wenn ich nur zwey Zeugen hätt,
Daß ich sie überzeugen thet/
So würd ich frey/ quitt/ loß gesprochen.
    Der Heuchler.
O lieber Freund laß mich nur kochen/
Sag mir nur was ich zeugen soll.
    Der Jüngling
Hätt ich noch ein/ so bstünd ich wohl/
Amice hilf mich machen quit.
    AMICE der alt Freund
O Freund das thu ich wahrlich nit
                          Solt

Solt ich ein falsches Zeugniß geben/
Dein Schalckheit nur zu schützen
  eben/
Das wolt Pericles auch nit than
Ein waren Freund solt an mir han/
Doch ohn Verletzung meiner Ehr
Der Jüngling
Mein Miser Lux raht mir noch mehr;
Ich hab ein Dörflein zu verwalten/
Wie soll ichs mit den Bauren halten
Soll ich seyn gütig oder wütig
Denn sie sind grob und wanckelmütig.
Rath welches Theils soll ich mich brauchen
Der Heuchler
O thu sie ernstlich niederstauchen
Und straf sie streng und härtiglich
So habn sie alle Sorg auf dich.
Denn welcher Herr zu gmein sich macht
Wird von sein Unterthan veracht
Darumb mit ihn nur scharff und rauch.
Der Jüngling
Amice gfält der Rath dir auch?
AMICE der alt Freund
O nein den deinen Unterthanen
Stell dich nit gleich einem Tyrannen
Wen vil förchten/ spricht Seneca
Und auch Franciscus Petrarcha,
Derselbig muß auch förchten vil
Darob verblättert wird das Spil
Das Volck wird aufrürisch und wütig/
Darumb halt dich gnädig und gütig.
Wie Nerva und Adrianus
Keyser Antonius Pius
So wird die Gmein zu dir begirig
Und wird dein Herschaft gantz langwirig.
Als Tullius der weiß beschreibt.
Der Jüngling
Mein Miser Lux noch eins mich treibt

Ich hab ein Feind/ der mich veracht.
Der Heuchler
Mein Freund so gebrauch dein Gwalt
  und Macht
Hastu doch Volcks und Gelts genug
So bistu auch geschickt und klug
Zu führen einen tapfren Krieg
Denn gwinst mit grosser Ehr den Sieg
Wie Cyrus, Xerxes und all ander
Pyrrus und der groß Alexander
Doch laß mich pfennigmeister seyn
Der Jüngling
Amice was redstu darein
AMICE der alt Freund
O Freund den Fried dir auserwehl
Durch Mittel-Weg den Krieg abstel
Krieg hat zerstreuet grosse Stett
Die der Fried auferbauen thet
Wie Troja, Saguntus vor Jahren
Rom und Carthago hat erfahren/
Wo der Fried ist / da wohnet GOtt
Im Krieg wohnt der Teuffel und Todt/
Gfängnuß/ Brant, Mord und Rauberey
Zerrüttung guter Policey/
Wo aber kein Fried helfen will
So wehr dich des Feindes Muhtwill
Zu dir setz ich hier Gut und Leben.
Der Jüngling
O *Miser Lux* thu mir Rath geben/
Daß ich groß Schätze überkum
Der Heuchler
Das ist leicht: summa summarum,
Betrug/ practic, Vortheil und List/
Zum reich werden am besten ist
Wiltu überkommen Fürstlich Schätz/
So mach viel Neurung/ und Auf-
  sätz,
Schlag auf all Wahr Ungelt u. Zoll/
  Dar.

eines Atheistischen Gelehrten.

Darzu kan ich dir helffen wol.
Jedoch laß mich Schatzmeister seyn/
Ich weiß die Finantz groß und klein/
Wie man die Sach verblümen thu
      Der Jüngling
Amice was räthstu dazu
      Der AMICE
Ich rath/ halt ein ehrlichen Wandel/
Sey from/ treu/ wahrhaft in deim Handel
Und laß auch dein Volck unbeschwert
So wirstu ihm gar lieb und wehrt/
Als Severus und Trajanus
Wie auch Constantinus Clorus
Die liebten gar kein neu Auffätz
Sondern hielten für ihre Schätz/
Des Volckes Freundschafft / Lieb und
      Trew
Meinst nit, das sey ein starck Gebäw,
In Krieg und Wiederwärtigkeit
      Der Jüngling
Miser Lux es ist grosse Zeit
Zum Nachtmahl ich will voran gan
Das Nachtmahl heissen richtn an
Kom bald hernach ich geh zu Hauß
      Der Jüngling gehet ab
      Der Heuchler
Glück zu ich kan nit bleiben aus/
Will gleich auf der Fart nach hin kummen
Der Magen hebt mir an zu brummen.
    Der Heuchler kehrt sich zu Amice
Hör Amice du bist nicht ertig
Du bist deim Freund zu wiederwertig/
Du bist ein rechter Wenden Schimpf
Du kanst auch weder Schertz noch Glimpf
Du bist zu ernstlich streng und rauch
Weist nit itzund der Freundschaft Brauch?
Was dein Freund lobt/ das lob auch mit
Es sey gleich Lobs wehrt oder nit/
Und was er schendt das thu auch schenden/
Dein Mantel nach dem Wind thu wenden
Und was er will/ das thu auch wollen/
Traurt er/ so thu dich traurig stellen/
Lacht er/ so thu auch mit ihm lachen
Zürnt er/ so zürn in allen Sachen/
Freurt ihn/ so thu ihm bald Hände blasen/
Stinckt ihn was an/ so rümpf die Nasen,
Singt er/ so soltu auch mit singen/
Tantzt er/ so soltu vorhin springen/
Wenn er schnupfft/ so soltu gar weinen/
Aller Ding dich mit ihm vereinen
Denn wirst für ein Freund angenum-
      men
Möchst zu Gwalt / Ehr und Reich-
      thum kummen
Und bist bey grossen Herrn wehrt.
      AMICE
Welch Mann eins wahren Freunds be-
      gehrt
In Tugend und in Redlichkeit/
In rechter Treu zu aller Zeit/
Bleibt sein Hertz und Gemüht vereint
Derselb ist allen Heuchlern feint
Die also umb ihn Feder klauben/
Mit Schmeichlerey ihn thun berauben,
Und kühlen ihm die seine Ohren
Machen ihn gar zu einen Thorn.
Wenn bald ihn überfalt ein Noth
Gehn der Heuchler achtzg auf ein Loth,
Und ziehen fein ab vor dem Garn
Wie mann den täglich thut erfahrn
Der Heuchler arglistige Tück.
      Der Heuchler
Eben das ist mein Meisterstück
Daß ich hang einem Freunde an
So lang ich sein geniessen kan/
Bald sich das Unglück zu ihm wendt

XXIV. H. Elender Zustand

So hat mein Freundschafft auch ein End.
So tracht ich darnach zu eim andern.
Ich will gehn zu dem Nachtmahl wan-
dern/
Da ich will gute Bißlein finnen/
Du kanst dir kaum Brods gnug gwinnen
Mit deinr Freundschafft du bist veracht
Alde/ Alde/ zu guter Nacht.

   Der Heuchler gehet ab
   AMICE der alt beschleust

Ihr Herrn hie mügt ihr mercken bey
Wie seltsahm die wahr Freundschafft sey
Zu dieser Zeit in allen Ständen
In geistlich weltlich Regimenten
Da ist Heuchlerey so gemein
Ein jeder will der förderst seyn/
Daß er dem Herren die Ohren melck.
Durch diese heuchlerische Schelck
Die Obrigkeit offt wird verhetzt/
Zu einer Sach/ darob zuletzt/
Komt Land und Leut in Noth und Angst/

Drum hat Diogenes vor langst/
Den Heuchler schnöd vergleichet schier
Auf Erden dem schädlichstem Thier.
Nicosias der nennt sie Mucken
Die eim sein Gut und Blut verschlucken/
Antistenes wolt lieber haben,
Daß er zu Theil hle würd den Raben/
Dann den Heuchlern in seinem Leben
Derhalb auch solche Heuchler eben/
Keyser Severus Alexander
Von seinem Hoff trieb alle sander/
Daß er nicht würd von ihn verführt,
Und groß Unkost er sparhen würd.
Hiebey so nehm ein ieder ab/
Was er selber für Freunde hab/
Und treib von ihm all Heuchler aus
Behalt die Freund in seinem Hauß,
Durch welch sein Gut und Ehr ihm wachs
Wünscht euch mit guter Nacht Hanß
       Sachs.

   Die Personen in das Spiel
  1. Der Heuchler mit den Fuchsschwäntzen.
  2. Der Jüngling fein wohl gekleidet.
  3. Amice der alt Freund bartet und alt bekleidet.

Noch eine   §. LVII. An statt der von dem Herrn Prætendenten gegen das En-
kleine Er- de seiner Gegenschrifft angehengten captationis benevolentiæ, will ich zum
innerung. Beschluß noch eine kleine Errinnerung an selbigen hier anfügen/ daß/ weil
ihm unvergessen seyn wird, wie er einer von denen ältesten bey unser Facultät
examinirten Candidatis Juris gewesen; er dannenhero um so viel eher mit
der an uns überschickten anzüglichen Gegenschrift hätte an sich halten sollen;
ie mehr sonst die Regeln einer honneten ambition (die er seine herrschende
passion zu seyn/ die Leute par-force bereden will) ihm solches würden ge-
rathen haben, wenn er derselben hätte Gehör geben wollen. Zu geschwei-
gen/ daß/ wie allbereit oben gedacht worden/ kein vernünfftiger Mensch
wird begreiffen können/ zu was für einen raisonablen Zweck diese Gegenschrifft hätte dienen sollen.   Jedoch ist nichts so wunderlich und wieder
                           die

eines Atheistischen Gelehrten.

die gesunde Vernunfft/ das nicht zuweilen auch von sonst listigen Leuten zu geschehen pfleget. Es haben mich gute Freunde gewiß versichern wollen/ daß der Herr Prætendent gegen andre seine gute Freunde gemeldet haben solle; er hätte sich befahret/ daß unser ihm gegebenes Responsum von uns nicht heimlich gehalten/ sondern andern communicirt, und also etwan zu seinen præjudiz kund werden würde. Dannenhero hätte er für nöthig gehalten/ durch diese Gegenschrifft (wie seine expression gewesen seyn soll) einen Trumpff drauff zu setzen/ welche uns antreiben solte/ unser Responsum zu cachiren/ damit wir nicht genöthiget würden / zugleich auch die Gegenschrifft zu weisen/ als welche uns keine Ehre bringen würde. Ja er soll unser Responsum zwar seinen Freunden gewiesen / aber ihnen wenige Zeit gelassen haben/ solches mit Bedacht zu durchlesen; wegen der Gegenschrifft aber soll er nicht allein sich öffters gerühmet haben/ daß er gewiß wüste/ daß mich dieselbe treflich in die Nase gebissen hätte/ und daß ich sie gewiß nicht würde an das Fenster stecken; sondern auch unterschiedenen die Copey davon mit nach Hause gegeben/ und ihnen mithin vergönnet/ oder Gelegenheit gegeben haben/ solche abzucopiren. Gleichwie aber aus alle dem, was bishero gemeldet worden/ sattsam zu sehen / daß des Herrn Quærenten oder Prætendenten seine prætensiones alle zwar in seinem Kopffe richtig oder unstreitig sind/ aber bey andern Leuten in einen gantz andern Credite stehen; also ist es auch mit dieser seiner intention und klugen Erfindung beschaffen; inmassen diese publication ausweiset/ daß ich des Herrn Prætendentens Trumpff für nicht allzuwichtig gehalten/ und seine Gegenschrifft nun iederman/ dem es beliebet/ zu lesen gebe/ in der gewissen Zuversicht/ daß selbige meiner renommée weder Abbruch thun/ noch einen Zusatz geben werde.

§. LVIII. Indem ich bey dem Druck dieser Juristischen Händel die gedruckten Bogen übersehe/ werde ich gewahr / daß der Herr Quærente auch; in seinen ersten uns zugeschickten/ und oben §. 36. mit beygedruckten Poemate, eben so einen Schnitzer gemacht/ als ich aus dem andern oben §. 49. angemercket/ wo er nicht etwa noch gar grösser ist. Er spricht in 11. Gesetze:

Noch ein merckwürdig Exempel von des Herrn Prætendenten fauler Minerva

Beckeri Zauber-Welt/ was Hobbes uns geschrieben
 Ist für unächtes Gut/ und falsche Waar geschätzt.
Des Tolands Wercke sind nicht ung strafft geblieben:
 Und in das schwartze Buch der INQUISITION gesetzt.

Das Wort *Inquisition* hat hier eben so wie oben das Wort *Souverainität* ein paar Sylben zu viel / und wie die Verheissungs-Verwandlung

SOU-

SOUVRAINTÆT, nicht einmahl von denen Meister-Sängern zu Nürnberg würde passirt werden; so dürffte es vermuthlich/ mit der verbissenen INQUSITZON noch schwerer her gehen. Jedoch will ich dem Herrn Prætendenten nicht alle Hoffnung abschneiden. Vielleicht kann er da zu Nürnberg in diesen Punct eher ein Responsum favorabile erhalten/ als von unserer Facultät in der Hauptsache. Welches letzte mir zwar von Hertzen leyd ist/ iedoch nicht wegen meiner und noch weniger wegen unserer Facultät/ sondern wegen des Herrn Quærenten/ daß er einen einigen von unsern corpore dergleichen Thorheit zu trauen dörffen oder sich dessen bereden mögen. DIXI.

Johann Konrad Arnold
Universalista in theologia naturali planeta
1719

UNIVERSALISTA
IN
THEOLOGIA NATURALI
PLANETA,
FIDE VANUS, CULTU PROFANUS,
Cujus
MEDITATIONES,
DE
DEO, MUNDO, HOMINE.
SCRUTINIO LOGICO-THEOLOGICO
EXPENSAS,
Sub
PRÆSIDIO
DN. IO. CONRADI ARNOLDI,
Philos. & SS. Theol. Doct. Primæ vero & Rationalis Philosophiæ Prof. P. Ord.
SOLENNI DISQUISITIONI ACADEMICÆ
PORRO EXAMINANDAS
proponit,
IOAN. MICHAEL CASPARI,
Roda-Durlacensis, SS. Th. Cult.
ad d. *Julii A. O. R.* MDCCXIX.
Loco Horisque solitis.

GISSÆ,
LITTERIS JOHANNIS MULLERI.

SERENISSIMO PRINCIPI
ac DOMINO,
DOMINO
CAROLO
WILHELMO,
MARCHIONI BADENSI & HOCHBERGENSI, LAND-GRAVIO SAUSENBERGÆ,
COMITI IN SPONHEIM & EBERSTEIN, DO-MINO IN ROETELN, BADENWEILER, LAHR & MAHLBERG, RELIQUA.

S. ROMANÆ CÆSAREÆ, & REGIÆ CATHOLICÆ MAJESTA-TIS, UT & CIRCULI SUEVICI, CAMPI MARE-SCHALLO GENERALI & SUMMO REI TOR-MENTARIÆ PRÆFECTO, NEC NON LEGIONIS PEDESTRIS CÆSAREÆ CHILIARCHÆ.

PRINCIPI PIO, FELICI,
INCLYTO,
PATRIÆ PATRI PROVIDENTISSIMO,
PRINCIPI ac DOMINO SUO
LONGE CLEMENTISSIMO,
Hanc Dissertationem Academicam,
cum voto Principibus dignæ & exoptatæ
prosperitatis, in primis Familiæ florentis, totiusque Do-
mus Augustæ infinitæ felicitatis,
Submissum in modum offert, dicat, atque consecrat,
Studiaque sua ulteriori Ipsius Gratiæ
humillime commendat,

SERENITATI SUÆ

Subjectissimus

JO. MICHAEL CASPARI,
Roda-Durlacensis.

PRÆFATIO PRÆSIDIS.

Ovarum opinionum ferax omnis quidem fuit ætas, nostram tamen earum feraciorem esse, tot prodigiosi ingeniorum curiosorum partus ostendunt. Libertatis sentiendi & scribendi præjudicium, fœcunda est omnium genitrix: cujus excusatior foret conatus, si sphæram rerum naturalium non transiliret, nec proterve in arcanos sacrorum mysteriorum aditus irrumperet, qui simplicitati credentis solum patent, non curiositati inquirentis. Verum utilitati voluptatique suæ semper imminens Voluntas humana, sanctitatem revelationis despiciens, cultus ab ea præscriptos, vel nimis operosos, vel minus necessarios judicat, hinc tenebras rationis cum luce revelationis conciliatura, modo soli Amori naturali in salutis negotio confidit, contra Joh. 17, 3. 1. Joh. 2, 23. *modo insufficientiam illius experta & fidei sublimitatem exosa, in Libertinismi præcipitium delabitur. Huic affines sunt, quæ prodierunt superioris anni Nundinis Autumnalibus, Tenebrionis cujusdam* MEDITATIONES PHILOSOPHICÆ, DE DEO: MUNDO: HOMINE. *Hæ paucis quidem pagellis, trium plagularum in 8. Religionem præferunt, sed multum profanæ mentis & impietatis in recessu fovent; siquidem* Punctationes tantum *se proponere asserit, &* Medios Terminos Conclusionum, *insigni Laconismi studio occultarum, quas & elucidatione & deductione indigere fatetur, probaturus porro Eas Rationibus, illustraturus Testimoniis & Exemplis. An ipse hoc officio defungi, vel Hyperaspisten Meditatoris nostri agere velit, Novellus quidam, nuperrime surgens, novellæ etiam, id est* Eclecticæ Veritatis Studiosus, in Quæstionibus & dubiis de Religione, in Universo Mundi Theatro, ad examinandum propositis, *haud adeo liquet: quamvis & ipsæ Hujus propositiones, uti pari paginarum numero constant, & eodem, cum dictionis, tum scriptionis, genere, idem argumentum tractant,*

tractant, sic unum eundemque & Meditationum & Quæstionum esse Auctorem haud obscure prodant. Has cum perlegere Nobis contigisset, cum jam ultimam manum dissertationi huic describendæ Typographus admovisset, Novis quibusdam additionibus, jam dicta augere prohibiti sumus; quibus nec indigent: quippe præcipua ejus momenta Stricturis hisce sunt notata, unde Lector facile intelliget, & Istum in eodem Theologiæ Naturalis argumento, magnam ludere operam; in hoc quidem sanctior visus ipso Universalista, quod Scripturam S. in firmando Assertionum suarum fundamento non repudiet; uti vero ἀςηρίκτοις *istiusmodi hominibus proprium est,* ςρεβλᾶν τὰς γραφὰς, πρὸς ἰδίαν αὐτῶν ἀπώλειαν. *2. Pet. III, 16. Sic nec veretur, sanctissimis Christi & Pauli exemplis, (quando Ille Publicanorum & Pharisæorum commercio immixtus, hic vero omnia factus omnibus legitur,) turpissime abuti, & patrocinari profano irreligiosæ mentis suæ huic præjudicio:* In externa Religionis Professione, Homine Politico, etiam Christiano, non indignum esse, utilitatis suæ promovendæ causa, cujusvis Religionis, quia omnes sint Rationales, habitum induere & cujusvis Gentis genio & ingenio, saltim quoad externum cultus divini exercitium, solicite se accommodare, cum Christianis Christiane, cum Turcis Turcice, cum Judæis Judaice, cum Gentilibus Gentiliter vivere & sentire: *quo pacto* Uterque *divinis æque ac humanis sacris insultans, Horatianum ingenium, Aulicæ Imperatoris Augusti Libertati serviens, & secutus, & Parasiti illius Terentiani,* Eunuch. II, 2. *mores gestusque æmulatus,* σοφὸν φάρμακον *& sibi & aliis, conscientiæ laxioris hominibus, illinere, ac frequentiores hucusque a vera fide Apostasias, Ventris causa susceptas, exculpare conatur. Quis autem ille, vel Meditationum priorum, vel eas vindicantium Quæstionum Dubiorumque, verus Auctor sit, nolumus, vel ex fama divinando, conjicere, vel ex latebris eruere nomen, quod ipse latere maluit, dum novo novæ sectæ charactere,* Universalistam, *id est,* Universalis, *vel, ut* Defensor *ejus ait,* Naturalis Religionis Professorem, *se appellat, sicque*

sicque priscos, maxime injuria temporum ortos, Sectarum & Haeresium in Ista titulos auget, ut nunc Papistis, Calvinistis, Deistis, Pietistis, Indifferentistis, Separatistis, Quomodistis, Quietistis, suo merito praeferri velint Naturalistæ & Universalistæ. Qua vero ratione, & Universalista, & ejus Apologeta, jus omne abrumpat, instar Stellæ Planetæ, per Theologiam, Politicam, Physicam, Medicinam, vagetur, ex Libertinismo philosophandi, sentiendi quoque & credendi in divinis Licentiam moliatur, tandemque vitam, brutorum more, voluntatis appetitus sequentem, & excusso etiam omni Divinitatis sensu, sine Rege, sine Lege, sine Grege, licentiose agentem, intendat, id & Theses ipsius, & earum Medii Termini, arguunt: qui, licet ingens in Ratione & Sensibus praesidium quaerant, robore tamen infirmo, imo plane nullo constare, vel tenue examen Logicum ostendet: unde cum Meditationum illarum legendi copia nobis ab Amico fieret, eo fere temporis Articulo, quo Metaphysica nostra Cursus ad Theologiam Naturalem, tum publicis, tum privatis Lectionibus illustrandam, Nos deferret, omnino necesse erat, ut de illorum Mediorum Terminorum, tum imbecillitate, tum de Meditationum ipsarum profanitate, monerentur Auditores Nostri, ex quibus Nobilissimus ac Praecellens DN. JOH. MICHAEL CASPARI, Roda-Durlacensis, consultum duxit Observationes quasdam, in ordinem Exercitationis Academicæ collectas, publicæ disquisitioni exponere, & sic Meditationibus, quas parat, gravioribus Theologicis, Stricturas hasce Logico-Theologicas, praemittere; quae Ipsius studia, Jenæ feliciter cœpta, & Gissæ laudabiliter continuata, ut Supremum Numen prospero & exoptato successu secundet, merito precamur. Ipsas vero Universalistæ Meditationes per Nos in lucem proferri, forte indignabuntur Nonnulli, cum scandalosæ sint, noxiæ & periculosæ; ideoque æternis potius tenebris abscondendæ & obliterandæ. Sicuti provida quoque pro pietate & vitæ sanctimonia, Magistratus Francofurtensis cura, solenni Confiscationis edicto, distrahendi eas facultatem cohibuit, cui tamen Confiscationi, dictus

Apo-

Apologeta, *Thesium suarum prima, illudit*, & *ex ea martyrii literarii gloriam, lucrari se posse, vane jactat*. *Sed desinant irasci: quamvis enim non exiguam Iste ineat gratiam*, *apud Statistica & Magna Religionis Professores*, *haud tamen constantem eam esse, sed suo se gladio jugulantem*, *& Sensus & Ratio docebunt*: *nec tam occultando aut fugiendo, errores vitantur, quam convellendo*; *istud nimio quoque honoris praejudicio eos dignaretur, ut tutius serpendo vulgentur*. *Spectrum crescit imaginationi perterrefacta, ex quo dorsum ei verteris*; *verum si fixis intuearis oculis, non nisi umbram videbis & horroris te tui pudebit*. *Idem continget, Universalista hujus Meditationes penitius inspicienti*: *Quamvis enim magno conatu, praecipitique audacia S. Scripturae fundamenta labefactare*; *Rationis vero ac sensuum veritati, profanis Sophismatibus, subsidium parare studeat: procul dubio etiam consentientes plurimos Sectatores reperiat*; *haud tamen est, cur de parta istorum victoria sibi gratuletur*: *quippe ejusmodi sortis erunt homines, qui Veritatem Religionis sanctae exosi, & deliciis inhiantes, parati jam erant ad faciendam sui deditionem, sine justo etiam, vel praesentium, vel futurorum, examine instituto, hinc sub praetextu Rationis, prono impetu in Libertinismum &, qui pejor est illo, Atheismum, una cum Ductore suo, secure proruunt, Cui omnino vovemus, ne Libertatis sentiendi praejudicio abreptus, in praecipitium damnationis aeternae proruat*; *sed ut extricet se illis, quibus irretitur, vanarum opinionum, laqueis, dumque in colluvie tepidorum*, die da Lau sind / Apoc. III. 16. *adhuc colluctatur, caveat, ne ex ore fidelis & veri Testis evomatur,*

Illumina

Illumina Nos Luce Tua cœlesti,
DOMINE.

TRiplex Universalista noster Meditationum suarum Philosophicarum posuit Objectum : DEUM : MUNDUM : HOMINEM, quod res Divinas appellat & Humanas, de quibus libere philosophaturus, quatuor potissimum capitibus Theses suas complectitur, eorum Primo exhibentur *Theologico-Physica* : Secundo, *Physica:* Tertio, *Physico-Medica* : Quarto, *Ethico Politico-Juridica.* Multa sane magno fert hic promissor hiatu! Universalista dum est Philosophus iste, universas quoque humanæ eruditionis disciplinas in nuce exhibere voluit, nucleo tamen vel nullo, vel saltim acerbo, & carie malignarum cupiditatum corrupto. Ad Physicum, Medicum, Ethico-Politico-Juridicum quæ spectant forum, ea aliis excutienda relinquimus, contenti perstrinxisse, quæ Theologicis immixta, ex ratione naturali Deum & Cultum Deo præstandum respiciunt, cui fundamento cetera Physicorum, Medicorum, Juridicorum axiomata innixa, ejus vel firmitate constabunt, vel debilitate corruent. Ad duo igitur præcipua reducemus cogitationes nostras momenta, quorum *prius de Deo*, *posterius de Religioso Dei Cultu*, Meditationes Nostri perstringet, argumentis quidem paucissimis, certissimis tamen, faxit Deus! & salutaribus.

A SECTIO

SECTIO I.
DE DEI EXISTENTIA & ESSENTIA.

§. I.

DEUS EST : DEUS EXISTIT. Prima hæc est Meditationum Theologico-Physicarum. Medium Terminum addit : *Utrumque me & omnes sensus docent & Ratio.* subnectit conclusionem : *Atheismus hinc nullus. Atheæ Nationes nullæ. Athei Homines nulli.* Satis vere hæc omnia, si satis bene : æternæ enim & immotæ veritatis assertum est : *Esse Deum : Existere Deum* : quod negare, est humanitatis sensum sanæque rationis usum exuisse, quod cordate fatetur Avicenna : *Quicunque Deum, aut Numen non agnoscit, non tantum ratione caret, sed & sensu*, ideo Ciceronis sententia : Nemo omnium est tam immanis, cujus mentem non imbuerit Deorum opinio ; quod testimonium exponit *L. 1. de Leg. qui etiamsi ignoret, qualem Deum habere deceat, tamen habendum sciat ;* quantacunque igitur vel ferocia mentes, vel malitia vitam ab honestate remotam, occuparit, *nullum tamen est genus hominum,* affirmat *Maximus Tyrius,* Philosophus Platonicus, *Dissert. 38. neque barbarum, neque græcum, sive in mari, sive in continente vivat, quod non aliqua CULTUS DIVINI signa erigat.*

§. II. Medius Terminus probandæ Dei existentiæ ponitur : *Sensus & Ratio.* Sensuum experimenta proferuntur *Th. V. Oculus Deum videt. Auris audit. Nasus olfacit. Lingua gustat. Manus tangit. En testes infallibiles & omni exceptione majores.* Evidentia medii hujus termini ab integritate sensus & rationis dependet. Quid vero, si sensus nos falleret ? sæpius fefellisse, docet experientia. Si in rebus, in sensus incurrentibus, pronus est sensuum error, quanto pronior in rebus, à sensibus in infinitum remotis ; nisi Deum materiatum statuas : nec oculus videbit, nec auris audiet, nec nasus

nasus olfaciet, nec lingua gustabit. Qualis istorum Deus, quorum organa sensualia sunt corrupta? nullane ipsis Dei notitia, nullus Deus erit, quem sentire nequeunt? materiatum enim Deum facit, *Thes. X. Circulus est hoc universum : Punctum Deus.* Deus pars est & centrum circuli; centrum ideo materiatum, quia talis est circulus : nec pars alius est naturæ , quam totum, quorum essentia & prædicata sunt ejusdem naturæ. At vero sensus improprie, vel analogice tantum, sentire Deum dicuntur : concedo. E. evidens non est medius terminus probandi existentiam Dei : nec sensus testis est omni exceptione major; E. improprie tantum Deus est, quem sensibus percipimus: modus prædicandi semper sequitur modum essendi. Veruntamen ex sensuum testimonio ratio convicta, colligit Entis infiniti Existentiam! assentior, & idem arguit contra Athenienses Act. XVII. 27. Paulus, Gentium Athearum Apostolus; quid vero excipiunt isti Philosophi, Epicurei, Stoici? Ξενῶν δαιμονίων δοκεῖ καταγγελεὺς εἶναι, peregrinorum Deorum prædicator esse videbatur : ex omni sensuum judicio manserat ipsis Θεὸς ἄγνωσος, *Deus ignotus. v. 27.* quod si audivissent prædicantem nostrum Universalistam, *Cap. II. Th. V. Mundus est ex Deo: per Creationem, non ex nihilo : sed ex infinito Ente præ & coexistente :* repudiassent quidem Epicuri sententiam : ex atomis fortuito coaluisse mundum ; Aristoteli tamen doctori credidissent : mundum esse ab æterno : imo ex Stoica disciplina asseruissent, mundum fatali necessitate constare, eumque pro Deo habendum. Hunc esse τὸ πᾶν *Universum*, didicerant Stoici ex prisca Chaldæorum Schola , quæ præceptore Zoroastre, omnes res ex essentia Dei fluxisse, sic & partes Dei esse, variis loquendi rationibus prodidit : docent hoc quæ ex oraculis, Zoroastri vulgo tributis, circumferuntur hi versus:

  Καὶ πηγὴ πηγῶν, καὶ πηγῶν πέρας ἁπασῶν,
  Μήτρα συνέχουσα τὰ πάντα.
  Ἔνθεν ἄρδην γένεσις πολυποικίλη ὕλης.

A 2   Et

Et fons fontium, *& fontium terminus omnium*, *Matrix continens omnia; inde affatim exilit origo variæ materiæ.* Similia, imo eadem asserit noster Th. IV. *Mihi Deus Natura Naturans: Ego Natura Naturata: Ratio ratiocinans: Ego Ratio rationata: Forma formans: Ego forma formata: Materia simplex: ego materia modificata. Oceanus: ego fluvius. Aqua: ego gutta. Ignis: ego scintilla. Terra: ego gleba: Aër. ego effluvium. Sol: ego radius. Corpus: ego membrum.* pergit C. II. Th. III. *Mundus hic in Deo, ex Deo & per Deum. Deus Aranea. Textura Mundus.* En Spinozismum! Deus & mundus, una substantia. En Pantheismum, per ἀποθέωσιν τῶν ἀπάντων! crassiori ac impuriori ore vix locuti sunt Gentilium Poetæ, ex quibus *Virgil. Georg.* 4. v. 220. *Deum namque ire per omnes Terrasque tractusque maris.* Et Lucanus l. 3. *Juppiter est, quodcunque vides, quocunque moveris*, asserunt quidem, non tamen materiatum intelligunt Deum cum nostro Universalista, sed Spiritum, *Virgilio Æneid. VI.* v. 721. profitente: *Spiritus intus alit, totamque infusa per artus Mens agitat molem, & magno se corpore miscet.* Quo sensu etiam Paulus contra absurdam Gentilium Θεοποιΐαν, auro lapidi & argento Τὸ Θεῖον, vel Θεῖηλα, Rom. I, 20. assimilantium, argumentatur καθ᾽ ἄνθρωπον, ex hemistichio, conterranei sui Cilicis, Arati: Τοῦ γὰρ καὶ γένος ἐσμέν, nam & *hujus sc. Dei progenies sumus.* Act. XVII, 28. 29. quo igitur pacto Oculus Deum videt, auris eum audit, lingua gustat, cujus Θεῖον spirituale est, sensibus nullis perceptibile? quænam hujus medii termini evidentia? sensus est testis divinæ existentiæ omni exceptione major.

§. III. Sed Metaphorica est Dei perceptio per Sensus! fateor: verum metaphora est ex similitudine, similia autem illustrant tantum, non probant, hinc medius terminus probandi esse nequeunt: nec metaphorica dici potest perceptio illius, quod ejusdem est cum sensu percipiente essentiæ, quam asserunt verba Universalistæ modo citata. In subsidium sensus tamen ipse advocat *Rationem!* recte quidem: quid vero ratione opus, ubi sensus testis est exceptioceptione major? junctam tamen Sensui oportet esse Rationem, quæ ex iis quæ sensibus percipit, colliget: Esse Ens summum, infinitum, Deum, sensuum conditorem; sed quænam est illa Ratio? Universalistæ, Sensus & Ratio, idem sunt, est enim Ratio *per Cap. III. Th. XIII. Sanguis & sanguinis operatio, licet in capite.* Quid vero sanguis? nisi materia, licet corpore subtilior. E. & materiæ in materiam datur actio, cujus utrinque proprium est pati: materia est protentia pure passiva. Qualis est anima, nempe sanguis, *per Th. XXIX.* talis est sensus: nulla hic mens, sive Spiritus imaterialis, ab anima aliis distinctus, sed solus sanguis operatur: materia, materiales edit operationes: En intellectiones, cogitationes, judicationes, volitiones omnes materiales! omnia ἀδύνατα, contradictoria: quem Deum igitur intelligent, nisi quantitativum, nisi extensum, nisi divisibilem, nisi mensurabilem? i. e. Nullum: contradictorium; est enim Deus & mundus simul ab æterno, per *Cap. II. Th. VII. Causatum cum sua causa. Ædificium cum Architecto. Fructus cum arbore; Arista cum grano.* Hic causa non amplius prior est suo effectu: Motus idem est, qui Motor, Idem, Deus, idem mundus, imo Nihil & nihilo minus. En conclusiones ex medio termino, Sensus & Ratio, derivandas!

§. IV. Alia tamen est operatio, Sensus recte limitati, & Rationis juste ratiocinantis, in Dei existentia rite cognoscenda; utrinque *Naturalis* Theologia vel *Notitia* Dei detivatur. Ratio ex principiis insitis, ἐννοίαις ἐμφύτοις, tam theoreticis, quam practicis argumentando, *Notitiæ insitæ* nomen peperit: Sensus vero, ortum & conservationem rerum ordinatissimam & perfectissimam contemplando, naturaliter ad *Notitiam acquisitam* deducunt. Utroque hoc, ad existentiam Dei concludendi, principio adversus gentes, utitur Paulus, Act. XVII. & Rom. I. v. 11. sed longe diverso procedendi modo ab Universalista nostro, multum alio, quam hic, fine & effectu. Sensus enim sua integritate & ordine constans,

stans, nec fallit quidem, nec fallere debet: recessum tamen, demonstrandæ alicujus divinitatis per se non penetrat, nisi conclusiones sanæ Rationis accedant. Sic luculentissima est Dei Revelatio, in operibus & per opera Creationis, Gubernationis & Conservationis sapientissimæ & perfectissimæ, facta, uti vere Basilio mundus, ὁ κόσμος Ἰῶν ψυχῶν λογικῶν διδασκαλεῖον, καὶ τῆς Θεογνωσίας παιδευτήριον appellatur: hanc etiam *Theses VI. VII. Cap. 1.* haud male profitentur, quippe Τὰ ἀόραια Θεῶ ἀπὸ κτίσεως κόσμω καθορᾶται, τοῖς ποιήμασι νοούμενα, ἥτε ἀΐδιος αὐτῶ δύναμις καὶ Θεότης, *Rom. I. 20.* hujus tamen certitudinis, & quidem mathematicæ, nec sensus, nec ratio, Universalistæ capax est, quippe hæc & ille materialis, immateriales operationes, cogitando, componendo, dividendo, judicando, ratiocinando a rebus sensualibus, ad spiritualia procedendo, talpa est cæcior. Sensus non percipiunt, nisi objectum organis sensoriis proportionatum, quale Spiritualia non sunt: Ratio Nostri pariter materialis est, nam *per Cap. II. Th. XII. & XIII. est Operatio sanguinis in capite, & quidem in cerebro.* Sanguis autem *Th. X. est anima: aëre, igne, terra, aqua, uti corpus habitaculum & organon ejus, constans & conglobatus.* Aliusne autem erit modus operandi animæ materialis, quam materialis? Si mens nulla spiritualis, nec ratio seu facultas ratiocinandi, ullas ideas Justitiæ, Sapientiæ, Potentiæ, quæ spirituales affectiones, formare poterit, quales formare decet de Ente summo, infinito, de Deo. Licet igitur verissima sit ex *Th. VII.* ista *Dei revelatio in operibus & per opera sua facta: Licet sit certissimum, mathematicum & infallibile: Lucidissimum quoque & sufficiens, Deum ejusque Existentiæ Realitatem, cognoscendi & convincendi principium:* Videat tamen Universalista, quomodo citra contradictionem, hoc ex ratione sua materiali, tanquam ex medio termino evidenti, derivare queat, dum Τὰ ἀόρατα τῶ Θεῶ, sphæram sensualis perceptionis, infinitis parasangis, transcendunt. Tandem fine quoque et effectu ab argumentatione Pauli ratiocinatio Universalistæ toto cœlo differt. Hic palpare vult Deum naturaliter, ut ex naturali hac notitia cœlum consequatur;

de

de hac fide gratulatur fibi: hac vivere cupit, hac mori. *Cap. III.*
Th. XL. Paulus vero palpari quoque Deum posse asserit, beneficio luminis naturalis, εἰ ἄραγε ψηλαφήσειαν αὐτὸν, num forte palpent eum, Act. XVII. 27. non tamen notitia clara, distincta & ad salutem sufficiente, sed obscura & confusa per χειραγωγίαν, instar cæci, qui cum rem oculis clare non videat, manibus quodammodo palpat, cujusmodi sit: hinc additur, καὶ εὕροισιν, *num inveniant*, quod invenire ex solo est supernaturali lumine.

§. V. Temere igitur & profane de suis hisce Bibliis, naturalibus & sensualibus, gloriatur Universalista *Th. VIII.* quæ multum præferenda sint Scripturæ Revelatæ, quæ ipsi *audit* tantum, non est, *Sacra & immediatum Dei verbum*, nam ex *Th. IX. Historica* solum est *& studio*, id est, ex proæresi Mosis & reliquorum Scriptorum, inventa, vel, si mavis, conficta, *ut historiarum in eodem systemate relatarum connexio, eo meliori filo cohæreret. Non Dei, sed aliorum verba Hominum manibus scripta & promulgata, humana & incerta.* En medium terminum, destruendæ certitudinis, de Dei existentia, per Scripturam comparandæ! gentili & Atheo aptiorem, quam divinæ Existentiæ Professori, ne dicam Christiano, qualis nec Universalista noster appellari cupit, cui per *Th. XV.* nec Salvatore, nec Redemtore, nec Sanctificatore, paucis, Deo nullo est opus : *cui placere* tamen *possunt*, veluti suavia somnia & seniles mentis otiosæ fabulæ, *ideæ, quas gentiles de seculo aureo*, nec non Christiani *de statu integritatis, & de subsecuto salutis reparandæ ordine, docent & concionantur; jucundæ sane sunt ipsi & innoxia: nec reprehendendæ, nec damnandæ.* Ita cœlum terræ: summa imis: Eridanus Acheronti, miscentur, ad conciliandam Medio Termino qualemcunque vim probandi. Ita sacra profanis turbanda: ita certa incertis confundenda, evidentia obscuris, imo falsis, erant comparanda, ut Indifferentistarum Status, miseriarum, infirmitatum & obscuritatum plenissimus, invehatur & stabiliatur. Quam Gentiles, ex Animæ humanæ immortalitate credita, concepeceperant alicujus post mortem status, vel felicioris vel infelicioris, expectationem, vel propriis ratiociniis collectam, vel ex commercio cum gente fidelium traditam : quam illius, post hanc vitæ miseriam, vitæ beatioris certitudinem, Sancti ex revelatione habent confirmatam, loco jucundarum duntaxat ipsi sunt & innoxiarum Idearum : quare & ipsæ illæ Ideæ, alicujus bonorum Remuneratoris & malorum Vindicis post mortem, perinde ipsi sunt ac aniles fabulæ, uti fabuloso quodam Metamorphoseos & Metemphychoseos absurdæ conceptu, mentem hanc suam aperte prodit, *Cap. III. Th. XL.* Nec aliam conclusionem admittit ipsius medius Terminus, probandi Dei existentiam, *Sensus & Ratio*, quæ uti materiales sunt, ita nil nisi materiale, i. e. corruptioni & mutationi obnoxium cognoscere queunt : Principium cognoscendi primum enim & objectum, formale, licet quoad nostrum concipiendi modum & formaliter distinguantur, in disciplinis tamen materialiter & quoad rem coincidunt. Ita Sensus & Ratio, quando sufficiens Universalistæ sunt principium, Deum cognoscendi & ejus existentiæ realitatem evincendi, non indigent, nisi revelatione sensuali, in operibus & ex operibus hujus universi facta. E. superiori lumine revelationis non opus est. E. Bibliorum sive Scripturæ S. principium hic alienum, superfluum, haud necessarium, imo nec sufficiens est : quia historica tantum & historiarum fictarum, systematica est connexio : quia hominum nixa traditionibus : quia notitiam Dei alicujus particularis, Messiæ scilicet haud necessarii, continet ; quia Christianos tantum & Judæos afficit : quia generalia tantum sunt asserta, de universi hujus Conditore, prooemii loco historici habenda: paucis, quia humana : quia incerta. Sic iste passim ratiocinatur. Ast, quot verba hujus ratiocinii, tot fallaciæ : quot propositiones, tot petitiones principii : quot asserta, tot in Dei benignitatem & Scripturæ Sanctitatem blasphemiæ. Mundi & operum in Mundo existentium contemplationem, esse medium quendam terminum audivimus, sufficientem quidem, ad perducencendos homines incognitionem alicujus Creatoris & Conservatoris infiniti rerum creatarum omnium, quo & Sancti sunt usi, præsertim Paulus ll. cc. Evidentem vero esse & quidem mathematicam demonstrationem, ad salutarem cognitionem sufficienter gignendam, & ad Creatorem perfecte cognoscendum, idoneam, nec rationi suæ, sanæ etiam, relictus homo, nedum salutis æternum duraturæ cupidus, concedet. Chiragogica solum est illa & Pædagogica, nunquam ὀλοτελὴς, suis consummata modis omnibus, ad salutem perpetuæ felicitatis obtinendam, quam appetitus hominis, sola etiam ratione naturali nixi, semper affectat, nisi frustraneam hanc dicamus & inanem potentiam, veluti procul dubio Universalista eam judicat, quæ nunquam in actum deducitur: necesse est statuere, viam quoque extare, ad salutem hanc beatitudinis perfectam perveniendi ; hæc autem naturale rationis ac sensus lumen esse nequit, nec unquam potentiam affectatæ melioris & æternæ sortis in actum deducere potest, quandoquidem & sapientissimi Gentilium Philosophi defectum hic suum deplorarunt, etsi ignorarint defectus illius originem, quam Scriptura monstrat esse, per peccatum originis debilitatam humanæ naturæ ac rationis potentiam ; inde, quoad agnitionem quoque sui Conditoris, degeneravit humana & naturalis religio in vanitatem superstitionis, Idololatriæ, Polytheismi , & cum nescirent quorsum tandem se verterent, Atheismi, vel mininum Indifferentismi, licet etiam sanæ rationis argumentationibus, quibus Universalistam nostrum multis sæpe parasangis superarunt, convicti, concederent Deum esse & existere, non tamen glorificarunt eum, neque gratias egerunt, hoc est, nec fructum suæ agnitionis, aut Theologiæ Naturalis, perceperunt, sed φάσκοντες ἀναι σοφοὶ ἐμωράνθησαν, teste Paulo, in exponenda Theologia Naturali accuratissimo Philosopho, Rom. I. 21. 22.

§. VI. Quare suficientem vim probandi non habet medius ille terminus, *Sensus & Ratio* ; Sed sublimiori & multo efficaciori opus est demonstrandi, cognoscendi & convincendi principio, &

B   Deum

※) 10 (※

Deum & ejus Existentiæ realitatem esse: Revelatione sc. Supernaturali, qualem sola exhibet Scriptura Sacra. Stringens quidem & satis manifesta est Conclusio: Est mundus conditus E. datur Conditor! sed unde patet præmissa? nam stante hypothesi Universalistæ: *C. I. Th. IV. & C. II. Th VII. VIII.* Deus est materia simplex: Mundus Materia modificata: Mundus est ab æterno, licet in tempore prodiit, cujus tamen temporis nulla sunt distincta intervalla. Deus & Actio: Voluntas & effectus; Voluntas æterna E. & effectus æternus: & quæ his similia profert alia. Sic erunt effectus & causa, creator & creatura, opus & operator, unum idemque, licet ratione tantum & formaliter distincta. E. Mundus est Deus; E. & homo, pars mundi potior, Deus erit. E. quot mundi, tot dii: quot homines, tot Numina. E. mundi infiniti, licet unum duntaxat ratione nostra & sensu percipimus, quia cogitationes Dei sunt infinitæ; omnis enim cogitatio Dei *per Th. XIII. C. II.* creatio: tot ergo mundi, tot orbes, quot Dei volitiones & cogitationes. Quid igitur, Paule! accusas Gentes, quid ἀναπολογήτως arguis? Rom. I. 20. nam ratiocinia mentis secutæ, quot mundos, tot Deos, imo potius, quot virtutes, quot egregia facinora, tot Numina merito statuerunt; nec opus fuisset Altare constituere & pulvinar, Ἀγνώστῳ Θεῷ ignoto Deo, Act. XVII. 23. nec eundem ἀγνοοῦντες εὐσεβεῖσθαι ignorantes colere, quippe sensus & ratio id dictarunt & approbarunt.

§. VII. En miseram naturalis notitiæ ignorantiam! En lumen rationis caliginosum, cui Lux in tenebris lucens, Joh. I. 5. nisi facem accendisset, ad veri luminis participationem nemo pervenisset, hanc inquirentibus negare nec voluit, nec potuit summi & optimi Entis benignitas & misericordia. Communicabilem vero esse summi & perfectissimi Boni bonitatem, uti ratio evidenter colligere potuisset, ita communicabilitatis hujus manifestationem & revelationem certiorem, quam sensus & ratio suggerebant, negligere & inquirere nolle, supinæ negligentiæ documentum est: hic non ignorantia, sed neglectus noscendi reddit

ἀναπο-

ἀναπολογήτες. Sed ubi proftat ifthæc Revelatio ? quære & invenies. Mundus & mundi opera fatis non faciunt, alias & fapientiffimi & falutis fuæ per vanitatem avidiffimi &, ut cum Paulo loquar, ἰν ἀλαθααν ἐν ἀδικίᾳ κατέχοντες, Rom. I.18. Philofophi, Socrates, Ariftoteles, Cicero, Seneca, & his antiquiores, Zoroaftres, Linus, Mufæus, Zamolxis, Orpheus, eosque fecuti Celtarum Druides, Indorum Gymnofophiftæ & Bramines aliique, eandem reperiffent, in univerfa fua doctrina morali, id eft, cultu Numinis religiofo, ad ὁμοίωσιν Θεῦ contendentes, fine tamen intento femper excidentes. Intellectuali igitur opus erat revelatione, & fenfuali multo illuftriori, in calcanda via ad fimilitudinem cum Deo perfectam perveniendi. Talis in fola Scriptura S. reperitur, cujus, ut Solis radii lucem folarem demonftrant, ita Sanctitas, perfectio & efficacia, Majeftatem revelantis divinam, rumpantur ut ilia Codro, evidentiffime arguunt, quam medio fuo termino, hilo etiam leviori, evertere conatur Univerfalifta C. I. Th. IX. rudis non minus, quam profanus contra Scripturam S. difputator: eam enim, vel invitus, fatetur: *Verbum revelatum* effe; Revelatorem autem Deum diffitetur: quid enim homo, vel hominis Ratio, revelare potuiffet, nifi quod fenfibus percepiffet? Aft hæc fupra Rationem eft et fenfus. E. fupernaturalis Revelator; quem falfarium aut mendacem nequaquam fuiffe, rerum revelatarum fublimitas, fanctitas, virtus, immutabilitas, ipfeque loquendi ftilus, a thrafonico impoftorum more & humana eloquentia alieniffimus, quorfum provocat Paulus 1. Cor. II. 4. planiffime evincunt, cui potentiffimus Ninivitarum Rex, ad Jonæ, hominis ignoti & ignobilis prædicationem, Jon. III. 6. & Felix, Romanorum Legatus, Vir πολιτικώτατος, ad Pauli captivi concionem, aliique gentilium prudentiffimi, victas vel dederunt, vel faltim dediffent manus, fi major divinæ voluntatis præftandæ fuiffet ipfis affectus, quam mundanæ gloriæ; fic enim Chriftus ait: qui voluntatem Dei facere voluerit, is experietur verba mea num Deo fint-

B 2　　　　　　　　　　§. VIII.

§. VIII. Duplici tamen ariete murum hunc aheneum, veritatis divinæ revelatæ, subruere conatur Universalista. *Primo: Hominum manibus scripta hæc est Scripturæ revelatio & promulgatæ:* infirmus sane Syllogismi medius terminus, cum majore minime cohærens, quippe male confundit ministerium cum magisterio: Voces & sermonem externum cum sensu: corticem cum nucleo. Ministri fuerunt homines, non auctores: Legati, non Domini. Os loquentis, non loquens Deus ipse, qui succurrere volens humanæ imbecillitati, in rebus ad salutem pertinentibus, scripto consulere consultius duxit, quam orali traditione, nec non sensuali perceptione, quarum illa, in tanta hominum multitudine a corruptione haud immunis, hæc ad superstitionem proclivis, ut pulchritudine objecti fascinata, creaturam pro creatore veneretur. Litera scripta manet. Hinc opus erat Scriptoribus amanuensibus; Gentilium quoque moratiorum Philosophi, Religionis suæ & Theologiæ dogmatibus, Reges suis edictis, constantiam & a corruptione privilegia quæsiverunt semper in Scripturis. Nec tamen incerta hæc & dubia reputata sunt, quod ab indoctis & imperitis sæpius amanuensibus fuerunt descripta & promulgata; qui ergo incerta erunt & dubia, revelationis divinæ oracula, quæ ministerio hominum suscepimus exposita & exarata: hos enim ἀπὸ πνεύματος ἁγίου Φερομένους esse locutos, ex dicto Petri 2. Ep. I, 21. ipsa dictionum & rerum divina majestas evincit. Quare primo corruit impetu Universalistæ accusatio *Th. IX.* Sed *historica est hæc revelatio: Hominum nixa traditionibus: multis subjecta naevis.* Destituta probationibus: si accusasse sufficeret, quis innocens erit? *Ast universalis non est, & de omnium Mundorum & populorum Deo perfecta Scientia.* Altero sic utitur adversus Revelationem Scripturarum ariete, sed admodum infirmo. Notitia est; *Th. IX.* Dei alicujus particularis, *Messiæ scilicet Christi, Judæos principaliter afficiens & Christianos*, quod probat per *Leges forenses & cæremoniales, nec non Sacramenta*, imo *C. II. Th. X.* contendit, *principia hæc revelationis per homines scripta, lo-*
qui

qui tantum de Creatione mundi particularis, quæ a particulari certarum Gentium, Judæorum scilicet & Christianorum, Deo, facta & peracta. Confutat absurditatem medii hujus termini jam olim Apostolus: Anne Deus Judæorum tantum Deus est? nonne gentilium quoq; Deus est? Rom. III, 29. qui per Prophetas Veteris, & per Apostolos, Novi Testamenti ministros, universis sese gentibus πάνταχῦ manifestavit: universis sub peccato conclusis, se Creatorem, Redemptorem, Sanctificatorem proposuit, Judæis præcipue & Græcis, id est gentibus universis, πάντα τὰ ἔθνη, Matt. XXVIII, 19. quæ in Judæos & Græcos, tanquam distinctas species, Rom. I, 16. distribuuntur, hanc universalis suæ gratiæ revelationem. εἰς τὸν κόσμον ἅπαντα Marc. XVI, 15. emisit, rationemque cultus sui universalem, omnibus gentibus, locis & temporibus commodam præscripsit, tali revelatione per Scripturam, quam, si Universalista ejus cultu & veneratione duceretur, experietur esse πᾶσαν Θεόπνευςον, καὶ ὀφέλιμον, πρὸς διδασκαλίαν, πρὸς ἔλεγχον, πρὸς ἐπανόρθωσιν, πρὸς παιδείαν τὴν ἐν δικαιοσύνῃ κ. τ. λ. 1. Tim. III, 16. Quid tamen *Leges forenses & cæremoniales? nonne particulares sunt particularis Dei revelationes? nonne Sacramenta, & reliqua de Messia Redemtore & Spiritu S. Sanctificatore Idea, ad Christianos tantum spectant?* Nec hujus medii termini ratio quicquam arguit. Argutiæ tantum sunt, non argumenta. Perinde, ac si unius regni & imperii, Provinciæ ac urbes, particulari Jure ac legibus provincialibus usæ, particularem haberent singulæ Regem & Imperatorem, quibus tamen universalis imperat. Cæremoniæ cultum quidem, non vero Deum, particularem arguunt. Sacramenta particularem quidem fidelium cœtum notant, ex universis gentibus collectum, omnibus tamen ex mandato & voluntate Dei sunt destinata, quas Christianos esse & vult & jubet Deus universalis, ipsæ vero quia nolunt, sed salutaria hæc salutis remedia repudiant, ex sortes manent sortis beatæ, omnibus ex universali benevolentia & amore Dei propositæ. Joh. III, 16.

B 3 §. IX.

§. IX. Hujusmodi sunt ratiocinia, *de Existentia Dei*. Quid autem Deus, & quænam Dei Essentia? Hic ignorantiam suam *C. I. Th. III.* Universalista profitetur. *Quidditas Dei, proprie & demonstrative determinari nequit. Quid Deus : Solus Deus novit.* Male igitur *Th. IV.* asseruit: *Mihi Deus : Natura naturans : Ego Natura naturata. Ratio ratiocinans : ego ratio ratiocinata. Forma formans : Ego forma formata, Materia simplex : Ego materia modificata, &c.* & *Th. X.* pergit : *Circulus est hoc universum, Punctum Deus.* Hisce aliisque descriptionibus Metaphoricis *C. II. Th. XVII.* Describit Deum ; nullibi Essentiæ divinæ veritatem exprimit, *conceptus interim*, affirmat *C. I. Th. III.* illi, *quos de Deo & Essentia ejus, Homines & Nationes habuerunt : nec non multifaria ejus repræsentationes, quales qualeʃ etiam sint, nec irridenda, nec vituperandæ.* Ratio seu medius terminus : *In rebus Religionis, Devotionis & intellectus, quivis sibi relictus esse, nec ab alio Regulam ullam, vel mensuram accipere potest, nec debet.* Bene igitur Crocodilum & Apin Ægyptus adorat ; recte ex tripode aurea petit oracula veneraturque, superstitionis & Polytheismi fæcunda propagatrix Græcia : Pantheon merito aperit Roma. Vitzlipuzli, imo ipsum diabolum excusate adorat Mexicanus, Dagonem Philistæorum : Astarotham Ammonitarum : Molochum Moabitarum, aliaque aliarum gentium idola, nullo jure exsecrata est ira divina, veræ sanctimoniæ vindex rigidissima ! aut ignorabat, fundamentum variarum hujusmodi repræsentationum & effigiationum esse Religionem, Devotionem, Intellectum ! Indignus igitur tanta tot gentium devotione tantus rigor, Dei Judæorum particularis, eas ad regulam & mensuram cultus religiosi certam exigentis ! *Ast particularis hic fuit Deus* ! Principium petit, nondum probatum : particularis subalternata, à veritate subalternantis dependet. Si Universalis est Deus prædicabiliter, & hic particularis Deus, verus Deus erit, Ast Deitas non est in plures multiplicabilis. quo pacto negatur Deus, nam per *Th X. non esset Deus, nisi esset Unus.* E. particularis hic tantum est ratione modi, non essendi, sed colendi, quem ex peculiari

volun-

voluntatis sapientissimæ placito & fine, huic genti præscripsit, ita tamen comparatum, ut & universæ gentes ei, si non in cæremoniis singulis, locum & tempus peculiare spectantibus, subjicere se potuissent, si præcepta legis moralis universalissima, & ipsi rationi inscripta, recepissent, paratæ ad recipiendam ab hoc Deo, per Revelationem manifestato, religionis regulam & salutis viam, quam negligentes & ἐθελοθρησκείας de pereuntes, suis ipsis, velut aranea, telis ex cerebro vanarum cogitationum nexis, irritæ in tenebris manserunt, nec verum Deum coluerunt, in multifariis suis effigiationibus omnino ridendæ & damnandæ.

§. X. Huncigitur Deum in quidditate sua Spiritum esse & Revelatio docet, & ipsa Ratio evidentissime concludit. Ipse tamen Universalista Spiritualem hanc Dei Essentiam, nunquam aperte profitetur, nec potest: quia Deus & Mundus ipsi unum est: hic vero materialis & sensibilis. E. & Deus. Sed *Ratio ratiocinans*, inquit *Th. IV. mihi Deus est*. E. Spiritualis Essentia. bene quidem, si satis sincere: Ratio enim spiritualis essentiæ operatio. Dum vero se, vel hominem, vocat *rationem rationatam*, quæ velut effluvium ex aëre, derivatur ex Ratione ratiocinante, utramque facit ejusdem essentiæ. Ast ratio hæc rationata est operatio sanguinis, per *C. III. Th. XII.* sanguis autem ipsa anima, *Th. X.* ille materialis, E. & hæc. E. & ejus operatio, Ratio materialis, porro & ipse Deus materialis, consequenter nec Spiritus est, velut nexus causarum univocarum, effectis eandem cum causis essentiam, & v.v. imperat. Alia propterea ratione Deus appellandus est, Ratio ratiocinans, non quod vel active ratiocinando, idest, ex variis principiis successive ac per discursum intelligat, aut per discursum ex notioribus conclusiones formet, qualis ratiocinatio imperfectionis nota est, a Deo universali removendæ: vel passive, per rationes humanas existens, sic Deus Ens Rationis esset, & cessante ratiocinatione hominis cessaret ejus Existentia. Sed Rectius quatenus pura mens est Deus, infinite intelligens omnia, quod & Plautus fatetur: Est profecto Deus, qui, quæ nos gerimus,

audit-

auditque & videt; Mens autem pura est simplicissimus Spiritus, omnis compositionis & mutationis expers, tam in esse suo, quam operari. Sic Esse ejus est necessarium & immutabile,unde æternitas & omnipræsentia; operari quoq; infinitum est & perfectissimum, tum quoad intellectum, unde Sapientia & Scientia universalis, tum quoad voluntatem, hinc Potentia, Justitia, Sanctitas, summa semper & infinita, semper activa, ab omni mutabilitate, defectu & passione, absolute immunis, Hujusmodi Essentiæ Spiritualis si Deus non est, nec Deus est. Hanc quidditatem explicare quidem & comprehendere nequit, ratio humana, quippe quæ, vel suæ ipsius essentiæ accurate explicandæ, ignara est; Esse tamen omnino percipit & ratiocinando apprehendit. Accedente præterea divinarum operationum & spiritualium effectuum contemplatione, quos ex rerum universarum aptissima gubernatione prodeuntes, sentit & experitur, multo certius, quam Universalista *Th. IV.* ad Motorem invisibilem, sensibus haud perceptibilem, assurgit & evidentissime concludit: *Deus est Spiritus, æternus, omnipotens, omnipræsens, omniscius.*

§. XI. Esse hoc Dei immutabile, necessarium, spirituale & infinitum simul evincit, *Deum non nisi unum* esse. Omnis multitudo imperfectionis nota est: Sed perfectus Deus; agnoscit hoc Universalista, *C. I. Th. X* orditus: *Est vero Deus hic unus : non enim esset Deus, nisi esset unus,* illustrat hoc exemplo Circuli, cujus nonnisi unum est punctum, quale Deus est hujus universi. Haud male itaque concludit: *E. Dens necessario unus : Unitati vero, sicque Perfectioni multiplicatio derogat. Multiplicare Deum est Deitatem destruere.* Huc usque satis apte, ex medio termino *Perfectionis infinitæ*, argumentatur pro adstruenda simplicissimæ Essentiæ divinæ unitate. Veruntamen male procedit *Th. XI.* tum in destruendo Gentilium Polytheismo, tum in approbanda Christianorum professione, de Trinitate Personarum in Essentia una: Utrumque dogma perinde ipsi est: *Res intricata, multis obscuritatibus, dubiis multis & contradictionibus involuta.* Polytheismum Gentilem contra-

contradictionibus involvi., confessi tandem sunt ipsi Gentium Philosophi saniores; iisdem vero dogma SS. Trinitatis, quam profano & Sociniano ore Polytheismum vocat, obnoxium esse, omnino negatur. Unam Essentiam, tres esse Essentias, sane contradictio est; Unam vero Essentiam, trina distingui personali subsistentia, vel tribus subsistendi modis, contradictorium non est, licet rationi, sensualibus ideis res divinas æstimanti, obscurum sit & intellectu impossibile; Intellectus tamen finitus haud conabitur Entis Infiniti modum, tum essendi, tum subsistendi, rerum finitarum mensura dimetiri, multo minus, impudenter ac imprudenter inficiari veritatem Mysterii hujus, planissime 1. Joh. V, 7. propositam, ut primum fidem habere cœpit revelationi, supernaturali lumine manifestatæ. Huic sane *optima de Deo scientia, quæ plana*, ut *Th. XI.* ait : Plana autem est, non quam sensu & ratione concipimus, sed quam Paulus docet, 2. Corinth. X, 5. ή αἰχμαλωτίζουσα πᾶν νόημα εἰς τὴν ὑπακοὴν Τῦ χριστῦ, ex qua informatione vere colligit Scaliger; *non decet rationis decempeda metiri immensos religionis nostræ agros.* Verum ne particularis alicujus Dei hæc esse mysteria contendat, Paulus l. c. hanc ὑπακοὴν τῆς πίστεως obedientiam fidei, postulat ab omnibus gentibus, πρὸς τὸ καθαίρειν τὰ χυρώματα, λογισμὲς καὶ πᾶν ὕψωμα τῆς γνώσεως Θεῦ, ad *destruendum munitiones sc. humanæ rationis, ratiocinationes & omnem celsitudinem sensus humani, se extollentem adversus cognitionem Dei*, quæ planissima est, agnoscere *Deum unum sine multis Diis*, uti vere quidem ait Th.XI. *eorumque Divisionibus, subdivisionibus, coordinationibus & subordinationibus*; impie tamen argutatur, quando illarum reos arguit Christianos æque ac gentiles, *Polytheismum* his atq; illis perinde impingens : nec veretur contradictionis seipsum reum sistere, quando hic unitatem Dei adstruit, sequenti vero *Thesi XII* Multiplicationem Deorum permittit, nisi hanc per multifarias Dei repræsentationes,*Th. III.* nec ridendas, nec vituperandas, excuset, qua excusatione Gentiles etiam varias Deorum suorum Dearumque classes, dæmonumq; subordinationes, defendere potuissent, quas

C   sub

sub imagine σειρᾶς, *Catena* suæ, cujus vinculo, uti Homerus satis ruditer exponit, omnes connectantur, licet proprietatibus differant, pari tamen jure omnes ab Apostolo ἄθεοι μωρανϑέντες Rom. I, 22. appellantur. Plana quoque est illa Christianorum Dei notitia, in Essentia unius, in personis Trini, quia libera *ab omnibus Scholasticorum, Theologorum & Metaphysicorum*, quos omnes immerito *Th. XI.* æquali censuræ subjicit, *speculationibus & terminis,* quamvis intellectus humani imbecillitatem juvare conetur terminis, Unitati divinæ conformiter docentibus, ad sublimitatem mysterii hujus agnoscendam & scrutandam, pie seduloque cavens, ne Ethnicorum, vel Hæreticorum loquendi formulis temere quis utatur.

§. XII. Quam Universalista huc usque asseruit Deitatem & Deitatis Unitatem, eam *Th. XII.* utramque uno impetu rursus destruit, professus: *Multiplicatio interim Deitatis seu Deorum, ubi a Theologis & Politicis, ex Status, vel Regionis Ratione, ficto sub Religionis velo introducta & recepta, in suo relinquenda est valore.* En contradictionem: *Non esset Deus: nisi esset unus.* Consequitur E. Verus Deus, non nisi unus est. Qui plures colit Deos, non colit unum Deum. E. nec verum Deum, sed nullum Deum. *In valore tamen relinquenda est Deorum multiplicatio!* E. in valore relinquendus est Atheismus, & *Gentilis multiplicem: Christianus Unum & Trinum*, id est, pariter multiplicem, *colat Deum, Th. XII.* Utrinque Nullum. Medius terminus hujus profanæ assertionis petitur, a *Status & Regionis ratione.* Quot igitur Status & Regionis Rationes: tot quoque Diferunt. E. non unus. E. Nullus Deus, neque universalis, neque particularis; Nullus enim nisi Unus. En Deum Polypo mutabiliorem! En Regulam Lesbiam, gladiumque Delphicum! professionem Dei, quæ Interesse seu commodis singularum gentium sese accommodat, *modo sub ficto Religionis velo, sit introducta & recepta.* Quid Atheismus? quid Impudentia est, si hæc non est.

§. XIII.

§. XIII. Attributorum Dei Essentialium, præter Unitatem, nulla fit explicita mentio ab Universalista nostro; haud tamen dubitare ipsum, de Dei Bonitate, Sapientia, Potentia, Vita colligere licebit ex ingenua ejus confessione, Creationis, Conservationis, Gubernationis, tum sui, tum universi mundi; qua vero mente, quave fide singulis hisce suum præbeat assensum, ipse viderit, qui ætatem habere videtur. Nostrum quidem non est, alienum judicare servum, qui Domino statque caditque suo: ex verbis tamen & verborum consequentia judicandum sese sistit, minus sincere sancteque sentire: quam Deo enim tribuit Bonitatem, eam *Th. XV.* omni justitia expertem esse asserit, quæ peccatis nullis irascatur, nulla puniat, nec sanctitatem læsam vindicet: Medius terminus hic ipsi est: quia Deus ἀπαθής, ab omnibus passionibus, Iræ, Vindictæ, Pœnæ, liber: hujusmodi namque passiones præsuppónunt factum Commissionis & Læsionis: Deus Lædi non potest, E. nec peccato. E. nec peccati pœna. E nec justitia, pro ea scilicet rerum, quæ nunc est, conditione. Hem argutum argumentatorem! hem læsionis physicæ atque moralis confusionem! nonne fama calumniis, honestas flagitiis, pietas vitiis læditur? Vix tanta Stoica animi ἀπαθείᾳ occalluisse Universalistam credo nostrum, quin, injuria calumniantium affectus, læsum se esse queratur. Indignabitur etiam cum Cluentio, apud Cic. c 5. *vel suspicionibus lædi famam suam*, cùm secundum *Terent. Adelph. 5. 4. 10. Nulli lædere os*, idest, nemini molestus esse, conveniat honestati & tranquillitati publicæ: præcipua enim vocis *lædendi* significatio est, non vulnerare semper, sed quacunque offensione & contumelia officere, vel dicto vel facto, mit Worten oder Wercken einem zu viel thun / sic Tyndarus ille Plautinus, *Captiv. 2, 2. 55.* & nobilitatem, & genus, & divitias suas, dicto vel facto lædi ab humana fortuna, conqueritur. Optime igitur Ictus *L. 15. ff. de Condit Instit.* sentit: *quæ facta lædunt pietatem, existimationem & verecundiam nostram, & (ut generaliter dixerim) contra bonos mores fiunt, ea nec facere nos posse credendum est.* Ecce virtu-

virtutes lædi possunt, quanto magis virtutum auctor Deus. Justitiæ divinæ ipsissima Lex est: honeste vivendum, neminem lædendum, suum cuique tribuendum esse: quot hujus ergo sunt transgressiones, tot læsiones justitiæ & ipsius Dei: quare ira, vindicta, pœna læsionis ubique parata, justæ sunt hæ passiones divinæ; male tamen interprætaris, si ex pravis humanorum affectuum perturbationibus, immutabilem Dei Essentiam & πάθη mensuras, si potentiam, vim, actionem finitæ creaturæ, Ens infinitum judicas vulnerare sive lædere posse. Sed factum læsionis adversus Deum negare oportuit eum, cui nec pœnæ sunt, nec diabolus, nec infernus: cave, ne noxiæ tibi sint, quas innoxias tantum & jucundas dicis Ideas Gentilium & Christianorum, de aureo seculo, de Statu integritatis, de lapsu primi hominis, deque lapsi per Salvatorem Redemptione, & ad novam vitam reparatione, ut iram Dei effugiant, pœnis liberentur. En quanta tibi pariat commoda, talis concionantium de Christo, quæ videtur, fabula! Apage impudentiam.

§. XIV. Vitam Deo negare non potest, qui *Cap. II Th XIV.* nunquam quiescit, sed in perpetua est actione. Vitæ index est operatio: nec male de Deo ista asseritur, qui Joh. V, 18. ἕως ἄρτι ἐργάζεται, *usque modo operatur.* Transcendentaliter vita significat Essentiam actuosam, id est, actu se exserentem, tum per operationes internas, intelligendi & volendi; quo sensu non male *C. II. Th. XIV.* dictum à Nostro: *Deus semper ratiocinatur, semper cogitat, semper vult: Vita est: hinc in motu. Motum sequitur actio.* tum per operationes externas, extra se terminatas, qualis quidem Creatio, Conservatio & Gubernatio rerum creatarum, quæ omnia bene evidenterque, contra fortuitam rerum sine providentia divina contingentiam Epicuræam, asseruntur. Male autem hinc, contra Scripturæ Sacræ revelationem, negatur Deum Septimo die quievisse, atque Sabbathum quieti & cultui divino consecrasse: *quia, qui semper agit, non quiescit.* Pejus etiam æterna mundi creatio inde adstruitur, licet in tempore solum ex vinculis
æterni-

æternitatis proruperit. *Cap. II. Th. VIII.* Aft, potentia & actus agendi, in Deo non differunt! E Deus ab æterno creavit! Negatur Consequentia: quippe creatio non notat actum quendam ex parte Dei, quo de potentia activa ad actum ipse Deus transierit; sed ex parte rei creatæ, quæ de potentia passiva & objectiva, nondum existens, ὰ μὴ ἔσα, ad actum existentiæ prodiit. Vita igitur divina semper fuit actuosa, potentia activa nunquam in Deo quiescens, nunquam otiosa, licet operationes externas ab æterno non ediderit, semper negotiosa vel operosa, in seipsa & beatissima, secundum illud Martialis: *non est vivere, sed valere vita.* Vitæ vero hujus effectus extra Deum, in principio Originis creatæ demum se exseruit, ante quod principium nullis sane *latitavit in tenebris Cimmeriis*, Deus, lux in accessibilis, uti posane dicitur *C. II Th. IX.* nec in perpetua fuit inactione, semper enim velle, semper intelligere, est Entis ab æterno operantis & agentis, non semper creare. Creare autem tunc modo ejus fuit, quando lucis suæ participes reddere ipsi placuit extra se creaturas, præcipue eas, quas creavit, ad lucis æternæ fruitionem aliquando perducendas.. Male etiam ex medio termino: *Nulla hic distincta temporis intervalla*, concludit Th. VIII. *E. Deus & actio; Decretum & Executio: Voluntas & effectus: in Productione & generatione Universi simul conjunctim extiterunt;* quamvis enim in Deo excludat omnem temporis differentiam, infinita ejus & perfectissima æternitas; non tamen in rebus creatis, in quibus notatur æternæ voluntatis executio: quippe sic mundus non erat creatus volitione sola, sed volitionis decretique executione extitit, in totali sua perfectione, & quidem talis, & unus, qualem sensus experiuntur & ratio, revelationi supernaturali conformem, nec plures, nec pauciores, pro quibus asserendis infirmus admodum medius Terminus *Th. XIII.* affertur: *Omnis Dei volitio. Operatio. Omnis cogitatio. Creatio. Tot ergo mundi. orbes tot: Ejus quot volitiones & cogitationes.* Committuntur enim ἀσυλλογίςως actiones Dei internæ & externæ. Potentia divina et actus, nec a posse Dei, ad esse creatura-

C 3

turarum valet consequentia, quod posterius tantum ex manifestatione Dei revelantis liquet; ut temere concludatur; *reliquæ creationes omnes, eæque innumera, nos latent.* Sunt tamen & realiter *existunt:* contra tamen sensum & rationem, testes omni exceptione majores, qui non nisi unum esse testantur. Quare & ab unius hujus mundi principio, solum derivanda est rerum creatarum series, & ordo intra sextiduum productarum, hunc ex Scripturarum revelatione simpliciter credamus, haud quidem curantes, neque cum Universalista *Th. VII.* ad trutinam veritatis examinantes, *quamplurimas & subtiles de modo, quo mundus creatus, publicatas doctorum Virorum, Anglorum maxime, speculationes*, in quibus otiose genio magis & ingenio indulserunt, quam divinæ revelationi; in hac autem merito hic acquiescamus: nec ex libertate sentiendi, cum *Nostro Th. X. C. II* temere ac impie statuamus: *Loqui*, qui sex dierum spatio, universum creatum asserunt Mundum, *ex principiis scripta per hominem revelationis; pariter de creatione particularis Mundi, qua a particulari certarum Gentium,* Judæorum scilicet *& Christianorum, Deo, facta & peracta.*

§. XV. Vitam ergo Dei Motus arguit: motus vero iste, uti per Creationem universi apparuit, ita perpetuus est, ad *Esse creaturarum Conservativum & Gubernativum* ut cum Universalista *C. II. Th. XVII.* loquamur. En Providentiam Concursum & Gubernationem divinam merito assertam: sed bonum hunc modum, semperque conformem statuamus Motori æterno, sanctissimo, justissimo: non diversum, non contrarium, non repugnantem. Simplicissima Essentia, summa perfectio, infinita potentia, omnis contrarietatis est expers. Qua igitur fronte *Th. XVIII. C. II.* asseritur: *Motus hic duplex est; Amoris & Odii: concordia & discordia: Sympathiæ & Antipathiæ: Uniens & resistens: attrahens & repellens.* Effectus testatur de causa: per *Th. III. C. II. hic mundus est in Deo, ex Deo & per Deum.* E. Ens infinitum, omnium affectuum expers, contrariis Odii & Amoris affectibus & effecti-

effectibus est obnoxium ? En medium terminum, quo ipsa Dei Essentia & Existentia evertitur. Unde autem ista contrarietas? Non a Motore, nec ejus motu, sed a rebus motis, a perfectione primi motus deficientibus. Hujus defectus originem primam, cum sensus & Ratio ignoret, revelatio ad primi lapsus enormitatem nos reducit, cujus infallibili veritate nostræ consulitur ignorantiæ. Auget quidem & minuit hunc motum, omnipotens Motor: alterat & impedit pro lubitu Deus; sed summe bonus, nunquam in malum: semper in bonum. Idem motus, nequaquam diversus est, in ἰδέα causæ primæ; diversus tamen per ἀταξίαν causæ secundæ, a bonitate prima deficientis, & motu concursus universalis, abutentis Inde pœnæ secutæ & ipsius mundi universi mutationes & alterationes, non solum in accidentalibus, & olim & hodie frequentes, sed et, universalis καταστροφῆς & annihilationis certitudo, indubie est expectanda, & quoad formam præsentem & quoad substantiam. Quare contra *Th. XXI. & XXIII. C. II.* tam universalis Cataclysmi præteriti, quam παλινγενεσίας mundanæ futuræ veritatem, non tam *recepta a Venerando Theologorum choro*, ut scoptice loquitur, *opinioni*, tribuendam, quam Sacræ Scripturæ revelationi, non valida solum probabilitate, sed necessaria evidentia confirmanti, credendum esse statuimus, licet *ratiocinationi nostræ, tum universale tale diluvium, vix arrideat*, tum universali annihilationi sensus contradicat. Sit interim Quietista hic felicior Disputista, modo nec in senio mundi defendendo, nec in παλινγενεσία ejus olim expectanda, otiosus quoque sit Controversista.

§. XVI. Patebit hinc, quid sentiendum de Conclusione Universalista *C. I Th. II.* posita: *Atheismus nullus: Atheæ Nationes nulla: Athei Homines nulli.* Utinam vere concluderet! Utinam nec vita plurimorum ἀσώτως καὶ ἀσεβῶς viventium, Veritati conclusionis hujus contradiceret. Tales sunt, de quibus David queritur Ps. *XIV, 1.* quosque deplorat Paulus, Eph. II, 12. quod sine Deo vivant in mundo, ἄθεοι dicti, quod alium, quam unum verum-

verumque Deum colant, ac licet Deum verbis profiteantur, factis tamen esse negant, dumque conscientiæ, vel rationis ipsius dictamina, Deum esse testantia, studio suffocare laborant, indirecte Athei, & vulgo Practici, merito appellantur. Horum numerum ad augere censentur, quibus nimia est in rebus divinis & otiosa curiositas : quibus temeraria Magiæ naturalis investigatio : quibus chara Librorum Atheorum lectio : quibus assueta de Dei Existentia dubitandi & disputandi licentia, de qua vere pronunciat *Cicero, L. 2. de Nat. D. Mala & impia consuetudo est, contra Deos disputandi, sive ex animo fiat, sive simulate.* Porro, quibus ad amata cum profanis, & heterodoxis hominibus conversatio : quibus tandem solennis est Indifferentismi, Naturalismi, Syncretismi, Scepticismi, Enthusiasmi, defensio : inde enim proxima, vel in Atheismum practicum, vel ad ἀπόθεων sui ipsius ac creaturarum, vel certo certius ad Malaciam & Acediam, in veræ religionis professione, declinatio est et prona præcepsque prolapsio, ubi justo Dei judicio, proh dolor! sæpe contingit, ut hujusmodi homines in sensum reprobum dati, gravissimumque sanæ rationis deliquium, quale Universalistam nostrum occupavit, passi, omnem fere de Deo sensum & sententiam exuant, & bestiis feris, quam hominibus rationalibus, similiores existant, quos *directe Atheos*, & quidem speculativos s. theoreticos, licet temporarios, appellare licebit, donec ex torpore & sopore, per immensam misericordiæ divinæ gratiam ad saniorem mentem revocentur. Atheos vero perfectos & perpetuos, qui omni cognitione Dei tum actuali, tum habituali, tam sensu, quam affectu, & toto quidem vitæ suæ tempore, sine omni conscientiæ mordentis stimulo, destituantur, dari, per naturam impossibile esse, concedimus, quo sensu etiam Universalistæ Nostri Conclusionem veritati conformem esse, nemo dubitabit, etsi Hornius de Sinensibus, & Relationes peregrinantium de populis Canadensibus in America, quos Iroqueis, Harons & Algonquins, appellant, nec non de Caffariarum littorum incolis in Africa, persuadere conentur, nullum vel religionis sensum,

vel

vel cultus divini vestigia, vel regiæ majestatis venerationem, penes illos reperiri : quippe experientia & familiarius commercium cum hujusmodi gentibus, ab humanioribus moribus alienis, docet, eas etiam sapientiam capere & sociabilitatis humanæ legibus, unde sub imperio divino consociatio patet, uniri. An vero medius iste terminus, ab Universalista, a Sensu & Ratione, eo, qui ex superioribus patet, modo petitus, eam Conclusionem satis evidenter inferat, aut testimonium, omni exceptione majus, præbeat, omnino dubium est , quippe cujus principia, de Mundorum in Deo Existentia; de Materia æterna, cum Deo vinculo arctissimo conjuncta: de Religionis Naturalis & Politicæ, ut sequenti Sectione videbimus, Indifferentia : de Deo Theologico & Politico: sententiam animi probant, Atheismo Aristotelico, Stoico, Stratonico, Spinoziano, Statistico & Machiavellico, maxime affinem. Multoties tamen Atheismi notam plurimis male impingi posse, & impactam esse, ex *D. Buddei Thesibus de Atheismo Cap. I.* pluribus edocemur.

SECTIO II.
DE RELIGIOSO DEI CULTU.
§. I.

DEI ejusque Existentiæ Agnitionem, necessario sequitur illius *Veneratio & Cultus*. Intellexerunt & hoc Gentiles ; sed *noscentes Deum, non uti Deum glorificarunt , nec gratias egerunt*, teste Paulo, Rom. I, 31. Duo hæc sunt religiosæ agnitionis capita præpua: pauca quidem & brevia, sed amplissimo recessu foecunda. Universalista Noster utrumque exprimit duobus verbis , *C. I. Th. III. Deum in Essentia mihi unum, secundum Religionem meam , Amo & Colo*. *Pauca sane & brevia Religionis capita; quæ, quo breviora & pauciora, eo meliora*. Sic glorificare Deum, ipsi est *AMARE*: gratias agere, *COLERE*. Utrumque satis recte, si satis pie. Illud intellectum, hoc Voluntatem postulat: illud fidei, hoc operum

D   norma

norma est. Illud Essentiæ divinæ perfectionem respicit: hoc ipsius benignitatem. Generalis autem iste Cultus est, quo gentilis non minus, quam Christianus, rerum divinarum satagit: perinde namque ipsi est, *C. I. Th. XII. Gentilis multiplicem, Christianus Unum & Trinum colat Deum.* De Amoris vero & Cultus divini quæstio hic est, non tam præsentia, quam sinceritate & veritate: si amasse sufficit ad Religionis veritatem & sanctitatem, certe indigne ferendum non est, Israelitas in deserto vitulum aureum adamasse & coluisse, Exod. XXXII, 4. seqq. nec errant inimici crucis Christi, Ventrem suum Deum amantes & colentes, Philip. III, 19. Hunc & Deum suum Universalista amat & colit, prout Ventris sui, idest, Religionis suæ politicæ ac Societatis Ratio postulat: *Th. XXI. C. I.* affirmans: *Si Turca, Alcoranum: Si Judæus V. T. Si Christianus N. T. veneretur, pro Lege & Religionis suæ norma, & qualis illius Regionis, cujus Civis est & subditus, Deus fictus Theologicus, vel Politicus, sive Statisticus :: talis illi placet & placere debet.* En Amorem! Ast qualis est amoris Sinceritas & Cultus divini Sanctitas? Nota quidem veræ religionis est obligatio ad amandum, quem colis, Deum. Num vero singulæ istæ, quas enarrat, religiones, pari jure graduque sinceritatis, Deum amare consueverunt, aut ad amandum obligant? quas invicem sic ubi conferas, nullam sane sincerius & validius ad amorem divinum obligare senties, quam Religionem Christianam. Omnes quidem amare Deum jubebunt, ubi vero amor sine timore, fiducia sine dubio, amplexus sine formidine? quibus omnibus verus amor impeditur, ne dicam, tollitur. Deum sincere nemo amabit, nisi qui cognorit secretos & intimos humanæ naturæ recessus: qui intellexerit verum & summum bonum: qui veram deperierit virtutem: quæ singula cum vera religione convertuntur: hinc notitia rerum harum singularum est indivisibilis & inseparabilis. Necessarium utrinque est nosse, tam perfectionem & infirmitatem humanæ conditionis, quam utriusque causam; hanc notitiam nulla conciliat, nisi Christiana Religio; hinc & sola veri & sinceri amoris divini genitrix

trix est, veluti quòque ex universa illius Oeconomia patescit, instituta singularum, tum Gentilis, tum Muhammedanæ, tum Judaicæ, tum ipsius hujus Naturalis, Religionum comparatione. Sed hic occalluit Universalistæ Sensus & Ratio: a Magistro enim suo *Horatio, cujus versus ex Ep. I. v. 11. seqq.* Meditationibus præmisit, philosophari edoctus ait: *Et mihi res, non me rebus submittere conor.* Hinc *C. II. Th. XXIV.* optimum ipse censet, omnibus se accommodare Sectis. Sectarum & Principiorum & Horarum omnium, Homo esse.

§. II. Amoris Objectum in cultu hoc religioso Deus est. Hunc dicit Universalista *C. I. Th. XIV.* se amare *pure & simpliciter*, ideo, *quia Deus est, & quidem meus*, excluso omni respectu, *ad Bonum aliquod præsens vel futurum, corporis & animæ: hujus vel alterius vitæ.* Mira hæc amoris divini conditio! & contradictoria ipsius hypothesibus. Amorem procul dubio postulat, qualem natura docet & Ratio: altius enim amoris divini principium, quale ex revelationis S. efficácia Spiritus S. excitat & docet, ipse repudiat. Sed amor naturalis semper intendit certum actionum suarum finem, qui per *Th. V. C. IV. est utile. Omne enim utile est jucundum, jucundum autem appetit homo:* ubi vero jucundi appetitus sine respectu boni? ubi bonitas vera, nisi in Deo? E & Deum amare non potest, sine respectu alicujus boni; nisi, Deistarum more, Deum adoret & amet, tantum quia magnus, quia potens, quia æternus est, quorum attributorum consideratio tamen, majorem homini incutiet timorem Dei, quam amorem. Verum excipiet: Deum amo sine respectu ullius boni, mihi vel in hac, vel futura vita conferendi, *qui amor sincerus non est, sed interessatus,* ut loquitur. Concedo purum hunc amorem Dei & sincerum non esse, qui Deum bonis istis in amore postponit, sicque majorem hisce bonis inesse jucunditatem statuit, quam ipsi Deo. Verum homo naturaliter & rationaliter amans, non amat nisi utile & jucundum, qui, per dictam hypothesin, est unicus finis actionum hominis; aut igitur Universalista hunc finem ignorat, aut Deum amans natu-

D 2   turaraliter, non amat. Si vero pure & sincere amat, aliud amoris fundamentum quærendum est, quam Sensus & Ratio. Hæc semper ad finem actionum contendunt, qui Nostro est *utile & jucundum.* Nonne vero Amor est actio, & quidem præcipua animæ, sive sanguinis operatio in corde & pectore, in voluntatem desinens: hujus consequens est appetitus, seu desiderium aliquid habendi; hujus vero effectus, ut noster philosopatur *C. III. Th. XX. seq sunt fruitiones.* Certe Deum amare nequit, quin fruitionem ejus appetat, tum in præsenti, tum futura Vita, & quidem propter ipsum Deum ejusque bonitatem. Effectus non est sine causa, hæc bona, & illi bonitatem conciliat; propter quod enim aliquid tale est, id magis tale est. Sane qui bonum, vel animæ, vel corporis, ejusdemque fruitiones tantum expectat ex amore Dei, nec pure, nec sincere Deum amat; qui vero Deum sincere, & pure amat, sine fruitione illius boni esse nequit: Est enim summe bonum, hinc summe etiam communicabile. E. qui bonum Deum amat, amat quoque ipsius communicationem; præsertim si hic amor ex vera Dei ejusque bonitatis cognitione procedat. Ignoti nulla cupido: Veri autem summa boni, nosse & amare Deum. E. qui Deum nec vere novit, nec pure eum amabit. Quem vero Universalista Noster sive Indifferentista & Naturalista Deum agnoscat, satis constat: nempe Deum particularem, sive Judæus, sive Turca, sive Russus, sive alius Christianus fuerit, singulorum enim Deum approbat, totuplex autem Deus, non est unus Deus: Universalem enim, ex ipsius sententia, Deum nulli agnoscunt: Si autem non unus E. nullus Deus, aut ab his, aut ab istis, aut ab ipso Universalista pure & sincere amatur.

§. III. E. Nec Sensus & Ratio purum & sincerum Dei amorem suadent docentque, qui minime sit interessatus, quin semper sectetur utilitatem & jucunditatem, pro inclinatione affectuum suadentium & allicientium, quorum effectus sunt Fruitiones ejus, quod appetitui quocunque modo placet, quod est omne jucundum, per *Th. XXVI. XVII.* An vero purus sit talis amor sin-
cerus-

cerusque, fine omni intereffe conjuncto, ipfe naturam naturalis hujus fui amoris examinet. Non intereffatum quidem a nobis poftulat Dei amorem, vera veri Dei cognitio; Ejus tamen Principium quærendum eft, non in natura Senfus & Rationis, fed in fublimiori aliquo fundamento Religionis Chriftianæ, quæ fola, Naturæ in eo, quo nunc eft Statu, eft contraria, oppugnando defideria & voluptates, *les plaifirs defordonés*, ut pulchre loquuntur Galli, ab ordine appetitus, divino amori conformis, abducentes; duplicem enim Religionis Chriftianæ Sanctitas hanc tradit docetque veritatem: *Et effe Deum, cujus per amorem capaces & participes effe queamus: Et effe in nobis hominibus naturæ corruptionem talem, quæ illius participatione nos reddat indignos*, ut proinde ab amoris illius fructu æternum excludamur. Utrumque duplicis hujus veritatis comma noffe & fumme neceffarium, & pariter periculofum eft homini; noffe Deum, fine notitia fuæ corruptionis ac miferiæ: & noffe miferiam fuam, fine notitia Redemtoris, qui ex ea eruere nos poffit. Altera harum notitiarum fola, vel producit fuperbiam atque ambitionem Philofophorum, qui cognoverunt quidem Deum, non vero fuam miferiam; quæ ignorantia & Univerfaliftam urget : vel procreat defperationem Atheorum, qui miferiam fuam intelligunt, Redemtorem vero nefciunt. Cæcum namque & rationis lumine deftitutum effe oportet, qui non intelligat, hominem naturæ fuæ relictum, plenum effe fuperbia, ambitione, concupifcentia, infirmitate, miferia & injuftitia, quorum vitiorum fingula ab amore Dei abftrahunt ; fane igitur fanæ rationis ufu deftitutum effe oportet, qui ab iftis defectibus liberari fe non expetat. Aft hic aqua hæret Rationi & Senfibus! remedium igitur & fubfidium amoris quærendum eft in ea religione, cujus ex principiis , & caufam defectus, & complementum amoris intelligimus atque acquirimus , qualis fola eft Chriftiana.

§. IV. Sic de puritate & finceritate amoris fui , Naturalifta neutro modo gloriari poterit ; non ratione Objecti amati, quip-

quippe Deum, vel non verum, vel plane nullum, amat; nec ratione subjecti amantis, cujus amor, *secundum* §. *praeced.* vel dubius est & incertus, vel secundum hypotheses Universalistæ, sensualis saltim est, et ita nec purus, nec sincerus. quippe Amor, *ex C. III. Th. XXVI.* est desiderium habendi, hoc oritur ex appetitu; hic consequens est voluntatis, & hæc ipsa est operatio sanguinis in Pectore & corpore. Omnia sensualia; cur non & objectum omnium, præcipue Amoris, sensuale erit, siquidem verus & sincerus amor, semper fertur in sui simile & appetitui suo conveniens: Nisi Deum igitur sensualem, id est, sensibus corporeis perceptibilem finxeris, nec verus illius amor erit, nec sincerus; Amor vero qui sensuum judicio nititur, dubius est & fallax: res pulchras potius, quam bonas, persequitur, quoniam pulchritudo Spiritus animales excitat, sive vera rerum sit bonitas, sive apparens, haud sollicitus. Sed ut primum species, vel ideæ pulchri, ad mentem deferuntur, præcipitato statim judicio, passionibus suis indulgens intellectus, voluntatis & appetitus desiderium, imprudenter sæpius, sequitur, ut ex præsentibus, convenire sibi creditis, lætitiam, ex absentibus cupiditatem percipiat. Passionalis hujusmodi amor sane Deo repugnat, utpote Essentiæ divinæ, quæ Spiritualis, difformis, & ab ipsa amoris perfectione, qui sententia Universalistæ, *Interessatus* esse nequit, alienus. Verum inquiet, Intellectualis amor omnino verus est & sincerus, talem adversus Deum, Sensus & Ratio postulat, talis & meus est! Sed principium petit: nec enim intellectualis potest esse amor, cui omnis anima, sanguis & sanguinis operatio sensualis est. Sit tamen intellectualis! perfectum esse oportet, ut sit purus & sincerus amor. Ast unde illa perfectio: non ex gratia supernaturali, quam Universalista ignorat, soli rationi & sensibus confisus, repudiata omni revelatione: nec ex natura, quippe quam imperfectam, deficientem, & ex se Entis infiniti, ejusdemque per amorem unionis, incapacem deprehendit. Ubi sic nulla perfectio, ibi nec puritas amoris est, nec sinceritas: unde nec illa, ab homine rationi & sensibus

bus suis relicto, expectari, nec ab Universalista jactari potest. Aliud omnino atque sublimius hujus amoris, ut excitandi, sic & alendi, principium requiritur, quale gratia Dei est & misericordia, quibus fides promissionibus, per revelationem notis, nixa uniri se rursus posse credit, & spe firma unitur, cum Ente summo, optimo, infinito, per Mediatorem & Redemtorem, sine cujus interposito λύτρῳ, homo æternum fuisset remotus à Majestatis & Bonitatis divinæ participatione, quippe perfectum & imperfectum, Sanctum & peccatis s. corruptione obnoxium, inter se componi & conciliari per naturam nequeunt. Quod igitur gratia divina offert amoris conciliandi medium, id fides amplectitur, & omnium omnino sensualium passionum desiderio abnegato, in sola Dei bonitate solet acquiescere, & indignitatis suæ labem per Mediatoris amorem abstergere. Hunc perfecti & haut interessati amoris gradum, nec Seneca, exquisitissimis de Tranquillitate Animi, & de Ira, Meditationibus, satis describere: nec Cicero, amplissimo de Officiis apparatu, ex asse commendare: nec ullus Philosophorum Gentilium alius, profundissimis speculationum suarum argumentis, ex merito penetrare unquam poterit, multo minus Universalista, ex Sensuum & Rationis suæ subsidio præstabit: Sola Christianorum hæc est amoris divini perfectio, praxi tamen, quam theoria, præstantior atque beatior.

§. V. Formam Amori sui, quo Deum prosequitur, *C. I. Th. XV* statuit esse carentiam s. absentiam timoris, inquiens: *Dum sic Deum amo, Eum non timeo.* Rationem seu medium terminum addit: *Timor involvit odium. Amor & odium sunt incompatibilia.* Nolo Pauli effatum opponere: Phil. II, 12. μετὰ φόβε καὶ τρόμε, cum timore & tremore salutem vestram operemini: nec Davidis monitum, Ps. XXIV, 10. Timete Jehovam Sancti ejus, quia non est penuria ipsum timentibus; nec alias sanctorum amanuensium & ipsius Dei, ad timorem sui, exhortationes, quibus Amor Dei & Timor ejus: quibus gaudium & tristitia: quibus fides amoris & reverentia timoris, sunt compatibilia: notum enim hujusmodi

dicta

dicta Universalistæ vocari, non Dei, nec Spiritu divino ductorum, sed solum historica & humana traditione nixorum, dogmata, & notiones, quibus carere possit homo, qui vere Deum amat & toto corde diligit. Sed ita toto Cœlo semper aberrat, genuina namque Amoris & timoris divini principia non reperit, quæ sunt duplex ista veritas, priori §. 3. monstrata: *notitia, scilicet Dei optimi, & humanæ naturæ corruptæ*, illinc Amor, hinc timor nascitur: nosse utrumque pariter necessarium esse homini ac periculosum, patet, nisi accedat notitia Redemtoris, qui dignos nos reddat amore Dei, a quo cognitio imperfectionis & corruptionis nostræ nos exclusit. Aut igitur humanitatis sensum, aut divinitatis notitiam, excussisse oportet *Universalistam*, qui Deum se amare jactitat, sine timore, quem amare se posse gloriatur sine Redemtore. Nihilo tamen minus sui oblitus, *C. II. Th. XVIII.* Motum, quem Creaturæ omni, ergo & homini, Deum amanti, Deus ad esse conservativum & gubernativum indidit, ait esse duplicem: *Amoris & Odii. Concordiæ & Discordiæ. Antipathiæ & Sympathiæ.* Quare Amor & odium non erunt incompatibilia, quia ab una eademq; causa: ab uno motu divino procedunt. Circa idem quidem Objectum, eodem modo, versari utramque passionem, lex contradictoriarum prohibet. Nec Amor & odium circa Deum occupari possunt: odium quoque, hoc respectu à Timore Dei includi, falsissimum, quem timere semper, nunquam odisse, Amor postulat. Odium spectat principium timoris, quod non in Deo, summo bono; sed in nobis reperimus summam nempe miseriam, vel potius miseriæ principium, videlicet peccatum & peccati corruptionem; hanc qui juste æstimat, non potest non timere Deum, ut justum iniquitatis judicem. Amabit vero Deum, ut optimum præstantiæ humanæ Conditorem, cum innato affectu, se cum Deo uniendi. Sed facilis hic ad alterum extremorū lapsus: hic, ne infirmitatis suæ oblitus Deo se æquiparet, ac ambitione peccet: Illic, ne infirmitatis ac corruptionis intimæ notitia, ad desperationem prolabatur; ibi amor Dei superba erit præsumtio; hic timor, ad bestiales voluptates

tes præcipitatio. Utrique huic malo consulendum est. Sed ubi & unde remedium? Philosophia ex Sensu & Ratione consulere nequit, alterutrum enim affectum Philosophi sua tantum aluerunt doctrina ; vel superbia ad ἀποθέωσιν assurrexerunt impie, vel concupiscentiis habenas laxando, ad vitam brutorum proruerunt: quod factum Sectæ demonstrant Stoicorum & Epicureorum, Dogmatistarum & Academicorum. Ignorarunt enim remedia, Amorem & Timorem Dei in veneratione religiosa conciliandi. Sola hic rursus satagit Religio Christiana, in qua reperimus, nec infirmitatem, quæ nos reddat summi boni incapaces, nec sanctitatem, ab omni malo liberam & exemtam, quare Deum amare docet simul & timere: amare ut bonum optimum & perfectum: timere, non ut malum, sed mali osorem & judicem, quod in nobis deprehendimus, & extirpare radicitus nequimus. Sic amor fiduciam auget; timor vero securitatem prohibet. Sirac. I, 16.

§. VI. Quare infirmus valde est medius terminus : *Timor involvit Odium.* Deum odisse nefas est. E. Timere Deum , amor ejus non patitur; quasi timor alicujus, semper Odium rei timendæ involveret. Timor Dei, omnis est odii expers. Nihil in Deo dignum odio; qui ipse Amor. Sed in nobis malum, quod, ut ab amore Dei nos abstrahat, verendum, utque Deum offendat, est timendum. Talis amor timorque Dei , se mutuo non expellunt, sed sororio vinculo in mente, Deum vere & religiose colente , semper junguntur. Studio forte reticetur timoris, in filialem & servilem, distinctio, quia in Theologorum chorum scholasque, ex sacrarum literarum fonte, est derivata, cujus amaræ sunt aquæ, non nisi turbidos humanæ rationis & sensus latices sitientibus. En! homo etiam filius, Patrem amat timetque : non odit, sed reveretur. Odium affectus paternus excludit, filialis fiducia nescit: timorem tamen eminentia paterna & filialis subjectio incutit. Cur non & Deum amabimus, ut Patrem optimum : timebimus , ut Dominum justum atque potentem , cujus tam benignitas amorem demulcet,

mulcet, quam Majestas timorem injicit: non *Servilem*, qui pœnas exhorrescit, male factis paratas & nullo remedio expiatas: Sed *filialem*, qui fiduciali amoris & timoris reverentialis æquilibrio expensus, Majestatem revereretur, benignitatem exosculatur: cautus, ne hanc amittat, illa læsa, vel offensa. Ast asseruit Universalista: *Deus nullo modo lædi potest: Finiti in infinitum potentia nulla, vis nulla, actio nulla. E. nullum factum commiſſionis, ob quam alterius*, præsertim Dei, *ex timefeo Iram, Vindictam, Pœnam.* En medium terminum, rejecti ab Amore divino Timoris: Essentia Dei infinita nulla potentia finita, i. e. actione vi & facultate physica, lædi potest. E. nullum factum commiſſionis, vel omiſſionis, vel peccatum. E. nulla extimescenda offensi Dei Ira, Vindicta, Pœna. E. Amandus Deus, non timendus. Sed quam perversa sit illa argumentandi ratio, vel cæcus videat; à negata læsione Dei physica, ad negandam læsionem moralem, ἀσυλλόγιςον esse, supra jam vidimus. Utinam præmissæ essent veræ! nec de veritate Conclusionis dubitandum foret. Sed unde nobis hominem omnis labis, sive facti commiſſionis, aut omissionis expertem? nec in sanctiſſimis reperiri quempiam, macula peccaminosa carentem, testantur literæ sacræ. Nec defectum puritatis & sanctitatis, nec non pronitatem in peccata, deplorare dubitarunt, Gentilium quoque Sapientes. Inde tot modos, Numinum suorum sanctitatem expiandi, in quisiverunt, thure Deos placare conati, ut quoque ex *Virg. Georg. 4, 379. Panchais adolescant ignibus ara:* Victimas mactarunt, sacrificia immolarunt, preces fecerunt, supplicationes instituerunt: quo læsa Numina sibi denuo conciliarent, & ad conformitatem cœlestem, ablata omni peccatorum iniquitate, penetrarent. Eadem hic gentilium ex ratione, quæ Sanctorum ex revelatione, opinio, idem utrinque sensus, idem emendandi sui conatus; diverso tamen eventu & dispari successu. Illi, suæ impuritatis & imbecillitatis conscii, requisiverunt Mediatorem, Salvatorem, Redemtorem, Sanctificatorem; sed Sensibus ac Ratione anxie quæsitum, haud invenerunt: inde ad alterutrum actio-

actionum suarum extremum proruerunt, aut ad superbiam, aut ad desperationem. Hi vero ex verbo revelationis illuminati & sanctificati, Deum a Mediatore expiatum inveniunt, inventum amant, amatum timent & verentur, ne sibi conciliatum, male factis rursus lædant, læsum amittant, iram ejus provocent, vindictam excitent, pœnam accersant.

§. VII. Ast talium passionum expers Deus est! qui ergo timendus? Omnino expers passionum illarum Deus est, cum perturbatione animi & motuum inordinatorum, quibus homines obnoxii sumus, conjunctorum, a quibus impuritatibus defæcata Iræ, Vindictæ, Pœnæ, nomina, non nisi justitiæ divinæ exercitium denotant, in actionibus externis, quæ non in Deo terminantur, sed extra Deum ad creaturas abeunt & transeunt. Fallas igitur præmissas: *Nulla sunt peccata, nulla transgressiones, nulla læsiones Dei*: falsa sequitur Conclusio. *E. Nulla pœna, nec diabolus, nec infernus* Sic respondent ultima primis: mali corvi, malum ovum. hoc *C. IV. Th. XII.*exclusum, hominem edit, appetitui suo relictum, legibus nullis, vel vetantibus, vel permittentibus subjectum, libidine vaga, in stupra, adulteria, homicidia, incestus, scortationes, quales nec inter Gentiles audiuntur, 1. Cor. V, 1. secundum concupiscentiæ stimulos, libere & licite proruentem, nec pœnas metuentem delictis, qualia nulla sunt: nec præmia benefactis expetentem: quia Virtutum factorumque omnium rectitudo, non ex voluntatis divinæ justitia; sed ex utilitatis propriæ & sensuum desiderio est mensuranda, ut virtutis nomine veniat, quicquid appetitum explet; vitium vero & peccatum, quod illi molestum est & grave. hinc innumeræ hujusmodi actiones, secundum dictata Rationis & voluntatis, Intellectus & Appetitus, in modis ad Nutritionem, Generationem & Defensionem necessariis, quotidie sine horrore, pudore, conscientia, perpetrantur. En egregium Dei Amorem sine Timore! En spurcissimos Epicuri de grege porcos!

§. VIII. Sic ex Ungue Leonem. Qualis Amor Dei, talis Fiducia: inde Spes impunitatis & scelerum omnium immunitas:

tas; certe apud Deum: cujus enim nulla est læsio, ab illo vindicta est expectanda nulla. Licet facinora varia, ob hominum Cholericorum impotentiam, legibus variis inventis, jure Naturæ & gentium, Morali, Cæremoniali, Forensi prohibeantur: licet peccata & delicta variis pœnarum generibus, temporalibus & æternis, *Th XXI. C. IV* per fraudem excogitatis, coerceantur, ut imperia stabiliant & subditos in Obedientia contineant. Sed quid isthæc omnia ad Amorem Dei? cujus cum Timor sit nullus, nec leges sunt ab ipso latæ, nec pœnæ transgressoribus dictatæ. *Terriculamenta sunt duntaxat hominum l. c. Dominatuum fulcra: Dominantium Defensores,* quibus nihil imperat, nisi Appetitus & Utilitas, quando desideriis satisfacere, & *Interesse* seu Utilitatem quærere, unico & primo pro scopo habent. *Th. XXIV.* ita timere debemus, non Deum sed tantum homines, eosque ut iniquos, injustos, crudeles, qui hominem ex *C. IV. Th. XI XII.* appetitui suo relictum & secundum eundem utiliter, hoc est recte & bene, facientem, quod facit, ex statu libertatis, quem a nativitate accepit, in conditionem servitutis immerito redegerunt: hos, quia timere solent debentque, amare non decebit: amor enim & timor sunt incompatibilia. Non paradoxa solum, sed adoxa philosophia hæc, ab omnibus sanæ Rationis principiis abhorrens. Si propterea Timor cum Amore Dei, componi nequit, quisnam Amoris illius effectus? Respondet Universalista, *C. l. Th. XVI 15. Cultus Dei consistit in Admiratione, Gratiarum Actione. Obedientia,* quos singulos cultus divini gradus, singulis thesibus seqq. declarat, cum Epiphonemate: *Totus hic cultus internus est, non externus. Spiritualis non materialis,* ut tanto excusatius in externo Dei cultu, Religioni Politicæ & Societatis se accommodare, prout libet, liceat.

§. IX. Primus igitur Cultus Religiosi actus internus, qui Amorem excipit, est *Admiratio.* Sane! *Si Admiratio,* secundum Philosophos, *est animi motus, quo is subito occupatur ab objecto insolito*: quis non admirabitur Universalistæ Nostri Deum? non tam ex *C. l. Th. XVII.* ceu *universi hujus, & simul nostræ corporeo - Spiritualis*

tualis Substantiæ Architectum & Opificem : quam, quod corporeo-Spiritualem hanc substantiam instruxerit anima, seu Spiritu corporeo, in cerebro Intellectum, in corde Voluntatem, operante, & ad Spirituales quasvis actiones edendas idoneo ; quod materiam fecerit *immaterialiter* agentem : quod corpus produxerit *spiritualiter* operans : uti insolitum hoc est, & contradictoriis effectibus constans, Creationis genus , & quidem procreans, non ex Nihilo, sed ex seipso, & ex materia, ab æterno in se existente, quamvis in tempore ex se prorumpente : ita multo insolentius est, Opificem esse sanctissimum atque purissimum, nihilominus tamen opificii sui, sibi & naturæ suæ relicti, impuritatem & actionem, odii & amoris, Sympathiæ & Antipathiæ, tolerantem, sustentantem, promoventem. Quis Gentilium, voluptatibus deliciisque brutis etiam deditissimus, talem Deum non admirabitur? Stupendum admirationis Genus, non nisi Universalistæ ejusque similibus proprium & conveniens! Admirationem tamen probamus, quæ Sanctitatem, Sapientiam, Bonitatem, Potentiam, Justitiam & Misericordiam Creatoris, Conservatoris & Gubernatoris, stupet, veneratur, deprædicat : quemadmodum enim ex vulgato Philosophorum dicto : *Ignorantiæ proles vocatur admiratio, quæ ipsa nata, parentem suffocat*; Sic admirando Deum, quæ nos antea latebant, stupenda Creationis opera, diligentius discemus: quæ ignoravimus, intelligemus : intellecta, ob sapientiam sanctitatemque Conditoris, mirabimur, atque novarum quotidie rerum observatione excitati, tanto fortius altiusque beneficiorum amplitudinem memoriæ imprimemus, quanto solidius bonitatis ac Sapientiæ divinæ munera largiter nos inundant , ad sanctiorem Dei opificis & Architecti venerationem alliciunt, & ad devotam gratiarum actionem impellunt.

§. X. Hæc Gratiarum Actio, ab Universalista ad internum Dei Cultum quoque refertur. Probamus: & quidem merito; sed non solum modo plene & sincere Gratitudinis defungatur Officiis. Gratias agendi

agendi Medium terminum *Th. XVIII.* affert: *ob innumera, quæ mihi præbuit & quotidie præbet beneficia, quoad esse constitutivum & conservativum.* Hæc suma quidem beneficiorum divinorum; haut plene tamen ab ipso agnitorum desunt Spiritualia. Agnoscere, primű est gratæ mentis officium: uti nulla est ignoti cupido, sic nulla non agniti beneficii remuneratio, nec gratias agendi studium. Non diffitebitur Universali sta, universalem largissimæ benedictionis divinæ ubertatem effundi, ex Solis quotidiano ortu & interitu. Hunc oriri patitur divina providentia super bonos & malos, prolixissime ad esse utrorumque, tam conservativum, quam constitutivum. Sed malos ipse admittit nullos, quia boni omnes, quia nulla peccata, quia nullæ transgressiones. E. Nulla etiam gratuitæ peccatorum Remissionis beneficia! hoc ergo nomine, quod præcipuum tamen est humanæ conditionis beneficium, nulla gratiarum actio Deo debita! quanto protervia isthæc est insolentior, tanto & ἀχαριςία s. ingratitudo est nequior: morbi non agniti, difficilior est curatio. Quod non confessum, barbare quidem Pontificiis, sed hic vere dicitur, non est remissum: cui nulla remissione opus est, ei nec gratiarum actione: contra, cui plus debitorum remittitur, ab hoc amplius & sincerius Gratitudinis documentum exigitur. Hoc remissionis peccatorum gratuitæ beneficium, pœnitentibus paratum, primum in Gratiarum actione locum exposcit, ut cæteris gratiæ divinæ muneribus nos indignos primum agnoscamus, ea tamen in immerentes collata, deinceps ex larga Dei benignissimi manu, cum ardentiore & puriore Gratiarum actione recipiamus.

§. XI. Uti manca est & deficiens Nostri Universalistæ Gratiarum actio, in primo Gratitudinis vel Ἐυχαριςίας munere, gratias sc. habendo, vel singula benignitatis divinæ beneficia, grato animo agnoscendo. Sic in cæteris ejusdem muneribus, minus plene & sufficienter grati hominis officio defungitur. Addit quidem *Th XIX.* se colere Deum, *Obedientia*; quo pacto gratias referre, & *Adoratione*, qua gratias agere, videtur. Neutrubique tamen vices

vices gratæ, pro tanta benignitate, mentis adimplet, Juſtitiæ, ſi non ſpecies, Soboles tamen, vulgo habetur Gratitudo, quæ, quod ex merito & dignitate non poteſt, ex debito ſaltim & æquo, licet non æqualiter, beneficium in ſe collatum, rependere ſtudet, imprimis quando illorum donorum multitudine & pretio, omnis noſtra vincitur gratiarum actio. Hic Rhodus: hic Saltus: An vero *Adoratio & Obedientia Noſtri*, Juſtitiæ ſatisfaciat officio, modo patebit.

§. XII. De Adoratione primum, poſt de Obedientia illius diſpiciemus.   Adorationis ſuæ devotionem *Thes. XIX. C. I*, hiſce paucis exponit : *Nullas hinc ſæpe fundo preces.* Conſequens hoc vult eſſe ſuæ Obedientiæ, *qua voluntati divinæ omnia ſua reſignet atque committat :* quaſi hæc voluntatem ſuam reſignandi promptitudo, ſupplicandi & precandi officium tolleret! ſubordinata non opponuntur, ſed contraria. Quo ſincerior & promptior eſt reſignandi actus, hoc purior precandi ardor. Fiducia, bonitate divina prorſus freta, utrumque animat : abſente anima, totum corpus friget, languet, corruit. Sed inquit: *petere a Deo, hoc vel illud bonum, ſanitatem, fortunam, vitam longam & æternam: eſt Deo leges præſcribere, eoque ſapientior eſſe velle.* Medius hic Terminus, ex Prodicianorum & Adamitarum Schola petitus, de quibus *Clemens Alexandr. L. 7. Strom. T. 7.* Hos æque ac noſtrum Univerſaliſtam confundere poſſent, præcepta ac monita divina, ad orandum provocantia, nec non exempla Sanctorum, ne dicam neceſſitatis noſtræ documenta, ad precandum, & ſupplicandum Deo, excitantia, niſi ſorderet iſti omne, quod ex ſacrarum literarum monumentis petitur. Quid quæſo Patri acceptius, quam fiducialis Liberorum petitio, & rerum neceſſariarum humilis explicatio, etiamſi neceſſitatem illorum non ignoret ? Deus Pater eſt, Nos Filii: Deus largus opum, Nos inopes. Deus ſemper ad impertiendum promtior, quam nos ad recipiendum. Nec ignorat quidem Deus, quibus egeamus: nec indiget recenſione noſtra, ut admoneamus: nec quenquam, leges ſibi præſcribere, patitur Sapientia Dei & Majeſtas; multo minus eo proterviæ progredietur

tur nostra infirmitas & subjectio, a nobis vero indigentiæ nostræ confessionem postulat. *Aliud enim est*, pie ait *Hieron. in C. 6. Matt. T. 9. narrare ignoranti : aliud scientem petere. In illo Judicium est; in hoc obsequium. Ibi fideliter indicamus, hic miserabiliter obsecramus.* Quibus beati Patris verbis, illustratur quoque sensus dicti Christi, Matth. VI, 8.

§. XIII. Orandum tamen, atque prosperum, tam in secundis, quam adversis rebus, eventum precibus impetrandum esse, ab altiore aliqua potentia & viribus humanis fortiore, ipsa quoque Gentilium Vanitas agnovit; Noster tamen Sensibus ac Ratione, divinæ voluntati resignatis, securus rerum præsentium atque futurarum, ait: *Nullas hinc sæpe effundo preces : quare? ne leges Deo præscribat*, quod sane impium. *Non orat, ut hoc vel illud bonum a Deo obtineat. Cur? ne Deo sapientior velle esse, videatur*, quod omnino profanum. *Non supplicat*; quia se suaque omnia resignavit divinæ voluntati. *Nihil precatur*: quia confidit in Deum. Utrumque posterius, justum est bonumque, sed neutrum prioris consequens. Nihil dictorum enim, orandi aut supplicandi debitum & necessitatem tollit. Quare, vel invitus eam agnoscens, ne gentilibus vanior, ne a moribus piorum alienior, hoc suo precandi fastidio, videatur, dicto *C. I. Th. XIX.* addit: *Invoco tamen sæpe Deum, sed ex moribus potius & consuetudine, quam intentione destinata.* Hic se, vel ipsis Ethnicis pejorem sistit, vel Judæis, in Synagoga preces suas otiose deblaterantibus, nequiorem: utrorumque enim βαττολογία inanis, & superstitiosa πολυλογία, licet a Salvatore Matth. VI, 7. reprehendatur, destinata tamen intentione omnes, non sola consuetudine, supplicabant. Inde Poetæ, Oratores, Historici, carminibus operibusque suis scribendis, preces semper præmiserunt; pro felici coeptorum successu: victimas sacrificiorum suorum precibus consecrarunt, ut Diis essent acceptæ: Sed Universalistæ alia mens est, alius animus: nec orare vult, nec orans etiam destinata intentione agit, sed moribus tantum & consuetudine abreptus invocat Deum, haud abhorrens Hypocritarum titulum, quibus licet appellari tales noluerint, apparere pios coram hominibus, potior Cura est, quam pie orare.

§. XIV. Quare superflua est & otiosa, precibus ejus super addita, atque a Christo, formulam orandi præscribente, emendicata conditio: *Fiat voluntas tua.* Ast voluntas est Dei, ut eum adoremus & rogemus, Pf. L, 15. In Spiritu & veritate, Joh. IV, 23. non solum a Scriptoribus sacris indicata, sed ratione & sensu suadentibus, agnita etiam Ethnicis, fatente Juvenale Satyr. X. *Orandum est, ut sit mens sana in corpore sano.* Nolle autem orare, idque nec ex intentione destinata, est contra voluntatem Dei. Multis hic contradictionibus implicatur Universalista: Orat & non orat; illud ore, hoc mente, sine sc. intentione destinata. E. Nihil agit; homines autem nihil agendo, male agere discunt. Orat tamen Deum: *fiat voluntas tua, non mea.* Idipsum quoque contradictorium; voluntatem namque suam resignarat voluntati divinæ, E. sua & Dei voluntas, non nisi una est. E. non opponenda. Ex Philosophia nostri, *C. II. Th. III. Mundus hic in Deo, ex Deo & per Deum,* hinc & pars *mundi potior Homo. C. III. Th II. & quidem secundum utramque machinæ suæ materiam,* tam *crassam,* quæ corpus, quam *tenuem,* quæ anima dicitur, seu Sanguis ejusque in corde & pectore operatio, voluntas. Hæc si ex Deo est, homo aliam a divina voluntatem non habet; E. non opponenda, ut Deo contraria. Sed contrariam esse Voluntati divinæ fatetur, quia hanc, non suam, fieri orat voluntatem, & quidem recte, licet non ex hypothesi: Orat, ut audiatur, petit, ut impetret : nulla vero est exauditio, ubi oratio non est ex Dei beneplacito. Placere nequeunt Deo impuræ mentis preces, ex immundi oris labiis effusæ. *Tibullus,* Poëta alias non ex castissimis, *L. 2. Eleg. 1.* sanctitatem postulat. *Casta placent superis, pura cum mente venite, Et manibus puris sumite fontis aquam.* Quæ puritas illi, quæ castitas? qui impuritatibus patrocinatur, justum rectumque judicans, quicquid appetitui placet: Cui actiones, Ethico-Physico-Politico-Juridicæ omnes, spectatæ tam in se, quam

F relati-

relative, sunt manentque indifferentes, unde adulteria, incestus, duella, homicidia, commessationes, bibitiones, & hujusmodi actiones alias, quas secundum concupiscentiæ stimulos exercet, nescit esse crimina. *C. IV. Th. VIII. & XII.* hujusmodi enim *actiones Injustæ, Naturalistis sunt tantum turpes, illicitæ, irrationales, si Utilitas Politica dissuadet, prohibet, quæ sola Mater est Justi & æqui*, isto autem modo libere, agit homo, secundum temperamenta corporis & sanguinis: cerebri & cordis, secundum dictata Rationis & Voluntatis. *C. IV. Th. XXV.* E. secundum Voluntatem Dei, recte omnino, sed sibi contradictorie petit, ut non sua, sed Dei voluntas fiat.

§. XV. Merito precum suarum modum describit Universalista, quod fiat *sine intentione destinata*, sic enim orantem, scire oportet, quid oret. Noster autem ipse quid oret, nescit. hinc vel prorsus, vel sæpe non orare, melius æstimat. Orans tamen, *C. I. Th. XIX.* inquit: *Rogo quidem* Te, Mi Deus: *sed exaudi me, pro tuo beneplacito.* Idem hoc faciunt Sancti, sed ex intentione destinata. *Da mihi, non quæ peto*; aut igitur sciens mala petis & turpia, aut nescis, bona peti debere, Spiritualia absolute, corporalia vero sub conditione voluntatis & sapientiæ divinæ: *Sed quæ dare decrevisti*: Absoluto scilicet & illimitato Prædestinationis decreto, sive salvare placuerit ipsum, sive damnare, sive vivere velit eum, sive interire, quippe *liberum in se jus*: *Vitæ & Necis, Salvationis & damnationis* habere profitetur. Denuo contradictorie: siquidem ubi nulla peccata, ibi nulla damnatio, nullæ pœnæ, nec temporales, nec æternæ, nullus diabolus, nullus infernus; sed perpetuum vitæ & salutis decretum, quale, ex sententia Universalistæ, necessarium omnino, ob perpetuas animarum Migrationes ex orbibus in orbes, & earum Translocationes stupendas ex globo in globos alios, donec ad Novi Cœli possessionem qualificentur. Sic autem Decreti eadem est & perpetua executio, in qua roganda supervacaneam ludis & perdis operam: inane jus necis est & vitæ in eum, qui mori nescit: hic enim perpetuus est, secundum *C. III. Thes. XXXXIX.*

XXXXIX. XL. XLI. Dei motoris in creaturis motus, qui non interit, sed tantum, *per morbos deterioratus, sistitur*; hic finis mors dicitur, non est: nec enim intereunt in homine *materia passiva & activa*, corpus sc. & anima, sed *in eas porro se dissolvunt particulas, quales hanc ante conjunctionem fuerunt; adeo, ut per vincula Amoris magnetica particulæ corporis, ad centra sua, aquea ad aquam, igneæ ad ignem &c. retrahantur; Anima vero una in alteram & vice versa migret, peregrinetur, transformetur, transfundatur.* An physicum examen subire sustineat hæc philosophia, haud morabimur; miramur tamen insolitam hanc mortis conditionem, & stupendam animarum Metemphychosin, a Pythagorica longe alienam. Anima enim, quia ex sanguine constat, *immutabitur in Deo, per Deum & cum Deo: eo, quo mori videtur, momento revivicet; In Universo, licet forsitan non amplius in hoc Mundo: Stella: Angelus, Dæmon. cum antea Homo.* En Metamorphosin, Ovidiana multo mirabiliorem! Vitam sine Morte; Mortem sine Vita: Annihilatio hic nulla: Damnatio nulla: Salvatio nulla: *Conceptus hi sunt, Ideæ, Non Entia, Somnia, Chimeræ.* Omnino Meditationes hujusmodi sunt & dici merentur chimeræ, & ipsi Universalistæ probantur, sunt enim incertæ, dubiæ, fictæ, quia τῷ *forsitan*, nituntur: hinc improbandum ipsi nonest, quod nec oret, nec, nisi ex moribus, & absque intentione destinata oret. Multo planior & sanctior est Sanctorum adorandi cultus, multo certior ipsorum fides, & indubitata exauditionis fiducia, quippe in Christo Jesu sunt, Rom. VIII, 38. 39. hujus in nomine orantes audimur, & quidquid petimus, impetramus, Joh. XV, 16. *& credens in eum* ὐ καταισχυνθήσεται, *non pudefiet, Rom. IX, 33.*

§. XVI. Alterum Gratiarum actionis officium dicitur Universalistæ *Obedientia*. Non quidem male: si modo omnes, quos ambitu suo complectitur actus, quoad formam æque ac materiam, exequitur. Est enim Obedientia Observantiæ ac Venerationis species, quæ superioris, cui debet & decet, mandato, sive expresso, sive tacito, libenter se subjicit, ac sine repugnantia pro viribus obtem-

obtemperat. Patet hinc Materiam seu materiale obedientiæ, actus esse debitos : quod debitum est, relationem arguit ad suum correlatum, quale præceptum est & mandatum Superioris. Par in parem, uti non habet imperium, sic par pari proprie non obedit, sed mutuam benevolentiam præstat, non subjectionem, sed paratam alterni amoris officia exhibendi promtitudinem, quo sensu etiam frequentissimum illud Gallorum : *Votre tres humble & tres obeïssant Serviteur*, vel *Valet*, sæpius est intetpretandum. Formale vero Obedientiæ, respicit voluntatem & mandatum Superioris, quod nec diffitetur, *C. I. Th. XIX.* consistit Cultus Ille Dei Religiosus, *3. in obedientia: quia Rector & Gubernator meus : cujus divinæ Voluntati me & omnia mea resigno & committo.* Non sufficit: confusa tantum est illa divinæ voluntatis agnitio & confessio, non clara, nec distincta. Domino nulli perfectam & omnibus suis requisitis absolutam præstamus obedientiam, nisi perfecte, plene & distincte cognito : inde Atheniensum cultus vanus fuit, inanis, imo nullus, quia ἀγνώςῳ Θεῷ præstitus, Act. XVII, 23. ἐματαιώθησαν γὰρ ἐν τοῖς λογισμοῖς αὐτῶν, Rom. I, 21. Nec ipse Deus, nec ejus Voluntas, *Nostro* plene ac plane noscitur ; Revelationem repudiat, solis Sensibus ac Rationi confidit & credit ; Hinc natam Dei voluntatisque Divinæ notitiam, plenam esse atque sufficientem ad hujusmodi Obedientiæ, qualem cultus religiosus postulat, institutionem & præstationem, accuratius conscientiæ examen in homine, sibi naturæque suæ solum confiso, negabit. Rectorem & Gubernatorem suum esse summum Deum, *Patrem hominumque Deumque*, professi quoque sunt Gentiles, vani tamen facti sunt in cogitationibus & ἀναπολόγητοι, non tam ex Judicio Pauli Rom. I, 20. Id enim Universalista repudiat; sed ex propria Conscientiarum & Ratiocinationum, nullibi quietem invenientium, dubitatione & hæsitatione. Ast excipit : *divinæ voluntati me, & omnia mea, resigno & committo.* Si vere & sincere loquitur Universalista, hæc ex Sensibus & Ratione profecto non didicit, sed ex altiori quodam principio, quo vel invitus, ad veritatis Christianæ professionem,
ad

adactus est; multa quidem de Tranquillitate animi, Seneca: de Constantia Philosophica in Adversis, Boëthius, aliique de affectuum aliorum moderamine philosophantur, ad genuinam tamen istius modi voluntatis suæ, in divinam se suaque resignantis, praxin nunquam pervenisse, eventus docuit, quando Stoicæ verius ἀπαθείας ambitionem, quam veræ & plene in gubernationis divinæ moderamine acquiescentis fiduciæ αὐταρκειαν ἢ ἐπιείκειαν commonstrarunt, hujus enim, quam vulgo Abnegationem sui et Resignationem, die Christliche Gelassenheit appellamus, gloriam & exercitium, non ex naturæ, sed solius Scripturæ præceptis & subsidiis impetramus, & Spiritus S. gratia possidemus.

§. XVII. Quamvis autem Spiritualis sit illa obedientia, & internus cultus, qui tacito Dei commercio exerceri mavult, quam ostentatorio externi cultus apparatu videri, inter homines: male tamen *C. l. Th. XX.* Universalista concludit: *Totus hic cultus internus est, non externus. Spiritualis, non materialis, in intellectu subsistit & corde.* Quasi cultus internus & externus sese mutuo tollerent. Non opponuntur, sed subordinantur. Internam veri Dei agnitionem & fiduciam, non destruit externa, consentiens illi, professio & professionis religiosæ exercitatio. Nec V. C. *corda sunt optima Dei colendi templa, sacella, altaria.* E. unica, E. nulla externa cultus interni sunt exhibenda monumenta. Homo duplex est substantia: ex Spiritu rationali constat & corpore organico; quare, quem cultum Dei religiosum Spiritus intrinsecus agnoscit, approbat & veneratur: eundem, & in corpore & per corpus, extrinsecus demonstrat & exercet. Externus vero sit interno conformis, alias perpetua erit, inter corpus & Spiritum, pugna & dissensio, quæ tam amico tamen unita sunt mutui auxilii ac benevolentiæ vinculo conjuncta. Mendax est religio, quæ sensus tantum est, non Spiritus; aut Spiritus, non etiam sensus: utrique satisfaciendum est in cultu divino. Naturalis religio hic hæsitat; Sensualis cultus plebi arridet, non prudentioribus,

ribus, Spiritualis hos quidem afficit, non plebem; singulos igitur quæ quietos reddat, non est nisi Religio Christiana, hæc externum cultum interno copulans, hypocrisin odit, vanitatem abominatur.

§. XVIII. Externus igitur cultus, ab obedientia religiosa abesse nequit: quodnam vero illius formale? Præceptum. Præcepta *Noster* nulla agnoscit, nisi mensuram intellectus; Rationem nempe & operationem sanguinis in corde, voluntatem, & qui ejus consequens est, Appetitum: is quicquid dictitat, quicquid utile reperit, ipsi pro norma cultus religiosi externi habetur. hinc *C. III. Th. XVII XIX XXII. S. Scripturæ Revelationem, Formulas Concordiæ, Confessiones, Symbola, Catechismos, Articulos fidei omnes, Legem & Evangelium, repudiat,* præter hunc unicum, *C. I. Th. XX. Deum esse unum, mei Creatorem, Gubernatorem, Conservatorem*: altius enim testes ipsius infallibiles, Sensus & Ratio, non penetrant, mirum si ad Carbonariam & implicitam fidem non confugit. Nisi in statu naturali hominem Christo seu Redemtore carere posse crederet, crederem Universalistam quoque profiteri, quod implicita hac fide & Gentiles in Messiam credant, quia unum agnoscunt Deum, cum quo Messias, unus est essentia, sicque ignorantes, forte inviti etiam, salventur. Porro, quia Sensus & Ratio, certa non suggerunt præcepta obedientiæ, Deo per cultum externum exhibendæ; hinc nec cæremonias, nec ritus, nec Sacramenta, nec alium quemvis, Deum externe colendi, modum, ut necessarium, aut ad internam religiosæ venerationis devotionem, vel excitandam, vel promovendam, per revelationem Scripturæ sibi præscribi patitur; sed quemvis, sive Turcarum, sive Gentilium, sive Christianorum, cujuscunque sit *Sectæ,* cultum probat, quorum habitum induere queat, *ob varios Necessitatis, Exigentiæ & Expedientiæ casus,* quoad speciem saltim externam, quia omnes Rationales, idest rationi cujusvis commodæ, sic etiam salvificæ; secus si fiat injuriam fieri putat, Libertati naturali, quæ hujusmodi jugum, unius cultus, subire nequeat, rectum

existi-

existimans, quidquid Voluntati & Appetitui non displiceat.

§. XIX. Convictus igitur veritate: cultus interni perfectionem, externum quoque Venerationis religiosæ requirere exercitium, *Th. XXI. C. I*, præter Naturalem istam, Universalista vane amplectitur, *Politicam quandam & Societatis Religionem*. Professus: *Civis enim sum & subditus*, cui placeat & placere debeat, cujuscunque *Regionis & Principis*, cui subest, *Religio & Deus fictus Theologicus, vel Politieus, seu Statisticus*. Sic aperte animi sententiam prodit: En ventrem pro Deo colit, huic quæcunque Religio alendo est aptior, isthæc Universalistæ commodior est & probatior. Ne temere sic sentire videatur, Medium Terminum affert: *quia, uti in reliquis Vitæ, ita in fidei, actionibus extrinsecis & transeuntibus, non mei, sed alieni juris*. Quasi vitæ civilis & fidei actiones externæ ac transeuntes, pari jure ac passu ambulent. Egregiam sane religiosi cultus obedientiam! a quo medio termino aliena non est conclusio: *Colo ergo Deum talem, qualem respublica, vel Princeps, me jubet*. Quid si nullum colere juberet? à cultu quoque omni immunis & liber esses. Sed nulli sunt Athei, nullæ Nationes Atheæ! E. semper aliquis Deus colendus. Concedo. Sed anne omnes pariter verum & unum Deum colunt? Nequaquam: E. & falsum fictitiumque colere Deum, tibi non difficile: nec impossibile oppositos & contrarios sibi Deos, una Obedientia colere. Ast *Cujus est Regio, illius est & Religio*. Sit ita: Experientia docet unius Regionis, sæpe duos, sæpe plures esse Dominos, quos vulgo vocant *Condominos*, Jure igitur condominii pariter & in regione & religione utuntur? Sic diversæ religionis Principum imperio subjectus, diversum quoque Deum, eodem cultu veneraberis? probat hoc, profiteri haud veritus: *Si Turca*, sc. Princeps fuerit, *Alcoranum: si Judæus V. T. Si Christianus N. T. veneror, pro lege & Religionis meæ norma*. Qualis est norma, tale quoque est normatum, hinc pergit: *Papa si imperans, Deum credo transsubstantiatum, Si Lutherus,*

Deus

Deus mihi Particulis In, Cum, & Sib, circumvallatur. Si *Calvinus*: *Signum pro Deo sumo.* En! qui contradictiones non amat, contradictoriam tamen amat Deo debitam Obedientiam! amplectitur utramque, & quidem ex *C. II. Th. XIV. pacis causa : ne hareticus, vel quid pejus, audiat.* Nonne vero Sensibus & Rationi repugnat, posse duobus Dominis servire, Deo & Mammonæ, Matth. VI, 24. Fallit igitur conclusio : *Religio dominans corpori quoque & conscientiæ, in sensus incurrenti, dominatur.* Ecce novam rursus philosophiam! En conscientiam in sensus incurrentem! Sic corporis quoque actus erit conscientia, quæ semper habitus intellectus audiit, ad quem *Cicero 2. de Off.* provocat *: cum jurato dicenda sententia sit, meminerit se Deum habere testem, id est, ut ego arbitror, mentem suam.* Hinc conscientia nulla, quæ contra mentis sententiam agit, extrinsecus aliter operatur, quam intellectu verum esse judicavit.

§. XX. Religiosa, Deo debita ; obedientia, in externo cultu ad Dei in hoc mundo Vicarios, quoque se extendit. Coaluere Societates Hominum sub divino imperio, mutuo potius amore, quam metu. Amoris fons Deus : Metus, male actorum, præsentium, futurorum conscientia. Hic dissipat, ille jungit amicitias, favorem, venerationem, obedientiam ; hic cultus sponte & libere, Sensibus etiam ac Ratione docentibus, exhibetur Ei, quem Sapientia, virtute, diligentia, felicitate præstare cæteros, & sic ad excellentiam divinam accedere propius, & imperio externo credunt esse dignissimum. Ita, si qua foret liberioris Status naturalis reducendi spes & expectatio, amore tamen, tum, privatæ, tum publicæ tranquillitatis, haud inviti, alter alterius, ejusque vel unius in Monarchia, vel plurium in Polyarchia, se subjicerent dominationi; quibus iustitiæ administrationem ita à Deo commissam æstiment, in defensionem proborum & punitionem improborum. Hoc pacto pax rerumpublicarum ex religione derivatur, non vero Religio, ad pacem rerum publicarum servandam, ab Imperantibus cholericis conficta est. Ratio Status

Status enim si Religionem peperisset, nunquam ista se huic subjecisset, aut leges ab ea sibi præscribi passa fuisset. Legibus sic opus erat, Societati conservandæ conformibus, quarum summa huc redit: DEUM COLE, NEMINEM LÆDE, SUUM CUIQUE TRIBUE: quæcunque ab hac regula declinant, non sanæ, sed perversæ rationis, imo sensuum corruptorum principia sequuntur: horum ad coercendam proterviam, pœnarum metus æque erat necessarius, atque, ad bonorum virtutem excitandam, spes præmiorum, utrinque hujus & futuri seculi: non vero inventa humana sunt illa, aut compedes servitutis, tanquam *subsidia Ambitionis, aut Dominationis arcana*; sed justitiæ atque benignitatis divinæ documenta; Pessima igitur mensura humanarum actionum ac inversæ leges Societatis *C. IV. Th. X. seq.* ab Universalista statuuntur: *Vires temperamentorum corporis & sanguinis, secundum quas, quicquid facit, utiliter facit, hoc est, recte & bene, quæ facit.* Quid insanire, si hoc non est? ne mireris ergo insaniam: qua Imperia a Cholericis, vi complexionis ambitiosæ, fundata, a Phlegmaticis, metu suadente, suscepta: qua homines ex liberis servi facti, Religionis vinculo constringuntur: qua innumerus Deorum numerus excogitatus: qua prodierunt, & pari censu æstimantur, *Leges divinæ & humanæ, Decalogus, Alcoranus, Moses & Christus, Mahomed & Confucius, Papa, Lutherus, Calvinus, Lex & Evangelium, Breviarium & Augustana Confessio, cæteraque humanæ imperandi licentiæ fulcra conficta, templa & altaria, Sabbata, Dies Dominica, festa, juramenta* & hujus sortis alia, Religiosi cultus externi, solennia plura introducta, *præmia temporalia & æterna, pœnæ corporales & spirituales, aliæque piæ fraudes infinitæ, Th. XIIX.* absit blasphemia dictis, per *Universalistam* recensitis, quibus Cholericorum imperia munita, reliquis compedes injecti, obedientia Magistratui cæca parata, & *homines ex rationalibus bruta, imo brutis deteriores redditi, sentientes, intelligentes & appetentes, non aliud, nec aliter, quam prout imperantes nostri volunt & nos jubent.* Talesne voces seditiosas & Muntze-
G riana

riana vindicta dignas, ab homine, Obedientiam Deo & Magistratui debitam professo, expectasse oporteret! quas recitasse, erit confutasse. Excutiant Politici laviores & religiosæ pietatis, nec non rationis sanæ judicio ducti, excutiant inquam, *Meditationes reliquas Ethico-Politico-Juridicas*, jus fasque universum subruentes. Examinent rerum naturalium Scrutatores ac Sanitatis Curatores, *Meditationes Physico-Medicas*, ad forum suum spectantes: reperient singuli, corrigenda, castiganda & ad genuinam perfectæ veritatis regulam, revocanda. Studeant vero sedulo, num ex Vertigine Spiritus ad frugem & meliorem mentem reducere Universalistam hunc queant. Nobis alienam in messem immittere falcem haud licet; sed tot tantaque profanæ & impiæ mentis deliria pertæsi, pauca tantum subjicimus

COROLLARIA PORISMATICA.

I. Magnum & necessarium est libertatis sentiendi in Philosophia pretium & privilegium: sed tantum ad Aras.

Quæ Sensuum atque Rationis judicio subsunt, in eorum Veritate inquirenda & definienda, semper a præjudiciis liberandus est animus, libere ut sentire liceat, &, quæ sentit, dicere. Verum in Rebus sacris, id est, ad Aras & Religionem spectantibus, non a Rationis & Sensuum judicio dependemus, sed à Revelatione divina, ubi Voluntatis potior habenda Ratio est, quam Intellectus: Fides enim, non ex persuasione aut convictione Sensuum, sed ex spontaneo credendi proposito, subsistit: non credimus, ob causas veritatem sensibus demonstrantes; sed ob autoritatem dicentis, cui assensum nostrum subjicimus: ideo libere sentiendi & loquendi licentia hic est coercenda: ea foecunda semper errorum & hæresium genitrix fuit: nisi enim de suo aliquid addidisset Revelationi divinæ: nisi plura scire voluisset, licentiosa hominum curiositas, quam scire nos Deus voluit, aut de hisce ratiocinari; fides fideique Professio Christianæ, simplicissima adhuc foret, sanctissima & eadem, quæ Prophetarum & Apostolorum; pauca quidem sciremus, multa tamen ignoraremus etiam, quæ scire, nec utile est, nec necessarium.

II. Liber-

II. Libertas sentiendi & loquendi, ad discendum semper parata, Veritatem sectetur & justitiam; secus, pessima est & tristissima Passionum servitus.

Nemo jure postulabit, ut suæ singuli subscribant sententiæ, nisi certis ac infallibilibus argumentorum principiis & rationibus, eam circumspecte firmarit : Ut suus cuique linguæ gustus; sic cuivis capiti suus est sensus. Intellectum universalem & eundem, Natura non dedit omnibus : quare tyrannis esset & injustitia, Unius Rationi, vel suæ, vel alterius, assensum subjicere omnium velle: quippe nullius, præter Deum, sententia præsidio & privilegio Infallibilitatis gaudet; quare ardens discendi studium, concessam sentiendi libertatem, semper comitetur.

III. Dubitare de Revelationis divinæ Autoritate & Veritate, primus est, ex Libertate sentiendi ortus, ad Atheismum Gradus.

Scrutanismus quidem, piis & devotis S. Scripturæ Lectoribus, necessarius est & præceptus, Joh. V, 39. ad obedientiam tamen Christi & Analogiam Fidei adstrictus Rom. XII, 6. quæ male refertur inter præjudicia, Veritati libere scrutandæ & asserendæ noxia: obsunt enim, non Divinæ, sed humanæ Auctoritatis, præjudicia; Inde mens, libertatis sentiendi privilegio fascinata, & affectuum impetu abrepta, male dijudicat manifestationis divinæ sublimitatem, ex naturali rationis suæ facultate ; Pejus igitur fidei mysteria in ratione solum scrutatur, & ubi non reperit, dubitat, ex dubitatione in Scepticismum, hinc porro in Scopticismum, prolabitur, invisum Deo, Gal. VI, 7. quippe Ratio, ignara viæ recte scrutandi, ἀνιπτοις χερσὶν arcana Scripturæ tractat, quæ non intellecta levi brachio suscipit, fundamenta eorum extenuat, a Sensuum & Rationis judicio suspendit, fidem divinam, ob male perceptos Interpretum dissensus, elevat, & quia amore luminis cœlestis destituitur, hujus splendore oculos perstricta caligat, vel saltem oblique cernens, Theologiæ veræ fastidium concipit, Libertinismi contagium vulgat, & in Atheismum præcipitatur.

IV. Proximus ad Atheismum Gradus est: Negare, vel in dubium vocare, Animæ Humanæ immaterialitatem & immortalitatem.

Doctrinam de Præmiorum & Pœnarum æternitate, ex præcipuis esse Fidei Articulis, ipsa Scriptura testatur, contra Misericordes nonnullos, qui Misericordiæ divinæ mensuram ratiociniis suis pensitantes, aliquem pœnarum finem, Diabolis & damnatis promissam esse, somniant, hoc pacto Vitæ Epicureæ fomenta subdunt, ac Atheorum & Libertinorum Gregem egregie augent. Virtuti præmia, Vitiis pœnas esse paratas, nemo negabit : Utraque, cum sæpius hac in vita absint, in alia expectanda esse, haud diffitebitur,

qui

qui justitiæ alicujus infinitæ actus agnoscit; quod si vero corpus in cineres, anima in auras abit, sicque nihil hominis superest. Quænam justa virtutis & vitii merces constituetur? hoc placet & oblectat: Illa gravis est & molesta. Quid mirum igitur, si libertati, vel licentiæ potius conceptæ indulgens Ratio, abjecto omni Divinitatis colendæ sensu, in vitam brutam proruit, voluntatis luxuriantis appetitum sequitur, & ita Voluptatibus immersa, cum *Universalista* beatam & divinam vivit vitam, quippe *Voluptates Diis esse perpetuas*, Poetæ cecinere.

V. Quantacunque Athei vanitatis suæ proferunt argumenta, propriam turpitudinem produnt, quippe tum Naturæ, tum Rationi, sunt contraria.

Naturam evertit ipsam Atheismus, dum rerum naturalium Principium subruit. Hinc Athei rebus creatis omnibus erunt abominationi, quæ merito indignantur acerbissime, sibi aboleri Creatorem & Conservatorem sui, in cujus vindictam se armarent omnes, si tanta indignitate tractari Eum intelligerent. Rationem quoque & recte ratiocinandi facultatem Atheismus idem destruit; quod si enim de Existentia Dei dubitandum foret; nonne Ratio dictat: in rebus dubiis tutiorem præeligendam esse sententiam, ubi minus perdamus, plurimum vero lucremur? Ast: negando Deum, perdes omnia: asserendo & pie colendo, lucraberis omnia, & hujus & futuræ vitæ bona nunquam interitura. Aliter qui sentiunt, & ratiociniis irrationalibus decipiuntur, & omni solidæ consolationis & spei Principio destituuntur.

VI. Quare non solum impropria, sed maxime noxia est comparatio, in vexata Quæstine: An Atheismus melior sit Reipublicæ, quam Superstitio?

Neutri horum comparatorum competit Comparationis Tertium: ideo forsan *Sensu Negativo*, Baylius in Lexico, Atheismum minus noxium reipublicæ asseruit, quam Superstitionem; sed falsus: præstat enim aliquem colere Deum, licet superstitiose, quam nullum. Superstitioni suæ adhuc supersunt Veritates, quibus enucleatis, corrigi tandem possent animi, prudenter tractati. Atheismus vero, uti Vitæ Epicureæ patrocinatur, sic Rerum publicarum tranquillitati insidiatur, quamdiu latet; invalescens vero, exitium minatur. Huic cum fundamentum sternat, Naturalis Universalistæ nostri Religio, non aliam sequi fidem, vitamque beatam affectare videtur, quam Horatius, & Ipsius, & liberioris sentiendi atque scribendi Licentiæ Patronus, commendat:

Si Ventri bene, si lateri est, pedibusque tuis: nil
Divitiæ poterunt regales (cœlestes) addere majus.

F I N I S.

Philosophische Clandestina der deutschen Aufklärung

Texte und Dokumente
In Zusammenarbeit mit ULRIKE MEYER herausgegeben von MARTIN POTT

Abteilung I: Texte und Dokumente **Abteilung II:** Supplementa

Abteilung I: Texte und Dokumente

Band 1: THEODOR LUDWIG LAU (1670-1740)
Meditationes philosophicae de deo, mundo, homine (1717). Meditationes, Theses, Dubia philosophico-theologica (1719)
Dokumente: Christian Thomasius: Elender Zustand eines in die Atheisterey verfallenen Gelehrten (1720) - Theodor Ludwig Lau: Die Original-Rede: Welche der Hochwohlgeborene Herr... von der Groeben... gehalten;... an das klare Sonnenlicht gestellet (1736) - Johann Konrad Arnold: Universalista in theologia naturali planeta..., cujus meditationes de deo, mundo, homine scrutinio logico-theologico expensae (1719)
Mit einer Einleitung herausgegeben von MARTIN POTT. *378 S.*

Band 2: FRIEDRICH WILHELM STOSCH (1648-1704)
Concordia rationis et fidei sive Harmonia philosophiae moralis (1692). Im Anhang: Übersetzung aus dem Frantzösischen, Von dem ewigen Tode und von der Ewigkeit der Straffen der Bösen
Dokumente: Acta Stoschiana (Prozeßakten der preußischen Kirchenbehörden, u.a. von Spener und Pufendorf) - Georg Gottfried Küster: Marchiae litteratae specimen tertium paralipomena ad notitiam Concordiae rationis et fidei a Stoschio editae exhibens (1743)
Mit einer Einleitung herausgegeben von WINFRIED SCHRÖDER. *Ca. 340 S.*
1992

Band 3: GABRIEL WAGNER (1655-1717)
Realis de Vienna: J. U. Doct. et Philos. Stud., Discursus et Dubia in Christ. Thomasii Introductionem ad philosophiam aulicam (1691) - Realis de Vienna: Prüfung des Versuchs Vom Wesen des Geistes, den Christ. Thomas, Prof. in Halle, 1699 an den Tag gegeben (1707)
Dokumente: Jucundus de Laboribus: Freye Gedancken über Realis de Vienna Prüfung des Versuchs vom Wesen des Geistes... (1710) u.a.
Mit einer Einleitung herausgegeben von SIEGFRIED WOLLGAST. *Ca. 470 S.*
1993

Band 4: URBAN GOTTFRIED BUCHER (1679 - ?)
Zweyer Guten Freunde Brief-Wechsel vom Wesen der Seelen. Sammt eines Anonymi lustigen Vorrede (1713)
Dokumente: August Friedrich Cämmerer: Untersuchung der Seele, ihrer Existenz, Wesen und Fortpflanzung (1714) - Johann Konrad Schröter: Abhandlung, daß die Seele nicht materiell, sondern ein geistiges Wesen sey (1723) - Johann Hermann von Elswich: Disputatio de recentioribus de anima controversiis (1717)
Mit einer Einleitung herausgegeben von ULRIKE MEYER. *Ca. 280 S.* 1993

Band 5: JOHANN GEORG WACHTER (1673-1757)
Elucidarius Cabalisticus, sive Reconditae Hebraeorum Philosophiae brevis et succincta Recensio (1706) - De Primordiis Christianae Religionis libri duo: quorum prior agit de Essaeis, Christianorum inchoatoribus, alter de Christianis, Essaeorum posteris (1703)
Dokumente: Gottfried Wilhelm Leibniz: Réfutation inédite de Spinoza - Jakob Staalkopff: De atheismo Benedicti de Spinoza... adversus V.Cl. Io. Georgium Wachterum (1707)
Mit einer Einleitung herausgegeben von WINFRIED SCHRÖDER. *Ca. 280 S.*
1994

Abteilung II: Supplementa

Band 1: JAKOB FRIEDRICH REIMMANN (1668-1743)
Historia universalis atheismi et atheorum falso et merito suspectorum (1725).
Mit einer Einleitung herausgegeben von WINFRIED SCHRÖDER. *Ca. 650 S.*
1992

Band 2: JOHANN FRANZ BUDDE (1667-1729)
Lehr-Sätze von der Atheisterey und dem Aberglauben mit gelehrten Anmerkungen erläutert (1717)
Mit einer Einleitung herausgegeben von MARTIN POTT. *Ca. 850 S.* 1994

Band 3: JOHANN ALBERT FABRICIUS (1668-1736)
Delectus argumentorum et syllabus scriptorum qui veritatem religionis Christianae adversus atheos... (1725)
Mit einer Einleitung herausgegeben von WALTER SPARN. *Ca. 820 S.* 1994

Volksaufklärung. Ausgewählte Schriften

Herausgegeben von HOLGER BÖNING und REINHART SIEGERT. *Ca. 13 Bände. Ln. Subskriptionspreis bis 31.12.1992. 3 7728 1397 X.*

Die Reihe Volksaufklärung will der Öffentlichkeit schwer zugängliche und oft nur noch in wenigen Exemplaren vorhandene kultur- und sozialgeschichtlich bedeutende Texte neu zur Verfügung stellen, die das für die deutsche Aufklärung charakteristische Bemühen dokumentieren, aufklärerisches Gedankengut bis »hinunter« zum »Volk« zu popularisieren. Berücksichtigt werden Schriften für das »Volk« selbst, aber auch solche Texte, in denen die Volksaufklärer Mittel, Wege und Ziele ihres Engagements diskutieren. - Ein wichtiges Charakteristikum dieser »Bürgerinitiative der deutschen Aufklärung« im 18. und 19. Jahrhundert ist, daß sie sich mit den verschiedensten Bereichen des alltäglichen Lebens auseinandersetzte. Die in der Reihe Volksaufklärung bereitgestellten Texte dürften so das Interesse zahlreicher Wissenschaftsdisziplinen finden. Tangiert ist die Philosophiegeschichte ebenso wie die Wirtschafts- und Sozialgeschichte; der Kirchen- und Religionshistoriker findet in der volksaufklärerischen Literatur den Wandel des geistlichen Selbstverständnisses dokumentiert, der Literatur- und Pressehistoriker das Bemühen um Popularität, durch das neue Formen der Gebrauchsliteratur entstehen. - Jeder Band erhält ein ausführliches Nachwort und im Bedarfsfall ein neuerstelltes Inhaltsverzeichnis.

Als erste Titel erscheinen:

Band 2: *Johann Caspar Nägeli* (1696-1742): Des Lehrnsbegierigen und Andächtigen Landmanns Getreuer Wegweiser; Zur Beförderung der Ehre Gottes/und gemeinem des Landes Nutzen ans Liecht gestellt Von Joh. Caspar Nägeli. Zürich: Heidegger und Compagnie 1738. Mit einem Nachwort von HOLGER BÖNING. *433 Seiten. Geb. 3 7728 1399 2.* *Frühjahr 1992*

Band 3: *Johann Ludewig* (1715-1760): Der Gelehrte Bauer. Mit D. Christian Gotthold Hoffmanns Vorbericht, nebst Kupfern. Dresden: Hekel 1756. Mit einem Nachwort von HOLGER BÖNING. *283 Seiten und 1 Tafel. Geb. 3 7728 1400 X.* *Frühjahr 1992*

frommann-holzboog

Holger Böning / Reinhart Siegert
Volksaufklärung

Biobibliographisches Handbuch zur Popularisierung aufklärerischen Denkens im deutschen Sprachraum von den Anfängen bis 1850.
4 Bände. 1990 ff. Zus. ca. 2000 S. Ln. 3 7728 1213 9.

Band 1: HOLGER BÖNING: Die Genese der Volksaufklärung und ihre Entwicklung bis 1780. *1990. LIV S., 932 Spalten.* ISBN 3 7728 1214 7. *Lieferbar*
Band 2: Bibliographie 1781-1814. *3 7728 1215 5.* *1993*
Band 3: Bibliographie 1815-1850. *3 7728 1216 3.* *1994*
Band 4: Biographisches Lexikon. *3 7728 1217 1.* *1994*

Dieses Handbuch dokumentiert die Bemühungen aufklärerisch engagierter Gelehrter und Gebildeter, breiten Teilen der Bevölkerung aufklärerisches Gedankengut nahezubringen. Erfaßt sind sowohl Lesestoffe, die sich an das »Volk« selbst wenden, um zu seiner wirtschaftlichen, moralisch-sittlichen, religiösen und politischen Erziehung beizutragen, als auch gedruckte Texte, in denen Gebildete miteinander über Volksaufklärung kommunizieren. Die weithin unbekannten Autoren dieser Schriften sowie die genannten Musterbauern u. ä. werden nach Möglichkeit in Kurzbiographien vorgestellt. Das Handbuch leistet darin Pionierarbeit. Wer sich bisher mit dem Thema beschäftigte, mußte sich die einschlägigen Titel aus einer Vielzahl kameralwissenschaftlicher, pädagogischer, volkskundlicher und kirchengeschichtlicher Arbeiten zusammensuchen; biographische Informationen über die oft nicht Meusel- oder ADB-würdigen Autoren und Titelfiguren fanden sich verstreut in Speziellexika oder waren überhaupt nur durch Zufall zu erlangen.
Die Bibliographie, die in chronologischer Anordnung selbständige Schriften, für die Volksaufklärung besonders ergiebige Periodika und einzelne Aufsätze erfaßt, ist aus arbeitstechnischen Gründen unterteilt in drei Teilbände. Teil 1 »Die Genese der Volksaufklärung und ihre Entwicklung bis 1780« (von Holger Böning) liegt vor. Er betritt völliges Neuland, indem er erstmals die Genese der Volksaufklärung aus verschiedenen Wurzeln zu zeigen sucht. Die Teile 2 und 3 erfassen die Massenproduktion der 1780er und 1790er Jahre und die Wandlungen bis zum Einschnitt der Revolution von 1848/49. Alle Teilbände enthalten ausführliche, einleitende Darstellungen. Damit entsteht nicht nur eine Bibliographie mit Standortnachweisen, sondern zugleich ein erster Literaturführer durch dieses bisher schwer zugängliche Gebiet, der zudem durch ausführliche Register erschlossen wird. - Das »Biographische Lexikon« wird als selbständiger Band das Werk abschliessen.

frommann-holzboog